영의정 실록
(제5권)

조선왕조 영의정
173人의 삶과 권력

영의정 실록 제5권

초판 1쇄   2024년 2월 26일

지은이   박용부
발행인   김재홍
디자인   박효은
마케팅   이연실

발행처   도서출판 지식공감
등록번호   제2019-000164호
주소   서울특별시 영등포구 경인로82길 3-4 센터플러스 1117호 (문래동1가)
전화   02-3141-2700
팩스   02-322-3089
홈페이지   www.bookdaum.com
이메일   jisikwon@naver.com

가격   20,000원
ISBN   979-11-5622-852-3 04910
SET ISBN 979-11-5622-514-0

조선왕조 영의정 173人의 삶과 권력

영의정 실록 5

박용부 편저

지식공감

목차

광해군 시대

76 기자헌 – 광해군에 의리를 지킨 영의정, 이괄의 난으로 멸문당하다

77 정인홍 – 40세에 천거되어 82세에 영의정에 오른 광해의 남자

인조 시대

효종 시대 1

90 이경석 – 정종의 후손으로 삼전도 비문을 짓다

일러두기

1. 영의정 실록의 내용은 조선왕조실록 국역본에 실려있는 내용을 중심으로 작성하였다. 조선왕조실록 국역본에서 이해가 힘든 부분은 다시 현대적 의미의 글로 바꾸었고 한자어 사용은 자제하고 뜻을 이해하기 어려울 때만 한자를 한글과 병기하였다.

2. 본문에서 인용한 조선왕조실록의 내용은 세종대왕기념사업회와 한국고전번역원에서 발간한 조선왕조실록 한글번역본을 인용하였고, 국조인물고는 세종대왕기념사업회의 번역본을 인용하였다.

3. 인적사항과 주요 역사적 기록은 한국학중앙연구소에서 발간한 한국민족문화대백과사전과 한국향토문화대전, 세종대왕기념사업회에서 발간한 국조인물고의 내용을 기본으로 하고 미흡된 부분은 인터넷 검색을 통해 각 종친회 홈페이지나 블로그에 실려 있는 묘비명의 행장을 참고로 하였다.

4. 조선후기 영의정들의 승진과정은 조선왕조실록의 기록을 주본으로 하고 비변사등록과 승정원 일기도 함께 참고하여 미진한 부분을 보완하였다.

5. 극심한 당파싸움으로 왕조실록이 2개 본으로 작성된 선조실록, 광해군일기, 현종실록, 숙종실록, 경종실록의 경우 정본을 중심으로 작성하였고, 수정 보궐본은 정본에서 기록이 없을 경우에만 참고로 하였다.

6. 조선 초기에는 관제상 영의정이란 직제가 없어 최고위직으로 임명된 좌시중과 좌정승을 다루었고 조선말기에는 관제개편으로 최고위직으로 임명된 의정, 총리를 영의정에 포함시켜 작성하였다.

7. 조선 초기의 영의정 임명은 공신들 위주의 발령이어서 후임 영의정과 공백기간이 거의 없이 이루어 졌다. 중기이후 부터 각종 사화, 당파싸움에 의한 환국, 세력다툼으로 인하여 공백기간, 정승에 제수되면 한두번의 사양을 해야하는 예법 등으로 공백기간이 길어져 수개월간 자리가 비어 있거나 많게는 2년 이상씩 영의정 없이 국정을 운영하는 경우도 있었다.
   조선 초기 세종조에 1426년 5월 14일부터 1431년 9월 2일까지의 영의정은 왕조실록 어디에도 기록되지 않아 누구인지 밝힐 수가 없었다.

8. 영의정 개개인에 따라 야사가 있을 경우 역사적 이슈가 된 자료이거나, 인문학적 가치가 있다고 판단되는 자료일 경우 야사가 실린 원본을 구해 작성하였으나 원본을 구할 수 없을 경우 각 문중의 홈페이지, 카페, 블로그에 실린 내용을 참고로 하였다.

9. 이 책에서 다룬 173명의 영의정들은 모두가 영의정으로 발령된 것은 아니다. 초기에는 문하시중 자리를 비워두고 좌시중, 좌정승으로 발령이 났고, 후기에는 관제개편으로 의정, 내각총리, 총리대신 등으로 발령이 났다. 이들을 모두 영의정에 포함시켜 작성하였다.

조선왕조 왕권의 역사와
영의정 직의 변화 (광해군~효종)

선조가 승하하고 우여곡절 끝에 33세의 나이로 광해가 즉위하니 조정도 어수선하였다. 임진왜란 중이던 1594년 선조는 광해군을 세자로 책봉하여 전란을 맡기고, 윤근수를 명나라에 파견하여 광해군의 세자책봉을 주청하였으나 명나라에서는 적자도 아니고 서자 가운데 장자인 임해군이 있는데도 광해군을 세자로 책봉하려 한다며 거절하였다. 명나라의 세자책봉 승인을 받지 못한 채 8년을 끌어온 임진왜란이 종결되었고, 왜란이 끝난 직후 1600년에 의인왕후 박씨가 죽고 인목왕후가 새 왕비로 들어와 1606년에 적자소생 영창대군을 낳았다. 1608년 선조가 위독해지자 세자 광해에게 선위교서를 내렸으나 영창대군에게 뜻을 둔 영의정 소북파 유영경이 선위교서를 감추었다가 대북파 정인홍에게 발각되어 탄핵을 받았다.

이런 곡절 끝에 광해가 왕위에 오르자 대북세력인 정인홍, 이이첨, 이경전 등이 권력을 잡았다. 광해가 왕위에 올라 가장 먼저 한 일은 왕위에 오르는데 방해를 한 유영경 일파를 사사하고 소북파 100여 인도 함께 숙청하였다.

그리고 선조의 죽음과 자신의 즉위 사실을 명나라에 고하여 책봉을 요청하였으나, 명나라에서는 장남인 임해군을 두고 차남을 봉했다는 이유로 책봉을 미루었다. 조선의 사신 이호민이 임해군은 중풍에 걸려 왕위를 수행할 수 없다고 둘러대니, 임해군이 왕위를 사양하는 문서를 갖추어 오라며 책봉 칙서를 끝내 내리지 않았다. 게다가 명나라에서는 임해군을 직접 만나보겠다며 조사단을 파견하였다. 결국 임해군을 협박하여 입단속을 하고 조사단에게 뇌물을 주어 사태를 무마시켰다.

　1609년 광해 1년에서야 명나라로부터 책봉 조서를 받게 되었고 그해 5월 걸림돌이던 임해군은 유배지에서 이이첨의 사주에 의해 살해되었다. 광해의 하나밖에 없는 친형이었지만 왕권의 걸림돌이 되니 죽을 수 밖에 없는 운명이었다.

　광해군과 대북파에게 더 큰 위협적인 존재는 영창대군이었다. 선조의 적자인 영창대군이 성장해 가는 한 다시 왕권의 정통성 논란에 빠질 것이고 역모를 꿈꾸는 세력들에게 빌미를 줄 요인이 충분하기에 이를 제거하지 않을 수 없었다.

　광해 집권 5년차인 1613년 서인의 영수 박순의 서자 박응서를 비롯한 심우영, 서양갑 등 7명의 서자들이 모반을 도모한 죄목으로 옥고를 치루게 되었다. 이들은 서얼차별에 대한 불만을 가지고 거사를 계획하고 강도질을 하여 돈을 모았다. 이들이 문경새재에서 상인을 죽이고 은을 훔친 것이 발각되어 잡혔다.

　이이첨은 이를 영창대군을 죽이는 데 이용하였다. 포도대장에게 지시하여 박응서를 꾀어 인목대비의 아버지 김제남의 사주로 영창대군을 임금으로 삼으려 했다고 고변하게 하였고 이를 빌미로 김제남을 사사하고 영창대군을 서인으로 삼아 강화도에 위리안치시켰다가 강화군수에 의해 살해하게 하였다.

1618년에는 이이첨은 인목대비를 폐모시키고 서궁으로 유폐시켰다. 모든 것이 대북파의 당론에 따라 결정된 일이었다. 광해군의 친모는 아니었지만 국모를 폐한 강상의 죄를 범한 것이다.

　광해군 재위 15년간 대북파가 권력을 장악하여 권세를 휘두르니 조정 밖으로 쫓겨나 있던 서인 김류, 이귀, 김자점 등은 강상의 죄를 범한 왕을 모실 수 없다며 인조반정을 일으키게 된다. 거사 계획이 사전에 발각되었는데도 이를 대수롭지 않게 여기던 대북파들은 숙청되었고 이로 광해군은 48세에 폐위되었다. 왕권을 노린 인조의 야심에 의해 광해는 왕권을 강탈당하고 폭군으로 그려졌다. 광해가 이이첨같은 간신을 등용한 잘못은 있지만 광해의 선군정치도 재평가를 받아야 될 것이다. 이이첨은 무오사화를 일으킨 이극돈의 5대 후손이다. 이극돈은 출세를 하기 위해 김일손의 사초를 유자광을 통해 연산군에게 일러바쳤는데 직접보고하지 않은 죄로 파직되었고, 이극돈의 조카 이세좌는 폐비 윤씨에게 사약을 전달하였다 하여 멸문지화에 이른 가문으로 이이첨은 이러한 사실을 숨기고 정인홍 문하에 들어가 북인이 되었던 것이다.

　당시 명나라는 후금이 세운 청나라에 의해 멸망 직전에 있었다. 위기를 느낀 명나라는 조선에 원군을 보내달라고 요청을 하였다. 이때 광해는 임진왜란 때 도와준 보답으로 원군을 보내지 않을 수가 없기에 형조참판 강홍립을 도원수로 삼아 1만 병사를 파병하면서 "우리는 대의명분상 어쩔 수 없이 출병하는 것이고 우리의 힘은 약하니 후금을 적대시해 서는 안 된다. 형세를 보아가며 향배를 정하라." 하였다. 이에 강홍립은 명나라 군사가 밀리자 후금에게 투항을 하였다. 광해군의 뜻을 안 후금 은 조선의 입장을 이해한다는 외교문서를 보내왔다. 광해 역시 공물로 답변하니 조선의 포로가 석방되었다.

인조반정이 일어나니 그 명분이 모친을 폐모시킨 패륜과 명나라에 대 한 불충이 반정의 이유였다. 광해는 중국의 대세를 읽어 어느 한쪽도 거 스르지 않게 하였고, 인조는 대세를 읽지 못하고 명나라에 대한 명분론 만 찾다가 무너져 가는 명나라 편에 서서 청나라를 업신여기다가 병자호 란을 일으켜 수많은 백성들이 노예로 잡혀갔고 전국이 쑥대밭이 되었으 며 본인은 삼전도에서 치욕을 겪게 된 것이다.

인조반정의 결과로 광해는 강화로 유배되었다가 19년의 유배생활 끝에 66세에 유배지에서 천수를 누리고 객사하였다. 재위 15년 동안 5명의 영 의정을 두었는데 주로 자신을 왕위에 오르게 한데 도움을 준 공신들 위 주의 인사였다. 광해시대의 년표를 약술하면 다음과 같다.

즉위　　1608년 2월 2일 정릉 행궁 서청에서 33세 즉위
퇴위　　1623년 3월 13일 인조반정으로 48세 폐위
　　　　1623년 3월 23일 강화에 유배 (재위 15년)
　　　　1641년 66세 유배지에서 객사
왕후　　문성군부인 문화유씨
　　　　후궁 12 명

영의정 유영경(선조시대에 임명, 소북파로 사사)
　　　이원익(임란시 호성공신, 태종의 후손), 선조시대에 이어 재임
　　　이덕형(남인, 영의정 이산해의 사위), 선조시대에 이어 재임
　　　기자헌(북인, 인조반정 가담 요청을 거부)
　　　정인홍(북인, 대북의 영수, 남명 조식의 제자),
　　　박승종(광해와 사돈, 손녀가 광해의 세자빈)

주요 역사기록
　　　1608년 8월 대동법 시행(경기도), 선혜청 설치
　　　1609년 6월 일본과 기유약조 체결(부산포 개항),
　　　　　　창덕궁 중건
　　　1609년 임해군 살해
　　　1610년 8월 허준 동의보감 편찬
　　　1611년 10월 창덕궁 이어, 12월 경운궁 환어,
　　　　　　농지측량 조사
　　　1612년 4월 국조보감 간행, 김직재의 역모,
　　　1613년 5월 영창대군 폐서인, 9월 계축옥사
　　　1614년 2월 영창대군 살해
　　　　　　이수광 지봉유설 지음
　　　1615년 4월 창덕궁 이어, 11월 능창군 사사
　　　1617년 3월 동국신속삼강행실도 간행
　　　1618년 1월 인목대비 폐비, 10월 강홍립 출현
　　　1623년 인조반정으로 퇴위

공신 정운공신(서자들의 반란 계축옥사에 공을 세운 공신, 인조반정후 공훈삭제)
　　　1등공신 이산해, 정인홍
　　　2등공신 이이첨, 이성, 이담

익사공신(임해군 척결에 공을 세운 공신, 인조반정후 공훈삭제)
　　　1등공신 허성, 김신원, 류희분, 최유원, 윤효선
　　　2등공신 이원익, 이덕형, 이항복, 이산해, 윤승훈, 기자헌, 심희수
　　　3등공신 이이첨,

형난공신(김직재 역모에 공을 세운 공신, 인조반정후 공훈삭제)
　　　1등공신 신율, 유공량
　　　2등공신 이원익, 이덕형, 이항복, 심희수, 이이첨,

14-1 선조와 인빈김씨 사이에 출생한 셋째 아들　정원군(추존 원종)
　　　왕후 인헌왕후 구씨 / 1남 인조, 2남 능원대군,
　　　　　　　　　　　　　3남 능창대군
　　　　후궁 1명 / 능풍군

　　인조반정을 통해 집권한 인조는 선조의 서자 정원군의 맏아들이다.
1623년 서인 김류, 이귀, 이괄 등과 함께 반정을 일으켜 광해를 폐하고
왕위에 올랐다. 인조가 왕위에 오르자 영창대군, 임해군, 김제남의 관직
을 복관시키고 반정에 공을 세운 공신들을 포상하는 과정에서 이괄을 2
등공신으로 책봉하였다. 1등공신 역할을 한 이괄이 거사를 계획할 때
인조보다 다른 왕자를 왕으로 모실 것을 마음에 두었기 때문이다. 이괄
이 2등공신 책봉에 불만을 품고 군사를 일으켜 파죽지세로 몰아붙이니
서울이 점령되고, 인조는 공주 공산성까지 피신하였다가 관군이 이괄을
물리친 뒤에서야 비로소 환도하였다.
　　광해군 때에는 명나라와 청나라와의 외교관계를 등거리 외교를 맺어
중립정책을 써 왔으나 인조반정으로 서인이 집권한 뒤로는 친명 배청 정

책을 펼쳤다. 지금까지 섬겨온 명나라를 대국으로 섬기고 새로운 강국 청나라를 오랑캐국으로 대했다. 명나라가 임진왜란 당시 우리나라를 도와준 은공에 보답해야 한다는 명분론에 빠져 새로운 강국 청나라를 무시한 외교정책의 실패였다.

1627년 청나라가 군사 3만을 이끌고 조선을 침입하여 정묘호란을 일으키니 조정은 강화도로 피신하였다. 섬에 갇혀 포위되었다가 최명길의 화친정책 끝에 형제의 의를 약속하는 정묘화약을 맺고서 철수하였다. 이후 9년이 흐른 1636년 12월 청나라는 형제의 관계를 군신의 관계로 바꾸자는 요청을 해왔는데 조정에서 이를 거부하자 10만대군을 이끌고 다시 쳐 들어오니 병자호란이다.

대국인 명나라만 믿고 섬기며 군사력을 소홀히 해왔던 조선군은 임진왜란시 왜군에게 그렇게 당하고도 군사력을 방치 하다시피 하였다가 또다시 청나라군이 쳐들어오자 힘 한번 써보지 못한 채 백성들은 내버려두고 임금과 관리들만 강화도와 남한산성으로 피신하였다. 성문을 굳게 걸어 잠그고 버텼으나 강화도가 먼저 함락을 당하였고, 이어 남한산성도 식량이 바닥나는 등 더 이상 버틸 능력이 없었다. 포위된 남한산성 내에서도 화친을 맺자는 최명길을 비롯한 주화파와 끝까지 싸우자는 김상헌을 위주로 한 척화파가 나누어져 논쟁을 벌였으나, 결론이 나지 않자 인조는 주화파의 뜻에 손을 들어 항복하기로 결정하였고 삼전도로 나와 군신의 예를 맺고 삼배구고두례를 행하였다.

청나라는 승전의 볼모로 두 왕자 소현세자와 봉림대군을 데려갔고, 화친을 반대했던 삼학사 홍익한·윤집·오달제를 죄수로 삼아 철군하였다. 이후 더욱 강성해진 청나라는 명나라를 삼켜버렸고, 명나라는 역사속에 사라져 갔다. 임진왜란과 거듭된 정묘· 병자호란을 겪고 나니 조선은 처참하였다.

1645년 인질로 잡혀갔던 소현세자가 8년 만에 33세가 되어 중국으로부터 돌아왔는데 얼마 후 의문사를 당하고 만다. 소현세자는 중국에 있으면서 청나라 고관들과 어울리며 개화된 문명을 받아들이고 청나라와 화친하는 것이 국익에 도움이 된다고 생각하였다. 이러한 소현세자의 친화력으로 조선의 왕이 곧 경질될 것이라는 소문이 나돌았다. 그런 반면 둘째 왕자 봉림대군은 철저한 반청주의자가 되어 인질로 잡혀온 자신의 처지와 노예로 끌려와 고생하는 조선인들의 참상을 생각하며 복수를 다짐하고 있었다.

인조는 소현세자가 죽자 소현세자의 아들인 세손을 후계자로 정하지 않고 둘째 아들 봉림대군을 세자로 책봉하여 중국에서 불러들였다. 이듬해에는 소현세자빈 강씨도 시아버지 인조를 독살하려했다는 음모를 씌워 궁중에서 내쫓아 사약을 내렸고 손자들도 모두 제주로 유배를 보내 죽게 하였다. 모두 왕권과 관련된 죽음이었다.

인조시대에 호서지방의 김장생의 제자들이 대거 입궐하였는데 이를 호서사림이라 불렀다. 인조반정을 일으킨 서인 공신들이 기득권을 강화하기 위해 산림에 있는 김집, 송시열, 송준길, 이유태, 유계 등의 인재를 천거하여 등용시켰는데 이후 효종의 즉위와 함께 호서 사림의 인물들이 대거 등용되어 조선 후기 사회를 이끌고 나가는 계기가 되었다.

조선 중기까지의 영의정은 공신 출신이 가장 많았고 그 다음이 왕실과의 혼척을 맺어 집권하는 경우였다. 중종후반 부터 사림파들이 등장하기 시작하였으나 여전히 빠른 출세길인 공신이 되기 위한 역모와 모함과 반정 등이 끊임없이 이루어졌다. 대부분의 역모는 실패로 돌아갔으나 인조반정은 성공한 거사였다. 인조반정에 참여한 공신들 중 7명이 영의정이되었다. 인조시대의 주요 역사년표는 다음과 같다.

즉위   1623년 3월 13일 인조반정 28세 즉위
퇴위   1649년 5월 8일 창덕궁 대조전 동침에서 54세 승하
         (재위 27년)
왕후   인렬왕후 청주한씨 / 장남 소현세자 (의문의 죽음)
                          2남 봉림대군(효종)
                          3남 인평대군
                          4남 용성대군
         장렬왕후 양주조씨 / 후손없음
                          후궁 5명 / 2군 1옹주

영의정 이원익(호성공신, 청빈, 태종의 후손)
         윤방(서인, 영의정 윤두수의 아들, 선조와 사돈)
         신흠(서인, 선조와 사돈), 오윤겸(서인의 영수)
         김류(서인, 인조반정 1등공신),
         이홍주(서인, 정종의 후손), 최명길(서인, 인조반정 1등공신)

홍서봉(서인, 영사 2등공신), 이성구(서인, 태종의 후손)
신경진(서인, 인조반정 1등공신)
심열(서인, 증조부 영의정 심연원, 모친이 중종의 손녀)
김자점 (서인 낙당, 인조반정 1등공신)

주요 역사기록
    1623년 3월 인조반정(서인 집권)
    1624년 1월 이괄의 난, 총융청 설치
    1625년 11월 서얼 허통, 지질포 제조
    1626년 1월 호패제 재실시
            11월 남한산성 수축 수어청 설치
    1627년 1월 정묘호란, 이인거의 난
    1628년 1월 유호립 역모, 마니산 사고 설치
    1631년 5월 삼강행실도 간행
            천리경, 자명종, 화포 수입
    1633년 11월 상평통보 주조, 염초 제조
    1636년 12월 병자호란, 남한산성 포위
    1637년 1월 청나라에 항복, 삼전도 굴욕
         소현세자, 봉림대군 등 인질
         5월 명나라 연호 폐지
    1638년 북관무역(회령개시)
    1639년 12월 삼전도에 대청황제공덕비 건립
    1641년 1월 인평대군 귀국, 7월 광해군 사망
    1644년 심기원의 난
    1645년 1월 소현세자 귀국, 4월 급서
         윤 6월 봉림대군 세자책봉
    1646년 3월 소현세자빈 강씨 사약
    1647년 11월 창덕궁으로 이어

공신 정사공신(인조반정에 공을 세운 공신)
　1등공신 김류, 이귀, 김자점, 심기원, 신경진, 이서, 최명길 등 10명
　2등공신 이괄, 김경징, 신경인, 이시백, 원두표, 심기성 등 15명
　3등공신 박유명, 이기축, 김원량, 송시범, 원유남, 홍진도 등 28명

진무공신(이괄의 난 진압공신)
　1등공신 장만, 정충신, 남이흥
　2등공신 이수일, 변흡, 유효걸, 김경운, 이희건, 조시준, 박상, 성대훈
　3등공신 신경원, 오박, 최응수, 지계최, 이경정, 이택, 안몽윤 등 15명

소무공신(이인거의 난 진압공신)
　1등공신 홍보
　2등공신 이탁남, 원극함,
　3등공신 이윤남, 신경영, 진극일

영사공신(유호립의 역모 진압공신)
　1등공신 허적
　2등공신 홍서봉, 황성원, 허계, 황진, 허선
　3등공신 김득성, 김진성, 신서희, 최산휘, 이두견

영국공신(심기원의 역모 진압공신)
　1등공신 구인후, 김유
　2등공신 황익, 이원로
　3등공신 이석룡

　효종은 인조의 둘째 아들로 병자호란의 결과로 형 소현세자와 함께 청
나라에 인질로 끌려갔다가 8년 후에 돌아왔다. 청나라에 인질로 있는 8
년 동안 청나라가 주변국을 침입할 때마다 참전하기를 강요하여 형 소현

세자를 보호하며 많은 고생을 하다가 1645년 2월 소현세자가 먼저 귀국하였는데 갑자기 죽자 윤 5월에 세자로 지명되어 귀국하였다. 청나라에 머무르는 동안 몽고, 산해관, 서역, 송산보 등 주변국을 공격할 때마다 동행을 요청하여 청나라에 대한 많은 적개심을 품었다.

효종이 왕위에 즉위하자 친청파인 김자점을 몰아내고 김상헌·김집·송시열·송준길 등 대청 강경파를 등용시켜 북벌계획을 준비하였다. 그러나 김자점 일파와 정명수·이형장 등 통역관들이 청나라에 이를 밀고하여 감시가 강화되어 북벌 군사계획을 펼칠 수가 없었다. 청나라의 정권교체기를 틈타 김자점 등을 숙청하고 다시 군비확충을 하며 군사를 강화하였다. 때마침 네델란드인 하멜이 표류하여 조선에 머무르는 동안 조총, 화포 등의 신무기를 개량 보수하고 화약을 만드는 염초생산에 전력하였으나 효종은 집권 10년 만에 승하하고 말았다.

권력은 둘로 나눌 수 없는 건지 인조반정을 일으켜 정권을 잡은 서인들은 공서파와 청서파로 양분되었고, 효종조에 이르러서는 공신세력인 김자점과 원두표는 낙당과 원당으로, 신진세력인 김육과 김집은 한당과 산당으로 나뉘어졌다. 신진세력은 공신세력을 공격하여 김자점과 원두표가 파직되어 물러났다. 낙당은 완전히 사라지고 원당은 조정 밖으로 물러났다.

효종은 왕후 1명에 후궁 3명을 두어 왕후와의 사이에서 1남 5녀를 낳았다. 1남이 현종이 되었고, 5녀로 많은 사돈관계를 맺을 수 있었다. 효종조에 영의정에 등용된 정태화와 심지원은 서인으로 효종과 사돈간이었고, 이경석과 이경여도 서인으로 왕실의 후손이었으며 김육과 이시백도 서인으로 한당의 영수 인조반정의 공신이었다. 효종시대 주요 역사년표는 다음과 같다.

즉위   1649년 5월 8일 창덕궁 인정문에서 30세 즉위
퇴위   1659년 5월 4일 창덕궁 대조전 40세 승하 (재위 10년)
왕후   인선왕후 덕수장씨 / 1남 현종,
　　　　　　　　　　숙진공주, 숙안공주, 숙휘공주,
　　　　　　　　　　숙정공주, 숙경공주 (1왕자 5공주)
　　　　후궁 3명 / 1 옹주

영의정 김자점 (서인, 낙당의 영수, 인조반정 1등공신),
　　　　이경석 (서인, 정종의 후손),
　　　　이경여 (서인, 세종의 후손),
　　　　김 육 (서인 한당의 영수, 장원급제 출신, 손녀가 현종비),
　　　　정태화 (서인, 효종과 사돈),
　　　　이시백 (서인, 인조반정 2등공신),
　　　　심지원 (서인, 효종과 사돈)

주요 역사기록

　　　　1651년 8월 충청도 대동법 시행, 12월 김자점 역모사건
　　　　　　　　十전통보 주조
　　　　1652년 6월 어영청 설치

1653년 8월 하멜 일행 제주도 표류, 시헌력 채택

1654년 3월 1차 나선정벌

1655년 1월 노비추쇄도감 설치, 농가집성 간행, 악학궤범 재간행

1656년 7월 내훈 간행, 5월 서변의 옥

1657년 9월 선조수정실록 간행

1658년 5월 2차 나선정벌, 11월 전라도 대동법 확대

1659년 용비어천가 재간행

광해군 시대

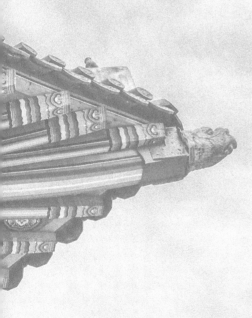

76. 기자헌奇自獻

광해군에 의리를 지킨 영의정,
이괄의 난으로 멸문당하다

생몰년도	1562년(명종17) ～ 1624년(인조2) [63세]
영의정 재직기간	(1614.1.19～1617.11.26) (3년10개월)
본관	행주幸州
자	사정士靖
호	만전晩全
군호	덕평부원군
당파	동인 강경파, 대북 온건파
묘비	경기도 안성의 흘니곡屹泥谷에서 묘석을 발견
배향	충남 서산시 팔봉면 덕송리에는 기자헌 사당 건립
죽음	이괄의 난으로 멸문지화 당하다
증조부	기준奇遵 　 – 기묘명신 응교
조부	기대항奇大恒 – 한성부윤
부	기응세奇應世 – 사간
모	우찬성 임백령의 딸
처	전주 이씨 – 하원군(선조의 백형) 이정의 딸
장남	기준격奇俊格 –조졸
차남	기순격奇順格 – 해남 현감, 처형당함
삼남	기신격奇愼格 – 처형당함
사남	기민격奇敏格
장녀	이지선李志宣에게 출가.

광해군을 지지하여 정승에 오르고 이괄의 난으로 사약을 받다

기자헌의 처음의 이름은 자정自靖으로 자는 사정士靖이고, 호는 만전晚全으로 본관은 행주이다. 기묘명신인 기준의 증손자로 조부 기대항은 한성부윤이었고 아버지는 사간을 지낸 기응세이다.

기자헌은 젊어서부터 재능과 기예가 뛰어났고 성품이 침착하고 중후하여 선조가 아꼈던 신하였다. 21세에 성균관에 올랐으며, 29세에 대과에 발탁되었다. 한림원에 뽑혀 들어가 조정에서 빛나게 드러났으며, 침착하고 굳센 역량이 있어 대단치 않은 일에는 바쁘게 나대는 태도가 없었으므로, 선조가 신임하고 어질게 여겨 항상 가까이서 모시게 하였다. 사가독서에 선발되어 학문을 하면서 관직생활을 할 수 있었고, 그런 덕에 청요직을 돌며 남들보다 이른 출세 길을 보장받았다. 대사헌이 되었을 때 정여립 모반사건에 휘말려 무고하게 목숨을 잃은 최영경의 허물을 벗겨주었고, 최영경을 죽음으로 몰고간 좌의정 정철과 서인들을 실각시켜 세간의 주목을 받았다. 이후 권력의 노른자위인 병조판서와 이조판서를 거치고 43세에 우의정이 되었는데 이때 사관의 평가는 극과 극으로 나뉘어져 있다. 당파가 심했던 때라 실록을 편찬할 때 어느 당파가 권력을 잡고 있었느냐에 따라 평가가 극명히 다름을 읽을 수 있다.

"사관은 논한다. 기자헌은 사당을 심지 않고 마음가짐이 공평 정직했다. 병조에 있을 적에 전임들이 뇌물에 따라 벼슬시키는 것을 통탄스럽게 여겨 그 폐단을 고치려고 생각하였다. 그래서 전후 벼슬한 사람들을 기록하여 하나의 명부를 만들어 놓고 무술을 시험보이기도 하고 무서를 강하기도 하여 우열을 매겨 놓고 차례대로 기용하였으므로 사방의 무사들이 모두 모여들어 말하기를 '기자헌이 병조를 맡으면서는 무재가 있는 사람은 진출하고 재물이 있는 사람은 물러가게 되었다.' 하였다.

이조의 장이 되어서는 더욱 세속을 진정시키는 것을 자신의 임무로 삼아 분별하고 추천함에 있어 피차를 구분하지 않고 오직 현명한지 간사한지만을 가리어, 진실로 현명한 사람이면 서로 좋아하는 사이가 아니더라도 서둘러 임용하였고, 진실로 현명하지 못하면 가까운 사이일지라도 불러 쓰지 않았다. 이때 한두 명의 간사하고 망령된 무리들이 모해하려고 하여 화가 장차 헤아릴 수 없게 되었으므로 위태롭게 여기는 사람이 많았다. 그러나 조금도 괘념하지 않고 엄연하게 자신을 지키며 문을 닫고 들어 앉아 손님을 사절하였으므로 간계와 거짓 모함이 이루어지지 못하였다.

개성유수가 궐원이 되었는데 기자헌은 '전 유수 유희서는 탐심이 끝이 없으니 민생에게 피해가 미쳤을 것이다.'고 생각하여 급박함을 풀어주기 위해 성천부사 허잠을 발탁하여 제수하였다. 그러자 옛 도읍의 노인들 수백 명이 서로 찾아와 신중하게 가려준 데 대해 사례했으니, 그가 사람들을 감동시킨 덕을 여기서도 알 수 있다. 인사 업무를 맡아본 3년 동안에 대문에는 뇌물 꾸러미가 끊어졌고 대청에는 청탁하러 오는 손님이 없었다. 세상의 도의를 만회하여 큰 업적을 세우지는 못했지만 그의 마음가짐을 궁구해 보면 또한 지극히 공정하고 사심이 없는 사람이라 할 수 있다. 정승이 됨에 이르러서는 서리·경비병들조차 환호하지 않는 사람이 없었으며, 모두들 '이조판서가 정승으로 들어갔으니 조정이 편안해지고 만백성도 편안해지겠다.'고 하였다."

– 선조실록 37년 5월 22일–

"기자헌을 우의정으로 삼았다. 살피건대, 사관이 기자헌을 찬양하여 터무니없는 말로 꾸며내기를, "기자헌은 사당私黨을 심지 않고 마음가짐이 평정하였고 이조와 병조에 올라서는 사람을 쓰는 것이 지극히 공정하였다. 이제 들어가 재상이 되니, 병졸들까지 모두 경하하였다." 하였다.

한심하다. 기자헌은 흉악하고 속임수 많고 사특하여 항상 인물을 해치는 것을 일삼았으며, 정인홍에게 빌붙어서 여러 소인배들을 이끌어 들여 높고 중요한 직책에 포열시킨 다음 사류들을 일망타진했으니, 그를 편당이 없는 사람이라 할 수 있겠는가. 사람에게 관작을 제수할 때 오직 뇌물에만 의거하여 했다. 횡포하게 기를 부려 눈 한 번 흘긴 원한도 반드시 보복하였으니, 그를 평정하다고 할 수 있겠는가. 여러 해 동안 멋대로 권세를 부리면서 안팎과 결탁하여 기세가 치열하였으므로 길가는 사람들도 눈을 흘겼는데, 그의 등용을 축하했다니 어찌 그럴 리가 있겠는가."

-선조수정실록 37년 5월 1일-

임진왜란이 마무리 되고 나라가 평온해진 후 왕비 의인왕후가 승하하자, 선조는 인목왕후를 새 왕비로 맞아들인다. 인목왕후가 아들 영창대군을 낳게 되자 17년 동안 세자로 있던 광해를 폐위하고 두 살 밖에 안 된 영창을 세자로 책봉하려는 세력이 나타나고, 이를 극구 막아낸 사람이 기자헌이었다. 임진왜란 기간 중에는 목숨을 걸고 전쟁터를 돌며 국가수복에 힘썼고, 만신창이가 된 민심을 수습하는데 온몸을 바쳤던 광해를 적자 출신이 아니라는 이유로 폐위시키려는 처사가 정당하지 않았다고 본 것이다. 세자로서 가슴알이를 하며 조바심속에서 지내던 광해가 결국 왕위에 오른다.

1608년 광해즉위년 3월 영의정 유영경을 탄핵하여 광해군 등극에 크게 힘을 보탠 기자헌은 좌의정에 복직한 뒤, 광해군을 둘러싼 또 다른 측근들의 전횡을 막는 데 힘을 쏟았다. 일이 이미 크게 변하여 권력을 잡은 대북파가 여러 차례 큰 옥사를 일으켜 날마다 죽이는 것으로 일삼으므로, 기자헌은 옥사를 논의할 적마다 관대하고 공평하게 처결하여 죽을죄에서 감형하도록 힘썼다. 논하는 자가 죄과를 일일이 들추어 내지 않았고 또 그로 하여금 깨닫게도 하지 않았다. 기자헌은 항상 말하기를, "필부가 죽고 사는 것은 국가의 존재와 멸망에 큰 변수가 될 것이 없다." 하였다.

1614년 광해 6년 1월 19일 기자헌이 영의정에 제수되니 1월 23일 사헌부와 사간원이 합동하여 기자헌을 탄핵하며 파직을 청하였다.

양사가 아뢰기를, "삼공의 직분은 온갖 책무가 모여드는 곳이고 인심의 거취와 국가의 안위가 달려 있는 곳이니, 진실로 합당한 사람이 아니면 결코 무릅쓰고 있기가 어렵습니다. 영의정 기자헌이 집에서의 행실에 대해서는 신들은 다 거론하여 성상을 번거롭게 하지 않겠습니다. 그러나 한결같이 심술을 부려 음흉하게 흉계를 꾸미며, 오직 사람을 해치는 것을 일삼고 있습니다. 이전에 정승의 지위에 있을 때에도 기세를 과장하여 화와 복을 제 맘대로 농락하였고 큰 옥사를 누차 일으켜 작은 원한도 반드시 갚았으며 민간의 재산을 훔치고 강제로 빼앗는 등 방자히 하기를 꺼리지 않았으므로 이미 무거운 논박을 당하여 여러 사람들로 부터 버림을 받았습니다. 정승으로 임명하는 명령이 내려지자 온 나라가 놀랍고 괴이하게 여기며 전국이 실망하고 있습니다. 어찌 공론에 죄를 얻은 사람으로 하여금 다시 백성이 쳐다보는 정승의 직임에 섞어 두어서 거듭 나라의 일을 그르치게 한단 말입니까. 파직을 명하소서."

하니, 답하기를, "윤허하지 않는다. 마음을 다하여 국사를 돌본 어진 재상을 말을 꾸며 공격해서 용납할 수 없게 하고 있으니, 임금을 꺼리고 역적을 보호하는 사람으로 정승을 삼으란 말인가. 결코 따를 만한 이치가 없으니 빨리 이 논의를 정지하고 그로 하여금 올라와서 이 시대의 어려움을 구제하게 하라." 하였다.

– 광해일기 6년 1월 19일 –

4월 3일 영의정 기자헌이 상소문을 올려 양사의 탄핵상소에 답하고 물러가길 청하니 임금이 조리하고 올라오라고 말하였다.

영의정 기자헌의 사직 상소에 답하였다. "상소의 내용은 자세히 알았다. 그러나 몹시 서운하다. 역적에 대한 옥사가 계속하여 일어나고 국사가 위급하니 경은 떠도는 소문에 개의치 말고 편안한 마음으로 조리하고 속히 올라와서 힘써 나의 소망에 부응하라. 이런 내용으로 승정원이 말을 만들어 돈독히 효유하라."

– 광해일기 6년 4월 3일 –

광해를 왕위에 오르게 한 또 다른 강경파 세력들이 그동안 광해의 왕위 계승 저지를 하며 왕권을 뒤흔들던 세력들을 하나 하나 척결함으로서 결과적으로 인조반정의 구실이 되고 말았다.

광해는 그를 옹립한 권신들의 끈질긴 상소로 친형 임해군을 죽이고, 동생 영창대군도 강화로 귀양을 보내 죽게 한다. 그러고는 마지막 남은 인목대비의 직위마저 폐하려 하자 기자헌은 극구 반대하였으나 강경파들의 주장 앞에서는 아무런 소용이 없었다. 삼강오륜을 중시하는 국가에서 임금이 어머니를 폐함으로써 강상의 죄를 범한 왕으로 만들어 버린 것이다.

폐비론에 반대한 기자헌은 이 일로 모함을 받아 멀리 함경도 길주까지 내쫓겨 유배생활을 하다가 강릉에 은거하였다. 이후 광해가 불러들였으나 기자헌은 모든 벼슬을 던져버리고 향리로 돌아갔다.

1620년 광해군이 특별히 그를 덕평부원군에 봉하고 영중추부사에 임명하여 조정에 나오도록 하였으나, 끝내 조정에 나오질 않았다.

인조반정을 모의하던 서인들이 사사로이 한교韓嶠를 보내어 기자헌의 뜻을 시험하고 계책을 물으려 하므로, 기자헌이 마음속으로 알고서 거짓 귀가 먹은 체하며 두 번의 질문에 두 번 모두 응답하지 않자 한교가 돌아갔다. 공신들이 서로 말하기를, "저 대신은 몸가짐을 정중히 하고 지혜가 많은데, 이미 본인 뜻에 만족하여 하고 싶은 바를 행하고 있으니 우리들은 금지할 수 없다." 하고, 부르지 않았다.

1623년 강상의 죄를 범한 임금을 모실 수 없다는 빌미로 김류·이귀 등이 인조반정에 성공한 후 인조가 선왕의 옛 신하를 거두어 불렀지만 기자헌을 정승의 직위에 임명하지 않자 식견이 있는 자는 모두 그가 죽을 줄 알았으며, 공신들이 공을 성취하고서 몰래 함정을 만들어 꺼려하던 자를 모두 죽였는데, 차례가 기자헌에게 미치자 오직 이귀가 홀로 '기자헌에게는 죄가 없으니 죽이는 것은 부당하다'고 말하였다.

얼마 지나 큰 옥사에 빠져 서산으로 유배되었는데 반정 이듬해 이괄이 공훈서열에 반발을 하여 난을 일으키니 공신들이 두려워하여 은밀히 모의하기를 "죄수들을 죽이지 않으면 반드시 내응하여 혼란하게 될 것입니다." 하며, 임금께 아뢰어 37명을 모두 끌어내어 참형에 처하였는데, 기자헌은 대신이라 하여 참형을 가하지 않고 자결하게 하였다.

이때 기자헌의 형제와 아들도 함께 처형당함으로써 기씨문중이 멸족되고 말았다. 뒤에 정승 이원익이 임금에게 아뢰기를, "기자헌은 용서함이 후손에게 미쳐야 마땅한 자인데도 그 자신이 모면하지 못하였고 친척도 모두 죽었으니, 매우 애처롭게 여길 만합니다." 하였고, 찬성 이귀 또한 상소하였는데, 임금이 그제야 느끼고 깨달아 그의 관직을 회복시키도록 명하였다.

영창대군의 죽음

1614년[54세] 광해 6년 1월 13일 영창대군의 죽음

정항을 강화 부사로 삼았다. 정항은 무인 출신이다. 임해군이 귀양가자 이정표가 살해했고, 영창 대군이 귀양가자 정항이 살해했다. 그러므로 특별히 사랑함이 비할 데 없었다. 그 뒤에 두 사람이 잇따라 죽자 사

람들이 모두 하늘이 내린 앙화라고 하였다. 대군이 죽을 때의 나이가 9세였다. 정항이 강화 부사로 도임한 뒤에 대군에게 양식을 주지 않았고, 주는 밥에는 모래와 흙을 섞어 주어서 목에 넘어갈 수 없도록 하였다. 읍안의 한 작은 관리로서 영창대군의 거처 울타리를 지키는 자가 있었는데 불쌍히 여겨 몰래 밥을 품고 가서 먹였는데 정항이 그것을 알고는 곤장을 쳐서 내쫓았다. 그러므로 대군이 이때부터 밥을 얻어먹지 못하여 기력이 다하여 죽었다. 어떤 사람이 말하기를 "정항은 그가 빨리 죽지 않을까 걱정하여 그 온돌에 불을 때서 아주 뜨겁게 해서 태워 죽였다. 대군이 종일 문지방을 붙잡고 서 있다가 힘이 다하여 떨어지니 옆구리의 뼈가 다 탔다."고 하였다. 당시의 강화도 사람들은 그 말을 하면서 눈물을 흘리지 않는 사람이 없었다.

인목대비의 폐비 반대와 기자헌의 유배

1617년 광해 9년 인목대비를 유폐할 때에 아부하여 설치는 자가 다투어 폐비시킴이 마땅하다 말하고, 상소하는 자가 수백 명에 이르자 의정부에 회부하여 논의하게 하였는데, 기자헌이 옛 역사를 고찰하며 극력 만류하면서 고치고 깨닫기를 바랐다. 그러나 혼자서 임금의 뜻을 움직이기에는 부족하여, 널리 군신의 논의를 모으도록 청원하고 의정부에 앉았는데, 마침 종실과 문무백관이 섞여서 논의하자, 이에 삼사에서 무리를 지어 반역한다고 논하면서 의논을 저지시키려고 하였다. 기자헌은 동요하지 않고 오래도록 앉아서 일어나지 않았다. 의논이 올라가자 모두 두려워 겁을 내며 한 사람도 불가하다고 말하는 자가 없으므로 기자헌이 탄식하며 말하기를, "종실과 고관으로 국가와 기쁨과 근심을 함께 해야 하는 자들이 대의를 돌보지 아니하고 국가를 저버림이 여기에 이르렀는 가?" 하고, 인해서 도읍의 성문을 나왔는데, 이항복 이하 불가하다고 말한 자는 모두 시류에 눌려 배척되고 제거되었으며, 기자헌은 길주로 귀양 갔는데 인심이 소요스럽고 어지러웠다.

정인홍은 당초 이 일을 주장한 자인데, 의논을 올릴 적에는 두 가지 설을 말하기를, "군신과 모자의 명분과 의리는 원래 타고난 것이어서 바꿀 수 없다." 하였으므로, 다투며 논하는 자가 이 명분과 의리를 애석하게 여겼다고 하였다. 이 때에 광해군 또한 마음으로 두렵고 어렵게 여겨 서궁에 유폐할 따름이며, 감히 폐비한다고 드러내 놓고 말하지 못하였으니, 기자헌의 힘이 있었던 것이다.

이이첨이 정권을 멋대로 휘두른 지 오래되어 사람들에게 화와 복을 끼치기를 자기하고 싶은 대로 하였으므로, 공경대부로부터 미워하면서도 겁을 내어 그를 섬겼는데, 기자헌은 자신의 행동을 신중히 하여 꺼려하는 바가 없으니, 이이첨이 미워하기를 심하게 하였지만, 말로 기자헌을 배척할 수 없다가 이 때에 이르러서야 귀양 보냈다.

— 국역국조인물고, 기자헌, 세종대왕기념사업회 —

1617년 11월 25일 폐비 문제에 소극적인 기자헌을 탄핵하는 대사헌 이병·집의 임건 등의 상소

대사헌 이병, 집의 임건, 장령 강수·한영, 지평 정양윤·김호, 대사간 윤인, 사간 남이준, 헌납 조정립, 정언 박종주·이강이 합사하여 아뢰기를,

"영의정 기자헌은 성품이 음흉하고 마음이 간사하며 행동이 짐승 같아서 삼강오상을 더럽히고 있습니다. 인척의 세력을 빙자하여 정승 자리를 훔쳐 차지하고 있으면서 추악하고 음험한 행동을 평소의 잘하는 일로 삼았습니다. 사람을 해치고 사물을 해롭게 한 일이 한도 끝도 없었으며, 벼슬을 얻기 전에는 얻기 위하여 고심하고, 얻

고 나서는 잃을까 고심하여 못하는 짓이 없이 하면서도, 조종과 선왕의 무함에 대해서는 사실대로 변론하려 하지 않았으며, 흉측한 격문을 화살에 달아 투척하는 변고가 발생했을 때에는 임금을 버리고 도망쳤으니, 신하로서의 의리가 여기에 이르러 완전히 소멸된 것입니다. 그러니 수많은 죄악을 들자면 머리털을 뽑아 세어도 다 셀 수가 없습니다.

이번에 김제남이 변란을 꾸미고 서궁이 음모에 가담한 것에 대해서는 여러 사람의 진술에서 모두 드러났으니, 이 나라에 사는 백성들치고 어느 누가 분개해 하지 않겠습니까. 큰 의리가 어두워지고 공정한 논의가 막혀버린 이런 때에 다행히 시골 유생들이 충성과 용기로 떨치고 일어나 잇달아 호소하는 상소를 올려 화근을 제거할 것을 요청하였습니다. 이는 참으로 나라의 주춧돌과 같은 대신이 조복을 갖추어 입고 의정부에 앉아서 모든 관리들을 모아 공정한 논의를 널리 받아들여 비상한 변고를 처리하고 예측할 수 없는 환란을 멈추게 함으로써, 위로는 종묘사직을 편안히 하고 임금을 보좌하며 아래로는 신하의 직책을 다하고 사람의 윤리를 세워야 할 때인 것입니다. 그런데 기자헌은 어물어물 형세만 바라보면서 뒷날의 복을 받으려고만 꾀하고 있습니다. 유생들의 글이 한번 내려오자 굳이 거부할 것을 결의하고, 해당 관청이 가서 의논하자 '자기의 직분을 넘어서서 남의 일에 간섭하다가는 무도한 짓을 제멋대로 하는 죄를 범할까봐 두렵다.'라고 핑계를 대었습니다. 유생의 글을 다시 의정부로 내려보내자, 자기 혼자 먼저 의견을 들여 역적을 옹호하는 도적들을 위한 기치를 내세웠습니다. 또 어제는 문안하러 들어온 모든 관리들을 대궐 뜰에서 강제로 의견을 종합하려고 하였는데 마치 지시를 받고 여론을 결단하는 것처럼 하였으니 더욱 해괴합니다.

신들이 그 상소를 보건대 그 안에 '아무개가 서궁(인목대비)을 멋대로 폐위했다.'고 하였습니다. 오늘날 신하된 사람으로서 어느 누가 역적을 처벌할 마음이 없겠습니까. 그러나 그가 과연 담당하려 하겠습니까. 먼저 간사한 의견을 전하에게 드리고 요사스런 무리들을 불러들임으로써 자기 세력을 돕게 하였으니, 그가 제 마음대로 한 일이란 역적을 옹호한 것입니다. 또 말하기를 '계축년간에 여러 대신들이 글을 올릴 때 신도 참가하여「아비가 비록 사랑하지 않더라도……」라는 등의 말을 하였으니 전후의 논의를 달리할 수 없습니다.'라고 하였습니다. 이것은 이덕형 등이 역적을 옹호하고 임금을 위협하는 논의였는데, 기자헌이 아직도 그릇된 소견을 고집하면서 임금을 등지는 죄에 스스로 빠져들고 있으니, 그가 역적을 옹호하는 데서는 달라지지 않고 임금을 섬기는 데서만 달라진 것은 무엇 때문입니까.

또 말하기를 '몇 해 전에 이원익이 견책을 당하였을 때 삼사가 말하기를 「조정에서는 본래 이런 마음이 없었는데 이원익이 노망하여 함부로 말함으로써 악명을 전하에게 돌렸다.」고 했다.' 하였는데, 이것은 또한 그렇지 않습니다. 전하로 하여금 끝까지 은혜를 온전히 하여 어미를 사적으로 봉양하게 하려 했던 것이 원래 여러 신하들의 의도였으나, 그 뒤에 여러 역적들이 서궁을 좋은 기화로 삼고 변란을 계속 일으켰으므로 화근을 제거하지 않는다면 머지않아 나라가 망하게 될 것이니, 이것은 오늘의 사태가 이전과 같지 않은 점입니다. 그런데 기자헌은 은밀히 이원익을 도우면서 도리어 그때 삼사가 한 말을 증거로 하여 저지시키려 하였으니, 그의 계책이 교활하다고 하겠습니다.

또 말하기를 '일찍이 선조 때 대학연의를 보았는데 장구령은 태자를 바꾸려할 때를 당하여 신은 감히 분부를 받들 수 없다는 말을 했다.' 하였는데, 이것은 바로 당 나라 현종이 태자 이영을 폐출할 때의 일입니다. 오늘날에 비교할 일이 무엇이 있기에 감히 밑도 끝도 없는 말을 지어내어 임금을 농락한단 말입니까. 그가 전혀 근사하지도 않은 말을 끌어다가 은연중에 자신을 내세웠으니 그 마음 역시 몹시 패독스럽습니다. 그리고 또 말하기를 '모든 신하가 신臣 자를 쓰고 절하였으니 만약 바꾼다면 이것은 사람에게 반역을 가르치는 것이다.' 하였는데, 참으로 이 말과 같다면 무씨武氏의 조정에서 장간지 등이 원래 신으로 자처하였지만 무후를 상양궁으로 옮긴 뒤에도 과연 신하의 도리로 섬겼단 말입니까. 남에게 역적을 가르친다는 말도 실지로 자기 스스로 역적질을 했다는 것을 말하는 것입니다. 또 말하기를 '강씨와 무씨의 일을 오늘날과 비교할 때 과연 모두가 유사한지 모르겠다'고 하였는데, 대체로 강씨는 노나라 환공을 시해하는 데 참여하였으므로 춘추春秋에서는 강씨라고 쓰지 않는 것으로 단절하였습니다. 그리고 무후는 임금의 어미를 살해하고 황제를 쫓아낸 다음 황제의 자리를 빼앗았으므로 호씨는 말하기를 '장간지 등이 그의 죄를 따져서 폐출시킨 다음 사형에 처했더라도 중종은 참견하지 못했을 것인데 대의를 내세워 죄인을 토벌하지 못하였다.' 하였습니다.

지금 서궁은 내외로 결탁하여 반역을 꾀한 정상이 수없이 드러나 임금을 죽이는 데 참여했던 강씨보다도 심하고, 궁중에서 저주를 행하여 성상을 해치려고 모의한 것은 임금을 축출한 것보다도 더 심하며, 전 왕후를 억누르려고 능침에까지 흉악한 짓을 감행한 화변은 임금의 모친을 살해한 것보다도 더 참혹합니다. 그런데 기자헌은 도리어 같지 않다고 주장하려 하고 있으니 무슨 의도인지 모르겠습니다.

또 말하기를, '진나라 혜제 때의 양 태후의 일은 망발인 듯하다.' 하였는데, 여러 유생들의 글은 성상으로 하여금 모자간의 은혜를 온전하게 하려는 의도로 장화가 한나라 성제 때 조 태후의 전례를 든 것을 인용하여 대비를 폐출시키려 한 것일 뿐, 처음부터 오늘날의 일을 양 태후에게 비교하려 했던 것은 아닙니다. 동양의 의도는 양 태후가 애매하게 내쫓겼다고 보았기 때문에 이 말을 한 것인데 그렇다면 지금 대궐 안에서 일어난 변고도 애매한 것이라고 말할 수 있겠습니까.
기자헌은 상소문에다 인용도 하지 않은 말을 첨가하여 감히 임금을 욕되게 하였으며, 끝에 가서는 강목綱目에 있는 말과 진덕수의 말을 인용하여 위협하고 미혹시키기를 조금도 꺼리지 않았으니, 임금을 배반하고 역적을 옹호한 그의 마음이 여기에 이르러 더욱 드러났습니다. 또 말하기를 '장 황후에 대하여 주희는 이보국이 그를 죽였다고 특별히 썼고, 안진경은 조정에 돌아온 적이 없었으며 양관楊綰도 언급한 일이 없었다.' 하였는데, 당서唐書를 살피건대 숙종 때 장 황후가 월왕을 세우려고 음모할 때에 보국은 군사를 거느리고 태자를 호위하고 장 황후를 별전에 가두었으며, 대종이 왕위에 오르자 여러 신하들이 황제에게 보고하여 서인으로 만든 다음 죽게 하였습니다. 강목綱目을 편찬할 때에는 특별히 보국을 미워하여 그렇게 쓴 것이고 장 황후를 용서한 것은 아닐 것입니다. 더구나 본전을 상고하건대, 양관은 숙종으로부터 덕종에 이르기까지 중서 사인, 예부 시랑, 이부 시랑으로 조정에 있었습니다. 진경은 대종 때에 이주 자사로 임명되었으나 부임하지 않았고 형남 절도사로 임명되었으나 가지 않았다가 상서우승으로 고쳐 임명되었으니, 그가 조정에 있었던 것은 분명합니다. 당시에 만약 다른 의논을 제기하였었다면 사관이 반드시 적었을 것인데 역사에 적은 것이 없으니 두 사람이 조정에 있으면서 간쟁하지 않았다는 것은 이에 근거하여 알 만합니다. 자헌이 1천 년이 지난 뒤에 장 황후를 옹호하려 하는 마음은 바로 서궁을 옹호하려는 계책입니다.

또 말하기를 '염 황후가 처음에는 황제의 어미를 죽였고 중간에는 황제를 내쫓고 북향후를 세웠으며 마지막에는 또 다른 사람을 세우려 하였는데 사마광은 주거周擧가

이합李郃에게 한 말을 인용하였다.'고 하였으며, 또 말하기를 '이합이 글을 올려 제의하자 순제가 염 황후에게 조회하였다. 그때 주거의 말에 대하여 죄를 주지 않았을 뿐만 아니라 또 그 의견을 따랐으니 역시 칭찬할 만하다.'라고 하였습니다. 염씨가 갇혔을 때 진선陳禪이 내쫓을 것을 요청하자 온 조정이 그 의견을 따랐는데 주거의 의견으로 인하여 쫓겨나지 않게 되었습니다. 염 황후는 어리고 약한 아들을 내세우려고 욕심을 내었으나 계책이 이루어지기 전에 먼저 실패하였을 뿐이고, 오랫동안 음모하였거나 요사스런 짓을 하고 저주를 행한 일이 있었던 것은 아니었습니다. 그렇기 때문에 진덕수는 말하기를 '왕후가 정사에 간섭하고 외가外家에서 권력을 잡는 것은 옛날 어진 임금의 좋은 법이 아니다.'라고 말하였으니 어찌 깊은 뜻이 없겠습니까. 기자헌은 감히 그 실지 사실을 덮어놓고 주거의 말만 들어서 비교하려 하였으니, 여러 신하를 데리고 서궁에 조회하는 그 뜻이 여기에서 또 드러난 것입니다.

또 말하기를 '너무 빨리 내쫓으려 한다고 한 진관陳瓘의 말은 또한 내쫓지 않으려는 말이다.'라고 하였습니다. 철종 때 유 황후가 음탕하고 정사에 간섭함으로 한충언 등은 모두 내쫓을 것을 요청하였으나 진관은 말하기를 '반드시 명분을 바로잡아야 하고 너무 빨리 내쫓지 말 것이다.'고 했는데, 뒤에 가서 내쫓기게 되자 왕후는 마침내 자살하였습니다. 그런데 기자헌이 어떻게 진관의 마음이 반드시 끝내 내쫓지 않으려는 것인 줄 알아서 억지로 증명할 수 있겠습니까. 이것은 이미 옛사람의 마음을 속인 것이고 또 전하를 속인 것입니다.

또 말하기를 '신덕 왕후에 대한 일은 죽은 뒤에 빈말로 처리한 것이었고 지금은 해마다 한식날에 제사를 지내니 역시 오늘날의 일에 비교할 일이 아니다.'라고 하였습니다. 사직을 안정시킨 초기에 신덕 왕후가 이미 세상을 떠났으니 이방석의 일에 대해 어떻게 알 수 있었겠습니까. 만약 음모에 참여한 사실이 있었다면 한식날에 한 번 제사지내는 일도 할 수 없을 것입니다. 또 말하기를 '유생들의 결론은 오로지 중국에 대하여 언급하였는데, 석성·정응태·조즙·이성량의 족속들 중에 또한 아직 살아 있는 사람이 있을 것이다.'라고 하였으니, 이것은 기자헌이 중국에서 아직 발생하지도 않은 일을 끌어들여서 임금을 공갈하려는 것이므로 더욱더 음흉합니다. 그리고 임거만록이 처음 왔을 때에 기자헌이 그 책은 위조한 것이라고 극력 주장하면서 먼저 임금의 무고를 해명할 것을 요청하자는 의견을 저지하여 따르지 않더니, 오늘에 와서는 군현의 일을 들어 임금을 위협할 자료로 삼으니 역시 간악합니다.

또 말하기를 '형남에서 10월달에 우레가 친 것이 지금까지 전해오고 있는데, 변고란 공연히 발생하는 것이 아니라 반드시 그것을 초래한 원인이 있는 것이다.'라고 하였습니다. 10월에 우레가 친 것은 그 원인이 대신에게 있는 것이라고 역사에서 여러 번 썼고, 형남에서 우레가 친 것은 대개 적이 서울을 웅거하고 있을 때였습니다. 그는 자기 자신이 책임져야 할 변고를 도리어 나라에 돌리고 오랑캐의 변고라는 말로 두려워하게 하였으니 역시 매우 음흉합니다.

그가 한평생 처신한 것과 임금을 섬긴 것을 보면 단지 한 덩어리의 흉물에 지나지 않는데도 스스로 말하기를 '사마광·주희·진덕수 등 여러 사람의 의견을 수합하여 올린다.' 하였으니, 이것이야말로 이른바 '시서를 이야기하면서 무덤을 도굴한다.'는 격이고 '도살장에서 부처님 이야기하기'와 같은 것입니다. 기자헌은 하늘에 달하는 많은 죄를 지었는데 아직도 영의정 자리를 차지하고 있으면서 감히 무도한 말을 제창하여 사람들의 판단을 흐리게 하고 대의를 저해하는 한편 전하를 반대하는 일을 즐거워하면서 외면할 생각을 품고 있습니다. 그러므로 국가를 망각하고 임금을 배반한 그의 죄를 법률에 의하여 중한 형벌로 다스리지 않아서는 안 됩니다. 우선 먼 섬에 위리 안치시켜서 귀신과 사람의 분함을 통쾌하게 씻을 수 있게 하소서."

하니, 답하기를, "이런 때에 대신을 어찌 경솔하게 논의할 수 있겠는가. 번거롭게 하지 말라." 하였다.

– 광해일기 9년 11월 25일 –

11월 26일 양사(사헌부 사간원)가 연계하여 기자헌을 탄핵하니 영의정을 면직시키다.

양사가 연계하기를, "기자헌은 성품이 음흉하고 마음씨가 간사한 자로서 인척의 세력을 빙자하여 정승자리를 가로챘습니다. 그리하여 추잡하고 음험한 짓을 마음대로 하고 재물을 탐하여 쌓는 것을 급선무로 삼았으며, 사람들을 해치고 사물에 해가 되게 하는 것이 끝이 없었으며, 벼슬을 얻지 못했을 때는 얻을 것을 얻었을 때는 잃을 것을 근심하여 못하는 짓이 없습니다. 그리고 조종과 선왕이 무고당한 것을 중국에 해명하려 하지 않았으며 흉악한 격문을 화살에 매달아서 던진 변고가 발생했을 때에도 임금을 버리고 도망갔으니, 신하된 의리가 여기에서 완전히 없어진 것입니다. 만약 그의 모든 죄과를 다 들자면 머리털을 뽑아 세어도 다 세기 어려울 것입니다.

김제남이 변란을 일으킬 때에 서궁이 함께 꾀한 사실에 대해서는 여러 사람의 진술이 일치하여 모든 사실이 다 드러났으니, 이 나라에 사는 사람치고 어느 누가 분하게 여기지 않겠습니까마는, 대의가 어두워지고 정론이 막혀버렸으니 어찌하겠습니까. 그런데 다행히도 시골의 여러 선비가 충성심과 의기를 발하여 정성어린 상소를 잇따라 올려 화근을 제거할 것을 요청하였으니, 이는 참으로 대신들이 묘당에서 단정히 앉아 모든 관리를 불러모으고 공정한 논의를 널리 채집해서 비상한 변고에 대처하고 뜻밖의 환난을 늦춤으로써 위로는 종묘 사직을 안정시키고 임금을 보호하며 아래로 신하의 직책을 다하고 사람의 윤리를 세워야 할 때입니다. 그런데 자헌은 감히 배회하고 관망하면서 뒷날의 복을 차지할 것만 꾀하고 있습니다. 유생들의 상소문을 내려보냄에 따라 해조가 기자헌에게 가서 의논하자, 핑계대기를 '자기 직분이 아닌 남의 일을 참견하다가 무도한 짓을 마음대로 하는 죄에 걸릴까 두렵다.'고 하였으며, 상소문을 다시 의정부에 내려보냈을 때에는 자기 혼자 의견을 먼저 드림으로써 간사한 무리를 모으고 역적을 옹호하는 기치를 세웠으며, 또 좋은 말은 자기가 듣고 일은 임금에게 떠넘기기 위하여 대궐뜰에서 의견을 수집하기를 마치 지시를 받고 문의하여 처리하는 것처럼 하려 했으니 더욱 통분할 일입니다. 그리고 그의 차자 안에 적은 말은 어느 것이나 다 유생들의 논의를 배척하고 임금을 등지는 논의를 부추기는 것으로 반복하여 변론한 것이 터무니없는 증거를 댐으로써 임금을 협박하는 꾀를 실현하려 하였으니 역시 흉악하고 참혹합니다. 그의 장황하고 현란스런 말에 대해서는 어제 올린 글에 이미 다 확실하게 분변했습니다.

기자헌은 이와 같이 하늘에 달하는 죄악을 저질렀는데 아직도 정승의 자리를 차지하고 있으면서 물의가 들끓고 있는 것도 아랑곳하지 않고 있습니다. 유생들이 여지없이 공격하는데도 즉시 석고대죄하지 않고 거만스럽게 다시 묘당에 들어와 임금을 반대하는 무리로 하여금 임금을 무시하는 자기 의견을 돕게 함으로써 서궁을 보호할 생각을 하고 있으니, 종묘 사직을 망각하고 임금을 저버린 그의 죄를 법에 따라 처벌하지 않아서는 안 됩니다. 신들이 다만 위리 안치시키기만을 청한 것은 역시 가장 가벼운 형벌을 따른 것인데 성상의 비답에는 도리어 '경솔히 논의할 수 없다.'는 것으로 전교하시니, 신들은 답답한 마음을 금할 수 없습니다. 기자헌의 죄를 하루라도 다스리지 않는다면 이론이 떼지어 일어나 전하의 위세가 더욱 고립될 것입니다.

나라가 위험해질 조짐이 눈앞에 다가와 있으니 속히 흔쾌한 결단을 내려서 대의를 내세움으로써 화근을 근절시키소서."

하니, 답하기를, "내가 매우 불행하여 이 큰 변고를 만났으니 듣고 싶지도 않고 어찌해야 좋을지도 모르겠다. 그저 한없이 근심스럽고 안타깝다. 이런 때에 어찌 대신의 죄를 다스려서 나의 부덕함을 거듭 드러내야 하겠는가. 그러나 대신이 논핵을 받고서는 형편상 출사하기가 어렵다. 이 걱정스럽고 위급한 때에 정승의 자리를 오래 비워둘 수 없으니, 교체하도록 하라." 하였다.

– 광해일기 9년 11월 26일 –

11월 진호선이 기자헌·김제남·이항복의 편을 든 자들의 처벌을 상소하다.

생원 진호선이 상소하기를,
"삼가 생각건대, 서궁이 화근이 되었다는 것을 온 나라 사람들이 어느 누가 모르겠습니까. 그러나 역적을 비호하는 무리가 온 나라에 가득 차 있어 그릇된 논의가 마구 일어나 보고 듣는 사람들의 판단을 흐리게 하고 있습니다. 심지어 임금의 원수를 자기의 부모처럼 여기고 서로 보호하기에 급급해 하면서 오직 그가 일생을 잘 마치지 못할까 두려워하고 있습니다. 인심이 이 지경에 이르렀으니 나라가 어떻게 안정될 수 있겠습니까.

전날 초야에 있는 충의로운 신하들이 여러 차례 연명으로 글을 올려 큰 계책을 결정할 것을 청한 일이 있습니다만, 영의정 기자헌이 맨 먼저 이론을 제기하여 유생의 글을 극력 배격하고 터무니없는 증거를 인용하여 임금을 위협할 계책을 삼았던 까닭에 정론이 이미 나왔다가 중간에 저지되었으니, 나라를 저버린 기자헌의 죄과는 머리털을 뽑아 세어도 주벌을 제대로 가하기가 어렵습니다. 그런데 삼사가 올린 계사를 즉시 윤허하지 않음에 따라 간사하고 반역스러운 무리들이 손뼉을 치고 일어나 계속 간사한 말을 하면서 역적의 괴수를 비호하고 있습니다. 기자헌을 하룻동안 처벌하지 않으면 종묘 사직에 하룻동안의 근심을 끼치는 것입니다. 자헌을 사형에 처하면 종묘 사직을 위태롭게 하려던 자들이 그들의 음모를 멈출 것입니다만 기자헌을 처단하지 않으면 나라를 등진 무리가 그들의 기세를 올릴 것이니, 국가의 안위 문제가 전하의 용단에 달려 있습니다. 삼가 바라건대 전하께서 속히 윤허를 한번 내리심으로써 종묘 사직을 안정되게 한다면 이보다 다행한 일이 없겠습니다.

신이 듣건대, 어제 의정부에서 회의할 때 기자헌은 유생의 상소에서 지적당한 사람으로서 버젓이 들어가 앉아 모든 관리를 불러모으는 일을 조금도 기탄없이 하였다고 합니다. 그의 의도는 바로 원수를 잊은 무리로 하여금 자기의 차자에 보호할 계책을 올리게 해서 자기의 세력을 확대하려는 것이었습니다. 그렇기 때문에 박홍구와 민형남은 다 '비방을 받게 될 것이다.'는 말로 끝을 맺었으며, 정홍익은 '차라리 죽을지언정 따를 수 없다.'고 말하였으니, 이것은 다 기자헌이 충동질한 것입니다. 이런데도 처벌하지 않는다면 어떻게 여러 사람이 떠들어대는 말을 제압할 수 있겠으며 여러 사람의 뜻을 일치시킬 수 있겠습니까.

이항복은 김제남 무리의 괴수이므로 서양갑 등이 반란을 일으킨 것은 이항복의 병권을 스스로 믿고 공모 결탁하여 때를 기다렸다가 일어나려 한 것입니다. 좌의정 정인홍은 이항복이 환난을 일으킬 것을 미리 근심하였는데 전하만 그것을 눈치채지 못하셨던 것입니다. 지금 논의에서는 감히 '아들은 어미를 원수로 대할 수 없다.'고 말하였는데, 유생들의 논의가 어찌 우리 임금으로 하여금 서궁을 내쫓도록 하고자 한 것이겠습니까. 그런데 이항복은 감히 죄를 전하에게 돌리려 했으니 이것만 해도 이미 극도로 패만스러운 짓인데, 또 '급伋의 처는 백白의 어미이다.'는 말을 인용하여 선왕을 우롱하고 전하를 모욕하였으니 그의 마음은 자헌보다 더 흉악한 점이 있습니다. 그것은 대개 전날에 흉악한 모략을 이루지 못한 까닭에 틈을 타서 기치를 세움으로써 변란의 단서를 열어놓은 것이니, 그의 몸에 1 백 번 주벌을 가하더라도 분을 다 풀 수 없습니다. 이런 자를 내버려두고 처단하지 않는다면 장차 어떻게 나라를 다스리겠습니까.

아, 기자헌이 한 짓이 어찌 남에게 미루고 핑계댄 것뿐이겠습니까. 그 중에는 필시 숨긴 사실과 은밀한 시도가 있었을 것입니다. 병진년에 주청하러 갈 때에는 '쟁립爭효'이란 두 글자를 해명하려 하지 않은 것과 올 봄에 흉악한 격문의 변고가 일어났을 때에 변란을 틈타 도망쳐간 것은 무슨 꿍꿍이속이 있어서 그렇게 한 것이란 말입니까. 더구나 기어코 서궁을 보호하려고 여러 사람의 상소문을 극력 헐뜯었으며 마침내 '전첩專輒'[1]이라는 '첩' 자로써 은근히 임금을 모욕하였으니, 그 사실을 철저히 따져서 국법을 바로잡지 않아서는 안 됩니다. 삼가 원하건대 전하께서는 속히 기자헌을 잡아가두고 엄하게 신문하여 실정을 캐내도록 하고, 다음으로 의논을 수렴할 때에 간사한 논의를 한 사람들과 역적 정협의 진술에서 나온 김제남과 패거리가 된 여러 재상들을 모두 처벌하고 귀양보내도록 하소서. 그리고 이어서 이항복은 참형에 처하여 팔방에 조리를 돌림으로써 신하로서 임금을 업신여기고 의리를 무시하는 자들에게 경계가 되게 한다면 이보다 더한 다행이 없겠습니다." 하였는데, 의정부에 내렸다.

— 광해일기 9년 11월 26일 —

1620년[60세] 광해 12년 8월 29일 기자헌의 사면을 명하다.

광해군이 왕위에 오를 때 기자헌의 덕을 입어 왕위에 오를 수 있었기에 비록 귀양 보내기는 하였으나 견책할 따름이라고 하였다. 특별히 불러 예전처럼 대우하였지만 기자헌은 국가의 정세를 보고 이미 떠났으니, 국가를 위해 일할 수 없음을 알았던 것이다. 동쪽의 해상에서 유람하며 국가의 일에 참여하지 않았다.

— 광해일기 12년 8월 29일 —

9월 광해군이 특별히 기자헌을 덕평부원군에 봉하고 영중추부사에 임명하여 조정에 나오도록 하였으나, 영창대군 죽음과 인목대비 폐출에 항거하는 뜻으로 끝내 나오질 않았다.

---

1) 전첩專輒 : 독단으로 전횡하다

인조반정과 이괄의 변란 보고

1623년[63세] 광해 15년 김류·이귀 등이 인조반정을 획책하고 광해군 퇴출에 함께 참여하기를 권하니, 기자헌은 "신하로써 왕을 폐할 수 없다"며 거절하여, 받들었던 왕에 대한 의리를 지켰다. 반정이 성공하여 인조가 등극하던 날 기자헌에게 관직을 내려 조정에 나오라 하였으나 나가지 않았다.

반정 후에 인조가 신하를 등용할 때 불렀으나 가지 않았다. 이 때문에 이해 7월 역모죄로 한양에 압송되어 중도부처되었다.

1624년[64세] 인조 2년 1월 17일 이괄의 변란을 고하다.

전 교수 문회, 허통 이우, 전 첨사 권진, 전 참봉 정방열, 충의 윤안형, 허통 한흔 등이 대궐에 나아가 반역행위를 고발하니, 곧 궐내에서 심문하였다.

문회가 진술하기를,
"윤인발이, 신의 아비가 비명에 죽었으므로 반드시 나라를 원망하는 마음을 품고 있으리라 여겨 지난해 7월에 신에게 저희끼리 음모한 것을 말하기를, '무인 성우길이 일을 주도하여 우리 5~6인과 유생 정돈·정찬·성백구·정방열 등이 학업을 익힌다는 핑계로 인성군의 이웃집에 모여 밤이면 들어가 뵈고 모의하였는데, 추대하는 일을 언급하면 겸손하게 사양하며 「그대들은 다만 큰일을 이루라.」 하였다.' 하기에 신이 대장은 누구냐고 물었더니, '이괄이 거사한 날 집에 돌아와 분개하여 눈물까지 흘리며 「내가 남에게 속아서 일을 일으켰다.」하였다. 이때부터 반역의 뜻을 품고서 한명련의 3부자와 정충신과 함께 모의하고, 그 아들 이전은 정돈·정찬과 함께 산에 간다는 핑계로 지방을 두루 다니며 일을 같이할 사람을 맺었는데, 안변의 수령인 정씨 성을 가진 사람도 그 일을 알고 있다.'고 하였으므로, 신이 바로 공신들에게 밀고하고 왕복한 서찰을 증거로 삼았습니다. 이어 그 사람들을 만나게 해주기를 청했더니, '이전은 현재 일 때문에 시골에 내려갔으니 뒤에 만나게 될 것이다.' 하였습니다. 그리고 신에게 전투에 쓸 호랑이 무늬 옷감을 장만하게 하므로 신이 가산을 기울여 수십 필을 사서 그의 요구에 응해주었습니다. 얼마 안 되어 윤인발이 충주에 내려가면서 서로 도우라는 서찰을 남겨두었는데, 윤인발이 도둑을 만나 죽었다는 말을 들었습니다. 그는 이미 죽어 탐지할 길이 없으므로 정돈을 만나려고 그 집에 찾아갔더니, 그 아비 정인영이 후하게 대우하며 시국을 원망하는 말을 많이 하였는데, 그 뒤로는 숨기고 나타내지 않았으니, 신이 그 정상을 드러낼까 의심했던 것입니다. 신이 일찍이 이우가 정돈·정방열 등과 서로 친숙하다는 것을 알았기 때문에, 이우를 찾아가 만나서 윤인발의 흉모와 정인영에게 속임 당한 정상을 말하고 그 모의한 것을 탐지하였더니, 이우가 곧 허락하고 정방열과 함께 몰래 서로 왕래하였습니다. 하루는 정방열을 데리고 신의 집에 와서 잤는데, 정방열이 시국을 원망하는 시를 지으면서 이우에게 시구를 채워 완성하게 하였습니다. 얼마 지나서 신과 이우가 반역할 뜻이 있는지 의심하였으므로, 일이 누설될까 염려하여 먼저 고발하였습니다." 하고,

이우가 진술하기를, "문회에게 다그침을 받아 자주 정방열을 보러 갔는데, 짐짓 혼란스런 말을 하여 꾀었더니 그 정상을 실토하기를 '이괄·한명련·정충신·이익 등이 연합하여 군사를 일으키려 한다. 지난 가을에 어떤 사람이 홍 승지 집에 투서하기를 「이괄·정인영·유경종이 반역을 모의한다.」 하였는데 홍 승지가 그 글을 유경종에게 보였다. 이 때문에 이괄 등이 크게 두려워하여 반역할 모의가 더욱 굳어졌다.' 하였습니다. 또 한준철이라는 자는 한희길의 손자로서 평소에 서로 친했는데, 신을 불러 윤안형의 집에서 같이 자면서 신에게 계책을 말하고 일을 같이하기를 요구하므로 신이 겉으로 허락하였습니다. 윤안형을 불러 회의하였는데 권진·문회도 참여하여 듣게 하였습니다." 하고

윤안형이 말하기를 '기자헌이 반정한 처음부터 이시언과 함께 모의를 하여 이성으로 하여금 주상의 운수를 논하게 하고, 또 한 왕자와 함께 이시언의 집에 모여 은자 2천 냥을 이시언에게 주고 1천 냥을 성우길에게 주어 훈련도감의 군사를 모으기도 하고 무리를 불러 모으게도 하였다. 동참한 자는 성준길·현즙·정충신·유비·안록·한명련·한겸·김복성·한계와 이문빈의 다섯 아들과 권충남의 아들인 권이균·권

필균과 성효량과 그 아들 성철과 한욱·윤상철·허익·한흥국·한창국·김극전·김극명이고, 문신 전유형·윤수겸·이용진·유공량 등도 그 모의에 참여하였다. 한창국·한흥국·이광호·신득지 등은 기자헌이 흉악한 격문을 투입하였을 때에 십삼학사라 부르던 자이다. 이시언이 고발한 것은 본심이 아니라, 신득지가 그 모의를 누설하였으므로 일이 발각될까 염려하여 먼저 이유림 등을 고하여 스스로 신임을 받으려 한 것일 뿐으로 그 모의는 그만두지 않았다. 전라 병사 윤숙은 왕자군의 가까운 친족이므로 서쪽에 방어하는 군사를 거느리고 상경하여 그대로 거사하기로 약속하였는데, 마침 윤숙이 군사를 거느리는 직에 차출되지 않았으므로 일이 중지되었다. 근일 기자헌이 김정·남염·조희형을 이시언에게 잇달아 보내어 군사를 일으킬 시기를 재촉하게 하고 전유형·윤수겸 등이 정돈을 한명련에게 보내어 본도의 감사를 죽이게 하고 한명철을 현즙에게 보내어 대장을 시키게 하였으며, 이미 임금의 도장을 만들어 왕자의 집에 감추어 두었다. 한계가 꿈을 꾸기를 어떤 사람이 민씨가 얻을 것이라고 말하였다는데, 왕자의 어머니가 곧 민씨이니 그 일이 매우 기이하다.' 하였습니다.

정방열도 말하기를 '광해가 인왕산에 인경궁을 지었으니 반드시 이 궁의 임자가 있을 것이다.' 하고, 윤안형이 말하기를 '우리들이 2월에 군사를 일으키기로 하였으니 공들은 반드시 무사를 모집하여 따라야 한다.' 하니, 권진이 그리하겠다고 하였습니다. 신이 말하기를 '나는 은화로 돕겠다.' 하고 1천 냥을 허락하였는데, 윤안형이 또 문회에게 1천 냥을 요구하니 문회도 허락하였습니다. 얼마 후에 정방열이 그 말이 누설될까 염려하여 반역할 생각을 하고 있으므로, 그보다 앞서 와서 고하고 정방열과 왕복한 서찰도 아울러 드렸습니다. 하였다.

권진이 진술한 말은 대개 이우 등의 말과 서로 부합하였으며, 또 말하기를, "윤안형이 말하기를 '이광영이 강화 부사로 있을 때에 외부에서 원조하려 하였으며 이광영이 양주 목사로 교체되어서는 그 군사로 도우려 하였다. 그런데 또 교체되었으므로 시행하지 못하였다.' 하였습니다." 하고,

한흔이 진술하기를, "신과 정찬은 척분이 서로 두터우므로 신이 상경하였다는 말을 듣고 와서 보고 말하기를 '너희 아버지가 처형되었으니 어찌 원망이 없을 수 있겠는가. 나와 일을 같이하는 것이 어떻겠는가?' 하였습니다. 신이 듣고서 놀라와 대답할 바를 몰라 다만 묻기를 '이 일은 반드시 윗사람을 얻어서 주동하게 해야 할 것인

데 어느 사람인가?' 하였더니, 정찬이 말하기를 '정승 기자헌인데 유경종·유몽인·유약·유위·유흠과 무장 이시언·성우길이 다 함께 모의하고 훈련도감의 장관도 모의에 참여하였다.' 하였는데, 신이 평소부터 정찬이 경박하기 이를 데 없는 것을 알기 때문에 그 말을 믿지 않았습니다. 도로 시골로 내려가다가 길에서 신대지와 유흠을 만났는데, 신대지는 신의 아비의 옛날 부장이었으므로 길가에 앉아 정담을 나누었습니다. 그가 신에게 말하기를 '너는 아버지의 원수를 갚을 뜻이 없는가?' 하기에, 신이 답하기를 '그런 마음이 있더라도 어찌하겠는가.' 하였더니, 신대지가 말하기를 '너는 아직 요즘의 일을 모르는가? 오래지 않아 거사하여 광해를 복위시킬 것이다.' 하므로, 신이 말하기를 '그렇다면 그 은의를 어떻게 갚아야 하겠는가?' 하였습니다. 유흠이 이어 신에게 가지 말라고 권하였으나, 신이 일이 있다고 핑계대고 드디어 시골에 내려갔는데, 그 뒤에 들으니 유응형이 고발하여 유흠 등이 다 죽었다 하였습니다. 저번에 맏형의 아들 한준철이 와서 신을 보고 말하기를 '이우·문회·윤안형 등이 요즘 큰일을 꾀한다.' 하기에 신이 멸족될 일을 하지 말라고 꾸짖었습니다. 준철이 간 뒤에 재삼 생각하니, 준철의 말은 국가에 관계될 뿐더러 사가의 큰 화가 있을 것이므로, 어쩔 수 없이 와서 고하였습니다." 하고,

정방열이 진술하기를, "평소 이우와 서로 친했는데, 이우는 신에게 잇달아 재앙이 있어 가사가 탕진한 것을 보고 매우 후하게 돌보아 주었습니다. 신과 함께 선친의 묘소 아래에서 같이 잘 때에 이우가 말하기를 '요즘 들으니 영남·호서에 큰 변이 있을 것이라 하는데, 청주 사람 박동명·유대명과 진위의 무인 김제정 등이 고을 군사로 남쪽 군사를 응원하려 하니 일은 반드시 성공할 것이다. 나도 서울과 백운산 절의 중 수백 인을 불러 모아 서로 응원하겠으나 외롭고 약한 것이 한탄스럽다. 정찬 형제는 한명련과 혼인한 집안이고 또 이전과 서로 친하니 만약 정씨 두 사람으로 하여금 동지를 불러 모으게 하면 일이 완전할 수 있을 것이다. 나와 만날 수 있게 해 달라.' 하였으나, 신이 허락하지 않고 이어 반역을 해서는 안된다는 뜻으로 타일렀습니다. 신이 정찬을 만나 이우의 반역을 꾀하는 정상을 말하였더니, 정찬이 말하기를 '오합지중은 일을 성취하지 못한다. 다른 한 곳에서 하는 일은, 철기병 10만이라도 못 당할 것인데, 어찌하여 그들과 합세해야 큰 일을 성취할 수 있겠는가.' 하였습니다. 신이 이우의 말을 김자점에게 고하였습니다." 하고,

윤안형이 진술하기를, "한준철과는 전부터 서로 아는 사이였는데 지난해 가을에

우연히 조용하게 이야기할 수 있었습니다. 한준철이 천변에 대해 언급하였는데 말뜻이 이상하므로, 신이 말하기를 '네가 무슨 소견이 있어서 그렇게 말하는가?' 하였더니, 한준철이 말하기를 '나는 본디 시국을 원망하는 사람이다. 기자헌·이시언이 하늘의 때와 사람의 일을 보고 지금 거사를 꾀하고 있는데 이 두 사람이 너만 못해서 이런 생각을 갖겠는가.' 하고, 이어 말하기를 '기자헌이 정명진을 불러 손을 잡고 눈물을 흘리며 말하기를 「우리들이 광해군에게서 은혜를 받은 것이 두터운데 어떻게 힘쓰지 않을 수 있겠는가.」 하니, 정명진이 말하기를 「감히 공을 위하여 죽을 힘을 다하지 않겠습니까.」 하자, 드디어 이시언에게 가서 알리게 하니, 이시언이 곧 허락하였다. 이튿날 스스로 이시언의 집에 갔는데, 인성군(선조아들)도 평상복 차림으로 와서 동지 10여 인과 함께 통곡하고 맹약하였다. 인성군은 백금 3천 냥을 내어 군사를 모집하게 하고 기자헌과 유몽인은 격문을 지어 훈련도감의 장수에게 보냈다. 그리고 윤숙으로 하여금 호남을 맡게 하였는데, 대개 윤숙은 거사를 할 때 인성군에게 뜻을 가졌었는데 인조가 즉위하자 마음에 불안을 품었기 때문에 인성군이 비밀히 통한 것이다. 전국에서 모의에 참여한 자가 대략 3백여 인인데, 나처럼 복수하려는 사람은 이문빈·권충남의 아들들이다.' 하였습니다.

신이 곧 고변하려 하였으나 단서를 얻지 못하여 이제까지 참아왔습니다. 새해 들어 한준철이 와서 말하기를 '어제 이우를 만났는데 일을 같이할 만하다.' 하고 이어 신의 집에 함께 모여 잤습니다. 이우가 강개하여 큰소리로 심정을 토로하니, 한준철이 말하기를 '그대가 일을 같이하려 한다면 어떠한 계책을 써야 할 것인가?' 하니, 이우가 말하기를 '우리들이 서울에서 불러 모은 자가 5백여 인이고 호서에서 온 자가 5백여 인이고 수원의 천총 이승충이 거느리는 자가 3백여 인이고 포천 등산의 승병으로 정예한 자가 50인이니 이것으로 일으키면 족히 성공할 수 있다.' 하였습니다. 주모자가 누구냐고 물으니, 이우가 말하기를 '서울에 한 윗 어른이 있고 지방에 정승이 있다.' 하니, 한준철이 말하기를 '그렇다면 우리들이 꾀한 것과 마찬가지이다.' 하였습니다.

하루는 이우가 사람을 보내어 와서 모이기를 청하므로 가보니, 상석에 두 사람이 있는데 문회·권진이었습니다. 신이 권진에게 묻기를, '이우의 말은 이미 들었는데 그대가 얻은 것은 얼마나 되는가?' 하니, 권진이 말하기를 '나는 심복같은 벗이 1백 인이 있으니 1백 인이 각각 친병 10인을 거느리면 1천 인을 얻을 수 있을 것이다.' 하였습니다. 정월 15일 저녁에 신이 이웃 사람과 달을 보고 돌아가는데 성탁이 시국을 원망하는 말을 하기에 물어보았더니, 말하기를 '우리 외삼촌 전회는 평소 이용진과 서로 친한 사이인데 지금 이용진·윤수겸·전유형과 함께 반역을 꾀하고 있다.' 하였는데 그 말이 한준철의 말과 서로 부합하였습니다. 신이 이우·권진에게 말하기를 '이용진 등 여러 사람의 모의를 우리가 알게 되면 함께 모의할 길이 있을 것이다.' 하였습니다. 그런데 어제 한준철이 신에게 비밀히 말하기를 '이 일은 장차 드러날 것이므로 우리 서자들이 고변하여 잡류를 제거함으로써 사람들의 의심을 막으려 한다. 그런데 윤수겸 등이 꾀하는 것은 매우 크므로 장차 그 쪽을 따를 것이니, 너도 함께 고변하는 것이 좋겠다.' 하였습니다. 신이 따르지 않고 홀로 고하려 하였는데 이우·권진 등이 함께 고변하므로 한꺼번에 와서 고하였습니다." 하였다.

　애초에 한흔이 김광소에게 역모를 누설하자 김광소가 훈신들에게 밀고하였으므로 이때에 와서 김광소를 신문하였는데, 진술하기를, "한흔은 신의 아내의 동생인데, 신의 병이 심하여 죽게 되었다는 말을 듣고 시골에서 문병하러 왔습니다. 어느 날 저녁에 신에게 은밀히 말하기를 '근래 유응형·이시언의 두 옥사에 대해 사람들이 다 부실하다고 의심하고 국청에서도 엄하게 고문하여 끝까지 다스리지 않았으므로 흉악한 도적들이 법망에서 빠져나가 그지없이 난을 모의하고 있다. 하루는 유흠·신대지가 와서 나를 보러 와서는 느닷없이 말하기를 「이번 반정에 무고한 사람을 많이 죽여서 인심이 따르지 않으므로 우리들이 장차 다시 거의할 것이다. 너희 아버지도 죄없이 죽었으니 우리들과 일을 같이 하여 아버지의 원수를 갚겠는가?」 하기에, 내가 그 거사 계획의 대강을 물었더니, 말하기를 「문신은 기자헌이 대장이고 유몽인·유경종이 다음이며, 무신은 이시언·현즙·성우길 등이 대장인데, 이시언은 여러 차례 훈련도감의 대장이 되었으므로 뭇사람들이 따르고 있다. 그리고 항복해온 왜인 50여 인이 그의 심복이며 반정 뒤에 죄받은 사람의 자제·노복으로서 서로 약속한 자가 매우 많고 훈련도감의 장관도 많이 호응하고 있다. 우리들이 각각 초병을 거느리고 사사로이 훈련한다고 핑계대고 동쪽은 살곶이에 주둔하고 서쪽은 연서에 주둔하였다가 동서에서 함께 종로에 들어가 진치고 복수 깃발을 세우고서 서울 사람들을 타이르고 무리를 나누어 보내어 공신들을 제거하면 기세가 웅장할 것인데, 조정에서 누가 감히 복종하지 않겠는가. 광해군을 맞이하여 복위하고 몇 달 뒤에 왕자 중에서 평소에 어질다고 일컬어진 자에게 양위하게 할 것이다. 이것이 우리들의 오늘날의 큰 계책이다……」 하였다.' 하였습니다.

신이 한흔에게 묻기를 '왕자 중에 어진 자란 누구인가?' 하니, 한흔이 말하기를 '인성군의 아우 인흥군인데 인흥군이 즉위하면 국가가 태평할 것이다.' 하였습니다. 한흔이 또 말하기를 '우리들이 장차 강홍립·김경서에게 알려서 청나라 병사를 이끌고 국경에 와서 진압하며 조정을 제어하여 광해군을 복위시키게 하고 우리들이 안에서 일어나면, 지혜로운 자가 있더라도 꾀할 수 없을 것이다.' 하였습니다. 한흔이 또 말하기를 '이선철·위정철이 반역을 꾀하다가 석방되었는데, 그들이 서방으로 가겠다고 자원한 것은 겉으로 은혜에 감격하여 목숨을 바치는 체하면서 실은 그 간계를 부리려는 것이다. 그런데도 조정에서 모르고 있으니, 참으로 가소로운 일이다.' 하였습니다. 그리고 또 말하기를 '반역을 꾀한 무리가 살을 찔러 피를 내어 맹세하기를 「우리들이 불행하게 되더라도 맹세코 각자 스스로 죽고 서로 끌어대지 않는다.」 하였으니, 전후의 옥사에서 사실을 고한 자가 아주 적은 것은 이 때문이다.' 하였는데, 이것은 한흔이 신이 그 아비를 거두어 묻어준 것을 감사하게 여겨서 화기를 알려 난병을 면하게 하려 하였기 때문일 것입니다." 하였다.

이에 드디어 진술에서 끌어댄 사람들을 국문하였는데, 이괄·유비·정충신·윤숙 등은 신문하지 말라고 명하고, 갇힌 죄인 중에서 정인영·정찬·성백구·성철·한준철·김정·성탁·한창국·한흥국·신승남·신경남·이담·이항·권이균·권필균·성대익·윤상철·민유장·한명철 등은 모두 형틀로 고문하였다. 정찬이 진술하기를,

"이괄이 예언기를 얻었다고 스스로 말하면서 딴 뜻을 품었는데, 남건은 요술로 서로 친하고 남응화는 신통스런 기를 잘하여 이괄의 집에 상서로운 기가 있다 하였고, 윤수겸은 이괄이 갑자년 운수를 타고나 극히 길한 것으로서 한번 지휘하면 태평을 이루게 된다는 말을 하였습니다. 이 말은 이괄의 종손 정석필에게서 들었는데, 신의 아비와 형이 다 이괄의 거사 계획을 알고 있습니다." 하였다.

정인영은 이미 역모에 참여하여 들었다고 승복하였으나 실토하지 않았고, 한준철은 역모에 같이 참여한 것을 자복하였고, 성탁도 윤안형과 함께 모의하였다고 진술하였다. 성탁은 곧 처형하고, 정찬은 그대로 가두고서 여러 죄수를 증거로 신문할 바탕으로 삼고, 정인영은 미처 처형하기 전에 죽었고, 김정·한창국·한흥국 등도 형장을 맞아 죽었다. 정석필을 잡아와 형틀로 고문하니, 진술하기를,

"이괄이 통한 자는, 전라 감사 이명, 병사 윤숙, 강원 감사 윤안국, 수원 부사 이경립과 윤수겸·전유형·성효량·오문갑·김대현·신계영·조사언·송경·손득일입니다." 하였는데, 이경립·윤안국·이명은 잡아오지 말라고 명하였다.

— 인조실록 2년 1월 17일 —

기자헌의 죽음과 복권

1624년[64세] 인조 2년 1월 25일 당시 이괄의 반역하는 글이 알려지자 공신들이 은밀히 모의하기를, "죄수들을 죽이지 않으면 반드시 합류하여 혼란하게 될 것입니다." 하며, 임금께 아뢰는 한편 기자헌과 사대부로 뜻을 잃은 자 37명을 다 끌어내어 모두 참형에 처하였는데, 기자헌은 대신이라고 하여 참형을 가하지 않고 사약을 내려 자결하게 하였다. 이때가 기자헌의 나이 64세였다. 기자헌의 아들 기준격은 병조좌랑이었는데, 기자헌의 형제와 함께 모두 죽임을 당하여 기씨가 멸족되었다.

기자헌에게 사약을 내리고, 성철·성효량·한욱·이시언·윤수겸·성백구·성준길·한준철·신영남·신경남·신종남·신승남·이담·이항·유공량·이양·이형·권이균·권필균·성대익·이용진·전회·한인·이성·오문갑·기순격·전유형·정석필·남건·윤창·현즙·유위·한명철·민유장·허익·윤상철·남염 등 37인을 참하였다. 이때 갇혀 있는 죄인은 혹 공초하고 그대로 갇혀 있기도 하고 혹 형신을 받아도 승복하지 않아 미처 구명하지 못하였는데, 역적 이괄의 답장이 갑자기 이르자 인심이 어수선하였다. 좌찬성 이귀는 국문하여 사실을 밝힌 뒤에 논죄하여 죽이고 귀양보내려 하였으나, 판의금 김류는 '역적 이괄이 군사를 일으켰는데 안팎이 체결하여 헤아릴 수 없는 변란이 서울에서 일어난다면 장차 어찌하겠는가. 그리고 대신·추관이 날마다 국청에 나아가 참여하면 방어하는 방책을 어느 겨를에 계략을 꾸미겠는가. 곧 죽여 없애야 한다.' 하였는데, 대개 신경진·심명세 등이 힘껏 권하고 문사랑 등 여러 사람도 대부분 도왔기 때문이다. 김류가 드디어 들어가 상에게 청하였는데 삼공도 이론이 없으므로, 상이 드디어 따른 것이다.

- 인조실록 2년 1월 25일 -

1627년 인조 5년 3월 21일 갑자년 반란 때 원통하게 죽은 성준길·기자헌 등의 관작을 회복해주다.

주상이 하교하기를, "갑자년 변란에 죽음을 당한 죄인 중에 원통하게 죽은 것이 분명한 자를 다시 의논하여 아뢰도록 하였는데 해가 지나도록 아직도 거행치 않고 있으니 매우 잘못이다. 의정부로 하여금 속히 의논하여 처리토록 하여서 그들의 원한을 풀어주도록 하라." 하였는데,
의금부가 대신에게 의논하여 분석해서 아뢰니, 성준길, 성백구, 한욱, 유위, 성대익, 이용진, 전회, 남렴, 유공량, 허익, 민유장, 기자헌, 현즙, 이성에게 관작을 모두 회복해주도록 명하였다.

- 인조실록 5년 3월 21일 -

기자헌이 죽은 지 170년이 지난 1794년 정조 18년 4월 14일에 의금부의 기강을 바로 잡고 기자헌을 죄에 얽어 넣은 사람들을 엄하게 처리하게 하라고 전교하다.

임금이 명하였다. "조정 신하들의 모습이 어찌 그다지도 한심한가. 평상시 마음에 박혀 있는 주관이 없어서 일을 만나면 뒤죽박죽 엉망이 되니 놀랍고 거슬린다. 일전에 대궐문을 밀치고 함부로 들어온 일은 그 죄를 물으려 하였으나 그에 따른 폐단이 적지 않겠기에 단지 말로 책망하여 단단히 타이르고 그만두었었다. 그런데 어제 의금부 앞에서 보석금을 내고 석방된 여러 죄수들이 의금부의 문을 함부로 하고 나간 모습을 보고 그 까닭을 물어 보니 문 밖에까지 따라간 자들의 숫자가 많았다고 한다.

버들가지를 꺾어 채소밭의 울타리를 만들고, 땅에 금을 그어서 제정한 감옥이라도 막아 놓은 한계가 한 번 정해지면 한 걸음도 감히 옮겨 놓지 않아야 되는 것이다. 더구나 의금부는 그 체모의 엄중함이 어떠한 곳인가. 보증인을 세우고 석방된 죄수도

현재 갇혀 있는 죄수와 마찬가지이니, 애타고 급한 것은 급한 일이고 지켜야 할 도리는 도리인 것이다. 어떻게 감히 옥을 탈출하여 거리로 나가서 성 밖에까지 쫓아올 수가 있겠는가. 사전에 방지하지 않으면 더없이 황급할 때에는 어기지 않을 마음이 없을 것이고 무너뜨리지 못할 법이 없을 것이다. 옛날 기자헌 등의 일은 유독 원통하지 않겠는가. 지나간 일이라고 하여 내버려둘 수는 없다. 승정원에서 자수를 받아 잡아다 신문하여 엄하게 처리하라. 그 당시 의금부의 입직했던 도사도 잡다가 신문하여 엄하게 처리해서 퇴폐한 풍속을 격려하라."

– 정조실록 18년 4월 14일 –

기자헌의 아버지 기응세는 일찍이 효행이 높아 선조때 정려가 세워지고 삼강록三綱錄[2]에 책록 되었다. 특히 경기도 고양에 있는 그의 묘비는, 앞면이 명나라 명필 주지번朱之蕃의 글씨였고, 뒷면은 조선의 명필 한석봉의 글씨로 유명하다. 기자헌의 묘소는 오랫동안 알려지지 않았다가 최근에 경기도 고양 행주기씨 묘역 어느 곳에 묻힌 것으로 짐작은 하나 정확한 위치는 확인 되지 않았다. 기자헌의 생전 업적은 한참 뒤 좌의정 허목이 기록으로 엮어 남겼고, 최근에 세워진 묘비명은 변시연이 썼다.

---

2) 삼강록三綱錄 : 조선 정조시대 각도에서 충忠·효孝·열烈의 삼강三綱에 뛰어난 사람을 뽑아 포상한 사실을 수록한 책.

[승진과정]

1582년[21세] 선조 15년 성균관에 입학

1590년[29세] 선조 23년 증광시 문과 급제

1591년[30세] 선조 24년 8월 사가독서에 선발, 검열, 이후 청요직을 두루 거쳤다.

1592년[31세] 선조 25년 4월 임진왜란, 6월 봉교, 7월 숭훈랑 예문관 봉교 겸 세자시
　　　　　　　강원 설서, 8월 병조좌랑, 10월 이조좌랑

1593년[32세] 선조 26년 1월 이조좌랑, 12월 지평

1594년[33세] 선조 27년 1월 정언, 5월 장령,
　　　　　　　7월 겸 춘추관 편수관, 8월 집의

1595년[34세] 선조 28년 1월 성균관 직강, 1월 홍문관 부교리,
　　　　　　　2월 시강원 보덕, 2월 사간원 사간, 4월 집의,
　　　　　　　6월 사간원 사간, 6월 승정원 동부승지,
　　　　　　　10월 병조참지, 11월 동부승지

1596년[35세] 선조 29년 2월 우부승지, 4월 병조참지,
　　　　　　　8월 우승지, 9월 좌승지, 11월 우승지

1597년[36세] 선조 30년 5월 병조참지

1598년[37세] 선조 31년 3월 병조참지, 7월 좌승지

1599년[38세] 선조 32년 4월 강원도 관찰사, 7월 예조참의,
　　　　　　　10월 병조참의

1600년[39세] 선조 33년 7월 홍문관 부제학, 7월 대사헌
　　　　　　　10월 홍문관 부제학, 우부빈객으로 광해군에게 맹자를 강의

1601년[40세] 선조 34년 4월 예조참판, 4월 이조참판,
　　　　　　　7월 경기도 관찰사, 10월 동지중추부사,
　　　　　　　12월 대사헌

1602년[41세] 선조 35년 1월 병조참판, 윤 2월에 특진관윤 2월 홍문관 부제학,
　　　　　　　4월 공조판서, 9월 병조판서

1603년[42세] 선조 37년 1월 이조판서, 12월 예조판서

1604년[43세] 선조 38년 2월 동지중추부사, 2월 대사헌,
　　　　　　　4월 이조판서, 5월 우의정, 12월 좌의정.
　　　　　　　12월 6일 좌의정

1606년[46세] 선조 39년 좌의정 직을 12번이나 사임한 끝에
　　　　　　　7월 판중추부사

1608년[48세] 광해즉위년 3월 좌의정

1611년[51세] 광해 3년 1월 병으로 사직, 7월 영중추부사
1612년[52세] 광해 4년 계축옥사가 발생하자 사의를 표하였으나 받아들여지지 않았다.
1613년[53세] 광해 5년 8월 기자헌 등이 백관을 거느리고 영창 대군의 처벌을 청하니
                      논의를 멈추게 하다.
1613년[53세] 광해 5년 임해군 일파를 제거한 공으로 익사공신
                      2등에 녹훈되었다.
1614년[54세] 광해 6년 1월 19일 영의정, 1월 23일 양사가
1617년[57세] 광해 9년 11월 26일 영의정 면직, 폐모론에
                      반대하다가 유배.
1618년[58세] 광해 10년 1월 6일 기자헌을 길주로 정배,
                      10월 2일 강릉으로 이배
1620년[60세] 광해 12년 8월 29일 사면, 9월 덕평부원군,
                      영중추부사
1623년[63세] 광해 15년 인조반정
1624년[64세] 인조 2년 1월 25일 이괄의 난. 사약을 내려 자결하게 하였다. 이때가
                      기자헌의 나이 64세였다.
1627년[사후] 인조 5년 3월 관작 회복
1794년[사후] 정조 18년 4월 14일 의금부의 기강을 바로 잡고
                      기자헌을 죄에 옭아 넣은 사람들을 엄하게 처리하게 하라고 전교하다

77. 정인홍鄭仁弘

40세에 천거되어 82세에
영의정에 오른 광해의 남자

생몰년도	1535년(중종 30) ~ 1623년(인조 1) 89세
영의정 재직기간	(1618.1.18~1619.3.13) (1년 1개월)
본관	서산瑞山
자	덕원德遠
호	내암來庵
출생	경남 합천군 가야면 사촌리에서 태어나다
죽음	89세에 능지처사 당하고 285년간 역적으로 불리다.
당파	북인 대북파
기타	남명 조식의 제자
조부	정언우鄭彦佑
부	정윤鄭倫 - 삼가현감
모	진주강씨
동생	정인영鄭仁榮
처	남원양씨
아들	정연鄭沇
자부	진주하씨
손자	정능鄭菱

광해군을 지지하여 영의정에 오르다

정인홍의 자는 덕원德遠, 호는 내암來庵, 본관은 서산이다. 조부는 정 언우이고 아버지는 삼가 현감을 지낸 정륜으로 1535년 합천의 상왕산 아래 남사촌에서 태어났다.

정인홍은 남명 조식선생의 수제자로 북인의 영수이다. 임진왜란 때 의 병장을 지냈으며, 광해군의 남자로 불린다. 그에게 따라 다녔던 모든 영 예는 인조반정과 함께 사라지고 패륜 정권의 주범과 역적이라는 굴레가 씌워졌다. 선조 말엽에서 광해군에 이르는 시기 북인의 영수로서 정국에 가장 큰 영향력을 끼친 인물이 정인홍이다.

24세에 생원시에 합격하고 성균관에 들어갔으나 과거시험이 명예를 탐 하는 도구라 여겨, 대과를 포기한 채 고향에 내려가 산림에서 지내다가 39세 때 학문과 덕행으로 천거를 받아 관직에 진출하였다.

기축옥사를 벌인 정철이 탄핵에 오르자 그의 처벌을 놓고 동인이 남인 과 북인으로 나뉠 때에 정인홍은 강경파로 북인의 줄에 섰다. 이율곡은 일찍이 그를 평하여 "강직하나 식견이 밝지 못하니, 용병에 비유한다면 돌격대장이 적격이다."라고 하였다. 그의 스승 남명 조식은 일찍이 '정인 홍이 있으면 내가 죽지 않을 것이다.'라 하면서 분신처럼 정인홍을 아꼈다 고 한다. 조식은 죽기 직전 평소 차고 있던 칼인 경의검敬義劍을 정인홍에 게 전해 줄 정도로 그에 대한 믿음을 두터이 했고, 정인홍은 평생 의리를 지키며 스승에 화답했다. 임진왜란을 만나서는 58세의 나이에도 불구하고 의병을 일으켜 구국전선에 뛰어들었던 애국지사였다.

광해군 집권시 나이 70세가 넘은 고령이었지만, 의리를 주장해 광해군 즉위 일등공신으로 영향력을 행사할 수 있었다.

정인홍이 속했던 북인은 영창대군이 출생하면서부터 광해를 지키려는 세력과 영창대군을 세자로 교체하려는 세력으로 나뉘어, 대북과 소북으로 나뉘어졌다. 대북의 중심에는 정인홍, 이산해, 이이첨이 있었고, 소북의 중심에는 유영경이 자리를 잡았다. 선조가 갑자기 위독해지자 선조는 왕위를 광해군에게 양위하고자 했는데 당시 영의정이던 유영경이 선조의 뜻을 뒤로 미루자 이를 눈치챈 정인홍이 유영경을 탄핵하다가 선조의 미움을 사서 유배를 가게 되었다. 이 유배형이 정인홍에게는 전화위복의 기회가 되었다.

선조가 승하하고 광해가 왕위에 즉위하니, 광해를 위해 죽음을 무릅쓰고 상소한 정인홍이 얼마나 고마운 존재였을까. 결국 정인홍은 이로 권력의 중심에 서게 된다. 74세이던 2월에 공조참판으로 복직한 그는 3월에 한성판윤, 5월에 대사헌, 7월에 우찬성까지 띄어 오른다. 벼슬은 수차례 제수받았지만 정인홍은 고향으로 내려가 상소로 업무를 대신하다시피 했다. 78세에 우의정이 되고 80세에 좌의정, 82세에 영의정이 되었다. 3정승이 되어서도 출근하여 현직에서 근무한 날 보다는 향리에 머무르면서 측근들을 통해 대리정치를 더 많이 하였다. 정인홍은 정치적 견지를 떠나서도 남명 조식의 수제자로서 최영경·오건·김우옹·곽재우 등과 함께 경상우도의 남명학파를 대표하였다.

정인홍은 일찍이 여섯 살 때 글을 지어 마을 사람들을 놀라게 하였고, 열 다섯 살 때 남명 조식의 문하에서 학문을 닦았다. 처음에는 퇴계 이황을 찾아갔다가, 이황이 너무 강직해 보이는 그의 첫인상 때문에 꺼리자 미련없이 조식을 찾아가 그의 문하생이 되었다고 한다.

기록에 의하면 정인홍이 태어날 때 합천 상왕산(가야산)에서 기이한 징조가 나타났다고 한다. 산의 풀과 나무가 모두 말라 죽었다고 하며, 정인홍의 눈은 별처럼 빛나서 사람을 쏘아보면 압도하는 기세가 있어서 감히 마주치지 못하였다고 한다. 이러한 기록은 정인홍의 강인한 기질을 뒷받침 해주는 이야기로, 정인홍이 훗날 정치에 참여하여 죽을 때까지도 이러한 강한 기질을 그대로 나타냈다. 강인한 기질로 꼿꼿하게 살았던 그도 광해군이 폐위되자 추풍낙엽처럼 떨어져 나갔다. 인조가 등극하자 정인홍은 영의정으로 폐모론을 주도했다는 죄를 쓰고 서울로 압송되어 닷새 만에 처형되고 가산은 적몰 당했다.

그의 나이 89세. 죄명은 대북파의 영수로서 폐모론의 배후 조종자였다. 목이 잘린 시체는 갈갈이 찢겨져 사방으로 옮겨가며 내 걸리는 능지처참 형을 받았다. 89세의 나이에 능지처참에 당해졌으니 영의정 자리가 참으로 무망했던 것이다. 이후 285년간 역적으로 불려졌다. 1908년 조선조 마지막 왕인 순종 때 국가가 위란지계에 놓이자, 나라에 원한을 품고 죽은 자를 모두 구제하자는 상소에 따라 그의 신원은 회복되었다. 285년간 씌여져 온 역적이란 죄명이 벗겨졌으나 역사는 여전히 그를 역적이라 부르고 있다.

유난히 많았던 정인홍에 대한 평판

실록에는 정인홍을 평판한 글이 자주 등장하는데 가장 먼저 등장하는 것은 선조 6년 5월 1일자로 정인홍의 인품이란 제목으로 기록이 전한다.

정인홍은 합천 사람이다. 유년 시절에 조식에게서 글을 배웠는데, 조식이 지조가 보통 아이와는 다른 것을 기특하게 여겨 지경 공부를 가르치니, 이로부터 굳은 마음으로 어려움을 무릅쓰고 공부하여 밤이나 낮이나 게을리하지 않았다. 조식은 항상 방울을 차고 다니며 주의를 환기시키고 칼 끝을 턱 밑에 괴고 혼매한 정신을 일깨웠는데, 말년에 이르러 방울은 김우옹에게, 칼은 정인홍에게 넘겨주면서 이것으로 심법心法을 전한다고 하였다.

정인홍은 칼을 턱밑에 괴고 반듯하게 꿇어앉은 자세로 평생을 하루같이 변함없이 하였다. 그러나 성질이 너무 거세어 그저 자신이 옳다고만 여긴 나머지 남들과 이야기할 때 조금이라도 자기의 뜻에 거슬리면 곧장 화를 내고 이기려 들었다. 그리고 없는 말을 만들어 남을 모해함에 있어서는 음험하고 교사함이 한량이 없어 비록 지친이나 친구 간이라도 금방 원수처럼 변하는 등 마음의 소양이 두터우면 두터울수록 밖으로 나타나는 것은 더 포악하였다. 그의 독서는 고사에 정밀하고 해박함이 조식보다 뛰어났으며, 더욱이 시비를 변론하고 공격하는 작문에 소질이 있어 사람들이 잘못을 알지만 강한 것이 무서워 대항하지 못하였다. 이율곡은 겸손한 마음으로 선을 좋아하여 그 소문을 듣고 경모하다가 마침내 서로 가깝게 지내었는데, 그가 소인임을 몰랐다. 이로 인하여 그의 이름이 조정을 뒤흔들었다.

−선조수정실록 6년 5월 1일−

1602년 선조 35년 7월 2일 이덕형·김명원 등이 정인홍의 사람됨·사론·진퇴론을 경청하다.

사시에 주상이 편전에 나아가 영의정 이덕형, 좌의정 김명원, 우의정 유영경을 만났는데, 동부승지 권협, 가주서 신광립, 기사관 민경기·기사관 성준구가 입실하였다.

주상이 이르기를,

"정인홍이 부름을 받고 왔다가 극력 사직하고 갔다. 그 형적을 보건대 여러 사람들과 화합하지 못한 듯한데, 그 이유가 무엇인가?"

하니, 이덕형이 아뢰기를, "신은 고루하여 바깥 일을 알지 못합니다. 다만 신이 지난해 영남에 갔을 때 정인홍을 한번 만나 말을 나누어 보니, 오래도록 향리에 묻혀 있었기 때문에 세상살이에 세련되지 못하고 오활한 점이 많았습니다. 그리고 본도의 평판도 서로 달랐습니다. 그러다가 정인홍이 조정에 온 뒤로 논의가 여러 사람과 달랐기 때문에 오래 머물기를 어렵게 여겼는데, 사람들 역시 그에게 과격한 점이 있다고 의아해 합니다."

하고, 김명원은 아뢰기를, "신은 정인홍과 생원시 동기로 그때 잠깐 만났고 지금까지 만나지 못했습니다. 다만 차자(상소)를 보건대 '임금을 기만하는 무리들이 제 속심대로 행동하고 있다.'고 하였으니, 이 말은 망발에 가깝습니다."

하고, 유영경은 아뢰기를, "신은 정인홍이 처음 올라왔을 때 마침 인사관으로 있었는데, 신의 인재 등용에 대해 잘못된 점이 많다고 여겨 심지어는 편지를 내왕하기까지 하였습니다. 그 뒤 신이 한 번 가서 보았더니 자기 역시 그르다는 것을 알고 있었습니다. 대개 세련되지 못한 탓에 언어가 과격하였던 것입니다."

하고, 이덕형은 아뢰기를, "정인홍은 1581년 무렵에 장령으로 올라왔었는데, 신이 처음 출근한 때라서 서로 만나지는 못했습니다. 다만 그 당시에 들었던 일을 감히 아뢰올까 합니다. 정인홍이 여섯 가지 조항을 모두 갖추었다고 안민학을 선발하자, 이경중이 말하기를 '안민학이야말로 어리석고 망령된 사람으로 이 선발에 합당하지 않다.' 하였는데, 정인홍이 이경중을 탄핵했다고 합니다. 그 뒤 신이 영남에 가서 처음으로 정인홍을 보았는데, 본시 오활하고 소루한 유학자로서 좋아하고 싫어함과 옳고 그름에 대한 생각이 한편으로 치우친 인물이었습니다. 이번에 주상께서 특별히 부르시자 지방 사람들은 '산림의 인사에게 기대할 만한 일이 많다.'고 하였습니다. 그런데 지난번 그의 상소를 보건대, 불평과 과격한 말이 많았는데 조정 사람들을 지목하여 도당徒黨이라고 하였습니다. 그러나 적도들에게나 도당이 있는 법이지 어떻게 조정 안에 도당이 있단 말입니까."

하였다. 주상이 이르기를, "대체로 정인홍이 어떤 사람과 사이가 좋지 않은가? 경들은 바른 대로 말하라."

하니, 이덕형이 아뢰기를, "임금의 위엄이 지척에 계신데 어찌 감히 사실대로 말씀드리지 않겠습니까. 지금 사람들이 정인홍을 과격하다고 의아해 하는 것을 들었습니다만 누구와 사이가 좋지 않다는 것은 알 수가 없습니다."

하고, 유영경은 아뢰기를. "임금의 위엄이 지척에 계시는데 어찌 감히 거짓으로 고하겠습니까. 신이 전일 인홍을 만나 보았는데 그의 소견이 편벽됨을 면치 못했습니다. 그래서 신이 말하기를 '원래 인재가 부족한데 만약 한쪽 사람들을 모두 물리친다면 한시대의 인재를 어떻게 수습하겠는가.'라고 했습니다. 정인홍의 생각은 남인을 물리치고 모두 대북 사람을 등용하려는 것입니다. 이 때문에 사이가 좋지 못한 일이 있기는 합니다만, 그 밖에 대단한 일이 있다는 것은 신은 듣지 못했습니다."

하였다. 주상이 이르기를. "무릇 인물은 그 대강을 취하면 그만이다. 누군들 병통이 없겠는가. 저와 같은 사람도 조정에서 제대로 용납되지 못한다면 정인홍보다 어진 자의 경우는 말할 것도 없을 것이다."

하니, 이덕형이 아뢰기를. "소신은 실로 시류를 모릅니다만. 20년 이래 논의가 일치되지 않기 때문에 여러 번 엎치락뒤치락하여 그 폐단이 시간이 갈수록 더욱 심해지고 있습니다. 만약 이 폐단을 통렬히 제거하지 않는다면 국사가 장차 어찌할 수 없게 될 것입니다. 신이 매양 진달하는 것이 바로 이 점입니다. 무릇 인간의 감정이란 마음에서 발하는 것으로 치우치게 되면 모두 그르게 되는 법이니, 그 치우침을 타파한 뒤라야 편벽된 일이 없게 될 것입니다."

하였다. 주상이 이르기를. "정인홍에 대해 혹자는 과격하다고 하고 혹자는 말에 병통이 있다고도 하지만, 그 사람은 다른 이와 같지 않아서 빌붙는 일은 결코 하지 않을 것이다. 그의 굳센 절개와 지조는 백 번 꺾으려 해도 꺾지 못할 것이다. 일단 불러온 이상 쓰임이 있도록 해야지 어찌 몰아낼 수 있겠는가."

하니, 이덕형이 아뢰기를. "영남은 우리나라 문헌의 고장으로서 선왕조로부터 선비들의 의논이 많았던 곳입니다. 그런데 지금은 영남 역시 편당으로 나뉘어 낙동강 좌와 낙동강 우의 설이 있으므로 선비들의 사론이 둘로 나뉘었습니다. 조정의 운수가 그래서 그런 것인지 인심이 선하지 못해서 그런 것인지 모르겠습니다. 이번에 주상께서 원통하게 죽은 처사의 억울함을 통쾌히 풀어주시고 또 향리에 있는 사람을 부르셨으니, 이는 전에 없던 훌륭한 거조이십니다. 정인홍이 들어온 뒤로 지방 사람들은 모두 학문에 관한 일이나 시정에 관한 일이나 백성들의 고통에 관한 일들을 성명께 아뢰리라고 생각했습니다. 그러나 이러한 일들은 듣지 못한 채 사론이 둘로 갈라져 정인홍의 집에 가는 자들도 있고 정인홍을 배척하는 자들도 있게 되었습니다. 이 때문에 이와 같은 일들이 빚어진 것입니다."

하였다. 주상이 이르기를, "대신은 너그러운 마음으로 사람들을 포용하는 도량이 있지 않으면 안 되니, 큰 절조가 있는 사람이라면 취해야 할 것이다. 지금과 같은 때에 정인홍만한 자도 구하기 어렵다. 정인홍이 자처하는 도리로 보면 조금도 흠될 것이 없겠으나 조정의 체면으로 보면 손상되는 점이 크다. 다만 정인홍이 가더라도 나의 말을 한마디라도 듣고 갔어야 옳을 것이다. 그의 상소를 보건대 필시 사람들의 뜬소문 때문에 그랬을 것이다."

하니, 이덕형이 아뢰기를, "성상의 하교가 지당하십니다." 하였다.

주상이 이르기를, "조정에 소인이 없게 된 뒤라야 나랏일을 해나갈 수 있을 것이다. 만약 소인이 있다면 지금 역적을 토벌한다 해도 반드시 다시 일어날 것이다. 소인이 한 사람만 있어도 국가를 그르치기에 충분하다." 하니,

이덕형이 아뢰기를, "전일의 역사를 살펴보더라도 분별하기 어려운 것이 군자와 소인입니다. 조정에서 어찌 소인을 등용하려고 하겠습니까마는 소인은 군자에 가탁하여 일을 행하는 까닭에 군자가 소인에게 속임을 당하는 것입니다. 군자와 소인은 외모에 나타나는 것이 아니어서 일을 행하는 것을 보고 나서야 군자와 소인을 분별할 수가 있습니다. 그 마음이 공변되면 군자이고 그 마음이 사사로우면 소인인 것입니다." 하였다.

주상이 이르기를, "소인은 쉽게 알 수 있으니 그 행동을 보면 속일 수 없다. 조정에 어진 사람을 용납하지 못하게 하는 자가 바로 소인이다. 옛날 왕안석과 진회는 그 정상과 심사가 고친 법규에 드러났고, 화친을 주장할 때 언론이 바르지 못했으니 이런 자들이 바로 소인인 것이다." 하고, 또 이르기를,
"화수和愁가 괴수라는 말은 믿을 것이 못 된다. 그가 비록 용맹스럽고 날래다고는 하

나 어찌 역적의 우두머리가 되겠는가." 하자,

김명원과 유영경이 아뢰기를, "밖에서도 이와 같은 생각을 하고 있으나 지적해 말할 수 없기 때문에 승지를 보내어 백성들을 위로하고 어루만지는 한편 괴수를 찾도록 청했던 것입니다."하니,

주상이 이르기를, "이른바 괴수라고 하는 주몽룡 등 5인이 수감되었는데, 어찌 괴수가 5인일 수가 있겠는가." 하였다.

– 선조실록 35년 7월 2일 –

1602년 선조 35년 9월 25일 의령 진사 오여온이 상소로 정인홍의 인품을 찬양하고 이시익을 논핵하니 사관은 정인홍에 대하여 다음과 같이 논평하였다.

사관은 논한다. 정인홍은 남명 조식의 수제자이다. 어려서부터 산림에서 독서하여 기개와 절조가 있다고 자부해 왔는데 영남의 선비들이 많이들 추존하여 내암 선생이라고 불렀다. 그가 세상에서 흔하지 않은 소명을 받고 초야에서 몸을 일으켜 나오자 임금은 자리를 비우고 기다렸고 조야朝野는 눈을 닦고 바라보았다. 이때 정인홍은 마땅히 먼저 임금의 잘못된 마음을 바로잡고 이어 화급한 시무를 아뢰며, 훌륭한 몇몇 사류들과 협심하여 가부를 논의해 조정 의논의 시비와 인물을 취하고 버리는 데 따른 잘잘못을 차례로 바로잡아 서로 단합하고 화평하도록 노력했어야 했을 것이다. 그랬더라면 청류淸流들은 존중하여 의지하고 여망은 실로 흡족하게 여겨 조정에서 기대한 본의를 잃지 않았을 것이다. 그러나 그렇지 못하여 한갓 악을 미워하는 마음만을 품고 시세의 마땅함을 살피지 않으며 선입관을 위주로 자기의 견해를 혼자 고집하였다. 조정에 들어온 지 오래지 않아 탄핵하는 글이 분분하여 시끄러운 양상이 나타남에 따라 많은 사람들이 불쾌하게 여기고 뭇 비방이 뒤따라 일어났다. 게다가 뜻을 잃은 부박하고 잡된 무리들이 정인홍의 세력에 의지하여 출세의 이익을 도모하려고 연이어 그의 집으로 모여들어 친객親客이 되니, 모든 유세가 정인홍의 마음을 격동시키지 않는 것이 없었다. 영남으로부터 홀로 도성에 처음 들어왔으니 세상 정세의 좋아하고 싫어함과 시정 의논의 편부를 어떻게 사실대로 분명히 알아서 의심하지 않겠는가. 이에 의심은 더욱 깊어지고 분함과 한스러움은 계속 생겨나

당대의 사류들과 점점 대립을 이루어 큰 유감을 품고 돌아갔다. 대체로 그를 그르친 자는 그릇된 그의 문객들이며, 그 문객들이 그른 줄 모르고 그들을 믿은 것은 바로 정인홍이 편협하고 밝지 못한 소치이다. 비록 그렇기는 하나 특별히 초야에서 필부를 등용하여 풍헌(사헌부)의 장관(대사헌)에 앉힌 것은 바로 임금의 성대한 기개와 절조이며 세상에 드문 아름다운 일이었다. 인재를 쓰려거든 먼저 곽외부터 쓰라고 곽외가 연나라 소왕에게 자신을 천거한 말도 있는데, 조정에서는 어찌 성상께서 어진 이를 높이는 지극한 뜻을 체득하여 관대하게 대우하지 못하였는가. 아, 정인홍이 한 번 패하고 돌아간 뒤로는 산림의 고고한 선비들은 모두 정인홍을 경계로 삼아 오직 더 깊은 산골짜기 더 우거진 산림 속으로 들어가지 못할까만을 생각하니, 한탄스러울 뿐이다.

– 선조실록 35년 9월 25일 –

1603년 선조 36년 5월 1일 전 의금부 도사 양홍주가 정인홍의 간사한 행동 12조목을 상소하다.

전 의금부 도사 양홍주가 상소하여 정인홍의 벼슬에 오르고·향리에 머무르고·집에 머무름에 있어서 범한 간특한 행동 12조목을 나열하였는데, 그 대략은 다음과 같다.

"정인홍은 언론에 능하고 외모만 근엄한 사람으로 겉치레만을 힘썼고 밖으로는 선한 체하지만 안으로는 남을 해치려 하여 오로지 교묘한 속임에 힘썼습니다. 남의 사적인 일을 들추어내는 것을 정직한 것으로 여기고 감정대로 곧바로 행동하는 것을 용단으로 여기기 때문에 사람들이 그의 자긍하고 괴팍한 것을 보고는 준엄하고 정직한 것이 아닌가 의심하고 그의 엉큼하고 사악한 것을 보고는 조행이 있는 것인가 의심하였으니, 이것이 그가 헛된 명예를 도적질하여 지존의 총애를 받게 된 이유입니다. 그가 지금 산직으로 있지만 위에서 추장하여 부르심이 자주 내려 그의 교만함을 더욱 부추기고 있으니, 이는 한갓 그의 뒷날의 기세를 배양해 주고 기염을 더욱 높여주는 것이 될 뿐입니다.

정인홍이 경연에 입실할 즈음에 전하께서는 그의 산림의 변변치 못하고 졸렬한 모습만을 보시고 반드시 그의 속스럽고 몸을 사리는 것을 비웃으셨을 것이니, 그가 기세를 부리며 위압과 복덕을 멋대로 하리라고는 필시 믿지 않으셨을 것이며, 또 훗날 군주의 권세를 훔쳐 농락하여 종묘 사직에 근심거리가 될 것이라고 믿지도 않으셨을 것입니다. 옛부터 임금이 소인에 대해서 혹시라도 그의 간사함이 훗날 막대한 근심거리가 될 것이라는 것을 깨달았다면, 어찌 다시 나라를 망치는 재앙이 있을 수 있었겠습니까. 이는 그의 외모가 거칠고 졸렬하며 소박하다고 해서 인주가 그의 큰 간특함을 살피지 못한 데에 연유된 것이다.

정인홍은 신의 매형입니다. 그와 함께 같은 집안에서 살아온 지가 40여 년으로 그 마음과 행동을 익히 보았는데 참으로 간사하고 음흉한 소인입니다. 훗날 국가에 무궁한 재앙이 될 것이 틀림없으니, 이것이 신이 배를 갈라 피를 뿌리면서 한 번 죽기를 각오하고 아뢰기를 그만두지 못하는 까닭입니다. 전하께서는 통촉하소서. 전하는 하늘이 내신 성인이시지만 어찌 군주의 직분을 수행함에 있어 전혀 잘못이 없다고 할 수 있습니까. 그런데 정인홍은 대사헌이 된 뒤 몇 달 동안에 주상의 잘못이나 여러 궁인들의 잘못에 대해서는 시종 말하지 않고, 구구하게 일삼는 것은 원수에게 보복을 가하여 사사로운 분노를 푸는 것에 있는 힘을 다하고 있었습니다. 또 몰래 문객들을 사주하여 그들로 하여금 글을 올려 자기를 칭찬하게 한 것은 너무나도 임금님의 총명을 무시하고 임금님를 우롱한 처사입니다.

지난 여름과 가을 사이 정인홍이 서울에 있을 때 정인홍의 문객들이 정인홍의 지시를 받고 이귀가 상소를 올려 자신의 죄를 나열한 이유로, 온 도내의 선비들에게 연판장을 돌려 즉각 초계군에 일제히 모여 사실을 밝히게 하였는데, 선비 중에 한 사람도 온 자가 없었고 오직 정인홍에게 옥송을 청탁하여 편지를 보낸 적이 있는 자가, 정인홍의 핍박을 받고 마지못해 천리 먼 길을 피곤한 걸음으로 와서 거짓으로 꾸민 글을 마치 온 도내의 공론인 것처럼 올렸으니, 온 나라 사람들이 정인홍의 마음을 환히 알았을 것입니다. 또 근래 탄핵을 당한 윤승훈·정경세의 경우는 정인홍이 직접 한 것이고 유성룡·한준겸의 경우는 정인홍의 도당이 그의 지시를 받아 탄핵한 것입니다.

대개 정인홍이 유성룡과 틈이 생긴 것은 그 유래가 오래되었습니다. 과거 역적 정여립이 한때 명성을 훔쳐 외람되게 이조의 낭관에 추천을 받았었는데, 이경중이 앞서 인사부에 있으면서 그의 흉악함이 반드시 후일 재앙을 끼칠 것임을 알고는 그를 물리쳤습니다. 그때 정인홍은 언관으로서 정여립의 편을 들어 이경중을 공격했는데, 그 아룀에 '아름다운 선비로 청렴하다는 명망이 있는 자를 이경중이 매번 방해하여 막는다.' 하였으니, 이른바 아름다운 선비란 바로 정여립을 가리킨 말입니다. 정여립이 처형된 뒤에 유성룡이 상소를 올려 '역적 정여립이 세상을 속이고 이름을 훔쳐 조정의 신하 가운데 그의 농락을 받지 않은 사람이 없었지만, 당시 정여립이 끝내는 재앙이 될 것임을 말한 사람은 이경중 한 사람뿐이었다.' 하였는데 이로 인하여 이경중의 상소를 찾아서 성상께 다시 아뢰었고, 따라서 정인홍이 역적을 편든 실상이 드러나 죄를 얻어 관작을 삭탈당하였습니다. 대저 유성룡의 상소는 정인홍을 모함하려는 것은 아니었는데 정인홍은 유성룡이 고의로 자신을 모함하려 했다고 여겨 큰 유감을 품고 기어이 보복을 하려고 하였습니다. 지난해 정인홍이 부름을 받고 왔을 때 상소하기를 '신이 유성룡과 사이가 좋지 않다.'고 하였습니다. 전일 대간 문흥도는 바로 정인홍의 고향 사람으로 '그가 소유한 논밭이 전국에 두루 깔렸다.'는 것으로 유성룡을 탄핵했으니, 그를 사주한 것이 과연 정인홍에게서 나오지 않았다고 할 수 있겠습니까.

윤승훈·정경세·한준겸은 모두 영남의 방백을 지낸 적이 있는 사람입니다. 대저 임진왜란후 영남의 방백이나 병사 이하의 벼슬을 지낸 사람은 반드시 정인홍에게 가서 문안하는 것을 상례로 삼았는데, 시종 그것을 하지 않은 사람은 오직 이 세 사람뿐입니다. 정인홍이 이에 깊은 유감을 품고 기필코 그들을 중상하려 하였습니다. 정인홍은 그때 조정의 명령이 없었는데도 스스로 대장이라 칭하고 멋대로 한 지방의 병권을 잡았습니다. 왜적이 해변에 주둔하고 있을 때도 변방에 가서 적을 막지 않았으며, 정유년에 왜적이 다시 경기 지방을 침범할 때에도 군부의 임금의 피난을 서둘러 구원하지 않고 군대를 끼고서 자기 집이 있는 고을과 근처의 10여 고을만을 지켰습니다. 부장·초관도 정인홍에게 통보하여 알리지 않고는 장수와 수령이 사사로이 임명하지 못하였습니다. 이에 윤승훈·정경세·한준겸 등이 그의 위세와 권한이 너무 큰 것을 보고 정대장의 명령이라 하는 것은 일체 막아버렸습니다.

정경세는 본도에 있을 때 그의 우악스럽고 사나움을 노여워하여 전횡하는 죄를 지적했으며, 윤승훈은 재상이 된 처음에 어전에서 영남 낙동강 우측의 인심과 선비풍습이 아름답지 못하다고 아뢴 것은 오로지 정인홍을 지적하여 말한 것이므로 정인홍이 기필코 보복하려 하였습니다. 후에 대사헌에 제수되어 사은을 하자마자 즉시 윤승훈을 공격했으니, 이는 공론을 빙자하여 사사로운 원수를 갚은 것에 지나지 않습니다. 또 정인홍은 대간에 있으면서 동료들과 함께 이귀가 자신을 논한 상소문을 논박할 때 그 상소 내용이 실제는 정경세에게서 나왔다고 하여 이를 갈고 무릎을 치면서 통한을 품었습니다. 얼마 뒤에 '정경세가 불효했다.'는 의논을 정인홍이 직접 내었습니다. 정인홍은 구구한 개인의 원한 때문에 당일에 방자하게 뱀과 전갈과 같은 독을 뿌렸을 뿐 아니라 집에 물러가 있으면서도 대간과 이조와 병조를 지휘하여 자기를 따르는 자에게 상주고 명을 따르지 않는 자에게 벌주는 등 멋대로 하고 있으니, 이것이 바로 정인홍이 조정에서 음사한 행동을 한 실상이요 온 세상이 다 아는 사실입니다.

정인홍의 마음가짐과 행동은 평소 다른 사람과 교제할 때 자기 뜻에 맞고 자기의 지시에 순응하면 좋아하여 보살펴주는 것이 아녀자의 사랑 정도가 아니었습니다. 술과 음식을 가지고 왕래하는 자는 은근하고 자기에게 친후하다고 여겨 손을 잡고 좋아하며 간담을 토로하여, 그의 바라는 것은 무엇이나 들어주지 않는 것이 없어 곡진한 정의를 보여주었습니다. 그러나 아부하지 않는 사람은 잘못을 찾아 지목하는 것이 원수보다도 더하였으며, 마음속에 깊이 새겨두었다가 드디어 원수로 여겨 의심스러운 일을 그럴 듯하게 꾸며 협박하였으며, 자신의 심술이 음사 간특함을 꿰뚫어보고 꿋꿋하게 굴복하지 않는 사람은 불측한 말을 만들어 핍박하거나 뜻밖의 재앙을 야기시켜 위태롭게 만들었습니다. 이러니 남쪽 지방의 많은 선비나 명을 받는 신하가 누군들 그의 예봉을 두려워하여 그의 농락에 빠지지 않을 수 있겠습니까.

심지어 같은 패거리들을 골라 풍기담당관이라 명하여 크고 작은 주·군에 깔아놓았는데 이들을 시켜 관리들의 장점과 단점을 살피고 지방의 시비를 규찰하였으니, 이는 한 지방의 권력을 한 손에 쥐고 천리 관직을 제압하여 은연중 남방에 하나의 또 다른 조정을 만드는 것입니다. 정인홍은 임진년 이후 의병 대장이 되어 여러 고을의 의병을 통제하여 경계 밖의 수만의 무리를 조절하면서, 사람을 죽이고 살리는 것을 자신의 은혜와 원한에 따라 하였으므로 그 기세의 불꽃이 더욱 치열하였습니다. 왜적이 물러간 뒤에도 군대를 끼고 집에서 통솔하지 않는 것이 없었는데, 체찰사나 도원수가 군문을 지날 때면 뜰에 나누어 서서 대등한 예로 대하면서 거만스레 손님과 주인으로 만나는 격식을 갖추었으며, 심지어 감사·병사·수사와 제장 이하는 왕왕 앉아서 인사를 받기까지 하였습니다.

정인홍이 사는 고을의 대소 아전과 백성은 그의 집을 관아처럼 드나들었고 또 선비들의 공론이라 거짓 핑계대어 자기의 좋아하고 싫어함에 따라 선악의 등급을 매겨 재야의 맑고 깨끗한 의논이라 이름하였습니다. 민간인들만 그를 꺼릴 뿐이 아니라 남쪽지방의 대소 관원들도 그의 비방을 대간의 평보다 더 두려워합니다. 거칠고 비루하고 조행이 없는 자들이 정인홍에게 의지하여 자신을 구원해 줄 후원자로 삼고 있으므로, 감사 이하의 관원들이 그의 집에 갈 때는 반드시 술과 고기를 가득 싣고 갑니다. 그리고 인사평가를 자기의 뜻에 따르지 않으면 사헌부 등의 무거운 논박이 뒤따르게 됩니다. 감사 이시발은 성주목사·경주부윤으로 있을 때부터 방백이 된 뒤에까지 술을 싣고 정인홍의 집에 간 일이 없었으므로 정인홍이 크게 유감을 품고서 직접 상소를 올려 은미하게 논하기도 하고 문하생을 시켜 드러내어 공격하고 책망하기도 하다가 끝내 양사가 합사하여 논란하기에 이르렀습니다. 근방의 10여 고을 수령들은 왕왕 아침에 부임하였다가 저녁에 교체되기도 하였는데, 지례현감 우흥룡, 안음현감 연충수는 모두 뇌물을 보내지 않은 탓으로 탄핵을 받고 물러갔습니다.

영남에 난리를 틈타 부자가 된 패거리가 있는데, 이는 평소에 가난하던 사람이 난리에 의병의 이름을 빌어 부자가 된 자들로 대부분 정인홍의 문도들이니 정인홍이 그 패거리의 우두머리입니다. 사헌부 사간원에도 그런 사람이 있으니 문여가 그 사람이고, 벼슬이 없다가 지방관으로 발탁된 자가 있으니 김응이 그 사람입니다. 또 하혼이 국가의 노비를 탈취하고 함부로 죄없는 사람을 죽인 것이나 문경호가 멋대로 남의 사유지를 점거하고 자기 처가의 노비를 협박해 빼앗은 것과 같은 것도, 모두 정인홍의 문하생으로 난리를 틈타 부자가 되어 남방의 맹견이 된 것들입니다. 더구나 정인홍 자신이 의병과 공·사의 양민과 천민들을 거느리고 죄를 짓고 도망친 자들의 소굴이 되었으니, 그 집안 재산의 부유함이 과연 어떠하겠습니까. 새로 저택을 짓고 있는데 엄청나게 크고 넓어서 온 들판을 차지하고 있습니다. 전쟁이 지난 지 10년이 지났어도 아직껏 종묘와 궁궐도 짓지 못하고 있는 실정인데, 정인홍의 참람함이 여기에 이르렀으니 또한 신하로서 차마 못할 짓입니다. 시험삼아 사람을 보내 사실을 살펴보신다면, 그 사이 쉽사리 철거할 수 있겠습니까.

또 합천군에 장함이란 자가 있는데, 고 지중추부사 강현의 이모 아들입니다. 그의 아내는 적에게 포로로 잡혀갔으나 딸은 나이가 어려 다행히 화를 면했는데, 정인홍과 친한 풍수를 잘 보는 중국군 시문용에게 장함의 딸을 강제로 시집보냈습니다. 어미가 적에게 더럽혀져서 돌아왔다 하더라도 강제로 시집보내선 안 될 일인데, 무고한 딸이야 말해 뭐하겠습니까. 정인홍이 국법을 무시하고 양반족을 더럽힌 죄가 극심합니다.

성주의 선비 이순이란 사람은 나이 70이 넘었는데 깨끗한 행실로 추천을 받아 참봉이 되었습니다. 정인홍이 사적인 원한으로 인물을 해치는 것을 분하게 여겨 긴 편지를 써서 정인홍에게 전하게 했더니, 정인홍이 칠십 노인에게 편지를 받고서는 죄를 줄 수가 없자 사람을 시켜 그의 첩을 빼앗아서 분을 풀고는 되돌려주면서 와서 사례하게 했으나 이순이 사절하고 받지 않았는데 그 첩은 성주에 있는 벼슬아치의 노비였습니다. 정인홍이 주고 빼앗음을 마치 자기 물건처럼 할 뿐이 아니었으니, 그가 향리 사람들을 위세로 제압하여도 아무도 감히 따지지 못하는 실상을 이것만으로도 충분히 알 수 있습니다. 이는 정인홍이 향리에 살면서 방자한 행동을 한 실상으로 남쪽 지방에서는 모두 아는 사실입니다."

— 선조실록 36년 5월 1일 —

죽음을 무릅쓴 정인홍을 살린 상소문

선조가 위독해지자 광해군에 왕위를 양위하는 뜻을 내렸는데 영의정 유영경이 공표하지 않고 3정승이 모여 그 뜻을 철회해 달라고 상소를 한다. 정인홍이 이를 듣고 유영경을 강력히 탄핵하는 상소를 올렸다. 조선 초기 태종조와 세조조에 임금이 전위의 뜻을 표하자 그것을 그대로 받아들여 처형된 사람이 있었는데도, 정인홍은 유영경이 이를 공개적으로 알리지 않고 시행하지 않았다고 탄핵상소를 올린 것이다. 현 임금을 물러나라고 한 이 상소는 목숨을 건 상소였지만 유배형에 그치고, 갑자기 선조가 승하하면서 유배형이 풀리고 광해를 지킨 찬사문으로 남게 된다.

1608년[74세] 선조 41년 1월 1일 전 공조 참판 정인홍이 상소하기를, "신이 삼가 소문을 듣건대 지난 10월 13일 주상께서 세자에게 전위하거나 섭정하게 하라는 분부를 내리셨는데, 영의정 유영경이 마음속으로 원로 대신들을 꺼린 나머지 모두 내보내고 참관하지 못하도록 했는가 하면, 여러 번 독자적인 의견을 올리면서 유독 현임 대신과 함께 처리하였으며, 심지어는 중전께서 언문으로 전지를 내렸을 때에도 보고하기를 '금일의 전교는 실로 여러 사람의 뜻에 벗어난 것이니 감히 명을 받들지 못하겠다.'고 까지 하였고, 대간에게는 이 사실을 알리지 못하게 경계하고 승정원과 사관에게도 임금의 뜻을 비밀에 부쳐 전파되지 못하게 하였다 합니다. 유영경이 어떠한 음모와 흉계를 가지고 있기에 이 토록까지 사람들이 알지 못하게 하려 한단 말입니까.

중전의 사려깊은 분부야 말로 전하의 뜻을 깊이 체득하여 국가의 원대한 계책을 도모한 것이니, 비록 옛날의 고후나 조후·마후·등후 같은 훌륭한 후비들도 이를 능가하지 못할 것인데, 유영경이 아무 거리낌 없이 저지하였습니다. 그리고 감춰서는 안 될 임금의 뜻을 감추고 축출해서는 안 될 원로대신들을 축출했는데, 이런 소문들이 전국에 전파되자 여론이 해괴하게 여기며 분해하고 있습니다.

아, 나랏일은 한 집안의 개인 소유물이 아니고 원로대신과 함께 아뢰는 예가 또한 있습니다. 신은 유영경이 무슨 뜻으로 원로들을 참석하지 못하게 했는지 알 수가 없습니다. 임금에게 유고가 생길 경우 세자가 대행하여 나라를 다스리는 것은 고금에 적용되는 규정입니다. 신은 유영경이 무슨 목적으로 다수의 뜻에서 벗어난 것이라고 하였는지 알지 못하겠습니다. 대간에게 알리지 못하게 하였다면 그것은 나라의 정사가 아니고, 승정원과 사관이 사사로이 감추었다면 사당이 있는 것만 알았지 국가가 있다는 것은 알지 못한 것입니다. 신은 자세히 아뢰어 볼까 합니다.

전하께서는 종묘사직의 중대함을 깊이 생각하시고 옥체의 안후를 헤아리시어 세자에게 위임한 다음 한가롭게 조리하고 보호할 것을 생각하셨으니, 성상의 분부야말로 청천의 백일과 같았습니다. 따라서 백성들이 마땅히 같이 들어야 할 것이고, 만물이 함께 볼 수 있어야 할 것인데, 하물며 원로대신들이겠습니까. 그런데도 참석해 알 수 없게 하였으니, 그 음흉하게 숨긴 정상은 다시 감출 수 없이 명약관화하다 하겠습니다. 그의 말을 가지고 그의 마음을 미루어 본다면 뒷날 장차 스스로 사미원과 같은 재상이 되어 우리 세자를 제왕濟王으로 만들려는 속셈인 것입니다. 유영경은 세자에 대해 모해하려고 한 정상이 탄로난 것을 알고서 날마다 시기하며 더욱 틈을 벌리려고 획책하고 있으니, 그가 못할 짓이 없으리라는 것은 당연합니다. 전하께서는 유영경이 세자를 우리 임금의 아들로 대하리라고 생각하십니까. 그 형세로 볼 때 이 정도에서 그치지 않고 반드시 간계를 이루어 마음이 쾌하게 된 연후에야 그만둘 것입니다.

대간이 말하지 않은 것은 그들이 유영경의 손과 입이기 때문이고, 대신이 묵묵히 끌려가는 것은 유영경의 오른팔이기 때문이며 승정원과 사관이 사사로이 임금의 뜻을 감춘 것은 유영경의 심복이기 때문입니다. 전하는 위에서 고립된 채 개미새끼 한 마리도 의지할 곳이 없게 되어 어진 후계자가 있어도 장차 서로 보존하지 못하게 될 것이니, 어찌 통탄할 일이 아니겠습니까. 삼가 원컨대 전하께서는 유영경이 세자의 지위를 불안하게 하여 종사를 위태롭게 하려 한 죄를 거론하시어, 일상적인 형법을 바르게 하심으로써 나라의 근본을 굳건히 하고 종사에 다행이 되게 하소서."

하니, 주상이 크게 노하며 승정원에 도로 내려 보냈다.

영의정 유영경이 상소하기를,

"신이 삼가 정인홍의 상소를 보건대 오로지 신이 동궁을 동요시켜 종사를 위태롭게 하려 했다고 지목하여 멋대로 악명을 가하면서 못하는 것이 없었습니다. 신하로서 이처럼 하늘과 땅에 가득 찰 원통한 일을 당했으니, 만약 밝은 하늘 아래에서 명백히 판별하지 않는다면 살아서도 이 세상에 스스로 설 수 없고 죽어서도 지하에서 눈을 감을 수 없을 것입니다. 어찌 감히 주상을 번거롭게 함을 의심받은 나머지 이 절박한 심정을 다 말씀드리지 않을 수 있겠습니까.

지난해 10월 주상께서 오래 조섭하시던 끝에 갑작스레 병환이 생기셨으므로 신하들은 황망하여 조치할 바를 몰랐습니다. 그때 신이 약방제조로서 바야흐로 약방문 안에 있었는데, 승정원에서 삼공을 부른다는 교지를 전해 주고 이어 밀봉서가 내려왔습니다. 이에 신이 좌의정 허욱, 우의정 한응인과 더불어 봉서를 맞춰본 뒤에 약방문 밖에서 명를 기다리고 있었습니다. 얼마 있다가 승정원이 빈청에 가서 기다리도록 말을 전하기에 신은 좌상·우상과 함께 빈청에 나아갔는데, 그때는 이미 원로대신들이 있지 않았습니다.

신들이 전위하거나 섭정하도록 하라는 하교를 받들고 생각해 보건대, 창황한 때에 특별히 이러한 명을 내리신 것은 종묘사직의 대계를 위하여 근본을 더욱 공고히 하려는 의도에서 나온 것으로 지극히 당연한 것이라고 여겨졌습니다. 따라서 신들이 장차 임금의 뜻에 따라야 된다는 것을 알지 못했던 것은 아니지만, 단지 주상께서 국정을 친히 다스리지 못한 지 겨우 하루 이틀 정도 되었을 뿐이고, 우연히 생긴 병세라 자연 하루 이틀쯤 지나면 거의 완쾌되실 것이기에, 이러한 신하들의 간절한 소망에 바탕하여 말씀드렸던 것이었습니다. 더욱이 왕세자도 이러한 명이 있으셨다는 것을 듣고 근심스럽고 황망한 나머지, 한층 더 안타깝고 절박한 심정으로 음식을 폐하고 눈물을 흘리며 어찌할 바를 몰랐으니, 무릇 백성으로서 그 누가 감동하지 않았겠습니까. 신들이 주상의 명을 받들지 못했던 곡절은 이와 같을 따름입니다.

그런데 그는 말하기를, '원로대신을 물리쳐서 참관을 못하게 하고 여러 차례 독자적 의견을 올리면서 유독 현임과만 함께 처리했다.' 하였습니다. 그러나 신들이 빈청에 도착하기도 전에 원로대신들은 이미 나가버렸으니 이른바 물리쳤다고 하는 것에 대해서 신은 실로 이해할 수 없습니다. 주상께서 이미 삼공을 부르셨고 신들도 삼공을 부른 밀봉 조각을 헤아려 정하였습니다. 그리고 그때 보고하는 일은 현임의 책임이기 때문에 신들이 서로 상의하여 보고하였습니다. 그 뒤 그 비망기와 보고한 초안은 곧 사인 오백령으로 하여금 원로대신들이 모인 장소에 가져가 보이게 하였는데, 원로들이 한꺼번에 참관하지 못했던 것은 형세가 그러하였기 때문입니다.

그는 또 말하기를 '대간에게 알리지 않도록 경계했고 승정원과 사관은 임금의 뜻이 오래 전파되지 않도록 비밀에 부쳤다.'고 하였습니다. 보통 비망기를 삼정승에게 내릴 경우 보고한 뒤에 비망기와 아뢴 초고를 주서가 가지고 가는 것이 관례이고 그 뒤에 대간이 알리거나 알리지 않는 여부는 대신이 상관할 바가 아닙니다.

왕세자는 천성적으로 총명하고 인효하여 세자궁에서 덕을 쌓은 지 17년에 신민들이 함께 떠받들고 종묘사직을 부탁하는 바가 되었습니다. 그런데 정인홍이 감히 전위하고 섭정하는 일을 핑계되어, 몰래 화를 떠넘기려는 계책을 도모하고 흉악한 말을 지어내면서 못할 말이 없이 하였습니다. 신이 모함을 당한 이 일은 신 한 몸에만 화가 미치는데 그치지 않고 실로 종사에 관계된 것입니다. 이 탄핵 상소가 있음으로부터 마음과 뼈가 다 함께 놀라고 간담이 찢어지는 듯합니다. 원컨대 전하께서는 신을 형조에 내리시어 실상을 심문케 함으로써 신의 죄를 바로잡으소서."
하니, 주상이 답하기를,

"정인홍의 상소를 보니 흉악하고 참혹하기 그지없어 도대체 이해할 수 없을 뿐만이
아닌데, 내가 심병이 있어 자세히 보지도 못한 채 그냥 힐끗 보고 지나쳤을 뿐이다.
그 가운데에는 나와 관련된 말이 있기까지 하였는데, 또한 그것이 무엇 때문에 한
말인지 알지 못하겠으니 더욱 음울하고 참담하기 그지없다. 정인홍은 무고히 임금의
마음을 동요시키고 영상을 모함하였는데, 생각건대 소인배들 가운데 영상을 모함코
자 하는 자가 유언비어를 만들어 내어 남쪽에 전파시키자 정인홍이 이를 거두어 주
워 모아 상소한 것이 아닌가 여겨진다.

그가 한 말은 따질 것도 못되지만, 아무 일도 없는데 괜히 일을 만들어 내어 지친 간
에 이로 인하여 의심을 일으켜 틈이 벌어지게 하였으니, 조정이 혹시라도 조용해지
지 못하게 되면 크게 불행한 일이다. 스스로 돌이켜 보아서 떳떳하다면 천만인이 떠
들어대더라도 혐의를 둘 것이 뭐가 있겠는가. 그리고 그 전교는 원래 삼정승에게만
전하도록 했던 것이지 범범하게 대신들에게 전하게 한 것은 아니었다. 그런데 저처럼
떠들어대는 자는 과연 어떤 사람인가? 경은 마음을 편히 하여 직책에 임하고 염려
하지 말라." 하였다.

충청도 유생 이정원 등이 상소하기를,

"적신 유영경은 성질이 음험하고 교활하여 극악무도한 죄를 지었는데도 영상의 자리
를 점거하고 이 세상에 살고 있으므로 귀신이나 사람이 함께 분하게 여긴 지가 오래
되었습니다. 그런데 다행히도 전 참판 정인홍이 죽음을 무릅쓰고 의로운 상소를 올
린 덕택에 바른 논의가 멀리 펼쳐져 온 나라가 서로 경하하고, 죄수를 처형하여 효수
에 처함을 바라고 있었습니다. 그런데 이미 여러 날이 지났는데도 임금의 뜻이 아직
내려지지 않아 군민의 마음이 더욱 우울해지고 천지가 장차 막힐 지경이 되었으니
우리나라의 2백 년 종사가 끝내는 반드시 이 적의 손에 무너지고 말 것입니다.

신들이 삼가 보건대 흉악함이 오래도록 권세를 도둑질하여 뿌리가 이미 공고해졌는
데 기세가 치성하여 세상을 꼼짝 못하게 하고 있으니, 조정과 백성이 벌벌 떨며 그

음험한 함정에 떨어질까 두려워한 나머지 마음으로는 그의 그릇됨을 알면서도 입으로는 감히 말을 못하고 있습니다. 그리하여 원로대신들을 멋대로 부르고 물리치기까지 하는데 사헌부 사간원과 승정원이 모두 그의 지시를 받으니 나라 형편의 위태로움이 아침 이슬과 같다 하겠습니다. 이러한 때에 그 누가 기꺼이 그를 건드려 위험에 빠질 것을 무릅쓰고 한번이라도 전하를 위해 입을 열려고 하겠습니까.

정인홍이 일단 말씀드린 뒤로 흉당이 조금도 거리낌 없이 더욱 방자해져서 간관의 직책에 있는 자들도 대죄하지 않고 있으니 임금을 무시한 방자한 태도가 이에 이르러 더욱 드러났다 하겠습니다. 서리를 밟으면서 장차 얼음이 얼 것을 경계하지 않으니 앞으로 차마 말할 수 없는 화란이 닥쳐올까 두렵습니다. 원컨대 전하께서는 속히 유영경의 죄를 바로잡아 신민의 분을 쾌하게 하소서."

하니, 주상이 답하기를,

"그대들은 정인홍의 여론을 따라 대신을 무함하니, 이는 물 여우처럼 남을 음해하는 자의 사주를 받은 것이 분명하다. 조정의 대체에 대해서는 유생이 감히 망령되이 말할 성질이 못 된다."

하고, 이어 승정원에 하교하기를,

"정인홍이 세자로 하여금 속히 전위 받도록 하고 싶어 하는데, 스스로는 세자에게 충성을 다했다고 할지 모르나 실은 너무도 불충한 짓을 한 것이다. 제후국의 세자는 반드시 천자의 명을 받은 연후에야 세자라고 이를 수 있는데, 지금 세자는 책명을 받지 못했으니 이는 천자가 불허한 것으로서 천하가 알지 못하는 것이다. 그런데 하루아침에 갑자기 전위를 받게 되어, 중국 조정에서 '그대 나라의 세자에 대해 천자의 조정에서 아직 책봉을 허락하지 않았는데, 그대 국왕이 사사로이 전위하였으니 그대 국왕의 직위도 또한 천자의 직위로구나. 그대 국왕이 마음대로 처단할 바가 아닌 것을 세자가 어찌 감히 스스로 받는단 말인가. 그 사이에 그렇게 하는 무슨 까닭이 있어서 그러는 것은 아닌가?' 하고 그릇되게 불측한 이름을 세자에게 가하고 대신을 힐문한다면 장차 어떻게 결말을 짓겠는가.

내 입장에서는 단지 내 몸의 우환 때문에 물러나고 싶지만 국가를 도모해야 할 대신
의 입장에서야 어찌 용의주도하게 처리하지 않을 수 있었겠는가. 그러니 대신의 처리
를 조급하고 경망한 사람이 염려한 것에 비교할 수가 있겠는가. 그러고 보면 대신들
이 어찌 다만 구 임금이 물러나는 것을 차마 하지 못할 뿐이겠는가. 지금 정인홍의
상소 때문에 내 마음이 편치 않아 밤에는 잠을 잘 수가 없고 낮이면 밥을 먹지 못하
는데, 대신과 대간 시종도 직책을 수행하는 것을 불안하게 여기니, 전에 없는 변고라
하겠다." 하였다.

유영경이 또 상소하여 분변할 것을 아뢰니, 주상이 타이르는 내용으로 비답하였다.
삼사·승정원·예문관이 모두 상소를 올려 정인홍 등을 공격하고 배척하니, 주상이
허락하였다. 양사가 드디어 정인홍의 유배를 청하고, 또 정인홍이 이이첨·이경전의
음흉한 부추김을 들었다 하여 그들도 모두 멀리 귀양 보낼 것을 청하니 주상이 모두
따랐다.

– 선조수정실록 41년 1월 1일 –

합천에 거주하며 상소문을 통한 정치

1608년[74세] 광해 즉위년 11월 3일 우찬성 정인홍의 상소문

우찬성 정인홍이 상소를 올리기를,
"엎드려 아룁니다. 의정부의 서리가 가지고 온 지난달 25일의 임금의 명은 신이 이
달 5일에 받았고, 이어 지난번 상소에 대한 성상의 비답을 의정부의 녹사가 가지고
왔었는데, 모두가 조정으로 돌아오라면서 교체를 허락하지 않은 것이었습니다. 또
의원을 보내 멀리까지 와서 병을 살펴보게 하셨으니, 신이 비록 보잘 것은 없으나 혈
기가 있는데 어찌 마음에 감격되지 않겠으며 수레를 타고 나서지 않겠습니까. 다만
신의 몸에 병이 있다는 것은 의원이 보고 아는 바이니, 감히 거듭 중복하여 전하의
귀를 번거롭게 하지는 않겠으나 민망하고 답답한 구구한 심정만은 전하의 거울 같으
신 마음을 더럽히지 않을 수 없습니다.

신이 서울을 떠난 지 이미 여러 달이 되었습니다. 오랫동안 산림에 살며 병으로 인해 부름에 나가지도 못하는데, 벼슬만은 그대로 지니고 있습니다. 어찌 신하로서 직책에 종사하지 않고 멀리 외방에 물러나 있으면서 그대로 벼슬을 가지고 있을 수 있겠습니까. 이 때문에 신이 주야로 근심하고 두려워하며 꿈속에서도 놀라 어디로 도망쳐야 할지 모르고 있습니다. 신이 듣건대, 공자가 말씀하시기를, '임금을 섬길 때 먼저 말을 떼어보고 난 다음에 직접 나아가서 벼슬을 받아 그 믿음을 이룬다. 그러므로 군주는 그 신하에게 책임을 지우는 것이고 신하는 자기가 한 말에 몸을 바치는 것이다.' 했습니다. 신이 보건대, 제갈량이 초야에 몸을 숨기고 지낼 적에 재량을 지녔으나 쓰이지 못했습니다. 그러다가 당세의 군주와 말 한 마디에 서로 뜻이 맞아 모든 신료의 가장 윗자리로 등용되어 대업을 이룸으로써 사람들의 바람을 잃지 않았으니, 이것이 바로 '말을 떼어보고서 그 믿음을 이루며 신하에게 책임을 지우고 그 말에 몸을 바친다.'라는 것입니다.

그런데 지금 신은 변변치 못하여, 학문은 적절하게 쓰이지 못하고 말은 공적을 이룩하지 못하여 앞서 말씀드린 다섯 가지 일처럼 되었고 보면, 신은 이미 무용지물이 되었습니다. 정말 병이 없어 명령을 받고 조정에 나아간다 하더라도 군주에게 요구하거나 봉록을 탐하는 무리일 뿐인데, 전하께서 이런 등속의 인물에게 무엇을 취할 것이 있다고 거두시고자 하십니까. 신 역시 어떻게 전하의 조정에 서서 공효를 세우길 바랄 수 있겠습니까. 신은 이것이 전하께 충성하는 것이 아니라 선왕의 밝으신 은혜에 누를 끼치는 일만 될까 염려스럽습니다. 전하께서 신의 학문이 쓰일 바가 없고 말씀드리는 것이 시행할 만한 것이 없는데도, 조정에 출사시켜 봉록을 받게 하여 부끄러운 줄도 모르게 하고자 하신다면, 이는 전하께서 신을 내시 같은 사람으로 바란 것이며, 세 번이나 체직 상소를 아뢴 다음 염치불구하고 나아간다면 신 역시 봉록을 탐하는 사람으로 자처하는 것입니다. 평생의 뜻과 사업이 하루아침에 조정에서 허물어져버릴 경우 전하께서도 불쌍한 생각을 하지 않으실 수는 없을 터인데, 신만 홀로 안타깝고 걱정하여 자신을 아끼지 않을 수 있겠습니까.

또 관료들이 사분오열되고 학파가 복잡하여 서로 시기하고 서로 알력을 일으켜 갈수록 깊어지고만 있어, 신이 전일에 말씀드린 것이 현재의 의논들과 전혀 맞지 않은 점이 있는데, 어떻게 그 사이에 뻔뻔스럽게 나아가 실패하는 부끄러움을 자초하겠습니까. 비록 옛 성현이라 하더라도 사람들과 사이가 좋지 못한 바가 있었는데, 하물며 그 이하 인물이겠습니까. 그러므로 신은 혼자 생각하기를, '띠뿌리처럼 여럿이 나아가면 길하다.'는 주역 태괘 초구효의 상象이 참으로 어리석은 나의 분수에 편안한 것이지, 다른 것은 더 바랄 것이 없다.'고 여겨졌습니다. 삼가 바라건대, 전하께서는 신의 민망하고 절박하기 그지없는 실정을 살피시어 시급히 교체를 명해 주소서. 그러면 신의 몸과 마음은 편안해질 것이며 이로 인하여 조섭을 할 수 있어, 요행히 죽지 않고 전하의 밝은 세상에 잠깐이나마 목숨을 부지하여 마침내 성인의 학문을 지키다 죽는 한 늙은 신하가 될 것이니. 천지같이 생성케 해주신 은혜를 장차 무엇으로 갚을 수 있겠습니까. 버릇없고 참람하며 예의에 벗어났으므로 땅에 엎드려 죄를 기다립니다. 처분을 바랍니다." 하였다.

- 광해일기 즉위년 11월 3일 -

광해군이 거듭 정인홍에게 자신을 직접 보좌해줄 것을 청했지만 고령과 신병을 이유로 사직을 청했으며 관직에 오르는 대신 고향에서 임금을 돕겠다고 하였다. 이후 광해군은 여러 차례 정인홍에게 정사에 대해 물었고 정인홍 의견은 대부분 국정에 반영되었다.

정인홍은 본직에 종사하며 권력을 행사하진 않았다. 그의 정치적 대리인 이이첨이 중앙 요직에 있으면서 요소요소에 박힌 당파들을 통해 자연스럽게 그의 뜻대로 정국이 운영됐다. 국정의 주요사안이 발생할 때마다 반대파에 대해서는 철저하게 숙청함으로써 광해가 강상을 범한 임금으로 기록되는데 동조자가 된 것이다.

1618년[84세] 광해 10년 1월 18일 영의정. 정인홍은 고향에서 올라가지 않았는데, 첩지를 받은 10일만에 이이첨 등이 주도한 폐비론이 나오자 그는 영의정 신분으로 의정부에 글을 보내 반대의 뜻을 분명하게 전한 뒤, 3월에 영의정을 사직하는 상소를 올렸다. 이후 그는 성문 출입을 하지 않았다. 사람들은 이런 정인홍을 산림에서 정승직을 수행했다하여 산림정승이라 불렀고, 정인홍을 미워하던 정적들은 1품의 관직을 지닌 채 고향 합천에 기거하면서 조정의 권세를 좌지우지했다고 하여 요집조권이라 하였다. 정인홍의 폐비 반대 서신을 이이첨 등이 중간에서 변조하여 찬성 한 것처럼 꾸몄다는 등, 그의 권한을 이이첨이 가로채 행하였다는 설 등이 분분하였다.

인조반정과 정인홍의 죽음

1623년[89세] 광해 3월 13일 인조가 의병을 일으켜 인목대비를 받들어 복위시킨 다음 대비의 명으로 경운궁에서 즉위하였다. 광해군을 폐위시켜 강화로 내쫓고 3월 14일 이이첨 등을 참형하였다.

이이첨 등이 참형을 받았다. 반정이 일어나던 날 이이첨이 가솔을 모두 데리고 남쪽 성을 넘어 도망가서 이천의 시골집에 갔는데, 병사가 뒤따라가서 잡아왔다. 이이첨이 처음에 신경유 등이 거사를 했다는 말을 듣고 - 신경유의 누이는 이대엽의 아내였으므로 - 이대엽의 아내를 보내어 신경유를 만나보고 석방시켜주기를 도모하려고 하였으나 실행되지 못하였다. 이이첨이 의금부에 나아가 밤에 진술문을 쓰면서 함께 구속된 유희량에게 말하기를 "주상께서 이 진술을 보시면 필시 나의 무죄를 밝혀주실 것이다." 하였다. 이튿날 형을 받으려고 옥을 나갈 적에 이귀를 쳐다보며 말하기를 "대감은 나의 마음을 알 것이다. 대비께서 이제까지 보전하실 수 있었던 것은 어찌 나의 공이 아니겠는가." 하니, 이귀가 말하기를 "네가 이전에 모든 일을 자신이 하지 않고 다른 사람으로 하여금 하게 했던 것은 오늘 이 말을 하려고 했던 것이다. 진정 너의 말과 같다고 할 경우 유폐의 화를 겪으신 것이 과연 누가 한 짓이겠는가." 하자, 이이첨이 대답하지 못하였다. 형을 받을 무렵에 또 큰 소리로 말하기를 "하늘이 나의 무죄를 내려다보고 계실 것이다. 살아서는 효자이고 죽어서는 충신이다." 하니, 이위경이 뒤에 있다가 꾸짖으며 말하기를 "우리가 죽게 된 것은 모두가 네가 악한 짓을 했기 때문인데, 네가 어떻게 충신이 될 수 있으며 효자가 될 수 있겠는가."

하였다. 이이첨은 한찬남·백대형·정조·윤인·이위경 등과 함께 먼저 처형을 받았고, 이원엽·이홍엽·이익엽은 먼저 참형되었으며 이대엽은 옥중에서 죽었다. 그리고 이병·한정국·홍요검·서국정·채겸길·민심·정결·황덕부·이정원·이상항·한희길·박응서·정영국·유세증·윤삼빙·조귀수·정몽필 등 여러 총애받는 신하들과 유희분·유희발 등은 차례로 참형을 받았고, 정인홍·이강·원종·신광업 등은 추후에 형을 받았다. 성지·시문용·김일룡·복동은 모두 도망가 숨어 있었는데, 잡아다가 참형하였다. 폐모론을 상소한 사람과 건축공사에 거두어 들인 사람들에 대해서 죄가 중한 자는 잡아다가 베었으며, 이이첨의 무리들은 차등있게 귀양보냈다. 이이첨 등은 원수진 사람들이 많았으므로 그들이 참형을 당하자 도성 사람들이 그의 시체를 난도질하여 시체가 온전한 데가 없었다.

– 광해일기 15년 3월 14일 –

1623년 인조 1년 3월 15일 홍문관 부교리 이명한이 정인홍을 국문할 것을 청하다.

홍문관 부교리 이명한이 상소하기를, "서령 부원군 정인홍은 본래 음흉 간교한 사람으로 일생 동안 행한 일이 모두 남을 해치는 마음에서 나왔습니다. 전적으로 폐모론을 주장하여 흉도들의 난을 자아냈습니다. 잡아다 국문할 것을 명하소서." 하니, 주상이 따랐다.

– 인조실록 1년 3월 15일 –

1623년 인조 1년 3월 15일 사간 이성구가 정인홍의 국문과 장령 곽천호 등의 교체를 청하다.

사간 이성구가 아뢰기를, "서령 부원군 정인홍은 산림을 가탁하고 오로지 음흉한 짓만을 일삼았습니다. 폐모론을 주장하여 흉적의 화를 빚어냈으니, 잡아다 국문할 것을 명하소서. 장령 곽천호, 응교 한옥, 교리 이경익, 부교리 최호, 수찬 오익환은 모두 적신의 한패거리인데도 아직 직명을 갖고 있으니 모두 파직을 명하소서. 대사헌 남근, 대사간 유대건, 부응교 오환은 적신에 빌붙은 자로서 외람되게 삼사에 그대로 있습니다. 모두 교체를 명하소서."

하니, 주상이 따랐다.

정인홍은 영남 사람이다. 조식의 문하에서 수업하고 헛된 이름을 훔쳐 대사헌의 장관에 제수되기까지 하였다. 선조가 만년에 이르러 광해가 어리석고 사리에 어두어 대임을 담당하지 못할 것을 알고 후회하는 뜻을 두자 정인홍이 상소하여 극언하다가 유배되었는데, 이로 인하여 공론이 상당히 그를 칭찬하였고, 광해는 즉위하는 즉시 소환하여 찬성에 제수하였다. 이언적과 이황은 곧 우리나라의 큰 현인인데도 정인홍은 사적 감정을 가지고 이들을 배척하였다. 이 때문에 선비들의 의논에 죄를 얻고 이이첨과 깊이 결탁, 서로 추천하여 정승에 이르고 원로 훈신에 책록되었다. 광해가 생모를 추존하여 종묘에 들였는데, 이는 정인홍이 협찬하여 이룬 것이다. 일찍이 임금을 대할 때 시문용[3]의 풍수설을 추천하여 토목 공사를 일으켰다.

계축년에 상소를 하였는데, 그 말이 몹시 흉패하여 영창대군을 가리켜 우리 속의 돼지라고 하였다. 급기야 폐모론이 일어나자 먼저 폐위하고 난 뒤에 아뢰자는 의논을 주창하고 제나라의 문란한 애강과 문강에 비교까지 하면서 불공대천의 원한이 있다고 하였다. 그리하여 삼강오상이 무너지게 하고 사람의 도리가 막히게 하였으니, 하늘에 사무치는 죄악이 이이첨에 못지않다. 늙어서도 죽지 않았으니, 정히 오늘날을 기다린 것이다. 하늘의 도가 악행에 벌을 내리 것이 이와 같이 어김이 없다.

곽천호·한옥·이경익·최호·오익환 등은 모두 이이첨의 심복으로 삼사를 차지하고 앉아 반대이론을 담당하였다. 그중에도 최호가 더욱 극심하였는데 목숨을 보전하고 있으므로 여론이 더욱 분개하였다. 오익환은 글을 몰라 썩은 흙과 같았으므로 사람들이 더욱 천시하였다.

남근은 본래 흉패하고 행실이 나쁜 사람으로 이이첨의 심복이 되었고 뒤에 임취정과 작당하여 권세를 부려 못하는 짓이 없었다. 유대건은 용렬하고 혼미한 자로서 처음 음관으로 발신하고 50세 이후 부정으로 과거에 합격하였다. 정인홍이 한 번 그를 보고는 외모가 조식을 닮았다 하여 힘써 그를 추켜세웠다. 이로 말미암아 역도들에

---

3) 시문용 : 군에서 도망한 중국 사람으로 정인홍의 질녀의 남편

게 빌붙어서 사간원을 역임하게 되었는데, 후에 박홍도와 유숙의 일당이 되어 모든 언동을 박홍도 등의 사주를 받음으로서 역도들 간에 알력을 빚었다. 그를 미워하는 자가 금수의 행실이라고 비방해도 부끄러워할 줄 몰랐다. 이때 그의 나이 75세였으므로 사람들이 그를 지목하여 늙은 수리라 하였다.

- 인조실록 1년 3월 15일 -

1623년 인조 1년 4월 2일 승정원이 정인홍을 처형할 것을 청하다.

승정원이 아뢰기를, "의금부의 죄수들이 무려 1백여 명에 이르고 있는데, 문초를 정지한 지 벌써 8일이나 지났습니다. 죄가 중한 자의 목숨이 붙어 있으면 신과 사람의 분노를 풀어 줄 길이 없고, 죄가 가벼운 자를 오래 수금하면 감옥의 근심이 있게 됨을 면할 수 없습니다. 전일 누차 죄수를 신중히 심의하는 전교를 내리신 것도 진정이 때문이었습니다. 대신과 담당관으로 하여금 빈청에 모여 즉시 의논하여 아뢰게 하고, 국문을 해야 될 자에 대해서는 마땅히 금일 안으로 열어 처결하게 하소서.

그리고 정인홍은 죄악이 하늘과 땅에 가득 차서 이이첨보다 조금도 덜하지 아니한데, 잡아온 지 3일이 되었는데도 여태 목숨을 보존하고 있습니다. 그래서 조야의 사람들이 모두 혹시라도 늙은 간신이 형을 받기도 전에 죽어버리지나 않을까 걱정하고 있으니, 속히 담당관으로 하여금 법에 헤아려 죄를 정하게 하고 아울러 종묘에 고하도록 하소서." 하니, 주상이 따랐다.

- 인조실록 1년 4월 2일 -

4월 3일 반정으로 광해군이 쫓겨나자 정인홍은 영의정으로 폐모론을 주도했다는 죄를 쓰고 서울로 압송되어 닷새 만에 처형되고 가산은 적몰 당했다. 죄명은 대북파의 영수로서 폐모론의 배후조종자, 목이 잘린 시체는 갈갈이 찢겨져 사방으로 옮겨가며 내 걸리는 능지처참 형을 받았다. 그가 평소 지녔던 철학이나 소신으로 봐서는 억울한 면이 있었다.

1908년 순종 2년 신원되어 복작되었다. 사후 285년만인 1908년 비로소 역적 죄명이 벗겨지고 관작도 회복되었다. 정인홍은 임진란 때 외아들 정연을 의병에 참전시켰다가 잃었고, 합천 가야에 그의 묘소와 함께 사당이 마련되었으며, 1959년 문교부장관 최규남이 지은 신도비가 세워졌다.

[승진과정]

1558년[24세] 생원시에 합격, 과거가 명리를 탐하는 것이라 하여 대과는 치르지 않다.

1573년[39세] 선조 6년 6월 선조가 왕명으로 초야 인재 천거요청으로 정인홍등 5명을 추천 받았는데 그의 명성 때문에 학행으로 천거되어 6품직에 제수 받았다.

1575년[41세] 선조 8년 7월 황간 현감

1576년[42세] 선조 9년 12월 지평, 사양하고 출근하지 않았다.

1580년[46세] 선조 13년 8월 다시 지평, 사양하고 오지 않았다. 12월에 장령

1581년[47세] 선조 14년 7월 정철을 탄핵. 도리어 해직, 낙향

1582년[48세] 선조 15년 모친상, 3년간 시묘살이

1589년[55세] 선조 22년 기축옥사로 삭탈관직

1589년[55세] 세자책봉 문제로 정철을 탄핵, 남인과 북인 분리

1592년[58세] 선조 25년 4월 13일 임진왜란, 의병을 일으키다. 정인홍의 휘하에 정예병 수백 명과 창병 수천 여명이나 되는 병력이 포진하고 있음을 보고하였다.

1599년[65세] 선조 32년 12월 형조참의

1602년[68세] 선조 35년 2월 대사헌 7월 공조참판, 9월 대사헌

1604년[70세] 선조 37년 7월 공조참판

1607년[73세] 선조 40년 선조 위독

1608년[74세] 선조 41년 1월 1일 정인홍의 상소문

1608년[74세] 광해 즉위년 3월 한성판윤, 4월 세자 보양관, 5월 대사헌, 7월 우찬성 겸 세자보양관

1610년[76세] 광해 2년 5현 김굉필·정여창·조광조·이언적·이황 문묘 종사 결정

1611년[77세] 광해 3년 정인홍의 이언적·이황의 문묘종사 반대

1612년[78세] 광해 4년 9월 우의정

1613년[79세] 광해 5년 정인홍은 영창대군을 구원하는 상소

1614년[80세] 광해 6년 1월 좌의정, 12월 서령부원군

1615년[81세] 광해 7년 6월 좌의정

1618년[84세] 광해 10년 1월 18일 영의정

1623년[89세] 3월 13일 인조반정

1623년[89세] 인조 1년 3월 14일 이이첨 등이 참형을 받다

1623년[89세] 인조 1년 4월 2일 정인홍을 처형할 것을 청하다

4월 3일 정인홍이 폐모론을 주도했다는 죄를 쓰고 처형되고 가산은 적몰 당했다.

1908년   순종 2년 신원 복작 285년간 역적으로 취급, 관작회복

78. 박승종朴承宗

광해군의 사돈으로 인조반정이 일어나자 자결하다

생몰년도	1562년(명종 17년) ~ 1623년(인조 1년) [62세]
영의정 재직기간	(1619.3.13~1623.3.12) (4년)
본관	밀양密陽
자	효백孝伯
호	퇴우당退憂堂
군호	밀양부원군
시호	숙민肅愍
출생	서울시 중구 필동 읍백당 터
죽음	광해군의 사돈으로 인조반정후 아들과 목매어 자결하다
조부	박계현朴啓賢 - 호조판서
부	박안세朴安世 - 지돈녕부사
모	황림黃琳의 딸
처	김사원金士元의 딸
장남	박자흥朴自興 - 광해군과 사돈
며느리	이이첨李爾瞻의 딸
손녀	박씨 - 세자빈 (광해군 아들과 결혼)
차남	박자응朴自凝 - 읍백당
며느리	정근鄭謹의 딸

광해군의 사돈

박승종의 자는 효백孝伯, 호는 퇴우당退憂堂으로 본관은 밀양이다. 규정공 박현의 후세로서, 규정공파에 속한다. 증조부 박충원은 이조판서를 지냈고, 조부 박계현은 호조판서를 지냈으며, 아버지 박안세는 지돈녕부사를 지낸 문벌 있는 가문에서 1562년 한성에서 태어나 자랐다.

박승종은 젊어서부터 총명하고 슬기가 있어 일을 주선하는 재주가 있었으나 실록에서는 경솔하여 재상이 될 기량이 모자랐다고 기록하고 있다. 대사헌 재직시 정인홍을 탄핵하여 정인홍의 눈 밖에 나 있었으나 이이첨과 혼척관계를 맺고 있었기에 중죄를 벗어날 수 있었다. 이후 장남 박자홍의 딸이 광해군의 아들 세자와 결혼을 하여 세자빈의 할아버지가 되었는데, 그때부터 광해군의 특별한 배려 속에서 관직생활을 하게 된다. 박승종은 이후 부담을 가졌는지 주요 벼슬에 오를 때마다 사직을 청하거나 출근길에 오르지 않아 임금이 회유하는 기록이 수없이 쌓였다. 병조판서가 되어 15번의 사직을 하였으나 허가되지 않았고 병조판서 재임기간만 7년이나 되었다. 이러던 중 이이첨이 인목대비 폐비론을 들고 나왔다. 박승종은 직언으로 반대하지 못해 얼떨결에 폐비론의 찬성론자로 인식되고 있음을 알게 되었다. 이이첨의 심복 윤인이 인목대비가 거주하는 경운궁을 급습하여, 인목대비를 해하려 했을 때 박승종이 대비궁을 지켜 대비의 목숨을 살렸는데, 상위직에 오른 뒤에 폐모론이 다시 일자 임금은 백관들을 모아놓고 각자의 견해를 발표케 하여 의견을 모았는데 박승종의 대답은 "어리석은 신의 생각에는 여러 상소를 가지고 외지에 나가 있는 현직 대신들에게 하문하셔서 처리하는 것이 좋겠습니다." 라 하여 명확한 반대도 찬성도 아닌 발언을 하였다. 결과적으로 반대 의논이 강해 인목대비가 폐비되지는 않았지만 이이첨이 주도하여 서궁으로 유폐하는 것으로 결론이 내려졌다.

이후 박승종은 우의정, 좌의정을 거쳐 영의정이 되었는데 출근치 않고 사직상소를 올리며 버티자 임금은 승지를 보내 수차례의 회유를 마다하지 않았다. 사직서를 아무리 제출해도 수리가 되지 않자 박승종은 점점 포악해지는 광해군 시대의 정치현상에, 직책이 가시방석처럼 느껴졌다.

그는 주머니 속에 항상 오리알만한 비상을 넣고 다니면서 "불행한 시대를 만나 조석으로 죽기를 기다리는데 어찌 이 물건이 없어서 되겠느냐." 하고 씁쓸해 하였다.

1623년 인조반정이 일어난 날 박승종은 아들 박자흥과 심부름꾼 몇 사람을 데리고 수구문으로 빠져나가 양주에 내려가 있었다. 조정이 수습되었다는 소식을 듣고 새 임금께 보내는 편지에 "임금을 바른말로 간하지 못하여 오늘의 사태가 발생하게 되었다. 다급한 상황에 이미 성문을 나왔는데 다시 들어갈 경우 여러 군사들에게 살해되어 명분이 뚜렷하지 않은 죽음이 될까 염려되므로 못에 빠져 죽어 신명과 사람들에게 사죄하려고 한다."고 하며 광주의 선산에 가서 배알하고 삼악사 절간에 들어가서 아들과 함께 술에 독약을 타서 마시고 죽었다. 이후 인조는 박승종의 관작을 삭탈하고 가산을 몰수했는데 정언 홍호가 이를 부당하다며 상소를 하였다.

박승종은 재주와 기량이 있는 사람으로서 그가 병조판서로 있을 때 장수들의 인심을 샀다. 만년에 광해가 패망할 것을 알고 늘 주머니 속에 독약을 넣고 다니면서 변을 당했을 때 자살하려고 하였다. 그러나 부자 모두가 사치스러운 생활을 하며 재산을 모으고 저택을 치장하여 조정의 귀척들 중에서 으뜸가는 부자였다. 그런데도 재물을 탐내기를 그지없이 하였는가 하면 세력을 믿고 권력을 쟁취하려고 하여 물러날 줄을 몰랐다. 이리하여 세상 사람들이 그를 삼창三昌의 한 사람으로 지목하였으니, 아무리 명분을 끌어대어 자결했더라도 옛사람의 장렬한 죽음에 비교해 본다면 부족한 점이 있는 것이다.

사람이 자신의 목숨을 끊는 것에도 높낮이가 같지 않아서 세 등급이 있습니다. 가장 윗 단계는 인仁을 이루려하여 의리를 취하는 것인데, 이는 천하의 의리에 대하여 옳고 그른 것을 터득한 바탕 위에서 이루어지는 것이니, 감히 의논할 수 없습니다. 그 다음은 불의에 의기가 북받쳐 자신의 몸을 버리는 경우이고, 그 다음은 면할 수 없는 형세라는 것을 알고서 자결하는 경우입니다. 고금의 인물에 대해 등급을 매겨 논한다면 높낮이가 같지는 않으나 당시의 임금이 포상했던 것은 모두 같습니다. 이는 임금들이 세 등급의 구별이 있는 줄 모른 것이 아니고 천만년 뒤에까지 신하가 되는 자들을 격동시켜 권장하려는 목적에서였습니다. 박승종의 죽음은 면할 수 없는 형세임을 알고 행한 것에 가깝습니다마는, 그가 죽음에 임박하여 말하기를 '대신의 신분으로서 바르게 임금을 인도하지 못하여 오늘에 이르렀다.'고 한 것을 보면, 조용히 처변하려는 뜻이 있을 뿐더러 허물을 살펴 뉘우치고 깨닫는 단서가 엿보이고 있으니, 또한 슬프지 않습니까. 따라서 반정한 처음에 박승종이 포상하는 은전을 입었어야 마땅한데, 어찌 재산몰수하라는 명이 있을 줄이야 생각이나 했겠습니까.

– 인조실록 2년 7월 8일 –

이러한 상소에도 불구하고 조정은 냉혹하게 정언 홍호를 꾸짖으며 율에 따라 처리하고 박승종의 남은 가솔들은 절도에 위리안치하라는 유배령을 내렸다.

174년이 지난 1797년 정조 때 박승종의 후손 박기복이 6대조 할아버지의 신원회복을 위해 상소했는데 이때 정조는 의정부에 내려 토론케 한다. 이때에도 찬반양론이 일었는데 반대 의론이 많아 회복되지 못하였다.

좌의정 채제공이 아뢰기를, "박승종이 서궁의 변을 당하였을 적에 힘을 내어 호위한 사실은 조정의 역사서에 두루 나오니, 이는 족히 믿을 만하고 증명할 수 있습니다. 또 반정 초기를 당하여 그 아들 박자흥과 동시에 자결하였으니, 이 또한 애초에 섬기던 바의 임금에게 마음을 다한 것입니다. 가령 그 자신이 수상이 되어 부귀에 빠지고 권세를 받아들여 임금의 잘못을 바로잡지 못한 채 종묘사직을 기울어져 망할 지경에 이르게 할 뻔하여 바른 논의를 주장하는 선비에게 죄를 얻은 것으로 말하면, 이는 진실로 변명할 만한 말이 없을 것입니다. 그러나 갖추기를 책망하는 것은 어진 사람에게 하는 것이니, 어찌 사람마다 책망할 수 있겠습니까. 더구나 문서의 죄명을 씻어주지 않고 관직을 회복시켜주지 않은 것은 곧 역신으로 판단했기 때문입니다. 역신과 다른 것이 있음을 인정한다면, 살아서 위태로운 상황을 구하지 못했다는 이유 때문에 반역의 법으로 판단한 것은 사리로 헤아려 볼 때 부당할 듯합니다." 하였고

사헌부 사간원이 발론하기를 '박승종의 죄는 이이첨·유희분과 같습니다. 임금의 지친임을 의거하여 옥사를 담당하고는 13세의 어린 아이를 압사하여 저주의 화를 얽어 만들었으며, 군사로 하여금 대비전을 지키게 하여 외부 인사의 왕래를 끊게 함으로써 모후를 유폐하는 단서를 열어놓았으니, 그 설득하여 달래고 권하고 조성한 죄로 볼 때 이이첨이나 유희분과의 차이가 거의 없습니다.' 하고, 또 아뢰기를 '설사 박승종이 난에 임하여 제 몸을 잊고 군부를 호위하다가 죽었다 하더라도 그 죄를 청산할 수 없을 것인데, 몸을 빼어 달아나 숨었다가 형세가 궁하고 힘이 약해지자 면할 수 없음을 알고서 자결한 자이니 더 말해 무엇하겠습니까. 죽음에 임하여 한 말에는, 자기의 악을 스스로 덮어버리고 그 임금에게 허물을 돌렸으니, 교활하게 사람을 속인 것을 환하게 볼 수 있습니다.' 하였습니다. 이것은 박승종의 죄악에 대하여 대신이 응징하며 논한 것입니다. 하였다.

– 정조실록 21년 9월 25일 –

다시 50년이 더 흘러 삭탈관직된 지 234년이 지난 1857년 순조 때 8대 후손 박준상이 선조의 신원회복 상소를 하니 비로소 신원이 복작되었다. 박승종의 영의정 벼슬은 당대에는 하늘 높은 줄 모르는 만인지상의 자리였으나 후손들은 234년간 죄인의 후손으로 기 한번 펼치지 못한 채

살아야 했다.

인목대비 폐비를 위한 백관의 의견수렴

조선시대에도 민의를 수렴하는 방식이 여러 곳에 나타난다. 정청이라 하여 임금이 독자적으로 결정을 내리기 어려운 사안에 대해서는 백관들을 모아 놓고 직급을 벗어두고 각자의 의견을 모두 개진케 한 다음 중론에 따라 의사를 결정하는 방식이다. 이와 유사한 민의를 모으는 방식은 홍문관 검열을 선발할 때도 있었고, 대제학을 선발할 때도 투표에 의해 결정하였다. 광해군 시대 인목대비를 폐하는 과정에서도 정청이 이루어졌는데 이 때는 이이첨이 권력을 장악하고 있어서 발언 자체가 자칫하면 반대파로 몰려 희생을 당할 수 있었기에 처음부터 이런저런 핑계로 참석하지 않았던 관료들이 많았지만 기개있는 관리들은 거기서도 당당히 반대의견을 제시하였다. 1617년 광해 9년 11월 23일에 인목대비 폐비 문제를 대신과 논의할 것을 청하는 유학 이숙의 상소가 올라왔다.

유학 이숙이 상소하기를,
"예로부터 제왕이 어려움을 당하게 되면 반드시 마음을 함께하고 덕을 같이하는 사람들이 그 힘겹고 위급한 정세를 힘을 모아 타개하였으며, 깊고 면밀한 계책으로 임금 곁에 있으면서 운명을 같이 하고 두 마음을 먹지 않았습니다. 또한 인척이나 가까운 친척으로서 낮밤이 따로 없이 주선함으로써 난국을 타개한 사람이 역사에 끊이지 않고 기록되어 있으니, 이를테면 한나라의 마원과 당나라의 장손무기가 그렇습니다. 신은 멀리서 인용하지 않고 다만 조종조의 일만 가지고 아뢰겠습니다.

정도전이 어린 왕자를 세워 나라의 운명을 옮기려고 음모하자 태종 대왕이 군사를 일으켜 사직을 안정시켰는데, 그때 원경 왕후의 오라비 민무회와 민무휼 형제가 사실 그 계획을 도왔습니다. 노산군이 아직 어릴 때 안평이 은밀히 반역을 꾀하자 세조 대왕이 사전에 낌새를 알아차려 그 변란을 평정하였는데, 그때 한확과 정인지는 모두 혼인관계를 맺은 처지로 힘써 보좌하였습니다. 이러한 사실이 아직도 사람들의 이목에 뚜렷하게 남아 있으니 인척이 나라에 관계가 있다는 것은 이것을 보고도 알 만합니다.

이번에 대궐에서 발생한 망측한 변고는 천고에 드문 일로 화근의 뿌리가 깊게 서렸고 인정을 위협하고 있어서 온 나라 백성들 중에 전하를 반대할 자가 절반이나 됩니다. 갑자기 변란이라도 발생하게 된다면 흉악한 역적의 무리가 서궁(인목대비)을 받들고서 이윤과 곽광이 했던 것처럼 나서는 일이 눈앞에 닥칠 것입니다. 전하는 신하와 백성의 위에 고립되어 있어서 의지할 만한 곳은 다만 인척인 정승 기자헌 한 사람이 있을 뿐입니다. 유희분·박승종·이이첨 세 사람은 왕후의 오라비거나 혹은 혼인관계를 맺은 처지로서 임금과 고락을 함께 해야 하므로, 나라의 변란이 위급할 때에는 반드시 화근을 제거할 대책을 생각하여 두터운 은혜에 보답하는 것이 그들의 직책일 것입니다.

며칠 전에 유생 8명이 잇달아 호소하는 글을 올려 대의를 이미 내세웠으니 그것을 중지할 수 없습니다. 기자헌은 비록 책임을 회피한 자취가 있다 하더라도 대죄하는 내용의 상소를 보건대 아직도 여지가 있으니, 기울어지려는 나라의 운명을 부지하도록 책임지울 수 있겠습니다. 이이첨은 해당조정의 장관으로서 유생들의 상소문을 가지고 세 집을 차례로 찾아다니며 화근을 제거하지 않을 수 없다는 뜻으로 극력 토의하였으니, 역시 신하된 사람의 직책을 다하였다고 할 만합니다. 오직 유희분·박승종 두 신하만은 화근을 제거하려는 논의가 이미 현저하게 일어나고 있다는 것을 모르지 않을 터인데, 한결같이 물러나 있으면서 자신과는 아무 상관없는 것으로 여기고 어떻게 되어가는가만 바라볼 뿐 잠자코 말 한 마디 없으니 신은 삼가 괴이하게 여깁니다. 세 집이 회합한 것은 이 큰일을 위한 것입니다. 외부에는 그들이 서로 화합하였다는 소문이 있는데, 막상 긴급한 상황에 임하여서는 기꺼이 나서려 하지 않으니 어찌 한심한 일이 아니겠습니까. 삼가 원하건대 전하께서는 두 신하에게 간곡히 타일러 기자헌·이이첨과 함께 합의하여 환란을 제거함으로써 종묘 사직을 안정시키소서. 그러면 더없는 다행이겠습니다." 하였는데, 의정부에 내려 보냈다.

– 광해일기 9년 11월 23일 –

의정부에 내려진 상소문은 백관들을 의정부에 불러 모아 각자 견해를 발표하여 의견을 모았다.

폐비 문제에 대한 상소를 의정부에서 논의하였다.
흉한 상소가 의정부에 내려지자 영의정 기자헌이 먼저 상소를 아뢰고 이어 의정부에 모여 각각 의견을 모으게 하였다. 오성 부원군 이항복과 좌의정 정인홍의 의견은 이미 나타나 있고 백관이 모두 한마디씩 의견을 발표했다.

행 사과 정홍익은 의논드리기를, "삼가 생각건대, 옛날의 제왕으로 인륜의 변고를 당한 자는 순임금 같은 분이 없으며 변고에 대처하는 도리를 제대로 다한 자도 순임금 같은 분이 없습니다. 그 악독한 어미가 화를 불러 일으켜 순임금을 해치려고 갖은 방법을 다 써도 순임금은 자식된 도리를 다하였을 뿐이니, 선도하고 개선되게 한 아름다움이야말로 인륜상의 극치인 것입니다. 우리 성상께서는 세자로 계실 때부터 인자하고 효성스럽다고 알려졌으며 온 나라의 신민들이 효성의 지극한 덕을 우러러보고 있었습니다. 그런데 불행하게도 인륜상의 변고를 만남에 성상을 보좌해야 할 신하들은 전하의 효행을 도와 순임금과 같이 훌륭하게 하지는 못하고 반대로 이처럼 전에 없던 일을 가지고 논의하고 있으니, 신은 삼가 의혹을 느낍니다.

삼가 원하건대, 성명께서는 멀리 순임금을 본받아 효성을 다하여 두 궁궐 사이를 화기가 애애하게 만든다면, 온 나라의 신하와 백성들은 모두 인자하고 효성스러운 성상의 덕행에 감화될 것이고 전하의 덕은 만대에 빛날 것입니다. 지금 의견을 드리는 때를 당하여 만약 미천한 목숨을 아끼어 생각하고 있는 것을 말하지 않는다면 이것은 전하의 큰 은혜를 등지는 것이며 충성하지 못하는 죄에 스스로 빠지는 행위인 것입니다. 혹시 전하께서 사람은 변변치 못할지라도 직접 올린 말만은 버리지 않고 특별히 들어주신다면 신은 만 번 죽더라도 유감이 없겠습니다."
〈중략〉
좌찬성 박승종은 의논드리기를, "지난해 신경희의 진술에 '박승종을 반드시 죽여야 한다.'는 등의 말이 있었습니다만 다행히 임금께서 놓아두고 죄를 묻지 않아 목숨을 부지할 수 있었으니 모두가 성상의 은혜입니다. 어리석은 신의 생각에는 여러 상소를 가지고 외지에 나가 있는 시임 대신에게 하문하셔서 처리하는 것이 좋겠습니다."

첨지 오윤겸은 의논드리기를, "오늘의 변고에 대처함에 있어서 그 도리를 충분히 다한 연후에야 천하에 할 말이 있게 될 것이고 후세에도 부끄럽지 않게 될 것입니다. 삼가 바라는 바는, 묘당이 옛사람 중에서 변고에 대처하는 도리를 제대로 다한 자를 찾아서 법으로 삼아 성상의 효도를 더욱 커지게 하고 성상의 덕행을 더욱 융성해지게 하는 것입니다."

서평수 이훈은 의논드리기를, "하찮은 종실이 어찌 감히 망녕스레 의논드리겠습니까. 삼가 원하건대 경사를 상고하고 원로에게 물어서 천 년이 지난 뒤에도 다른 의견이 없도록 하소서."

김류·박동선은 의논드리기를, "오직 의정부가 충분히 강구해서 잘 처리하기에 달려 있습니다."〈중략〉

이시발은 의논드리기를, "오직 조정이 이전 역사를 두루 상고한 다음 타당한 방법을 찾아서 잘 처리하기에 달려 있습니다."

감찰 최진운·신욱·유경찬·강홍정·권담 등은 의논드리기를, "오직 묘당이 적절하게 잘 처리하는 데에 달려 있습니다."

동지돈령부사 김극효는 의논드리기를, "여든이 멀지 않은 나이로 질병이 심하다 보니 정신이 혼미하여 감히 의논을 드리지 못합니다."

이조 참의 유희발은 의논드리기를, "지금 이 유생들의 상소는 국가의 대계를 위한 것인데 저에게 무슨 다른 의견이 있겠습니까

전 군수 안종길·이안민, 전 판관 홍응귀, 전 현령 이숭원·이경황·권순, 전 현감 이운근·정혜연·노망해·이양휴·이덕순, 전 영 권광환, 전 좌랑 성이민 등은 의논드리기를, "대론이 이미 결정되었으니 더는 다른 의견이 없습니다."〈중략〉

우의정 한효순은 의논드리기를, "대론이 현재 제기되었고 조정의 논의가 이미 결정되었으니 오직 잘 재량함으로써 변고에 대처하는 도리를 다하여야 할 것입니다."

하고, 예조 판서 이이첨은 의논드리기를, "신하에게는 한 하늘 아래에서 함께 살 수 없는 대의가 있고 전하에게는 끝까지 보전하려는 사사로운 정이 있으니, 여러 유생들의 상소를 절충하는 것은 오직 의정부에 달렸습니다."

행 사직 허균은 의논드리기를, "우리 임금을 해치려 한 자는 우리의 원수입니다. 그

런 원수에게 절을 한다면 이보다 더 통분한 일이 어디 있겠습니까. 끝까지 은혜를 온전히 하려는 것은 전하의 심정이고 대의를 내세워 폄삭을 가하려 하는 것은 신하들의 책임입니다. 재야에서 올린 여러 상소는 그 견해가 매우 정당하니 여기에 의거하여 시행하는 것이 실로 사리에 맞을 듯합니다."

대사헌 이병, 대사간 윤인, 집의 임건, 사간 남이준, 장령 한영·강수, 지평 정양윤·김호, 헌납 조정립, 정언 이강·박종주 등은 의논드리기를,

"신들의 의견은 합사하여 아뢸 때 다 말씀드렸으니 다시 의논드릴 것이 없습니다. 오직 묘당에서 신속하게 처리하기에 달렸습니다."〈후략〉

– 광해일기 9년 11월 25일–

[승진과정]

1585년[24세] 선조 18년 진사
1586년[25세] 선조 19년 별시 문과에 급제, 홍문관 봉교
1589년[28세] 선조 22년 11월 사관 이진길을 잘못 천거한 이유로 하옥되어 파직시켰
          다가 석방하였다.
1592년[31세] 선조 25년 4월 임진왜란
1593년[32세] 선조 26년 1월 사헌부 지평, 8월 지평, 9월 지평, 11월 지제교 검직.
1594년[33세] 선조 27년 7월 병조정랑, 9월 지평, 11월 장령, 12월 군기 정
1595년[34세] 선조 28년 1월 사간원 헌납, 1월 장령, 1월 집의, 4월 동부승지
1597년[36세] 선조 30년 8월 예조참의, 8월 우부승지, 좌부승지
          10월 우승지, 10월 병조참지
1598년[37세] 선조 31년 2월 주서, 7월 판결사
1599년[38세] 선조 32년 1월 좌승지, 5월 대사간, 8월 우부승지
1600년[39세] 선조 33년 3월 병조참의, 명나라 동지사
1601년[40세] 선조 34년 5월 좌부승지, 6월 통정대부 좌승지,
          9월 호조참의, 11월 구성부사, 11월 좌승지,
          12월 강원도 관찰사
1603년[42세] 선조 36년 1월 예조참판, 4월 병조참판, 9월 대사간
1604년[43세] 선조 37년 1월 홍문관 부제학, 2월 예조참판,
          3월 대사헌, 6월 동지중추부사, 7월 도승지
1605년[44세] 선조 38년 1월 동지중추부사, 4월 대사헌, 7월 대사헌,
1606년[45세] 선조 39년 9월 대사헌
1607년[46세] 선조 40년 1월 동지중추부사, 7월 병조판서, 8월 우부빈객
1608년[47세] 선조 41년 1월 대사헌
1608년[47세] 광해즉위년 2월 동지경연사 좌부빈객,
          2월 병조판서, 2월 병조판서 직에서 면직,
          3월 파직, 서용하지 않기로 하다
1609년[48세] 광해 1년 3월 전라 관찰사
1610년[49세] 광해 2년 8월 지의금부사,
          9월 형조판서, 판의금부사
1611년[50세] 광해 3년 7월 병조판서, 8월 겸 좌부빈객
1612년[51세] 광해 4년 1월 박승종은 숭정대부로 승급
          2월 겸 판의금부사, 11월 좌빈객.

1613년[52세] 광해 5년 3월 병조판서 겸 판의금부사
1615년[54세] 광해 7년 4월 예겸제조
1616년[55세] 광해 8년 4월 15번째 병조판서 사직서를 제출
1617년[56세] 광해 9년 8월에 우찬성 겸 판의금부사, 12월 좌찬성
1618년[57세] 4월 사직, 6월 기복시켜 우의정 겸 도체찰사, 8월 좌의정 겸 도체찰사
1619년[58세] 광해 11년 3월 13일 영의정, 밀양 부원군
1623년[62세] 광해 15년 3월 12일 인조반정
              3월 14일 박승종과 아들 박자흥이 광주에서 자살

인
조
시
대

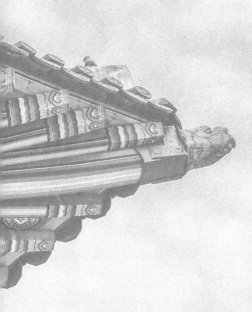

79. 윤방尹昉

영의정 윤두수의 아들,
신주를 잘 못 모셔 탄핵을 받다

생몰년도	1563년(명종 18) ~ 1640년(인조 18)[78세]
영의정 재직기간	1차 (1627.1.18~1627.5.11) 2차 (1631.9.15~1636.6.13) (6년)
본관	해평海平
자	가회可晦
호	치천稚川
시호	문익文翼
기타	이이李珥와 성혼의 문하에서 수학
조부	윤변尹忭 – 국자감 정
부	윤두수尹斗壽 – 영의정
모	황씨 – 황대용의 딸
처	한씨
장남	윤이지尹履之 – 판돈녕부사
손자	윤개尹塏
손부	김씨 – 김인룡의 딸
차남	윤신지尹新之 – 해숭위(정1품)
자부	전주이씨(정혜옹주) – 선조의 서녀
손자	윤지尹墀
외조부	황대용

영의정 윤두수의 아들, 선조와 사돈

윤방의 자는 가회可晦요, 호는 치천稚川으로 본관은 해평이다. 증조부 윤희림은 사용을 지냈으며, 조부 윤변은 군자감 정을 역임하였고, 아버지 윤두수는 영의정으로 해원 부원군에 봉해졌다. 어머니는 참봉 황대용의 딸인데, 아들 네 명이 모두 문과에 급제하여 관찰사의 지위에 올랐다. 그중에서도 윤방이 장남으로서 가장 먼저 부친의 뒤를 이어 재상의 지위에 올랐으니, 선대의 아름다움을 계승한 그 성대함은 옛날의 역사에서도 보기 드문 일이다.

윤방의 풍채는 얼굴이 넓적하고 체구가 우람한 데다가 태도가 중후하고 심원하였으며, 온몸에서 덕기가 넘쳐 흘러 기뻐하고 성내는 기색을 얼굴에 드러내 보인 적이 없었다. 종신토록 옆에서 모신 자도 윤방이 급하게 말을 하거나 야비한 언사를 쓰는 것을 본 적이 없었고, 느닷없이 낭패를 당하는 경우가 있다 하더라도 그 행동이 항상 평소와 같았다. 지극한 성품으로 순후하고 근실하여 사람들과 갈등을 빚는 일이 없었으며, 관직 생활을 하며 일을 처리할 때에도 허심탄회하게 사람들의 의견을 청취하면서 경계를 두지 않고, 자신의 기준과 척도를 가지고 있어 근거 없는 소리에는 결코 현혹되는 법이 없었다. 그런 연유로 윤방을 아는 사람이나 모르는 사람이나 모두 그의 덕량과 기국을 높이 평가하였으니, 이는 윤방의 타고난 성품이 뛰어났기 때문이라 하겠다.

윤방의 둘째 아들이 선조의 서녀 옹주와 결혼함으로써 왕실과 혼척관계를 맺는다. 윤방은 왕실과 인척의 관계를 맺고부터 몸가짐을 단속하며 사사로운 일을 근절시켰으므로 자제와 노복들이 이를 빙자하는 일이 한 번도 일어나지 않았다. 이 때문에 궁중에서는 윤방이 집안 일을 돌보지 않고 인척 관계를 맺은 후의도 찾아볼 수 없다고 비난을 하기도 하였는데, 그런 까닭에 윤방도 보통 사람처럼 규례에 따라 직급이 올라가기만 했을 뿐, 은전이 가해지는 일이 없었다.

광해군의 정치가 문란해지면서 인척으로 맺은 중신들이 모두 재앙의 그물에 걸려들 때에도 윤방은 초연히 면할 수가 있었다. 광해의 혼탁한 정사가 날로 심해지는 것을 보고서, 윤방은 1613년 이후로는 교외의 집으로 물러나 칩거하면서 친지나 벗들과 왕래하는 일조차 끊어 버렸다. 광해 10년에 폐모론이 대대적으로 일어났는데, 윤방은 광해와 사돈간이란 신분 때문에 백관의 의견수렴에 참여하여야 했으나 성묘를 핑계로 길을 떠나버렸다. 돌아왔을 때 다시 백관을 불러모아 의견수렴을 하는 일이 있었는데, 윤방은 대궐로 가서 인사를 하고는 병을 핑계로 물러 나왔다. 이후 의견수렴에 나가지 않은 관리들에 대해 일일이 호명하며 사헌부와 사간원이 합사하여 귀양 보낼 것을 탄핵하였다. 폐모론이 마무리되지 않아 불참죄를 결정하는 일이 유보되어 윤방이 외부에서 죄를 기다리게 되었는데, 그 기간이 6년이나 흘러갔다.

1623년 인조반정이 일어나 윤방을 어영대장으로 삼아 불안한 정국을 진압하게 하고, 이어 우참찬에 제수하고 판의금부사를 겸하게 하였다. 간사한 무리들을 대대적으로 숙청하게 되었는데, 윤방은 죄를 공평히 하는 데에 힘썼으므로, 덕분에 목숨을 건진 자가 많았다. 윤방은 광해군의 위태로운 조정을 거쳐 오면서 절조가 우뚝하였으므로, 반정으로 새 정치를 펼칠 때에도 곧 우의정에 발탁되었고, 좌의정을 거쳐 영의정이 되었다.

정묘호란이 일어났는데, 화친할 것인가 싸울 것인가의 문제를 놓고 의견이 분분한 가운데 윤방은 양쪽의 타당한 의견을 절충하여 수용하니 지적하여 말하는 자가 없었다. 이때 윤방은 자신의 잘못을 스스로 인정하며 책임을 지고 사직하여 남쪽 교외로 물러나 거처하였다.

병자호란이 일어나 종묘사직의 제조 신분으로 종묘에 안치된 40여 신주를 모시게 되었는데 빈궁과 봉림대군과 함께 먼저 강화로 피난하였다. 뒤따라오던 임금은 청나라 병사의 진격에 방향을 돌려 남한산성으로 피신하였다. 강화도가 점령되자 신주를 땅속에 묻어 보관하였고, 청나라에 항복하며 화친을 맺게 되어 신주를 이송하기 위해 꺼냈을 때 신주 하나가 분실되고 없었다. 강화도에서 신주를 모시고 한양으로 돌아올 때, 청나라 병사의 눈을 피하기 위해 노비의 헌옷을 입고 걸레 등으로 신주를 가마니에 넣어 말 위에 싣고는 나왔다. 세자가 신주가 걸레 가마니에 놓이게 된 경위를 묻자 윤방은 "적병들의 수색이 심해 지극히 미안한 일인 줄 알면서도 어쩔 수 없이 그렇게 하였다."고 대답하였다.

신주가 분실되고 흠결이 생기고 보관 상황 등이 꼬투리 잡혀 윤방은 관직을 박탈당하고 연안으로 유배되었다가 향리로 돌아왔다. 1640년 향리에서 사망하니 그의 나이 78세였다. 영의정을 지낸 사람으로 그래도 깨끗한 죽음이었다.

백관의 의견 수렴, 정청

1618년[56세] 광해 10년에 폐모론이 대대적으로 일어났는데, 윤방은 군으로 봉해진 신분 때문에 백관의 의견수렴에 참여하는 것이 마땅하였으나 말미를 청하여 성묘 길을 떠났다.

다시 돌아왔을 때 백관을 불러 의견수렴을 하는 일이 벌어지게 되었는데, 윤방은 곧바로 대궐에 가서 감사 인사를 하고는 병을 핑계로 물러 나왔다. 이때 정청에 참여하기 위해 들어가는 관료 한 사람을 길에서 만났는데, 곧장 돌아가는 윤방을 보고는 놀라워하며 말하기를, "공은 지난번 의견수렴을 할 적에도 참여하지 않았는데, 또 정청[4]에도 참여하지 않으니, 이는 어찌 된 일인가?" 하고 묻자, 윤방이 대수롭지 않게 여기며 말하기를, "그 일이 사리에 합당하지 않기 때문에 그렇게 할 수밖에 없었다."고 하니, 그 사람의 얼굴이 붉게 달아올랐다.

1618년 광해 10년 1월 4일 우의정 한효순 등이 백관을 인솔하여 폐모론을 주장하다.

우의정 한효순이 연원 부원군 이광정 등 109명의 백관들을 이끌고, 사인 유충립·정광경이 당하관을 이끌고서 이르기를 (이루 다 기록할 수가 없어서 여기서는 대략만 거명했다. 이때 분위기가 너무도 무시무시하여 사람들이 모두 정청庭請에 불참하면 꼭 죽을 줄로 알았기 때문에, 평소 덕망을 약간 지닌 자들마저 휩쓸려 따라가는 꼴을 면치 못하였다.

처음부터 끝까지 불참한 이들은 단지 영돈녕부사 정창연, 진원 부원군 유근, 행 판중추부사 이정귀, 해창군 윤방, 행 지중추부사 김상용, 금양위 박미, 행 부호군 이시언, 지중추부사 신식, 진창군 강인, 청풍군 김권, 동양위 신익성, 진안위 유적, 동지돈녕부사 김현성, 복천군 오백령, 행 부호군 이시발, 행 사직 김류·권희, 행 첨지중추부사 오윤겸, 행 사직 송영구, 행 사과 박동선, 행 사정 정효성, 이경직뿐이었으며, 당하관으로는 박자응·강석기밖에 없었다.

그런데 이신의와 권사공의 경우는 의논을 수합할 때 지극히 명백하게 아뢰었는 데도 결국은 며칠동안 따라 참여했으므로 사람들이 모두 애석하게 여겼다. 그리고 김지

---

4) 정청庭請 : 임금이나 의정이 백관을 거느리고 궁정에 이르러 큰일을 임금에게 아뢰고 명령을 기다리는 일을 이르던 말. 백관의 의견수렴을 개인별로 개진하여 들음.

수는 의논드릴 때 우물쭈물했고 또 정청에 참여했으므로 역시 유배당했는데, 당시에 그를 평가하기를 '이쪽과 저쪽을 모두 편들면서 양쪽 어깨를 다 드러낸 채 걸어다녔다.'고 하였다.)

"역적을 토죄하는 일은 춘추春秋를 법으로 삼아야 하고, 변고에 대처할 때에는 종묘사직을 중하게 여겨야 합니다. 구차하게 사적인 정을 따르다 보면 의리가 밝혀지지 않고, 혹시 차마 못하는 점이 있게 되면 난망亂亡이 필연적으로 따르기 마련입니다. 이것이 바로 신하가 오늘날 정청하고 있는 이유입니다. 생각건대 이 서궁西宮이 화를 길러 난을 빚어낸 것은 서적에서도 보기 드물며 고금 역사상에도 듣지 못했던 일인데, 여기에서 죄 열 가지를 들어 그 대강을 설명드릴까 합니다.

역적 이의(영창대군)를 처음 낳았을 때 은밀히 유영경으로 하여금 속히 축하하는 예를 드리게 하여 인심을 동요시켰고, 또 흉악한 점장이를 사주하여 지극히 귀하다고 칭찬하게 하는 한편, 날마다 요사스러운 경서문을 외어 큰 복을 기원하게 하였으니, 이것이 첫번째 죄입니다. 선왕께서 건강이 좋지 못하셨을 때 자기 소생을 세우려고 꾀하여 역적 유영경과 결탁하여 안팎으로 상응하면서 언문으로 은밀히 분부를 내려 전위하지 못하게 막았으니, 이것이 두 번째 죄입니다. 초야에서 대현 정인홍이 충성을 다 바쳐 항소를 올리자, 이것을 기회로 감히 세자를 바꿔 세우려고 도모하여 눈물을 흘리며 선왕께 권한 나머지 여러 차례 엄한 분부를 내리시게 하고 아직 책봉을 받지 못했다는 등의 말씀이 있도록 함으로써 듣는 이들을 크게 놀라게 하였으니, 이것이 세 번째 죄입니다. 선왕께서 승하하셨을 때 유훈이라고 사칭하고는 희건希蹇으로 하여금 어필을 위조하여 쓰게 한 다음, 칠흉七兇 유교7신[5]에게 의를 부탁하여 합심해서 보호케 하고 그가 장성하기를 기다려 왕위를 뺏으려고 획책하였으니, 이것이 네 번째 죄입니다. 김제남을 가까이 끌어들여 궁중에서 유숙케 하고, 흉도와 많이 결탁하여 밤낮으로 역모를 꾀하는 한편, 궁노비를 단속하여 은밀히 부서를 정해서 행하게 하고 양식과 군기를 비축하여 급할 때 대비토록 하였으며, 서얼 출신들로 하여금 널리 무사를 모집케 한 다음, 야간에 훈련을 시켜 흔단을 틈타 난을 일으키려 하

---

5) 유교7신 : 선조의 사망 직후 인목대비에 의해 어린 영창대군의 보호를 당부하는 유교遺敎가 일곱 명의 신하들에게 전달되었다. 유교를 받은 신하들은 박동량, 서성, 신흠, 유영경, 한응인, 한준겸, 허성이었다. 이들을 유교칠신遺敎七臣이라 하였는데, 왕실과 인척으로 연결되는 자들로서 평소 선조의 총애를 받으며 벗으로 일컬어지던 신하들이었다.

였으니, 이것이 다섯 번째 죄입니다.

궁중에 제단을 설치한 뒤 손바닥을 뒤집듯이 쉽사리 축문을 모아 차마 말할 수 없이 성상의 몸에 위해를 가하려 하였고, 눈먼 무당을 시켜 못할 짓 없이 저주를 행하게 하면서 닭·개·돼지·쥐 등을 잡아 궁궐 안에서 낭자하게 술수를 자행했는가 하면, 16종에 이르는 비법을 써서 기필코 계책을 이루려 하였으니, 이것이 여섯 번째 죄입니다. 선대의 군주를 눌러 이길 목적으로 능침을 파내고 거짓 형상을 만들었으며, 칼과 활로 흉악한 짓을 자행했는가 하면 고기 조각에 주상의 이름을 써서 까마귀와 솔개에게 흩어줘 먹임으로써 감히 선령을 욕되게 하고 성상의 몸을 해치려 하였으니, 이것이 일곱 번째 죄입니다. 이경준이 지은 격문은 그 말이 헤아릴 수 없었고 화실에 묶어 궁궐 담으로 던져 넣은 글은 참혹하기 그지없는데, 이 모두가 서궁에서 지어낸 것들로서 이를 외간에 전파시킨 결과 흉악한 역적의 무리들이 전후에 걸쳐 핑계를 삼고 차마 듣지 못할 사항들을 문자로 드러내게 하였으니, 이것이 여덟 번째 죄입니다. 흑문黑門에 글을 통하려던 서응상이 붙잡혔고, 베개 속의 풀어쓴 글자의 곡절은 의일義一이 진술하였는데, 중국 관원에게 호소케 함으로써 대국에 화란을 부추기려 하였으니, 이것이 아홉 번째 죄입니다. 선왕께서 어질다고 여겨 택하셨고 천자가 책봉을 명하였으므로 왕위가 이미 정해져 국내에서 모두 떠받들고 있었는데, 임금의 비말자금을 많이 내어 서양갑에게 넉넉하게 밑천을 대주면서 왜인 속으로 들여보낸 뒤 은밀히 외부의 원조를 부탁하면서 이익과 손해로 유혹하게 하였고, 또 심우영으로 하여금 몰래 여진의 노추老酋의 진영과 통하게 함으로써 그 세력에 가탁해 어린 아이를 세울 계책을 깊이 꾸미고 장차 중국 조정에 항거하려 하였으니, 이것이 열 번째 죄입니다.

그리고 보면 당나라 측천무후의 죄악들도 여기에 비하면 오히려 적고 한나라 왕후 조후가 후계자를 없앤 것도 여기에 비하면 심한 것이 아니라 하겠습니다. 한 나라의 국모로서 행해야 할 도리를 잃은 이상, 신하가 된 처지에서는 같은 하늘 아래 살 수 없는 의리만이 있을 뿐인데, 당나라 때 종묘에서 범죄행위를 헤아렸던 것처럼은 할 수 없다고 하더라도 한나라 때 폐출시켰던 것은 따르기에 합당한 관대한 은전이라 할 것이니, 삼가 원하건대 임금께서는 종묘 사직의 큰 계책을 깊이 생각하시고 온 나라의 여론을 굽어 따르시어 화의 근본을 제거하소서. 그러면 더 이상의 다행이 없겠습니다." 하니, (이이첨이 지은 것이다. 이이첨이 한효순을 협박하여 의논을 정하게 하고는, 제학 이경전과 유몽인을 불러 한 막사에 함께 들어가게 한 뒤 김개로 하여금 붓을 잡고 입으로 불러주는 대로 쓰게 한 것이었다. 이는 대개 이이첨과 허균·김개가 오래 전부터 밖에서 구상해 온 것이었다.)

답하기를,

"내가 덕이 없는 사람으로서 운명까지 기구하여 무신년과 계축년의 변고가 모두 천륜에서 나왔으니, 이 어찌 일상적인 정으로 볼 때 참아 넘길 수 있는 일이었겠는가. 그러나 종묘 사직이 중한 탓으로 애써 조정신하의 요청을 따르긴 했다마는 날이 가면 갈수록 애타고 아픈 마음이 깊어지고 있다. 그런데 이제 와서 또 이런 논을 듣게 될 줄이야 어찌 생각이나 했겠는가. 하늘이여, 하늘이여. 나에게 무슨 죄가 있기에 어쩌면 이다지도 한결같이 혹독한 형벌을 내린단 말인가. 차라리 신발을 벗어 버리듯 인간 세상을 벗어나 팔을 내저으며 멀리 떠나서 해변가에나 가서 살며 여생을 마치고 싶다. 나의 진심을 살펴 연민의 정을 가지고 다시는 이런 말을 하지 말도록 하라."하였다. (폐모론을 시종일관 주장하면서 화란을 빚어내게 된 원인이 이이첨이 앞장서서 음모를 꾸민 데에 연유한 것이지만 그 당시 대신과 중신들이 만약 죽을 힘을 다해 극력 쟁집하면서 확고한 태도를 견지하여 따르지 않았다면 필시 그 흉악한 모의를 이루지 못했을 것이다. 그런데 기자헌과 이항복 등이 유배된 뒤로는 온 조정이 조용히 침묵만 지킬 뿐 한 사람도 의기를 떨쳐 이의를 제기하는 자가 없었다. 그리하여 결국은 한효순이 우의정의 신분으로서 이이첨에게 내몰려 부림을 받은 나머지 앞장서서 백관을 인솔하고 나가 머리를 나란히 하고 정청庭請하는 일을 따름으로써 인륜을 파괴하는 일로 어두운 임금을 인도하고 말았으니, 그야말로 개벽 이후로 겪는 일대 변고였다고 할 것이다. 저 흉악한 역당이야 원래 말할 가치도 없지마는, 한효순이 지레 악으로 유도한 죄는 과연 처형하더라도 용서받기 어려운 것이다.)

– 광해일기 10년 1월 4일 –

정청에 나가지 않은 윤방을 사람들은 모두가 위태롭게 여겼는데도 윤방은 끝까지 태도를 바꾸지 않았다. 그러자 사헌부와 사간원이 합사하여 귀양 보내는 율을 적용하여 탄핵하는 등 헤아릴 수 없는 화를 당하게 되었다.

1618년[56세] 광해 10년 2월 6일 양사에서 합계하여 정청에 불참한 백관·종친들을 논죄하기를 청하다

양사가 합동하여 아뢰기를, "전일 서궁을 폐출하는 일로 정청庭請한 것은 실로 온 나라 신민들이 충성심을 떨쳐 역적을 토벌하려는 의리에서 나온 것으로서, 대소 신료와 관학 유생과 백성, 아전들이 날마다 피끓는 정성을 바치며 글을 아뢰었는데, 백관 가운데 수수방관한 자들 역시 헤아릴 수 없이 많습니다. 우선 보고 들은 자들만 거론하여 논하건대, 오윤겸·송영구·이시언·이정귀·유근·김상용·윤방·정창연 등은 시종일관 정청하는 대열에 참여하지 않았습니다. 임금을 잊고 역적을 비호한 그 죄를 징계하지 않을 수 없으니 모두 멀리 유배를 명하소서.

서궁의 죄악이 흘러 넘쳐 스스로 종묘 사직과 관계가 단절되었으므로 만백성이 같은 목소리로 모두들 폐해야 한다고 하고 있습니다. 그런데 전일 의논을 거두어 들일 때, 이신의·김권·권사공·김지수·조국빈 등은 역적을 비호하려는 계책을 남몰래 품고는 감히 저쪽 편을 드는 의논을 바쳤습니다. 저쪽 편을 든 무리들을 다 다스릴 수는 없다 하더라도, 이들은 그 정도가 특별히 더 심한 자들이니, 임금을 잊고 나라를 저버린 그 죄를 징계하지 않을 수 없습니다. 모두 멀리 유배를 명하소서.

전일 정청할 때 종친의 입장에서는 행 불행을 같이 해야 할 의리가 있으니 더욱 참여하지 않으면 안됩니다. 그런데 지금 종친부에서 조사한 내용을 보건대, 서성도정 이희성·의원감 이역·석양정 이정·평림수 이지윤·의신 부수 이비·영가 부수 이효길·진원 부수 이세완·선성 부수 이신원·학림령 이광윤·광원령 이호·명원령 이효·계양령 이예길·수양령 이충길·낙성 부령 이낭·우산 부령 이기·연창 부령 이신호·원평 부령 이박·원계 부령 이경·영원 부령 이작·원흥 부령 이거·광성 부령 이제길·영릉 부령 이질·신천 부령 이경사·화성감 이희천·학성령 이주 등은 시종일관 정청의 대열에 참여하지 않았습니다. 임금을 잊고 역적을 비호한 그 죄를 다스리지 않을 수 없으니 모두 멀리 유배를 명하소서.

그리고 한음군 이현·공성군 이식·고산 부령 이공·덕원 부령 이덕손·덕양도정 이충윤·익산도정 이진·하성령 이형륜·한성령 이영·덕순령 이경충 등은 노병 때문에 참여하지 못했다고 종친부에서 써 보냈습니다만, 늙고 병들었다 해도 시종일관 참여하지 않은 그 죄가 없지 않으니, 모두 삭탈 관작하고 문외 출송하라고 명하소서. 시종 일관 정청에 참여하지 않은 자들에 대해서 신들이 상세히 알지 못하기에 우선 눈에 띄게 드러난 자들만 거론하여 논했습니다.

이 밖의 사람들에 대해서는 반드시 의정부의 낭청이 작성하는 백관의 명부과 종친부의 관리가 작성하는 종실의 명부를 본 뒤에야 알 수 있겠기에 의정부의 하급관리를 불러 조사해 와서 보고하도록 하였는데, 종친부의 하급관리는 오늘 아침에야 써서 올렸고, 의정부의 하급관리는 재삼 독촉했는 데도 해질녘에 느릿느릿 와서 말하기를 '담당관리가 써 주지 않는다.'고 하였습니다. 대간이 무엇을 토대로 참고해서 백관 중에 누가 나오고 누가 나오지 않았는지를 알겠습니까. 담당관리가 감히 이렇게 지연시키다니 어쩌면 정청에 참여하지 않은 자들을 감싸주려는 듯한 느낌도 드는데, 사체상으로 매몰스러울 뿐만 아니라 사적인 정을 따른 자취가 현저하게 드러났으니, 담당관리를 파직하소서."

하니, 답하기를, "조사하라. 의논을 거둘 때 저쪽 편을 든 사람들 및 정청에 참여하지 않은 사람들을 어찌 내가 말한 것 때문에 더 논핵하고 더 율을 중하게 해서야 되겠는가. 그만 번거롭게 하라." 하였다.

― 광해일기 10년 2월 6일 ―

1618년[56세] 광해 10년 2월 7일 정청에 불참한 백관·종친들의 삭탈 관작과 문외 출송을 청하다.

합동하여 아뢰기를, "오윤겸·송영구·이시언·이정귀·유근·김상용·윤방·정창연·이신의·김권·권사공·조국빈·김지수. 서성 도정 이희성·의원감 이역·석양정 이정·평림수 이지윤·의신 부수 이비·영가 부수 이효길·진원 부수 이세완·선성 부수 이신원·학림령 이광윤·광원령 이호·명원령 이효·계양령 이예길·수양령 이충길·낙성 부령 이낭·우산 부령 이기·연창 부령 이신호·원평 부령 이박·원계 부령 이경·영원 부령 이거·광성 부령 이제길·영릉 부령 이질·신천 부령 이경사·화성감 이희천·학성령 이주 등을 모두 멀리 유배보내라고 명하시고, 한음군 이현·공성군 이식·고산 부령 이공·덕원 부령 이덕손·덕양 도정 이충윤·익산 도정 이진·하성령 이형륜·한성령 이영·덕순령 이경충 등을 모두 삭탈 관작하고 문외 출송하라고 명하소서."

하고, 죄상을 아뢰기를, "윤형준은 의논을 거둘 때 지극히 패만하게 말을 하면서 모욕을 가하고 희롱하였으니, 그 죄를 또한 징계하지 않을 수 없습니다. 삭탈 관작하고 문외 출송하라고 명하소서."

하니, 답하기를, "아뢴 대로 하라. 조국빈·윤형준·오윤겸·이시언 등에 대해서는 서서히 결정하겠다. 오늘의 삼사는 바로 지난날 기자헌과 이항복을 공격하던 삼사이다. 전날에 사람을 다스릴 때는 기력이 그처럼 굉장하더니, 오늘날에 와서는 어찌 이다지도 기운이 빠졌는가. 앞뒤의 일을 보면 두 사람의 손에서 나온 것만 같으니, 어찌 의혹이 없을 수 있겠는가. 어쩌면 기자헌과 이항복이 너무 치우치게 재액을 당한 것 같은데, 아무리 삼사라도 자유롭지 못한 점이 있어서 그런 것이 아니겠는가. 정청庭請에 불참한 사람들의 숫자가 매우 많은데, 선정하여 아뢰는 의도는 무엇인가. 억지를 부려 논하지 말라." 하였다. (당시 종실들이 잘못된 관례 탓으로 관례冠禮도 치르지 않은 유아를 봉해 달라고 청하였는데, 이는 대체로 녹봉을 받으려는 계책에서 나온 것이었다. 이때에 이르러 인성군 이공이 정청에 불참했다는 이유로 모조리 뽑아 기록하여 사헌부에 보내었는데, 이들 모두가 유배 대상에 포함되자 어린 아이의 손을 잡고 대간의 말 앞에서 애걸하는 종실들이 줄을 이었다.)

— 광해일기 10년 2월 7일 —

1618년[56세] 광해 10년 2월 9일 정청에 시종일관 불참한 38인을 보고하다.

정청庭請에 나아가 참여한 당상은 2백 45인이었다. 시종일관 참여하지 않은 38인을 뽑아서 보고하였는데, 그 명단은 정창연·유근·김상용·이정귀·김권·신식·오윤겸·구성·윤방·조응록·김위·이시발·박동선·성진선·신익성·정효성·박미·홍우경·박안세·이시언·권희·유적·오백령·김류·윤홍·윤응삼·정사서·이계남·정호신·이상준·권극정·강인·이사공·김경생·정승서·이상과 숙직한 이희와 김현성이다.

— 광해일기 10년 2월 9일 —

폐모론이 마무리되지 않아 죄를 심판하여 결정하는 일이 유보되었으므로, 윤방이 바깥에서 죄를 기다리게 되었는데, 그 기간이 무려 6년이나 되었다.

병자호란과 종묘사직의 신주 모시기

1636년[74세] 인조 14년 2월 청나라 사신이 와서 황제로 칭하는 의논을 거론하였다. 이에 선비들의 의논이 격분한 나머지 오랑캐 사신의 목을 베라고 청하기까지 하였는데, 의정부에서 이론을 제기할 수 없는 상황이 되자, 오랑캐 사신이 그만 성을 내며 돌아갔다. 윤방이 마침 산릉을 보수하기 위해 밖에 나가 있다가 복명을 하였는데, 임금이 여러 재상들을 불러 만나서 대책을 하문해도 논의가 분분하기만 하므로, 윤방이 아뢰기를, "오랑캐 사신이 성을 내고 갔으니, 우리 나라는 끝내 오랑캐의 침략을 당할 것입니다. 마땅히 방어할 방도를 강구해야 합니다. 도성은 결코 지키지 못할 것이니 미리 강화도에 들어가서 조치하는 것이 마땅합니다." 하니, 도승지 김경징이 아뢰기를, "오늘날 강구할 것은 방어할 방법이지 피란에 대한 계책이 아닙니다. 강화도로 들어가는 일은 바로 두 번째의 일입니다." 하였다.

3월 7일 영의정 윤방이 상소하기를, "변방의 흔단이 이미 생겨 전쟁이 일어나게 되었습니다. 서방의 방비를 원수에게 책임지웠으나 요리하고 조처하는 일에 있어서는 반드시 기회의 마땅함을 잃지 말아야 합니다. 신은 늙어 정신이 어둡고 일처리를 잘못하는 데다가 군사의 일을 모릅니다. 원임 대신 중에 군무를 잘 아는 사람이 있을 것이니, 체찰사의 임무를 그에게 맡겨 서방의 기무를 요리하게 하소서." 하니, 답하기를, "상소의 말은 마땅히 시행하겠다." 하였다.

6월 13일 반대하는 자들의 목소리가 떠들썩하게 일어나면서 윤방이 경거망동을 하였다고 배척하자, 윤방이 20여 차례 사직을 청하여 사직을 허락받고는 두문불출하며 깊은 시름 속에 침식을 폐하기까지 하였다. 의정부의 여러 재상들이 윤방을 찾아와서 변방의 일을 의논하기도 하였는데, 윤방은 그때마다 "병력은 이제 피할 수가 없게 되었다. 오랑캐가 몇 년 동안만 침입해 오지 않는다면, 내치를 닦고 외적을 막을 수도 있으련만, 지금 상황으로 볼 때 쳐들어올 날이 멀지 않았으니, 임금의 수레가 파천(피난)하는 일을 또 면하지 못할 듯싶다." 하였다.

그해 겨울에 오랑캐가 대대적으로 침입을 하여 압록강을 건넌 지 사흘 만에 곧장 경기도까지 육박해 왔다. 이때 윤방은 종묘사직의 제조 직책을 띠고 있었는데, 임금이 윤방에게 명하여 종묘사직의 신주를 받들어 모시고 강화도로 먼저 들어가도록 하였다.

임금의 수레가 잇따라 출발을 하였으나, 남대문에 도착하였을 때 벌써 오랑캐의 기병이 서쪽 교외에까지 이르렀다는 보고를 접하였으므로, 피신처를 바꾸어 남한산성으로 거둥하게 되었는데, 성이 곧바로 포위되는 운명에 처하고 말았다. 이에 나라 사람들이 모두 '조정 신하들의 계책이 천박해서 적을 불러들였다'고 비난을 하면서, 윤방의 의견이 채택되지 않았던 것을 한스럽게 여겼다.

윤방이 강화도에 들어갔을 당시에, 장신과 김경징이 검찰사로서 세자빈을 호위하고 있었으며, 장신은 또 강화유수로서 수군을 아울러 지휘하고 있었는데, 다른 사람은 이를 통솔하지 못하게 하는 이동 조정의 명령이 이미 내려져 있는 상태였다. 이 때문에 윤방과 전 의정인 김상용이 바람직한 논의를 제기하였어도 가로막혀 시행되지 못하게 되는 바람에, 마침내는 강화도의 관문을 지키지 못하는 결과를 초래하고 말았다.

적병이 졸지에 들이닥치자, 윤방이 김상용의 손을 잡고 서로 죽음의 이별을 나누려고 하였는데, 김상용이 말하기를, "공公은 종묘의 신주를 받들어 모시고 있는 몸인 만큼, 나와는 사정이 다르니 무턱대고 죽어서는 안 된다." 하였다. 윤방이 마침내 신위를 모신 문에 나아가 엎드린 채 죽음을 맞을 준비를 하였는데, 이때 장신은 수군을 이끌고서 벌써 뒤로 물러나 도망친 뒤였다.

처음에는 나루를 건너온 오랑캐의 병력이 소수인 데다 우리 수군이 후방을 차단할까 염려한 나머지 병력을 단속시키고는 화친을 하도록 협박해 왔다. 그래서 대군이 승지 한흥일 등을 보내 보고하도록 하였는데, 청국 노왕虜王이 대신을 보내 줄 것을 청했으므로, 대군이 윤방에게 가주기를 간절히 요청하였다. 이에 윤방이 종묘와 빈궁의 중함을 염두에 떠올리는 한편, 이동 조정에서도 대신을 보내 화친을 의논토록 하였다는 말을 듣고는, 가마위에 몸을 싣고 곧장 적진 속으로 들어갔다. 이때 적진의 군사가 큰 소리로 야단을 치며 가마에서 내리도록 하자, 윤방이 천천히 말하기를, "나는 늙고 병들었으니, 죽는다 해도 두려워할 것이 없다." 하고는, 부축을 받고 들어가 자리로 나아갔다. 윤방이 절을 하지 않자 오랑캐가 칼을 빼들고 성을 내면서 절을 하도록 윽박질렀으나, 윤방은 꼼짝도 하지 않았다. 그러자 노왕이 윤방의 나이가 연로한 것을 보고서 예를 갖추며 눈짓으로 좌우를 만류하고는, 대군이 직접 와서 보기를 잇따라 청하면서 호의를 보이며 대접하였다. 그리고는 포로로 잡힌 수천 명을 풀어 주어 돌려보내는가 하면 이틀 동안이나 군사행동을 자제시켰으므로, 그 기회를 이용하여 도망쳐서 빠져나간 선비와 백성들이 매우 많았다.

이윽고 오랑캐의 군대가 뒤따라 들어와서 불을 지르고 약탈을 하였으므로, 윤방이 신위를 모신 사당의 문을 몸으로 막아서서 지켰으나, 형세상 온전히 보존할 수가 없게 되자, 두 낭료와 함께 밤에 베 주머니를 만든 뒤 40여 개의 신주를 나누어 담아 땅을 파고 묻기로 하였다. 이때 관리와 병졸들도 모두 흩어졌기 때문에 윤방이 직접 삼태기와 삽을 들고서 땅을 파고 묻는 작업을 하다 보니 거의 숨이 끊어질 지경이었는데, 다음날 아침에 오랑캐 군대가 불을 질러 신위를 모신 사당이 모조리 소실되고 말았다.

남한산성에서 화의를 맺고 나자, 오랑캐가 빈궁과 대군을 맹약의 장소에 모이게 할 것을 요구하였다. 윤방이 마침내 묻었던 신주를 꺼내어 두 명의 노복으로 하여금 짊어지고 가게 하다가 길에서 말을 얻어서 그 위에 싣고 가게 되었다. 그러다가 김포에 이르렀을 때, 세자가 먼저 북쪽으로 길을 떠났다는 말을 들었으므로, 윤방이 작별 인사를 드리기 위해 혼자 먼저 말을 달려 앞으로 나가면서, 두 낭료로 하여금 계속해서 신주를 모시고 뒤따라오게 하였다.

1637년[75세] 인조 15년 2월 4일 윤방이 강화도에 종묘와 사직의 신주를 받들고 오다

영중추부사 윤방이 강화도에서 종묘와 사직의 신주를 받들고 오니, 주상이 불러 보았다. 윤방이 주상을 보고 울자 주상도 울었다. 이어 어제 봉안한 곳을 하문하니, 답

하기를, "어제 밤이 깊었기 때문에 미처 아뢰지 못하고 신이 거주하는 곳의 정결한 곳에 봉안하였습니다." 하였다. 주상이 즉시 예관에게 명하여 시민당에 봉안하도록 하고, 근신을 거느리고 곡하며 절하는 예를 행하였다.

– 인조실록 15년 2월 4일 –

얼마 지나지 않아 강화도에 머물러 있던 오랑캐 군사들이 재물을 약탈하는 바람에 공사公私 간에 숨겨 보관해 두었던 물건들이 모두 파헤쳐지게 되었다는 소식이 들려 왔으니, 종묘의 신주가 전후로 빠져 나올 수 있었던 것을 생각하면 정말 위기일발의 순간이었다고 해야 할 것이다. 그런데 그 와중에서 생각지도 못하게 왕후의 신위 하나가 없어졌는데, 그 당시에는 상하급자 모두가 그래도 신위 전부가 소실되지 않은 것만도 다행스럽게 생각하는 분위기였다.

사태가 일단 진정된 뒤에 조정이 뒤바뀌면서 일종의 근거 없는 의논이 거론되기 시작하였다. 윤방이 노왕에게 절을 하고 신주를 빠뜨렸다고 무함하면서 당시에 죄를 지은 자들 중에 으뜸으로 율을 적용하고, 반면에 일을 그르치고 군사 작전을 망친 여러 신하들에 대해서는 모두 무의식적인 실수로 간주하여 그냥 놔두기까지 하였다.

그 당시에 강화도의 신하들 가운데 오랑캐의 진영에 가서 절을 하지 않은 사람은 오직 윤방 한 사람뿐이었는데, 이 사실에 대해서 대군이 증명을 해 주자, 임금이 근거 없이 탄핵하였다고 특별히 명을 내렸으므로, 대간의 상소장에서 그 말이 삭제되었다. 이렇게 해서 처음에는 파직되었다가 다시 영중추부사로 서용되었는데, 윤방이 죄를 자인하며 사직을 하자, 임금이 비답을 내리기를, "경의 말을 듣지 않다가 이 지경에까지 이르렸으므로, 혼자서 깊이 후회하며 한스럽게 여긴다마는, 이젠 모두가 소용없는 일이 되고 말았다. 경이 아무 죄도 없다는 것은 내가 잘 알고 있으니, 연소한 무리들이 아무렇게나 지껄이는 말들을 경은 개의치 말라." 하였다.

1637년[75세] 인조 15년 4월 3일 지평 김종일이 윤방 등을 죄주기를 청한 상소문

지평 김종일이 상소하기를, "윤방이 위란한 중에 명을 받아 종묘 사직의 신주를 받들고 갔으니 종묘사직에 죽는 것이 그의 직분인데, 차마 더럽히고 산실되게 하고는 명을 어기고 구차하게 살아 남았습니다. 당시에 종묘사직의 신령은 의지할 곳이 없었을 것이니, 생각만 하여도 저절로 눈물이 납니다. 또한 한흥일과 여이징 등은 전하의 폐부와 같은 신하로서 종묘사직의 몽진을 바라만 보고 일시의 안전만 요행으로 여겼습니다. 그리고 정월 그믐날은 곧 전하께서 산성에 계시던 날이니, 그 전에 적진에 머리를 숙인 자는 모두가 군주를 망각하고 국가를 팔아 먹은 자입니다. 지금 이들을 버려두고 논핵하지 않고 굳이 김경징·이민구의 죄만 청하는 것은, 아마도 말단인 것 같습니다. 신은 윤방·김자점·김경징을 죽이지 않으면 신인神人의 분노를 위로할 수 없고, 한흥일·여이징을 죄주지 않으면 군신의 분의를 밝힐 수 없다고 생각합니다. 임금께서는 신이 보잘것없다고 여기지 마시고 받아들이소서." 하였는데, 답하지 않았다.

– 인조실록 15년 4월 3일 –

1637년[75세] 인조 15년 윤 4월 13일 윤방의 강화도 함락과 신주 호송의 일을 적은 상소문

윤방이 상소하기를, "신의 죄가 종묘사직에 관계되니 죽임을 당하는 것이 마땅한데, 성상께서 용서하여 가벼운 벌을 내리시니, 감사하고 두려워 죽을 곳을 알지 못하겠습니다. 지난날 김종일이 상소하여 죽이기를 청하면서 매우 몰아쳤으므로 신이 어쩔 수 없이 머리를 들어 스스로 울며 전후의 죄상을 자세히 아룁니다.

신이 변란이 생긴 처음에 종묘사직의 신주를 모시고 떠나라는 명을 받고 종묘에 나아갔으나 사람들이 분주하여 호령을 베풀 수 없었고 들어간 인부와 말도 정돈할 도리가 없었습니다. 어쩔 수 없어서 종묘의 신주만 모셔 병졸들로 하여금 등에 지게 하였고, 숙녕전 신주는 예조 당상 여이징에게 궐내에 들어가 모셔오게 하여 중도에서 만나기로 약속하였습니다. 광성진에 도착하니, 빈궁의 행차가 아직도 나루를 건너지 못하였기에 신들은 신주를 모시고 그곳에서 숙박을 하고, 다음날 아침에 강화로 들어가 행궁의 신묘에 봉안을 하니, 이 날이 12월 17일이었습니다.

요새가 무너지고 적병이 성벽 가까이 온 후에 여러 낭료가 와서 신주를 싣고 바다로 빠져 나가자는 계획을 말하였으나, 일이 이미 미칠 수 없었으므로 계획을 실시할 수가 없었습니다. 빈궁과 대군이 성중에 계시는데 신이 신주를 받들고 먼저 나가면 화를 또한 재촉하게 될 것입니다. 더구나 몰래 나가다가 선박에 다다르기 전에 잡힐지도 모르는 데이겠습니까. 말을 끝내기도 전에 돌아보니, 낭료는 모두 도망가 버리고 오직 종묘와 사직서의 관원 각 한 명씩만 남았으므로 데리고 신묘 아래로 갔습니다. 화친이 결정되어 대군이 산성으로 가면서 울며 신에게 이르기를 '숙녕전의 신주를 궁내에 봉안하였는데, 모시고 갈 수 없다. 종묘의 신주와 끝까지 함께 모셔라.' 하기에, 즉시 받들어 낭료에게 주어 함께 봉안하였습니다.

대군의 행차가 떠난 후 신묘 아래 엎드려 있는데, 불의에 적병이 신묘의 뜰로 흩어져 들어왔습니다. 신은 자살하려다가 못하고 목을 내밀어 죽이기를 청하며 항거하였는데 이렇게 하기를 세 번이나 하였습니다. 그날밤 두 낭료를 이끌고 여러 개의 구덩이를 파서 신주 및 임금의 인주를 묻어 더럽혀지지 않게 하고 신묘의 아래 엎드려 있었는데, 다음날 아침에 갑작스레 성 밖으로 몰아내는 것이었습니다. 그때 매우 다급하여 신주를 받들 겨를도 없었고 스스로 죽을 각오를 하였습니다. 해가 저문 뒤에 신묘 아래 들여놓고 3일동안 출입을 허용하지 않기에, 그제서야 모셔낼 계획을 하였는데, 묻어놓은 신주가 태반이 구덩이 밖에 흩어져 있었습니다. 낭료와 함께 거두어 보니 41위 중 1위가 없었습니다. 두루 찾아보았으나 끝내 찾을 수 없었습니다. 신의 간장은 마디마디 끊어졌으니 남은 것이 얼마나 되겠습니까. 신이 각위를 포대에 나누어 담아서 각자에게 주어 나올 때는 각자가 모시고 가게 하여 산성에 도착하였습니다. 그곳에서 동궁을 배알하니 동궁이 환관에게 명하여 함께 모시고 가게 하였습니다. 밤이 깊어서야 경성에 도착하였으나 대궐에 들어갈 수가 없어서 다음날 새벽에야 비로소 모시고 들어왔습니다. 당초 다급한 나머지 신주의 판면이 긁힌 것을 살펴볼 겨를이 없었는데, 지금 그 말을 듣게 되니 마음과 뼈가 아플 뿐입니다. 이상이 신이 신주를 모셨을 때 저지른 죄상입니다.

강화도로 들어간 후에는 본부의 유수 및 검찰사가 각기 일을 맡고 있었으므로 신은 이름은 비록 크지마는 관할하는 일이 없어서 군무와 수비 등의 일에는 거리가 멀었습니다. 하루는 망궐례를 마친 후 신이 여러 관원에게 말하기를 '임금이 지금 고립된 성에 포위되어 계시는데 우리들이 여기서 어떻게 태연할 수가 있겠는가. 여러 관원과 더불어 제 도에 공문을 보내어 구원병을 재촉하고자 한다.' 하니, 모두 그렇게 하겠다고 하였습니다. 이에 함께 상의하여 격문을 초안한 다음 박종부를 파견하여 황해도와 평안도 지방의 감영과 병영 및 도원수·부원수에게 보냈습니다. 또 유황 등을 삼남 지방의 감영과 병영에 보내어 충의를 격려토록 하였습니다. 또한 권경기를 뽑아 가도의 주장에게 글을 보내 빈틈을 타 소굴을 습격할 것을 아뢰었고, 또한 광해군은 교동으로 옮겨 놓았습니다.

저는 생각하기를, 험한 긴 강을 적이 날아서 건너지는 못할 것이고 다만 임금이 있는 곳이 하루가 급한데 절도사와 관찰사 등은 한 사람도 산성에 달려가 목숨을 바치는 자가 없다고 여기어, 날마다 두세 신료와 가슴을 치며 눈물을 뿌릴 뿐, 끝내 말 한마디 못하고 계책 한가지도 내지 못하여 임금의 위급함을 구원할 수 없었으니, 매양 이것으로 신의 죄를 삼았습니다.

일을 망쳐버린 후 강화 조정 분사의 모든 관원은 뿔뿔이 흩어져 갔습니다. 신이 받은 임무는 다만 종묘사직에 있다는 것을 생각하고 신주를 모신 묘 아래 초옥에 그대로 엎드려 있었는데, 얼마 후에 어떤 사람이 신을 찾아와서 '한 승지가 대군의 뜻으로 들어오라고 한다.' 하므로 즉시 들어가니, 여이징·한흥일·회은군이 자리에 있었습니다. 대군이 신에게 이르기를 '저들이 사람을 보내어 화친의 뜻을 말하려 하기에 승지가 가니, 저들이 「소관과는 이 일을 함께 논의할 수 없다. 대관이 오라.」 하였다.' 하기에, 신이 가보겠다고 대답하고 갔습니다. 장수가 땅에 앉아서 만나는데 신은 평소의 병 때문에 절을 하거나 꿇어앉지 못하자 수행관이 꾸짖고 책망하였으나 장수는 신의 늙고 병든 것을 보고 그만두게 하였습니다. 그리고 대군이 성안에 있다고 했더니 만나보고 싶다고 하였습니다. 대군이 가서 만났는데 긴요한 이야기는 없었고 신들에게 성안을 타일러 진정시키고 우리 백성과 저들의 병사가 좌우로 나누어 들어가서 서로 섞이지 않게 하라고 하였습니다. 하루가 지난 뒤 대군 및 신들을 산성 아래로 가라고 하여 대군 및 빈궁은 오후에 비로소 출발하였습니다. 신은 종묘의 신주가 여기에 있는데 신이 버리고 먼저 갈 수는 없다고 여겨, 노병으로 길에 오를 수 없다고 사양하였더니, 억지로 가라고는 하지 않았습니다. 다음날 아침 갑작스레 쫓겨났다가 다시 들어가 3일 후 출발하였습니다. 이상이 신이 강화 조정 분사에 있었을 때 범한 죄상입니다.

신이 이미 전후의 죄상을 차례로 서술하였습니다. 감히 허망된 것은 없으나 한 때의 일을 두 조항으로 나누다 보니 말이 차례를 잃었고 또한 중복된 부분이 많습니다. 임금에게 아뢰는 글이 이렇게 잘못되었는데도 수정할 겨를이 없습니다.
이어서 김종일의 상소 중의 말을 하나 하나 밝혀서 허물을 살피고 스스로를 책망하는 바탕으로 삼겠으니, 오직 임금께서는 살펴주소서.

김종일의 상소 중에 '대신이 된 지 십년에 제몫을 다하지 못하였다.' 하였는데, 그 말은 진실로 옳습니다. 신은 본래 무능한데 주상께서 잘못 인정해 주셔서 두 번이나 어울리지 않는 임무를 맡았습니다. 다행히 큰 허물은 면하였고 법을 지켜 실추시키지 않아서 조정으로 하여금 일이 생기게 하지 않았습니다만, 대단한 기세를 떨치거나 놀랄만한 논의를 하지는 못하였습니다. 그러다가 화친의 일이 결렬되자 겁약한 신이 먼저 피하자는 설을 아뢰었는데, 이것은 숨겨진 뜻이 있었으나 사실대로 밝힐 수 없어서 뭇 비방이 사방에서 일어나기에 묵묵히 떠났습니다. 그러니 신이 제 몫을 다하지 못한 것을 어찌 김종일의 말만 기다리겠습니까.

'종묘사직의 신주를 모시고 가서 병사의 칼날을 피하지 않았다.' 하였는데, 당시 강화도의 위급함은 호흡하는 순간에 있었습니다. 위급하기도 전에 신이 신주를 싣고 피해 나오면 성을 지켜내지 못한 죄를 신에게 돌릴 것이고, 위급한 후에는 피하여 나오고 싶어도 형세가 미치지 않았고 싣고 나왔다면 붙잡혔을 것이니, 더 말할 나위가 있겠습니까.

'종묘사직에 죽지 아니하고 명을 도피하여 구차히 살았고 마침내는 오랑캐에게 무릎을 꿇었다.' 하고, '정월 그믐 이전에는 전하께서 산성에 계시던 날이다.' 하였습니다.
신이 비록 지식이 없으나 역시 군신의 분의는 상당히 들었습니다. 살고 죽는 문제는 마땅히 대의에 따라야지 구차하게 해서는 안 됩니다. 그리고 나라가 망하면 함께 망하고 나라가 존재하면 함께 존재하는 것이 대신의 도리입니다. 신에게는 성을 지키는 책임도 없었고 병사를 거느린 장수도 아니었습니다. 우리 임금이 위에 계시고 우리나라가 망하기 전에는 죽어야 할 의리는 없는 것입니다. 더구나 대신이 적진에 왕래한 것은 산성에서의 전례가 있으며 국가가 오늘날의 판도로 귀결된 것은 22일 이전에 드러났으니, 죽지 아니한 것으로 신의 죄안을 삼는 것은 무겁고 가벼움의 형평을 잃은 것이 아니겠습니까.

종묘사직의 신주가 더럽혀지고 산실되었던 변은 바로 신의 죄입니다. 죄를 받기에도 겨를이 없는데 어찌 한마디라도 변명을 하겠습니까. 종묘사직의 파천(피난)이 비단 오늘뿐이 아닙니다. 임진년에는 짐짝처럼 싣고 의주까지 가면서 중간에 다급하여 목청전에 매장하였다가 다시 파내어 뒤따라갔는데, 그 때도 긁힌 흔적이 있었는데도 지금까지 개조하지 않았다고 합니다. 송나라가 남쪽으로 피난하던 날 태상경 계릉이 태묘의 신주를 받들고 갔는데 중로에서 금나라 병사에게 쫓기게 되어 태조의 신주를 잃었다는 것을 송나라 역사에 기록하고 있습니다. 그 당시 이강과 조정의 상소가 하루에도 몇 천마디이며 간신 호안국과 태학생 진동이 잘잘못에 대하여 언급하였지만, 계릉을 죄주자고 청했다는 말은 못들었습니다. 계릉의 이름이 뒤에 또 나타나니 깊은 죄를 주지 않았다는 것을 알 수 있습니다. 이 어찌 그 죄는 중하나 그 일은 용서할 만해서가 아니겠습니까. 더구나 강화도의 촉박했던 상황이 어찌 정강과 건염 때보다 못했겠습니까. 숙녕전의 1위도 받들어 내기가 어려웠는데, 많은 종묘의 신주를 일시에 모시고 나오란 그 형세가 쉽지 않았음을 상상할 수 있을 것입니다. 그러나 이것은 신의 죄이니 어찌 한마디인들 변명하겠습니까.

또 말하기를 '편안히 집에서 쉬고 있다.' 하였습니다. 옛날에 대신이 파직되면 감히 서울에 그대로 있지 못하였던 것은 대체로 그 죄가 무거워 파직되었기 때문입니다. 신이 은혜를 입고 파직된 후 옛일이 이러한 줄 어찌 몰랐겠으며 어찌 먼 밖으로 나가고 싶지 않았겠습니까. 그러나, 시류를 돌아보건대 안으로 임금이 끼니를 먹을 틈도 없고 밖으로는 전쟁의 먼지가 아직도 서쪽 변방에 가득차 있었으므로, 신은 개와 말이 주인을 연모하는 정성으로 서울을 그리는 생각을 금할 수 없었습니다. 한밤에 방황하며 가려고 하면서도 결단하지 못한 것이 여러 날 지난다음에야 강을 건너 나왔으니, 이것은 김종일의 말이 신의 병통을 제대로 말한 것입니다. 그러나 편안히 쉬었다고 하는 말은 신의 본정이 아닙니다.

그 밖에 '국가를 저버리고 죽지 않았다.', '임금을 망각하고 국가를 팔았다.', '신하의 절의를 지키지 않았다.'는 등의 말은, 말의 뜻이 범범하여 조정에 있는 신료들을 지적한 말인 듯하고 신 등 두세 명의 신하만을 지적하여 말한 것 같지는 않으니, 감히 일일이 변명하여 죄를 무겁게 하지 않겠습니다.

대체로 그 당시에 신이 마땅히 죽어야 할 것인가 죽지 말아야 할 것인가를 막론하고 일찌감치 자결하였더라면 종묘사직의 신주는 미처 모셔오지도 못하였더라도 누가 신에 대해서 논의하겠습니까. 오직 죽지 않고 오늘날에 이르렀으므로 남들이 말하기 쉽고, 말하기가 쉽기 때문에 죄를 주기도 또한 쉬운 것입니다. 바라건대 임금께서는 신의 전후 죄상을 살피신 다음 신에게 형벌을 가하시어 신하로서 국가가 망하여도 죽지 아니한 자의 징계로 삼도록 하소서."

하니, 답하기를, "김종일의 말은 상하가 모두 지나친 줄을 아니, 경은 괘념치 말고 속히 들어오라." 하였다.

— 인조실록 15년 윤 4월 13일 —

1637년[75세] 인조 15년 6월 21일 유백증의 윤방·김류의 죄, 제향·방물의 폐지, 상벌 등에 대한 상소문

기평군 유백증이 상소하기를,
"신이 전하의 뜻을 보건대, 처음은 있으나 마지막이 없습니다. 의병을 일으킨 것은 부귀를 위한 것이 아니었는데 임금과 신하 위아래가 오직 부귀를 일삼고 있으며, 성을 나간 것은 구차히 살려는 것이 아니었는데 임금과 신하 위아래가 오직 구차하게 산 것을 다행으로 여겨서 성을 나갔던 뜻을 생각하지 않으니 오늘날처럼 전철을 그대로 따르다가 마침내 망하는 것을 면하지 못한다면, 차라리 성안에서 고기밥이 될 것이지 당초에 무엇하러 성을 나갔습니까. 신이 오늘날의 조정을 보건대, 권력을 가진 신하만 알고 임금은 있는 것을 모르고 있으니, 누가 전하를 위하여 말하겠습니까. 윤방과 김류가 나라를 그르친 것은 신이 정월에 상소하여 이미 아뢰었거니와, 정월 이후의 윤방과 김류의 죄를 신이 조목조목 말하겠습니다.

지난해 가을·겨울 이전에는 김류가 화친을 배척하는 논의가 매우 준열하여 '청국이라 쓰지 말아야 하고 사절을 보내서는 안 된다.'고까지 말하다가, 전하께서 특별히 '적이 깊이 들어오면 체찰사는 그 죄를 면할 수 없으리라.'는 분부를 내리신 이후로 화친하는 의논에 붙어 윤집 등을 묶어 보내고 윤황 등의 죄를 논할 것을 김류가 주장하였습니다. 자신이 장수와 재상을 도맡아 임금이 성을 나가게 하고도 자신의 잘못을 들추어낸 적이 한번도 없었습니다. 당초 청국이 세자를 내놓으라고 요구할 때에 김류가 알현하여 따라가기를 바라더니, 세자가 북으로 떠날 때에는 늙고 병들었다고 핑계하였습니다. 세자가 이미 북으로 가고 나서는 김류가 조카 김경징이 '어미의 상복을 입고 있다.'고 그 이름 아래에 적었는데, 이 때문에 구굉이 큰소리로 말하기를 '세자의 작위가 김경징에 못 미치는가. 중전의 1주년이 겨우 지났는데 김경징이 감히 어미의 상을 핑계하는가.' 하니, 김류의 낯과 목이 붉어졌습니다. 이러한 일들이 어리석은 데에서 나왔겠습니까, 방자한 데에서 나왔겠습니까?

지난해 청나라 장수가 왔을 때에 비변사가 화친을 배척하는 글을 올렸는데 승정원이 그것을 베껴서 임금의 명을 받았다고 하고는 파발로 전하였다가 청국에게 발각되었으니, 화친을 배척한 사람을 보낸다면 의정부가 당하는 것이 옳을 것인데, 젊은 사람이 무슨 죄가 있습니까. 이 행동거지는 지금까지도 사람의 뼛속까지 써늘하게 하나, 저들이 요구한 것이므로 그래도 핑계할 만한 것이 있습니다. 환도한 뒤에 윤황 등을 귀양보낸 것은 누가 협박해서 한 것입니까. 조경과 유계는 다 대신에게 죄를 지은 사람입니다. 대신에게 죄를 얻었는데 대신이 스스로 죄를 정하였으니, 이것은 전에 듣지 못한 일입니다. 전하께서 두 달 동안 포위당하였을 때에 영남과 호남의 사방은 인적이 끊어졌으니, 병란의 참혹함이 개벽 이래 없던 것이었습니다. 다행히도 영남과 호남의 깊은 곳만 화를 입지 않았는데, 이 때문에 깊이 들어오지 않았다고 여기는 것이 아니겠습니까. 영남과 호남이 화를 입은 것 때문에 깊이 들어온 것이라 한다면 국가의 법이 어찌 김류에게만 행해지지 않는단 말입니까.

윤방은 정승 자리에 오래 있었으면서 자신은 관계없는 듯이 여겼으므로 그 죄는 처벌을 벗어날 수 없는데, 변란이 일어난 처음에 이미 종묘사직의 제조의 직임을 받았으니, 그 책임이 중하지 않습니까. 김경징이 검찰사가 된 것은 김류가 천거한 데에서 나왔는데, 온 집안이 난리를 피하려는 계획이었습니다. 강화도로 들어갔을 때에 먼저 제 집안 일행을 건너게 하고 종묘사직과 빈궁은 나루에 사흘 동안 머물러 두어 건너지 못하였으므로, 환관 김인이 분을 못이겨 목메어 통곡하고 빈궁도 통곡하였으니, 이 사람은 전하의 죄인일 뿐더러 실로 종사의 죄인입니다. 또 군령으로 자기 친한 사람만 건너게 하고는 선비와 백성들은 물에 빠지거나 사로 잡히게 하였으니, 통분하여 견딜 수 있겠습니까. 그때 대신과 원임대신 윤방·김상용 등이 다 강화도에 있었으니, 이 죄로 김경징을 효수하였다면 장신이 어떻게 달아났겠으며, 강화도가 어찌하여 함몰되었겠으며, 김상용이 어찌 자결까지 하였겠습니까. 사헌부와 사간원이 김류의 뜻을 받들어 그 중죄를 없애고 대강 책임만 면한 정상은 신이 차마 바로 보지 못하겠습니다.

나루턱을 지키지 못하게 되었을 때에 빨리 종묘사직을 받들고 빈궁과 대군에게 말에 오르기를 청하여 뒷문으로 달려 나갔더라면 배를 탈 수 있었을 것인데, 윤방이 쥐처럼 달아나 민가에 숨었다가 내관에게 들켰습니다. 종묘사직의 신주를 더럽히고 잃었을 뿐더러 적진에 출입하였습니다. 이것은 전하께서 산성에 계실 때의 일이니, 윤방이 성밑에 앉아서 적이 성에 다가오는 것을 보았다면 어떻게 하였겠습니까. 윤방의 죄가 이러한데 다만 종묘사직의 신주를 잃었다는 것으로 파직되기만 하였으니, 공론은 어느 때에나 볼 수 있겠습니까. 장신이 판결에 임해서도 승복하지 않았으므로 본 죄에 한 등급을 더해야 하는데도 자결하게만 하였으니, 어찌 자결하는 군율이 있겠습니까. 이것은 국가의 원기가 자결할 조짐입니다. 접때 사헌부에 대한 비답에 '막중한 죄를 사적인 정에 따라 삭제하여 죽는 자가 승복하지 않게 하였다.' 하셨으니, 전하께서는 장신의 죽은 것이 억울한 것과 김경징이 죽지 않는 것이 형벌을 잘못 쓴 것임을 아신 것입니다. 전하께서 아셨으면 누구를 꺼려서 반드시 사헌부와 사간원에서 잘못을 아뢰기를 기다려야 합니까.

합동하여 아뢴 것에 대한 답에 '원로훈신의 외아들을 차마 처형할 수 없다.' 하셨으니, 이것도 김경징이 죄가 없다고 여기시지 않은 것입니다. 연이어 아뢰어서 마지않으면 윤허받을지도 모르므로 곧 아룀을 정지하자는 논의를 일으켰으니, 김류의 권세가 무겁습니까. 가볍습니까. 조정의 신하들이 전하의 심중을 익히 알기 때문에, 김류처럼 나라를 그르치는 자가 의정부에서 거드름을 피우고 앉아 있지만 사람들이 감히 말하지 못하고, 김경징처럼 죄진 자에 대해서는 임금이 죽이고자 하는 것을 알고도 사헌부와 사간원이 오직 피하기를 일삼습니다. 다행히 접때 연석에서 대사헌 윤지가 입실하여 임금의 가르침이 엄준하심에 따라 끊어졌던 논의를 다시 일으키기는 하였으나, 그 말이 처음 논의하여 아뢴 것보다 더 혈하였으니, 김경징의 아들이 그를 위하여 원한을 씻어 버리더라도 또 어떻게 이보다 더하겠습니까. 심집은 가짜 왕의 아우이니 가짜 대신이니 하는 말로 청국에게 호소하여 나라의 일이 마침내 크게 그르쳐졌으니, 그때에 그 머리를 자를 만한데도 오히려 목을 보전하였으니, 통분하여 견딜 수 있겠습니까⋯⋯."

하고, 또 그 끝에,

"임진년 변란은 오늘날의 산성의 일과 다른데도 제사·공물의 방물을 다 폐지하였으니, 이것이 오늘날 본받아야 할 것이 아니겠습니까. 공물은 전에 이미 폐지하였으나, 영남과 호남은 병화를 입지 않았지만 네 번이나 양식을 나르느라 마치 병화를 겪은 것과 같은데 공물은 3분의 1만을 줄여서 마치 평시에 큰물이나 가뭄을 당한 때 하는 것과 같다 하니, 신은 민망합니다. 바라건대, 전하께서는 한결같이 임진년의 전례에 따라 제향 공물을 죄다 폐지하고 염분·생선은 여러 궁실에 속한 것을 막론하고 죄다 국가에 몰수하여 중국 조정 공물의 밑거리로 삼고, 5, 6년 동안 조금 넉넉해지기를 기다린 뒤에 명나라의 제도에 따라 곧 대동법을 행하소서. 이번에 변란이 갑작스러운 사이에 일어나 미처 임금의 수레를 따라가지 못한 자가 많이 있으나, 어찌 다 변란에 임하여 임금을 잊어버린 사람이겠습니까. 이 때문에 강화도에서 죽음으로 절조를 지킨 사람은 모두 뒤쳐져 남아 있던 사람들 가운데에서 나왔습니다. 바라건대, 전하께서는 죄다 수습하소서.

화친을 배척한 사람이 편법을 모르고 사세를 헤아리지 못하였으니 멀리 생각하는 것이 없었다 하겠으나, 홍익한·오달제 등이 굽히지 않고 죽은 그 큰 절개가 늠연하니 그 사람됨을 상상할 수 있습니다. 그 밖의 여러 사람들에 있어서는 그들의 말을 따르지는 못하였지만 어찌 그 기를 꺾어서야 되겠습니까. 그 기를 꺾어서도 안 되는데 어찌 그 몸을 귀양보내서야 되겠습니까. 중국에서 들으면 어찌 유감스럽게 여기지 않겠으며, 청국이 들으면 어찌 우습게 여기지 않겠습니까. 바라건대, 전하께서 놓아 돌려보내소서. 지금 절개와 의리가 땅을 쓴 듯이 없어지고 명분이 다 무너지고 시비가 전도되고 공론이 막혀서 만사가 와해되어 나라를 세울 희망이 아주 없습니다. 말할 만한 것은 많습니다마는, 오늘날 급히 힘쓸 것은 신상필벌입니다. 1623년 처음에 궁노비를 베고 가짜 공훈을 삭제하는 등의 일을 다 임금의 마음에서 결단하여 사람들의 이목을 시원하게 하셨으니, 예전에는 할 수 있었는데 어찌 오늘날에는 할 수 없겠습니까. 신이 차마 임금의 형세가 위에서 외롭고 임금의 위세가 아래로 옮겨지는 것을 보고 종묘사직이 망하는 대로 맡겨두고 아무 일도 아니하고 옆에서 보고만 있을 수 없으므로 감히 말을 다하였습니다. 오직 전하께서 결단하고 안 하고 에 달려 있을 뿐입니다."

하였는데, 상소가 올라가니 주상이 끝내 궁궐에 두고 내리지 않았다.

– 인조실록 15년 6월 21일 -

그 뒤에 바로 잇따라서 유백증이 앞서 논했던 내용을 거듭 아뢰면서 또다시 유배를 보내야 하다고 말을 꺼내자, 임금이 비답을 내리기를, "말한 내용이 너무나도 잘못되었고 죄목도 사실과 다르기만 하니, 내가 보기에 공론이 아닌 듯싶다." 하고, 또 이르기를, "윤방으로 말하면, 맑은 덕성이 남보다 뛰어나 혼란한 조정에서도 절조를 세운 사람이다. 직접 적진에 갔던 것은 실로 나라를 위하는 마음에서 나온 것인데, 그 때에 만약 그런 식으로 임기응변을 하지 않았다면, 빈궁 이하가 모두 헤아릴 수 없는 화를 면치 못했을 것이다." 하였다.

그러나 논하는 이들은 근거 없는 사실을 끊임없이 날조하여 무함하면서, 신주를 불경스럽게 받들어 모신 정상에 대해 궁관을 끌어들여서 증거를 대기까지 하였다. 이에 임금이 그 증거에 대해 끝까지 근거를 규명해 내도록 명하였는데, 궁관 모두가 그런 일을 본 적이 없다고 실토하자, 임금이 무함한 일인 줄을 알아채고서 유백증의 파직을 명하는 한편, 유지有旨를 내려 엄하게 꾸짖으니, 그 논의가 조금 가라앉았다. 그러다가 마지막에 가서는 이회라는 자가 자기가 직접 그러한 일을 눈으로 확인하였다고 말하면서 그 논의를 실증하려고 하였다. 그런데 그 일이 있을 당시에는 두 사람의 낭료가 배행陪行하며 함께 일을 수행했었는데, 그 낭료두 사람도 끝내 그러한 사실이 없었다고 스스로 해명을 하였다.

1637년[75세] 7월 7일부터 9월 3일까지 사헌부와 사간원이 김류와 윤방을 문외 출송 할 것을 합동하여 아뢰었으나 윤허하지 않았다.

1637년[75세] 12월 11일 사헌부와 사간원이 합동하여 아뢰어 김류와 윤방을 위리안치하기를 청하였으나 윤허하지 않았다.

1638년[76세] 인조 16년 2월 5일 옥당(홍문관)에서 전 영의정 김류·영중추부사 윤방 등의 죄에 대한 상소

홍문관이 상소하기를, "삼가 생각건대, 국가가 유지되는 까닭은 기강이 서고 법령이 행해지기 때문입니다. 오늘날 국세가 이 지경에 이르렀으니, 신하들은 모두 죽을 죄가 있는 것인데, 하물며 대신으로서 오늘날과 같은 상황을 불러온 데이겠습니까. 전 영의정 김류는 권한이 장수와 재상을 겸하였으니, 의리상 국가의 기쁨과 슬픔을 함께 해야 합니다. 그런데 탐욕스럽고 교만하여 국사를 그르쳐 난의 실마리를 만들었습니다. 평상시에는 주밀하게 대비를 하는 데 기회를 잃었으며, 위급할 때에는 처치하는 데 방도를 잃음으로써 망극한 변란을 초래하여 스스로 용서받기 어려운 죄를 졌습니다. 영중추부사 윤방은 원로대신으로 종묘·사직의 신주를 안전히 모시라는 부탁을 받고서 잘 조처하지 못하였고, 또 변을 만나서는 목숨을 걸고 시류에 맞게 대처하지 못했으니, 신주를 함몰시킨 참담함과 더럽힌 모욕에 대해서는 차마 말 못할 점이 있습니다.

이 두 신하의 죄는 왕법을 시행한다면 사형에 처하더라도 그들 또한 변명할 말이 없을 것입니다. 그런데 양사의 청을 오래도록 윤허받지 못하였습니다. 이에 여론이 더욱 분개하고 공론이 날로 격렬해져 해가 지나도록 논쟁하면서 여기까지 끌어 온 것입니다. 속히 언관의 공론을 따라 나라의 법을 엄숙하게 하소서.

그리고 오늘날 남쪽 지방에 우려할 만한 단서가 많이 있어서, 미리 대비할 계책을 모두 강구하였습니다. 그런데 유독 군율에 있어서만은 진작시키지 않고 있습니다. 이와 같이 하다가 하루아침에 경보가 있게 되면 누가 군율을 두려워해 자신을 돌보지 않

고서 군부의 위급함에 달려나가려 하겠습니까. 지난해의 변란 때 적을 놓아두고 임금을 버린 장수가 아직까지 목숨을 보전하고 이 세상에서 버젓이 숨을 쉬고 있으니, 만약 제 전쟁터에서 하급 장관이 군율을 받았을 경우 죽은 자가 도리어 구천에서 원통해 할 것입니다. 아, 옛날 군율은 대장부터 시행했는데, 오늘날 군율은 한결같이 어찌 그리도 어긋난단 말입니까.

삼군의 명을 맡고 서문西門을 막는 것이 어떤 책임인데, 적의 기병 수백 기가 성 아래를 지나갔는데도 그들의 동태를 살펴서 대응하지 못하였고, 대병이 마구 쳐들어와 남한산성에 다가왔을 때에야, 비로소 깊은 골짜기를 경유해 달이 바뀐 뒤에야 와서는, 성을 지척에 두고도 한 발자국도 나아가지 않았습니다. 지금와서 생각해도 간담이 저절로 찢어지며 온 나라 사람들이 모두 그의 살점을 먹고자 합니다.

법령은 조종의 법령으로 전하에게 전해진 것이니 엄하여 범할 수 없는 것인데, 전하께서 어찌 훈구대신이라는 이유로 조종의 법을 굽힐 수 있겠습니까. 신들이 듣건대, 성왕이 정사를 하는 데 있어서는 상을 줄 때는 원수도 피하지 않고, 처형할 적에는 인척이나 근신도 가리지 않는다고 합니다. 전하께서 벌을 내리는 것이 옛날 성왕들과는 크게 어긋나니, 무엇을 가지고 기강을 진작시키며 인심을 복종시키겠습니까. 군율이 이 사람에게 행해지지 않는다면 뒷날 장수된 자들이 모두 살아날 수 있는 방도가 있는 것을 알아, 죽음을 무릅쓰는 마음이 없을까 염려됩니다. 정밀하고 날카로운 병기가 있고 높고 깊은 성과 못이 있더라도, 그것이 무슨 소용이 있겠습니까. 전하께서 오늘날 부지런히 애쓰시는 것이 도리어 헛수고로 돌아가고, 성을 쌓고 군량을 운반하고 배를 만들고 군사들을 검열하는 일이 끝내는 형식적인 것이 되고 말 것이니, 애석함을 금할 수 없습니다.

신들의 생각으로는, 김자점의 죄는 가장 먼저 군율을 적용하여 처벌하여야 하고, 그 나머지 군사를 잃고 포로가 되고, 목숨을 아껴 구차히 살아난 무리들은 각각 그에 해당된 군율로 차례차례 논단하여야 할 것으로 생각됩니다. 그러면 무너진 기강이 저절로 진작되고 사기가 백배는 충만될 것입니다. 전하께서는 굽어 살펴 받아들이셔서 결단을 내리시기 바랍니다."

하니, 답하기를, "제안할 때에 말하지 않은 일을 주워모아 아뢰니, 몹시 구차하다. 대장을 죄주자고 청하는 것 또한 전의 규례에 어긋난다. 모두 번거롭게 하지 말라." 하였다.

- 인조실록 16년 2월 5일 -

1638년[76세] 인조 16년 4월 8일 윤방의 삭탈 관직을 명하다.

1639년[77세] 인조 17년 3월 19일 사헌부와 사간원이 영중추부사 윤방의 유배를 청하다.

대사헌 김수현, 장령 최계훈, 지평 박수문, 정언 이회가 합계하여, 영중추부사 윤방이 종묘사직을 신중하게 받들지 않았다는 이유로 멀리 유배하기를 청하니, 답하기를,

"노인병으로 반쯤 죽은 사람이 필시 미처 살피지 못하였을 것이다." 하였다.

이에 앞서 사간원 정언 이회가 윤방의 일로 사헌부와 합사하자고 의견을 말하니, 사헌부와 사간원이 따르지 않고 모두 사퇴하였는데, 홍문관에서 모두 출근하게 하기를 청하였다. 이회가 직무에 나와 또 전의 소견을 고집하니 양사가 따르지 않고, 대사헌 이현영, 대사간 최혜길, 사간 이상형, 헌납 신익전, 정언 정태제 등이 서로 잇따라 사직하여 나누어졌는데, 이때에 이회가 김수현 등과 아뢴 것이다. 윤방이 참으로 죄가 있기는 하다. 그러나 벌을 논한 지 해가 지난 뒤에 또 제기하였으니, 이회가 기회를 타서 탄핵한 것은 본디 논할 거리도 못되거니와, 김수현이 남에게 코가 꿰이어 그대로 따른 것도 가소롭다.

- 인조실록 17년 3월 19일 -

1639년[77세] 인조 17년 3월 27일 중도유배, 6월 5일에 연안으로 유배지를 옮기게 하였다. 7월 12일 8월에 고향에 돌아가도록 명하였다. 이는 임금이 본래부터 윤방에게 벌을 줄 뜻이 없었기 때문이었다.

윤방이 입신하여 나라를 섬김에 있어서 선후가 분명하였으므로 평소

남에게 비난받는 말을 들어 본 적이 없었고, 큰 변란을 당했을 적에도 윤방이 처치한 것을 보면 일편단심으로 일관하였을 뿐 다른 마음이 없었는데도 끝내는 재앙을 당하는 일을 면하지 못하였다.

윤방은 조정에 몸을 담고 있으면서도 권세를 피하여 자신을 단속하였으므로 후진들이 윤방에게 빌붙지 않았다. 윤방의 두 아들 역시 일찍 언관에 올라 공평무사한 마음가짐으로 편당을 짓지 않은 채 탄핵을 가한 일이 많았다. 그동안 원수로 알며 미워해 오던 자들이 모두 사간원과 사헌부에 있게 되자, 공공연히 트집을 잡고 견강부회하여 법문을 적용하는가 하면, 사실을 거꾸로 뒤집어 놓으면서도 거리끼는 바가 없게 되었으니, 한세상을 살아가며 처신하기가 어렵다는 말이 실감이 났다.

1640년[78세] 인조 18년 2월 10일 석방, 3월 서용하도록 명하여 3월 14일 영중추부사가 되었다.

8월 4일 병이 난 영중추부사 윤방에게 승지를 보내 문병하였다.

영중추부사 윤방이 병세가 위독하여 상소하기를,

"신이 살아서 나라의 은혜에 보답할 수 없고 이제 곧 임금님을 영원히 하직하게 되었으므로 임금 사모하는 정성을 감당하지 못하여 감히 혼몽한 가운데 충성어린 말씀을 드립니다. 삼가 바라건대, 전하께서는 어진 신하를 가까이하시고 소인을 멀리할 것이며, 대신에게 정사를 일임하시고 훌륭한 장수를 신중히 선발할 것이며, 법을 잘 지키는 관리를 장려하여 임용하고 백성을 잘 감싸서 보호할 것이며, 선비를 등용하는 데 있어서는 헛된 명예만 따르지 말고 일을 하는 데 있어서는 헛된 꾸밈만 숭상하지 말 것이며, 함부로 강대국에 도전하여 다시 위망의 곤욕을 취하지 마시고 중국을 소홀히 하거나 멀리하지 말아서 후일의 우환에 대비하소서."

하니, 답하기를, "경의 상소를 살펴보니, 지극한 뜻에 깊이 감동된다. 경이 아뢴 말을 내가 의당 유념할 것이니, 경은 조리를 잘해서 병이 저절로 나아버리는 기쁨을 얻도록 하라."

하고, 이어 명하여 승지를 보내 문병을 하였다.

– 인조실록 18년 8월 4일 –

임종할 때에도 윤방은 의기가 편안하고 한가롭기만 하였으며 사적인 일에 대해서는 한 마디로 언급하지 않았다. 그리고 몸소 '낙천지명 승화귀진樂天知命乘化歸盡'이라는 여덟 글자를 썼는데, 자획이 평상시처럼 생동감이 있었다. 그리고는 곧바로 자리에 누워 운명하였으니, 그해 8월 8일로, 향년 78세였다. 부음이 들리자 임금이 애도하고 조문하며 부의를 내리는 한편, 상례와 장례를 관에서 보살펴 주게 하면서 상전보다 더 추가하게 하였다. 11월 7일에 장단 오음리 선영 옆에 장사를 지내었다. 부인인 정경 부인 한씨는 청원위 한경록의 손녀요, 판관 한의의 딸인데, 윤방보다 38년 앞서 1603년 선조 36년에 죽어 근처 언덕에 묻혔다가, 이때 묘소를 이전하여 합장하였다.

– 국역국조인물고, 인조실록 –

윤방의 졸기

1640년[78세] 인조 18년 8월 8일 영중추부사 윤방의 졸기

영충주부사 윤방이 죽었다. 윤방은 윤두수의 아들이다. 그는 사람됨이 너그럽고 후하고 청렴하고 신중하여 일찍부터 재상의 인망이 있었다. 광해군 때 인목 대비를 폐하자는 논의가 일어났을 적에는 정청庭請에 참여하지 않고 시골에 은퇴해 있었다. 주상이 반정하고 나서 그를 재상으로 발탁하였는데, 국가 대사에 대해 특별히 의견을 진달한 것은 없었다.

그러나 1624년 인조 2년에 이괄의 난이 평정된 후 맨 먼저 도성에 들어갔을 때 어떤 사람이 책자 한 권을 바쳤는데, 곧 역적 이괄에게 붙은 사람들의 이름이 적힌 것이었으므로, 그는 자세히 보지도 않고 불태워 버렸다. 그래서 의논하는 사람들이 '이분의 큰 역량이 아니었으면 이 일을 해내지 못했을 것이다. 만일 그가 정묘호란이 있기 전에 조용히 은퇴했거나, 병자호란 때 죽기로 결심을 했더라면 이름난 재상이 되었을 것이다.'고 하니, 그 말이 맞다고 하겠다. 그가 죽자 상이 도승지를 보내어 조문하였다.

[승진과정]

1582년[20세] 선조 15년 진사시 입격
1588년[26세] 선조 21년 식년 문과 병과 급제, 승문원 정자,
              예문관 검열, 춘추관 기사관, 봉교, 예조좌랑, 정언
1591년[29세] 선조 24년 건저문제(세자책봉)로 윤두수 유배
              병을 핑계로 벼슬을 그만두고 집에서 지내다.

1592년[30세] 선조 25년 임진왜란. 예조정랑, 병조정랑,
              홍문관 수찬, 모친상. 5월 정언, 8월 사헌부 지평,
              홍문관 부교리, 8월 성균관 직강9월 이조좌랑,
              10월 홍문관 응교
1594년[32세] 7월 응교, 성균관 직강, 사예, 군기시 첨정,
              경상도지방 순안 어사, 군기시 정, 평산 부사
1597년[35세] 4월 군자감 정
1601년[39세] 선조 34년 1월 승정원 동부승지, 2월 우부승지,
              4월 부친상, 3년간 여묘살이
1603년[41세] 선조 36년 6월 병조참지.
1604년[42세] 선조 37년 3월 명나라 천추사
1605년[43세] 선조 38년 3월 해창군, 10월 병조참판,
              동지춘추관사 겸직, 11월 도승지
1606년[44세] 4월 한성부 판윤, 지의금부사, 도총관 겸직
1608년[46세] 광해즉위년 3월 형조판서
1609년[47세] 광해 1년 명나라 사은사
1610년[48세] 3월 경기도 관찰사
1611년[49세] 2월 경상도 관찰사
              선조실록 편찬, 11월 자헌대부 해창군
1613년[51세] 광해 5년 교외에 칩거
1615년[53세] 광해 7년에 명나라 사은사
1618년[56세] 광해 10년에 폐모론. 성묘 길을 떠나다.
1623년[61세] 인조 1년 어영대장, 3월 우참찬, 판의금부사 겸직,
              4월 우의정, 7월 29일 좌의정
1624년[62세] 인조 2년 2월 겸 유도대장. 이괄의 난
1625년[63세] 인조 3년 1월 겸 세자부

1627년[65세] 인조 5년 1월 18일 영의정, 5월 11일 사직
1631년[69세] 인조 9년 9월 15일에 다시 영의정
1634년[72세] 인조 12년 사직, 9월 11일 영의정
1636년[74세] 인조 14년 병자호란
1637년[75세] 인조 15년 2월 4일 종묘와 사직의 신주를 모시다
              6월 영돈녕부사, 12월 해창군, 영중추부사
1638년[76세] 인조 16년 4월 8일 삭탈 관직 12월 해창군,
              12월 21일 영중추부사
1639년[77세] 인조 17년 3월 21일 삭탈 관직.
              3월 27일 중도부처, 6월 5일 연안 배소
              7월 12일 8월에 고향에 돌아가도록 명하다.
1640년[78세] 2월 10일 석방, 3월 서용 3월 14일 영중추부사,
              8월 8일 영중추부사 윤방이 죽다.

80. 신흠申欽

유교 7신으로 핍박받다가 전화위복된 영의정

생몰연도	1566년(명종 21)~1628년(인조 6), 63세 병사
영의정 재직기간	(1627.9.4~1628.6.29) (9개월)
본관	평산平山
자	경숙敬叔
호	현헌玄軒·상촌象村·현옹玄翁·방옹放翁
시호	문정文貞
당파	서인
묘소	경기도 광주시 퇴촌면 영동리
배향	인조묘정에 배향, 춘천 도포서원에 제향
저서	상촌집, 화도시和陶詩, 구정록求正錄, 선천규관先天窺管
기타	유교7신, 선조와 사돈지간
조부	신영申瑛 – 우참찬
부	신승서申承緖 – 개성도사
모	은진 송씨 – 송시열의 증조부 송구수의 질녀
처	이씨 – 이제신의 딸
장남	신익성申翊聖 – 선조의 부마
며느리	정숙옹주(선조의 서녀)
차남	신익전申翊全
며느리	조창원의 딸(장렬왕후 조씨의 언니)
손녀	숭선군(인조의 서출 장남)에게 출가
장녀	강문성에게 출가
차녀	박의에게 출가

선조의 사돈이자 유교7신으로
핍박받다가 인조 때 등용되다

신흠의 자는 경숙敬叔, 호는 현헌玄軒 또는 상촌象村 이고, 본관은 평산이다. 고려왕조 신숭겸의 후손이다. 증조부 신세경은 사직서 령을 지냈고, 조부 신영은 의정부 우참찬을 지냈으며, 아버지 신승서는 개성부 도사로 있다가 일찍 세상을 떠났다. 어머니는 은진송씨로 좌참찬 송기수의 딸인데 신흠이 7세 때 세상을 떠났다. 고아가 된 신흠을 외조부 송기수가 데려다 기르면서 글을 가르쳤는데, 워낙 총명하고 뛰어나서 간섭하지 않아도 글이 날로 진보하였다. 송씨 집안에는 원래 서적들이 많았는데, 신흠이 책을 보면서 침식까지도 잊을 정도였다 한다. 경전과 자사를 읽은 뒤에는 천문·율력·산수·의학 점복의 책까지 두루 섭렵했다.

외조부 송기수의 각별한 가르침으로 자란 신흠은 15세에 함경도 병마절도사 이제신의 딸을 아내로 맞이하였다. 이제신은 주역에 정통하기로 이름이 났는데, 신흠이 배움을 청하여 몇 괘를 강하고 경탄하면서 말하기를, "늙은 노인이 감히 선생 자리를 감당치 못하겠다." 하였다. 신흠은 비록 부모를 일찍 여의었으나, 친가는 물론 외가, 처가가 모두 권문세가였고, 후에 그의 아들이 임금의 사위가 되어 왕실과 혼맥까지 맺은 데다가, 욕심이 없어 양식을 빌려 먹고 자주 끼니를 거를 만큼 곤궁하니, 사람들은 흠잡을 데 없는 그의 가문을 당대 제일로 쳤다.

벼슬에 나가서는 서인인 이율곡과 정철을 옹호하여 동인의 배척을 받았으나, 신흠은 장중하고 간결한 성품에 문필력이 뛰어나 선조의 신망을 받았다. 언제나 글 짓는 일을 도맡아, 외교문서와 각종 의례문서는 항상 그가 지었다. 시문을 정리하여 문예진흥을 일으키는데 크게 기여하니, 선비들은 그를 조선 중기 한문학 종통의 한사람으로 칭송하고 신망하였다.

신흠은 감식안이 밝고 투철하며 의표가 매우 뛰어나 남에 대해 험담하는 일이 드물었으며, 세속의 일을 경영하며 세력과 이익을 좇는 자를 보면 자기 몸이 더러워질 것처럼 여겼다. 그러나 흉금이 시원스러워 감춰둔 것이 없어 일찍이 속에 남의 허물을 간직해 둔 적이 없었다. 괜찮은 사람을 만나면 번번이 마음을 기울여 마음을 터놓았고, 한 번 교분이 정해지면 종신토록 변함이 없었다.

> 신흠은 문장의 우아함과 재주와 명망이 일세―世의 으뜸이며, 온아하고 공손하며 청렴하고 신중함을 천성적으로 타고났다. 부귀한 지위에 있으면서도 가난한 선비처럼 행동하였고, 권력 있는 중요한 자리는 마치 장차 자기를 더럽히기나 하듯 피하였다. 그러므로 왕실과 혼인을 맺었는데도 사람들이 의심하지 않았고, 서로 투기하고 비방하기를 좋아하는 세상 사람들도 흠을 잡지 못하였으니, 군자라고 할 만하다. 다만 한 가지, 일을 회피한다는 비난을 받았다.
>
> – 광해군 일기 2년 12월 22일–

친족과 우애있게 지내고 화목함은 지극한 정성에서 나왔다. 과부가 된 누나와는 30년 동안 함께 살면서 어머니처럼 섬겼는데, 가정에 이간하는 말이 없었다. 스스로 왕실과 혼인을 맺은 것으로 인해 늘 근신하며 두려움을 가하였다. 장남 신익성이 결혼할 때는 옛 집이 좁고 누추하였으므로 해당 관아에서 관례에 따라 수선할 것을 청하였는데, 신흠이 말하기를, "집이 비록 보잘 것 없지만 예를 행하기에는 충분하다." 하고, 끝내

기둥 하나도 바꾸지 않았다. 숙소가 기울어져 주위 사람이 고칠 것을 청하였으나, 신흠은 말하기를, "나라 일이 아직 안정되지 않았는데 어떻게 집안 일을 할 수 있겠는가?" 하였다. 빈곤한 생활에도 편안히 살면서 전혀 욕심이 없었으며, 일찍이 집안 일에 신경을 쓴 적도 없었다. 산나물에 껍질만 벗긴 조밥을 지어 먹어도 괴롭게 여기지 않았다. 사람들과 어울려 찾아가 만나보는 일을 좋아하지 않는데, 신흠이 물러 나와 문을 닫아 걸고 있으면 일개 가난한 선비처럼 쓸쓸하였다.

환란을 만나면 행실을 더욱 굳게 지켰고, 귀하고 높은 자리에서는 행여 따를지 모르는 화를 더욱 경계하였다.

선조, 광해군, 인조를 모시면서 재직중 업무나 인간관계로 탄핵받을 일조차 없었던 신흠은 광해군 말기 선조가 남긴 유교遺敎 7신의 명단에 올라 삭탈관직당하여 유배를 갔고, 이것이 인조 때에는 벼슬길로 이어지는 훈장이 되었다. 청렴결백한 삶과 공평무사한 인사처리가 그를 깨끗한 영의정으로 이름을 남기게 하였다.

일찍이 부모를 여의었으나 학문에 전념하여, 벼슬하기 전부터 이미 문명을 떨쳤다. 벼슬에 나가서는 서인인 이이와 정철을 옹호하여 동인의 배척을 받았으나, 장중하고 간결한 성품과 뛰어난 문장으로 선조의 신망을 받으면서 항상 문한직을 겸대하고 대명 외교문서의 제작, 시문의 정리, 각종 의례문서의 제작에 참여하는 등 문운의 진흥에 크게 기여하였다.

또한, 사림의 신망을 받음은 물론, 이정구·장유·이식과 함께 조선 중기 한문학의 정종(바른 종통) 또는 월상계택(월사 이정구, 상촌 신흠, 계곡 장유, 택당 이식을 일컬음)으로 칭송되었다.

묘는 경기도 광주시 퇴촌면 영동리에 있다. 1651년 효종 2년 인조묘정에 배향되었고, 강원도 춘천의 도포서원에 제향되었다. 시호는 문정文貞이다.

-한국민족문화대백과, 한국학중앙연구원 -

선조의 유교 7신

1608년 광해일기 즉위년 2월2일 선조가 승하하면서 유영경·한응인·신흠 등에게 유교(유훈)를 내려 영창대군을 부탁하였다.

내전이 유교遺敎 밀봉을 내렸는데 외면에 쓰기를 '유영경·한응인·박동량·서성·신흠·허성·한준겸 등 제공諸公에게 유교한다.'고 하였다.

유교의 내용은, "부덕한 내가 왕위에 있으면서 군신들과 백성들에게 죄를 졌으므로 깊은 골짝과 연못에 떨어지는 것 같은 조심스러운 마음이었는데 이제 갑자기 중병을 얻었다. 수명의 장단은 운명이 정해져 있는 것이어서, 낮이 가면 밤이 오는 것처럼 감히 어길 수 없는 것으로 성현도 이를 면하지 못하였으니, 다시 말할 것이 뭐 있겠는가. 단지 대군이 어린데 미처 장성하는 것을 보지 못하게 되었으니, 이 때문에 걱정스러운 것이다. 내가 불행하게 된 뒤에는 사람의 마음을 헤아리기 어려운 것이니, 만일 사악한 설이 있게 되면, 원컨대 제공들이 애호하고 도와 지켜주기 바란다. 감히 이를 부탁한다." 하였다.

살피건대 유영경·한응인·박동량·서성·신흠·허성·한준겸 등은 모두 왕자·부마의 인척들이었기 때문에 이 유교가 있었던 것인데 이 일곱 신하의 화禍는 실상 이로부터 시작된 것이다.

– 광해일기 즉위년 2월2일 –

1613년 광해 5년 선조로부터 영창대군의 보필을 부탁받은 유교칠신遺
敎七臣의 한 사람이라 하여 파직되었다. 이후 10여 년 동안 신흠은 정치
권 밖에서 생활했다. 이 때에 선조가 7명의 신하에게 유훈을 내린 일을
가지고 흉악한 무리들이 '7신이 즉시 변명하지 않았다.'고 논하면서 신흠
을 벼슬자 명단에서 삭제토록 하였다. 또 정협이란 자가 체포되었는데,
간신의 음모에 넘어가 이름난 공경公卿들을 마구 끌어대는 바람에 잇따
라 신문을 받게 되었다.

1613년 광해 5년 5월 17일 신흠 등 유교 7신의 진술을 받다.

전 예조판서 신흠, 전 개성군사 서성, 예조판서 이정귀, 지돈녕부사 김
상용, 전 호조판서 황신의 진술을 받았다.

신흠이 진술하기를, "신이 김제남과는 과연 같은 해에 조정에 진출하여 서로 알게
된 연분이 있기는 합니다. 그러나 그는 음서직으로 벼슬길에 올랐고 신은 이른 나이
에 과거에 합격하였기 때문에 친구 간의 의리가 있다고는 하지만 서로들 빈번하게
왕래하는 관계는 아니었습니다. 그리고 그가 부귀하게 된 이후로는 신이 접촉을 하
지 않으면서 조정의 반열에서나 서로 만나 보았을 따름입니다.
그런데 그가 교만하고 사치스러운 행동을 하는 데 대해서는 신이 일찍부터 분개하
며 미워해 왔습니다. 신의 아우 신감이 봉산군수로 있을 때 그가 백성의 논밭을 점
유하여 자기의 토지로 만들려고 하였는데 감히 허락해주지 않았었고, 선왕조 때 그
가 신의 집과 혼인 관계를 맺으려 했을 때도 신이 허락하지 않았었습니다. 그런데 그
의 흉악한 행동에 신이 어찌 참여했겠습니까.
무신년 2월에 신이 경기 감사가 되어 국상을 주관하느라 뛰어다니며 겨를이 없었으
므로 선조의 유교가 내려졌다는 것조차도 처음에 듣지 못했다가 한참 지난 뒤에야
어떤 사람이 그런 이야기를 전해 주기에 혼자서 놀라워하기만 했습니다. 그러나 당
초 받은 일이 없었기 때문에 마치 받아들인 것이 있는 것처럼 앞서서 자기변명을 할
수는 없었는데, 이것이 신 자신이 직접 범한 죄는 아니었기 때문에 그저 전하께서

통촉해 주시리라고만 믿어 왔을 뿐입니다. 그리고 나라와 혼인 관계를 맺은 집이라고는 하나 궁중과 종적을 멀리 해 왔다는 것에 대해서는 사람들이 모두 알고 있습니다. 신이 20년 동안 근신해 온 사람으로서 이런 악명을 입게 되었으니 차라리 가혹한 형을 받고서 죽고 싶은 심정밖에는 없습니다." 하였다.

서성이 진술하기를,

"무신년 국상 초에 신은 벼슬을 그만두고 한산한 상태에 있었는데 송순 등 10여 인과 함께 궐문 밖에 모여 곡을 하고 있었습니다. 그런데 하루는 정원의 사령이 조그만 종이 하나를 가지고 와 보여 주었는데, 그것이 바로 이른바 유교를 등서한 것이었습니다. 신이 한번 열람한 뒤에 같이 있던 사람들도 돌려가며 보고 나자 곧바로 가지고 갔는데, 비록 의심할 만한 단서가 있긴 하였지만 형세상 미처 변명하지를 못했습니다. 그런데 지금에 이르도록 멍청하게 그 일을 염두에도 두지 않고 있었으니 만 번 죽더라도 애석할 것이 없습니다.

신이 과연 김제남과 서로 알고 지내기는 하였습니다. 그러나 그가 국구가 되고부터는 마음에 불편한 점이 있어 경조하는 일 이외에는 한번도 찾아가 본 적이 없었고, 서찰을 보내어 연회에 초청을 해도 모두 사양하고 가지 않았기 때문에 김제남 역시 요청해 오지 않았습니다.

신의 이름이 7신臣 가운데에 들어 있긴 합니다만, 나라와 혼인 관계를 맺은 것은 신의 본심이 아니었습니다. 바야흐로 선조의 첫째 딸 정신옹주가 시집오려 하던 초기에 신이 극력 혼인하는 것을 사양했습니다마는 선왕께서 굳이 정하시고 허락하지 않으셨습니다. 또 신의 아들 서경주의 딸은 소시적에 이미 친구 박동열의 아들 모와 결혼시키기로 약속했었는데, 모는 장차 반성 부원군의 제사를 받들기로 되어 있었으므로 더욱 약속을 위배할 수 없는 처지였습니다. 그런데 인빈이 김제남의 집에 결혼시키려고 하면서 선왕에게 아뢰어 김제남의 집과 혼인하게 만드셨는데 신이 그 때에도 강력히 거부했으나 되지 않았습니다. 당시 선왕께서 어필로 억지로 정하셨는데 그 때 명을 전했던 내관이 아직도 있고 어필 역시 서경주의 집에 있으니 주상께서 가져다 보시면 환히 아실 수 있을 것입니다. 신이 분수에 만족하고 스스로의 위치를 지키며 감히 분수외의 일을 바라지 않았던 것을 들자면 이 정도로 그치지 않지만 단지 말로 증거할 만한 것만을 가지고 아뢰는 것입니다." 하였다. (서성의 아들 달성위 서경주는 옹주에게 장가들었고 그의 딸은 김제남의 아들 김규에게 시집갔다. 그래서 서성이 연루된 것이 상대적으로 중하게 된 것이었다. 신흠의 아들 동양위 신익성과 유영경의 아들 전창

위 유정량과 박동량의 아들 금양위 박미 및 서경주가 모두 임금의 딸에게 장가들었고, 한응인의 손녀와 허성의 딸이 모두 왕자에게 시집갔고, 한준겸이 또 광해의 중궁中宮의 아비였다. 그래서 선조가 평시에 더 후하게 우대하였고 유교遺敎에서 특별히 언급했던 것인데, 7신臣이 당한 화는 모두 나라와 혼인 관계를 맺었기 때문이었다.)

- 광해일기 5년 5월 17일 -

신흠은 대질 신문을 당하게 되는 처지에 놓여서도 조리있고 곧았으므로 신흠을 미워하는 자들도 해를 가할 수가 없어 내보내주었다. 이에 김포 선산 아래로 돌아와 못을 파고 나무를 심어 쉴 곳을 마련하고서 감지와坎止窩라고 이름하고는 경서와 역사를 좌우에 두고 이치를 탐구하며 유유자적하였다.

1616년 광해 8년에 이이첨 등이 인목 대비를 폐위할 것을 모의하고, 영창 대군을 죽인 뒤 또 죽은 연흥 부원군 김제남의 목을 베면서 마침내 7신에게 죄를 가하였다. 이에 금오랑이 신흠을 압송하여 춘천에 유배가게 되었는데, 신흠은 유배지에 이르러 거주지를 여암旅菴이라 이름하고는 유배지에 있던 5년 동안에 뜰 밖을 나가지 않았다.

과거시험관으로서의 책임

1626년[61세] 인조 4년에 별시를 거행할 때 신흠이 시험을 관장하게 되었는데, 신흠의 아들과 손자가 모두 대과에 응시하자 신흠이 오해받을 소지로 시험관 직책을 고사하였으나, 임금이 3차 고시인 전시는 오해의 의혹을 둘 것이 없다고 하여 허락하지 않았다. 이에 신흠이 마지못해 시험장에 들어가긴 하였으나 상고하여 조사함에 가부를 논하는 일은 하지 않았다.

그런데 과거에 급제한 사람의 봉함을 뜯어 보니, 신흠의 아들 신익전과 손자 신면이 끼어 있었는데, 모두들 마땅한 인재를 얻었다고 일컬었다. 그런데 고시관의 아들 가운데 시간을 어기고 답안지를 낸 자가 있었으므로, 대관에서 근거없음을 말하며 고시관을 파면시키고 모든 합격자의 합격을 취소하기를 청하자, 사람들이 모두 원망하였는데, 신흠이 세 차례나 상소를 올려 면직시켜 주기를 청하니, 임금이 승지를 보내 손수 쓴 글로 타이르기를, "경은 조정에 40년 동안 있으면서 조그만 흠이 하나도 없었다. 이제 경의 뜻에 부응해 준다면 사람들이 내가 경을 의심한다고 말할 것이고, 경이 시종 물러날 것을 구한다면 사람들은 경이 나에 대해 유감을 갖고 있다고 말할 것이니, 모름지기 나의 뜻을 알도록 하라." 하였다.

그럼에도 신흠이 물러가기를 청하니, 임금이 마지못해 따르면서 정승의 자리에서는 해면시키고 판중추부사에 임명하였는데, 신흠이 속마음을 아뢰며 시골에 돌아가게 해 줄 것을 청하였으나 윤허하지 않았다.

신흠의 졸기

1628년[63세] 인조 6년 6월 29일 영의정 신흠의 졸기

영의정 신흠이 졸하였다.

신흠의 자는 경숙敬叔이고 호는 상촌象村이며, 평산인이다. 신흠은 사람됨이 장중하고 간결하며 문장에 뛰어나 어려서부터 유림의 중망을 받았다. 선조의 인정을 받아 정경正卿에 이르렀다. 영창 대군을 보호하라는 유교遺敎를 받았는데, 광해군이 즉위함에 이르러서는 이것으로 죄안을 삼아 춘천에 유배하였다. 인조반정 초에 서용되어 이조 판서 겸 대제학이 되었으며, 드디어 정승에 올랐다. 더욱 근신하여 왕실과 혼인을 맺고서도 청빈함을 그대로 지켰다. 국사를 처리함에 있어서는 자주 변경시키는 것을 좋아하지 않아 일찍이 말하기를 '조종조를 본받으면 다스리기에 충분하다'고 하였다. 저술로 상촌집 60권이 세상에 전한다. 조정에 있은 지 40년 동안에 청현직을 두루 거쳤으나 일찍이 헐뜯는 말이 없었으며, 위란을 겪으면서도 이름을 조금도 손상시키지 않았으므로 사림이 이 때문에 중하게 여겼다. 시호는 문정文貞이고 1561년에 인조 묘정에 배향되었다.

저술로 상촌집象村集 33책, 화도시和陶詩 3책, 구정록求正錄 1책, 선천규관先天窺管 1책이 세상에 전해지고 있다.

신흠의 시

인 생

백 년도 못 살면서 만 년 살 계획 세우고
오늘을 살면서 또다시 내일 살 걱정하지
아등바등 사는 인생 끝내 뭣이 남으려나
북망산 무덤 모두 높은 분들 것이련만

가난함과 고귀함

관직이 높으면 고귀한 걸까
거친 음식 먹으면 가난한 걸까
가난한 사람은 몸이 편하고

고귀한 사람은 맘 수고롭네
이리저리 아부해 좋은 음식 얻어낸들
따뜻한 햇볕 쬐는 행복만 못한 법이리
말세의 풍속 몹시도 경박하나
세상사 날마다 새로워지게 마련
무엇을 얻고 잃었다 해도
내 어찌 기쁘고 슬퍼하리오
출렁이는 고통의 바다에서
나루터 못 찾기는 고금이 같네.
망망히 나 홀로 세속을 떠나
태초와 더불어 이웃해야지.
티끌 세상에 몸 댈 곳 없으니
무회씨[6] 백성이 되고 싶을 뿐.

삶과 죽음 그 사이에서

현달한다고 기뻐할 것 없고
가난하다고 걱정할 것 없지.
현달과 가난 그 사이에서
나는야 달라질 것 없네.
산다고 뭘 더 얻는 것 없고
죽는다고 뭘 더 잃는 것 없지.
아득한 삶과 죽음 그 사이에서
나는야 기쁘거나 슬프지 않네.

---

6) 무회씨無懷氏 : 중국 상고의 제왕 이름. 그 백성이 잘 먹고 안락한 삶을 즐겼으며, 닭 울음과 개
    짖는 소리가 번갈아 들리고 백성이 늙어 죽음에 이르러서도 서로 왕래하지 않았다 함.

장작은 타 버려도 불길은 이어지리니
통달한 사람만이 그 이치 알리.

[승진과정]

1585년[20세] 선조 18년에 진사시 3등, 생원시 8등으로 합격,
           승사랑(종8품)
1586년[21세] 선조 19년 문과 장원급제, 종 9품 성균관 학유
           12월 경원훈도, 광주훈도, 사재감 참봉.
1589년[24세] 선조 22년 춘추관 관원, 봉교, 사헌부 감찰,
           병조 좌랑, 어떤 일에 연루되어 파직당하였다.
1592년[27세] 선조 25년 임진왜란, 양재역 찰방,
           신립과 조령전투 참여, 정철 종사관
           10월 사헌 지평, 12월 지평 지제교 겸 승문원 교감
1593년[28세] 선조 26년 2월 지평, 5월 이조 좌랑,
           이항복 종사관
1594년[29세] 선조 27년 1월 이조정랑, 문사낭청,
           6월 사헌부 집의
1595년[30세] 선조 28년 6월 장악원 참정, 9월 성균관 사성,
           세자책봉 명나라 주청사 서장관, 군기시 정,
           함경도 어사, 의정부 사인, 장악원 정
1596년[31세] 선조 29년 도원수 권율 종사관, 평산부사, 양주목사

1597년[32세] 선조 30년 12월 종부시 정
1598년[33세] 선조 31년 시강원 필선 겸직, 4월 홍문관 교리
           5월 응교
1599년[34세] 선조 32년 윤 4월 의정부 사인, 홍문관 교리,
           10월 홍문관 전한, 10월 동부승지,
           12월 형조 참의, 승문원 부제조 겸직
           장남 신익성이 선조의 딸 정숙옹주의 부마로 간택

1600년[35세] 선조 33년 우부승지, 7월 이조·예조·병조 참의,
           참지를 두루 거쳤다.
1601년[36세] 선조 34년 2월 홍문관 부제학, 12월 예문관 제학
1602년[37세] 선조 35년 예조 참판, 윤 2월 부호군으로 좌천,
           4월 오위도총부 부총관
1603년[38세] 선조 36년 예문관 제학, 세자 좌부빈객,

동지춘추관사, 병조참판, 부제학, 대사성.

1604년[39세] 선조 37년 5월 부제학, 7월 성균관 대사성,
9월 병조참판, 12월 부제학

1605년[40세] 선조 38년 1월 도승지, 6월 병조참판, 10월 도승지,
11월 한성부 판윤

1606년[41세] 선조 39년 명나라 사신 영접사, 4월 병조판서
9월 예조판서

1607년[42세] 선조 40년 3월 상호군

1608년[43세] 선조 41년 1월 경기도 관찰사. 선조 승하.
2월 2일 신흠에게 유교(유훈)를 내리다

1608년[43세] 광해즉위년 4월 예문관 제학, 정헌대부로 승급,
한성부 판윤, 지의금부사 10월 대사헌,
11월 대사헌

1609년[44세] 광해 1년 7월 예조판서, 10월 명나라 주청사

1610년[45세] 광해 2년 4월 복명, 5월 지중추부사, 7월 예조판서.
숭정대부로 승급, 선조실록 수찬, 12월 제조낭청

1611년[46세] 광해 3년 4월 겸 동지경연사, 11월 겸 지춘추관사,
동지경연 성균관사, 예문관 제학

1613년[48세] 광해 5년 계축옥사, 파직.
5월 17일 신흠 등 유교 7신의 진술을 받다

1617년[52세] 광해 9년 1월 6일 춘천에 유배

1621년[56세] 광해 13년에 사면을 받고 김포에 돌아왔다.

1623년[58세] 인조즉위년 3월 이조판서, 홍문관 예문관 대제학,
7월 우의정

1624년[59세] 인조 2년 이괄의 난

1626년[61세] 인조 4년 9월 판중추부사

1627년[62세] 인조 5년 1월 정묘호란. 좌의정 겸 세자부

1627년[62세] 인조 5년 9월 4일 영의정. 세자사 겸직

1628년[63세] 인조 6년 6월 29일 영의정 신흠이 죽다.

81. 오윤겸 吳允謙

왕릉지기에서 영의정에 오르다

생몰년도	1559년(명종 14) ~ 1636년(인조 14) [78세]
영의정 재직기간	(1628.11.21.~1631.8.27) (2년 9개월)
본관	해주海州
자	여익汝益
호	추탄楸灘, 토당土塘
시호	충간忠簡
당파	서인
묘소	경기도 용인시 처인구 모현면 오산리
배향	강동구 암사동 구암서원에 배향, 산앙재영당에 제향.
기타	성혼成渾의 문인
증조부	오옥정吳玉貞 - 사섬시 주부
조부	오경민吳景閔 - 사헌부 감찰
부	오희문吳希文 - 선공감역
모	연안 이씨 - 군수 이정수의 딸
처	경주 이씨
장남	오달천吳達天 - 달천군수
손자	오도일吳道一 - 병조판서
차남	오달주吳達周 - 위솔
삼남	오달조吳達朝
사남	오달원吳達遠
오남	오달사吳達士

청렴결백하고 목민관으로 명망을 받은 인물

오윤겸의 자는 여익汝益, 별호는 추탄楸灘, 본관은 해주海州이다. 증조부는 사섬시 주부를 지낸 오옥정이며, 조부 오경민은 사헌부 감찰을 지냈으며, 아버지 오희문은 선공감역을 지내 학문의 뜻을 이루지 못했으나, 행실이 순수하고 돈독하여 향리에서 장자로 추대하였다. 어머니는 연안이씨로 군수를 지낸 이정수의 딸이다.

오윤겸은 1582년 선조 15년 24세에 사마시에 합격하여 성균관에 입학하였는데 31세 때 임금이 경서강독을 권장하기 위해서 임금 앞에서 직접 치르는 시험인 전강에서 장원으로 뽑혀 관직에 나갔는데 세종능을 관리하는 영릉참봉으로 최말단직이었다. 1592년 임진왜란이 일어나자 양호체찰사 정철의 종사관, 별제, 위솔 등 음서직에서 5년간 봉직하면서 1597년 39세에 별시 문과에 급제하였다. 그때서야 문과 출신들의 벼슬인 홍문관, 시강원, 이조좌랑 등 청요직에 나아갔다.

당파싸움이 한창이던 조정에서 1602년 모함을 받아 곤경에 처한 스승 성혼을 변호하다가 시론의 배척을 받아 경성판관으로 좌천되었으며, 이때부터는 거의 외직으로만 전전하게 되었는데 외직에서 민폐를 잘 다스려 어진 수령으로 명성을 얻었고, 조정에 들어와서는 온아하고 순수하며 공정한 일처리로 널리 촉망을 받았다.

이러한 와중에서도 안주성의 축조를 담당했으며, 북도 순안어사로서 함경도의 민폐를 조사하기도 하였다. 1610년 광해 2년 비로소 내직으로 들어와 호조참의·우부승지·좌부승지 등을 역임하였다. 그러다가 당시의 권신인 정인홍이 이언적과 이황의 문묘 종사를 반대하여, 사림과 대립하자 이를 탄핵하다가 왕의 뜻에 거슬려 강원도 관찰사로 좌천되었다. 1년

남짓 관찰사로 재임하는 동안 기민을 구제하는 한편, 영월에 있는 단종의 묘를 수축해 제례 절차와 각 고을로부터의 제수 마련 법식을 제정해 이후 이를 준용하게 하였다. 다시 중앙으로 들어와 첨지중추부사가 되었으나, 집권 세력인 북인의 발호로 계축옥사[7]가 일어나는 등 정계가 혼란해지자 늙은 어버이의 봉양을 구실로 광주목사를 자원하였다.

1617년 다시 첨지중추부사가 되어 회답 겸 쇄환사의 정사로서 사행 400여 명을 이끌고 일본에 가서 임진왜란 때 잡혀갔던 포로 150여 명을 쇄환했으며, 이 때부터 일본과의 수교가 다시 정상화되었다.

1618년 북인들에 의해 폐모론이 제기되자 이를 반대, 정청에 불참하였다. 이로 인해 탄핵을 받자 벼슬을 그만두고 광주 선영 아래의 토당으로 물러나 화를 피하였다.

1622년 명나라 희종의 즉위를 축하하기 위한 하극사로 선발되어, 육로가 후금에 의해 폐쇄되었으므로 바다로 명나라를 다녀와 그 공으로 우참찬에 올랐다. 이듬해 인조반정이 일어나자 대사헌에 임명되고, 이어 이조·형조·예조의 판서를 두루 역임하였다.

특히, 북인 남이공의 등용 문제로 서인이 노서·소서로 분열될 때, 김

---

7) 계축옥사癸丑獄事 : 1613년(광해군 5) 대북파가 영창대군및 반대파 세력을 제거하기 위하여 일으킨 옥사로 대북파는 먼저 영창대군을 왕으로 옹립하려 했다는 구실로 소북파의 영수인 영의정 유영경을 사사賜死하게 하고 소북파를 축출하는 한편, 영창대군 및 그 측근에 박해를 가하고자 하였다. 1613년 3월 문경의 새재에서 상인을 죽이고 은 수백 냥을 약탈한 강도사건이 일어났다. 이 때 대북파의 이이첨과 그 심복 김개·김창후 등이 포도대장 한희길·정항 등과 모의, 영창대군 추대 음모를 꾸미고는 국문 과정에서 이들에게 거짓 자복하도록 교사하였다. 이에 주동자 박응서는 이들이 거사가 성사된 뒤에는 영창대군을 옹립하고 인목대비의 수렴청정을 돕기 위한 거사 자금을 마련하기 위하여 살인했다고 거짓 고변하였다.

류·김상용 등과 함께 노서의 영수가 되어 남인·북인의 고른 등용을 주장하고 민심의 수습을 꾀하였다.

1624년 인조 2년 이괄의 난이 일어나자 왕을 공주까지 호종하였다. 이어 예조판서·지중추부사를 거쳐 1626년 우의정에 올랐다.

재상의 자리에 올라서는 백성들의 편의를 위해 개혁적으로 일하려 하였고, 명분론의 반대를 물리치고 서얼의 등용을 주장했는가 하면, 선비를 아끼고 보살핌으로써 어진 재상으로 존경을 받았다. 덕업수양에 힘쓰느라 문장을 닦는 일은 가벼이 여겼으나 그의 글월은 평이하면서도 조리가 있고, 시문이 맑고 어긋남이 없어 성혼 문하의 대표적 인물로 꼽혔다. 이귀·정경세·이준·김류 등과 교유하였다. 특히 이귀와는 동문수학에다 외가쪽의 인척이었고, 왜란 중에는 친교가 두터웠다. 후에 노론·소론의 대립으로 이귀가 소론의 영수가 되어 인조의 생부와 생모에 대한 추존호를 올리는 일을 적극 추진하자 틈이 벌어졌다.

정묘호란이 발생하자 왕명을 받고 자전과 중전을 모시고 먼저 강화도로 피난했으며, 환도 뒤 좌의정을 거쳐 1628년 70세로 영의정에 이르렀다. 이 때 노서·소서간의 대립과 갈등이 심해지자 이의 중재에 힘썼으며, 특히 경연에서 정치 혁신을 위한 왕의 각성과 성리학에의 전념을 촉구하였다.

만년에 재상으로 있을 때 백성의 편의를 위해 어촌의 공물을 쌀로 납부하는 것과 대동법의 시행을 추진하고, 서얼의 등용을 주장하였다. 청렴결백과 근신으로 몸을 지켰으며, 백성을 사랑하고 선비들을 예우하였으므로 어진 정승이라고 일컬었다. 그러나 사관은 정승으로서 나라를 다스리고 세상을 구제하는 재능과 시정폐단을 고치는 일과 왕의 잘못을 직언하는 기개가 모자라 기대에 부응하지 못했다고 기술하고 있다.

청나라가 국경을 점령하고 있을 즈음 오윤겸이 명나라 사신이 되어 위험한 뱃길을 뚫고 가는데, 심한 풍랑을 만났다. 배가 몇 번을 뒤집힐 것처럼 위기를 만나 모두들 겁에 질려 어쩔줄 몰라했다. 그러나 오윤겸은 자세를 흐트리지 않고 단정히 앉아 "한번 죽는 것은 하늘의 뜻인데, 무엇을 두려워 하랴!"는 뜻의 시를 짓기까지 하며 태연하였다. 오윤겸은 정몽주 여동생의 후손이라 포은 가문의 외손이었다. 그가 사신길에서 고초를 겪은 날이, 옛날 정몽주가 사신길에 황해를 건너다가 죽을 고비를 넘긴 날짜와 꼭 같았기에, 모두들 기이한 일이라 했다. 오윤겸에 대한 사관들의 평과 바닷길로 가게된 사유를 왕조실록 졸기에도 찾아볼 수 있다.

한편, 덕업의 수양에만 힘쓸 뿐 사장詞章에는 뜻을 두지 않았으나, 문장은 평이하면서도 조리가 있고, 시는 맑으면서도 운율에 어긋남이 없었다고 한다. 그리고 성혼 문하의 대표적인 인물로 손꼽히고 있다.

죽기 직전 유언으로 조정에 시호를 청하지 말고 신도비를 세우지 못하게 했으나, 1663년 현종 4년 충간忠簡이라는 시호가 내려졌다. 광주의 구암서원에 배향되고, 평강의 산앙재영당에 제향되었다.
저서로는 시문과 소차를 모은 『추탄문집』을 비롯해 『동사일록』·『해사조천일록』 등이 전하고 있다.

-한국민족문화대백과, 한국학중앙연구원 -

함경도 암행어사 감찰보고서

1604년 선조 37년 10월 1일 함경도 어사 원호지의 감찰결과 보고서에 오윤겸이 도내 최고의 평가를 받았다.

함경도 어사 원호지가 글로 아뢰었다. "안변부사 조정은 품계가 높다고 스스로 태만하지 않아 직무 수행을 자상하게 하기에 힘쓰고 있으며, 덕원부사 강덕서는 나이든 사람으로 자상한 정사를 하고 있으나 병든 지 오래되어 관아에 출근하는 날이 매우 드물었습니다. 문천군수 김질은 신중하게 직무를 수행하고 일을 처리하는 재능이 있으나 곡식을 사들이기 위해 산 계곡에서 배를 만들고 있으므로 백성들이 고통스럽게 여깁니다.

영흥 부사 박경신은 관리에 뛰어나 제반 조치는 능숙하나 아들을 잃고 상심하여 술에 취하는 날이 많습니다. 정평부사 유영순은 정사를 함에 있어 학교를 우선으로 하여 직접 가르치고 깨우치게 하나 너무 위엄이 있어 사람들이 가까이하지 않고 있습니다. 함흥 판관 윤천구는 신이 그 관내에 도착하여 보니, 자기의 식솔을 데려오기 위해 몸소 사람과 말을 거느리고 서울로 왔습니다. 이처럼 거리낌 없이 방자한 것으로 보아 다른 일도 알 만합니다. 길주목사 안종록은 행하는 것이 남다르고 특별하니 헛되이 얻은 명성이 아닙니다. 새벽부터 저녁 늦게까지 공무에 열중하여 보호를 급선무로 삼으면서도 너그럽고 엄함을 알맞게 구사하므로 아전들은 두려워하고 백성들은 친애하고 있습니다.

명천현감 황이중은 마음을 가다듬어 수선에 힘쓰고 있어 지략이 어느 정도 완비되었으나 일에 차서가 없어 군사와 아전들이 꺼려하고 있습니다. 경성 판관 오윤겸은 강직하고 강명하며 재간이 많은 데다 청렴과 검약을 신조로 삼고 있으므로 다스리는 명성이 도내에서 제일입니다. 회령부사 심극명은 말을 달리며 활을 쏘는 무예가 뛰어나고 민심 수습에 노력하고 있으나 군사진영이 탕진되어 앉아서 빈 성을 지키고 있으므로 손을 쓰기가 어려운 실정입니다. 온성부사 김종득은 군졸들을 무마하여 환심을 얻었고 번호가 붙좇아 유사시에 믿을 만합니다. 북병사가 교체된다면 변방 민심은 김종득을 촉망하고 있습니다.

갑산부사 이연경은, 도처의 시골 백성들이 서로 모여 연경이 혹시라도 체직될까 두려워하여 호소하고 있었는데, 이는 지성에서 나온 것이었습니다. 종성부사 고경민은 모든 기무에 관계된 것을 오로지 겉치레만 일삼아 오랑캐들이 소식도 자세히 알지 못하고 있었는데도 군민들은 그가 교체될까 두려워 호소하였습니다. 이는 관원이 바뀔 즈음에 마부와 말이 왕래하자면 너무 멀기 때문인데, 갑산과 종성의 민정이 다른 곳보다 더 심하였습니다. 외람되이 식솔을 거느린 경우는 안변·덕원에는 성혼한 자식을 데리고 있었고, 문천에는 장모와 정충의라는 친척을 데리고 있었고, 영흥에는 사망한 아우의 처와 성혼한 자식을 데리고 있었습니다. 기타 다른 것은 듣거나 보지 못하였습니다."

하니, 임금이 전교하기를, "권득경·홍방·윤효선·박동열에게는 각기 옷감을 하사하라." 하였다.

— 선조실록 37년 10월 1일 —

1604년 선조 37년 10월 1일 임금이 각도 어사의 감찰 보고에 따른 명을 내렸다.

각도 어사의 서계에 대해 전교를 내리다

전교하기를, "길주목사 안종록은 전후 부임하여 간 데마다 잘 다스렸고, 지금 또 마음을 다하여 이처럼 직무를 수행하고 있으니, 진실로 뛰어난 재주와 나라를 위하는 충성심을 가졌다고 하겠다. 이런 사람 수십 명을 얻는다면 나라가 다스려지지 않는 것을 걱정할 것이 뭐 있겠는가. 내가 매우 가상히 여긴다. 이경천은 승진 서용하라. 점點을 친 수령과 찰방은 아울러 파직하고 한우신은 먼저 파직하고 나서 추고하라. 윤효선·홍방·권득경·오윤겸은 전일의 포상 여부를 고찰하여 아뢰라. 그리고 인삼을 무역하는 것은 훈련도감의 임무가 아닌데 무슨 까닭으로 공문을 발급하여 하인을 차견함으로써 백성들로 하여금 울부짖으며 원망하게 하는지 훈련도감에 하문하라. 그리고 민간의 어려움에 대해 말할 만한 것이 있으면 글로 아뢰도록 송보에게 이르라." 하고,

또, 전교하기를, "여기에 점을 친 수령과 찰방은 파직하라. 강복성은 전일 승진 서용하라는 명이 있었던 것 같다. 이암·박동망·유철·박동열은 이미 포상했는지의 여부를 고찰하여 아뢰라. 기타 다른 일은 해당 관사로 하여금 보고하게 하라." 하였다.

— 선조실록 37년 10월 1일 —

오윤겸의 졸기

1636년[78세] 인조 14년 1월 19일 좌의정 오윤겸의 졸기

좌의정 오윤겸이 졸하였다.

오윤겸은 일찍이 성혼의 문하에서 수학하였으므로 학업에 연원이 있었으며, 사람됨이 온순하고 청아하고 단정하고 순수하여 사림에게 추앙을 받았다. 혼란한 조정때 신사로 일본에 들어갔었는데 몸가짐이 간이하고 깨끗하여 왜인들이 공경하고 복종하였다. 조정에 돌아온 지 몇 해가 못 되어 요동 지방이 오랑캐에게 함락되었으므로, 우리나라 사신들이 등주·내주의 바닷길을 통하여 중국에 들어갔는데, 사신으로 떠났던 두어 무리가 잇따라 바다에 빠져 죽었다. 또 사신을 파견하게 되자, 사람들이 모두 뇌물을 바치고 면하기를 도모하여 마침내 오윤겸이 가게 되었다. 그러나 오윤겸은 꺼리는 안색이 조금도 없이 태연히 길을 떠났다.

계해년에 인조반정이 되자 제일 먼저 대사헌에 제배되었고, 얼마 안 되어 이조 판서로 옮겼다가 병인년에 드디어 의정에 제배되었다. 청백하고 근신함으로써 몸을 지켰으며, 사람을 사랑하고 선비들을 예우하였으므로 어진 정승이라고 일컬어졌다. 그러나 나라를 다스리고 세상을 구제하는 재능과 곧은 말을 하는 기풍이 없어서 명성이 정승이 되기 전보다 떨어졌다. 을해년에 선조능의 변괴가 생겨 명을 받들고 가서 실태를 살폈는데, 사람들의 말썽이 크게 나자 교외에 나가 죄를 청하였다. 그러자 주상이 위로의 유시를 내려 불러 들였는데, 이때에 이르러 죽었다. 임종할 때에 아들에게 명하여 시호를 청하지 말고 비를 세우지 말라고 하였는데, 사람들이 모두 훌륭하게 여겼다.

[승진과정]

1582년[24세]	선조 15년 사마시 합격, 성균관에 입학
1589년[31세]	선조 22년 임금 앞에서 치른 전강殿講에서 장원
	영능 참봉직
1592년[34세]	선조 25년 임진왜란, 정철 종사관(음관직 최초)
1593년[35세]	선조 26년 내명부 정6품 별제, 시직·부솔, 위솔, 평강현감
1597년[39세]	선조 30년 평강현감, 별시 문과 병과 급제
1600년[42세]	선조 33년 8월 홍문록에 들다. 12월 시강원 문학
1601년[43세]	선조 34년 1월 홍문관 부수찬, 2월 시강원 사서,
	홍문관 수찬, 5월 이조좌랑, 8월 전적, 9월 수찬,
	11월 문례관, 12월 홍문관 교리.
1602년[44세]	선조 35년 4월 성균관 직강. 5월 경성판관
1604년[46세]	선조 37년 모친상, 3년간 여묘살이
1607년[49세]	선조 40년 복상후 2월 성균관 사예, 4월 안주목사
1608년[50세]	광해즉위년 북도 어사, 사도시 정, 좌통례,
	9월 직강
1609년[51세]	광해 1년 5월 동래부사
1610년[52세]	광해 2년 12월 7일 경상도 안무사,
	12월 22일 호조참의
1611년[53세]	광해 3년 1월 승지, 3월 동부승지, 우부승지,
	충청도 관찰사, 4월 좌부승지,
1613년[55세]	광해 5년 10월 광주목사, 강원도 관찰사
1614년[56세]	광해 6년 부친상, 3년간 여묘살이. 복상후 분승지
1617년[59세]	광해 9년 4월 첨지중추부사, 일본사신 회답사[8)
1618년[60세]	광해 10년 폐모론 제기, 어전회의 불참,

---

8) 회답사回쯤使에 임명되어 일본에 사신으로 갔다. 일본 관백關白 이하가 오윤겸의 이름을 듣고 공
경하지 않은 자가 없었다. 귀국할 때 포로로 잡혀갔던 조선인 150명과 함께 돌아왔다. 떠나오
기 전에 그들이 준 예물을 모두 물리쳤다. 후에 일본 사신이 와서 '귀 조선에 오윤겸 공과 같은
자가 몇 사람이나 되는가?' 하고 물었다. '그 수를 셀 수 없다'고 대답했더니, 왜사신이 웃으면서
말하기를, '귀국에 비록 인재가 많다고 하지만, 틀림없이 오윤겸 공 한 사람뿐일 것이라' 하였다.
이 때부터 일본과의 수교가 다시 정상화되었다

교외에서 명을 기다린 지 2년이 지나다.

1622년[64세] 광해 14년 4월 동지중추부사, 7월 지중추부사.

7월 명나라 황제 등극사

1623년[65세] 인조반정. 3월 대사헌,

경연·춘추관 동지사·원자 보양관을 겸임,

우참찬 겸 지의금부사, 이조판서

1624년[66세] 인조 2년 이괄의 난

1625년[67세] 인조 3년 병으로 이조판서 사직,

1월 지돈녕부사 겸 세자 우빈객·형조 판서,

4월 숭록대부로 승급, 예조판서, 이조판서,

지중추부사

1626년[68세] 인조 4년 10월 우의정

1627년[69세] 인조 5년 정묘호란

1627년[69세] 인조 5년 9월 좌의정 겸 세자부

1628년[70세] 인조 6년 7월 판돈녕부사.

1628년[70세] 인조 6년 11월 21일 영의정

1631년[73세] 인조 9년 8월 27일 수십 차례 사직서, 허락

8월 28일 판중추부사, 9월 영돈녕부사

1633년[75세] 인조 11년 9월 다시 좌의정

1636년[78세] 인조 14년 왕비 인렬왕후가 서거

종호사로 상례의 총책임.

1636년[78세] 인조 14년 1월 19일 과로사로 오윤겸이 죽다.

82. 김류金瑬

인조반정을 기획하고 주도한 인물, 병자호란의 중심에 서다.

생몰년도	1571년(선조 4) ~ 1648년(인조 26) [78세]
영의정 재직기간	1차 (1636.7.14.~1637.8.4.)
	2차(1644.4.5.~1644.12.7)
	3차 (1645.2.3~1646.3.4) (2년9개월)
본관	순천順天
자	관옥冠玉
호	북저北渚
시호	문충文忠
공신	인조반정의 1등공신
당파	서인의 영수
묘소	경기도 안산시 단원구 와동 광덕산 산록
신도비	비문은 우암 송시열이 찬술
기타	이이李珥·성혼成渾 계열
	신립 장군 휘하 탄금대 싸움에서 죽은 김여물의 아들
증조부	김수렴金粹濂 – 정주목사
조부	김훈金壎 – 찰방
부	김여물金汝岉 – 신립장군의 부관, 탄금대에서 패하고 자결
모	함양 박씨
처	진주 류씨
아들	김경징金慶徵 – 병자호란에 죽다
자부	고령박씨高靈朴氏
손자	김진표金震標

인조반정 1등공신

김류의 자는 관옥冠玉, 호는 북저北渚, 본관은 순천이다. 태종 때 좌명공신인 김승주의 후손으로, 증조부는 정주목사를 지낸 김수렴이고, 조부는 찰방을 지낸 김훈이며, 아버지는 김여물로 어머니는 현감 박수강의 딸이다. 아버지 김여물은 임진왜란 당시 신립장군의 휘하에서 종군하다가 탄금대 싸움에서 패하자 자결하였다. 이어 모친도 23세 때 사망하여 부모상을 잇달아 치렀다.

김류는 선조 때 아버지 김여물의 음덕으로 관직을 시작했는데 첫 관직이 세종대왕의 왕릉지기였다. 이후 관직에 있으면서 과거에 응시해 26세 때 문과 을과로 급제하여 승문원에 들어갔다. 1596년 임진왜란이 일어나자 순찰사 김시헌의 종사관으로 들어갔는데, 아버지 김여물이 전사한 탄금대 아래에서 기생을 끼고 풍악을 벌이고 놀아났다는 사헌부의 탄핵을 받아 파면되었다. 이때 충청도 유생들이 김류를 구원하는 상소를 올리고 이항복, 이덕형 등의 변호로 모함이 풀려 3년 후 예문관 검열로 복직되었다. 그러나 이것도 잠시, 복직 1년 후 정인홍이 다시 탄금대 일로 몰아붙쳐 벼슬자리에서 파직되었다.

김류는 26세에 과거에 합격하여 재주와 명망이 있었는데 광해군 때에는 정인홍·이이첨 등 북인들과 관계가 좋지 않아, 이렇다 할 중앙관직을 맡지 못한 채 주로 지방관으로 전전하였다. 광해 9년 북인들이 폐비론을 들고 나오자 김류는 크게 반발하여, 관직을 버리고 향리에 은거해 버렸다. 이후 신립 장군의 아들인 신경진과 '함께 만 번을 죽더라도 종사를 위해 계책을 도모하자'는 모의를 하게 된다.

1623년 인조반정의 거의대장이 되어 반정군의 수장으로 이귀, 신경진, 이괄, 최명길 등과 아들 김경징을 합류시켜 거사에 성공하였다. 반정의 공로로 병조참판에 제수되고 곧 병조판서로 승진되어 대제학을 겸하는 동시에 승평부원군에 봉해졌다. 김류가 맡은 두 직책은 문과 무에 정통해야 수행할 수 있는 자리였다. 이듬해 반정의 주류들간의 갈등으로 이괄의 난이 일어나자 병조판서로서 공주까지 피난하는 인조를 호가하였다. 난이 평정된 뒤 우찬성을 거쳐 1624년 이조판서를 역임하였다.

1627년 인조 5년 정묘호란 때 도체찰사인 장만 밑에서 부체찰사로서 먼저 강화도로 인조를 호종하였다. 환도 후 장만·김자점 등과 함께 청천강 남쪽의 안주를 중심으로 하는 도체찰사 중심의 적극적인 방어 체제 구축을 주장하였다. 그 해 우의정으로 승진되고 이듬해에는 유효립사건을 처리했으며, 진휼상사로서 기민 구제에 노력하였다.

도체찰사에 임명되어 군령권을 장악하는 동시에 총융사 이서, 찬획사 이경직을 대동해 여러 산성을 순시하고 도형을 작성하기도 하였다. 1629년 좌의정이 되었으며 이듬해 정원군의 추숭 문제에 반대해 일시 관직에서 물러났다.

1633년 다시 좌의정으로 올라 도체찰사를 겸직해 군령권까지 겸했으며, 뒤에 우의정으로 옮겼다. 그러나 다시 정원군(인조의 친부) 추숭 문제가 제기되자 역시 예에 어긋나는 일이라고 강력하게 반대해 인조의 노여움을 사 1634년 다시 면직되었다.

1634년 인조가 전국에 교서를 내려 '화친을 끊고 방어를 갖출 것'을 선언하였다. 이 해 다시 4도 도체찰사로 임명되어 청나라와의 관계 악화 방지에 대비하였다. 그 뒤 영의정이 되어 국정도 아울러 장악하였다. 한편, 도체찰사로서 전국 각도의 속오군 2만을 정선해 사전에 대비할 것을 청하고 이전에 구상해왔던 안주 중심의 방어 체제를 강화하였다. 그리고 안주가 무너지는 경우를 대비해 평양·황주·평산의 방어선을 구축하고 그곳의 산성에 주된 병력을 배치하였다.

1636년 병자호란이 일어나자 임금을 모시고 남한산성으로 피난을 가게 되었는데, 강화도에는 아들 김경징을 검찰사로 임명하여 책임을 맡겼다. 강화도는 곧 점령당하였고 남한산성마저 장기간의 전투로 더 이상 버티기에 어려운 상황에 처하게 된다. 화친을 맺을 것인가 끝까지 항쟁을 할 것인가를 두고 문관들 간의 격렬한 논쟁이 끝없이 벌어졌다. 영의정으로서 책무가 무거웠다. 이를 결정하는 과정에서 주화파와 척화파 사이에서 일관되지 못한 입장을 가졌다는 비판을 받았다. 전란 당시 방어를 총책임진 도체찰사의 직임을 소홀히 했을 뿐 아니라, 휘하의 군관을 자신의 가족과 재물을 보호하는 데 동원하였다는 평을 받았다. 아들 김경징은 소현세자를 비롯한 왕족과 비빈들이 피난한 강화도의 방어를 책임진 검찰사로서의 임무를 맡았음에도 안일하게 처신하다가 강화도마저 함락되자 그에 대한 비난은 더 가중되었다.

병자호란이 끝나자 김경징은 강화도를 지켜내지 못한 패장으로 아버지 김류가 영의정이었음에도 사약을 받아 처형되었고, 김류도 아들을 잘못 추천하고 남한산성을 수호하지 못한 죄를 물어 언관들의 탄핵을 받아 직책에서 사임하였다. 인조실록에 기록된 김류에 대한 평가는 다음과 같다.

"영의정 도체찰사 김류는 일국의 수상으로서 팔도의 군사를 맡았는데 계획하고 적을 막는 것을 전혀 살피지 않았습니다. 강화도의 중요한 임무를 신중히 가리지 않고 경솔히 그 아들에게 제수하여 종묘사직과 빈궁이 한꺼번에 함몰하게 하였고, 남한산성이 포위된 뒤에는 속수무책으로 있다가 여러 번 기회를 잃어 마침내 망극한 지경에 이르렀습니다. 그런데도 벼슬을 잃을세라 걱정하는 마음을 품고 그대로 장수와 재상의 권세를 잡고서 끝내 자기의 잘못을 들추어 말하지 않으므로 사람들의 말이 그치지 않고 뭇사람의 노여움이 불과 같으니, 관작을 삭탈하고 문외로 출송하소서."

— 인조실록 15년 7월 7일—

사관은 논한다. 아아, 강화도는 천연으로 이루어진 요새이다. 정묘호란 이후로 시설을 구비하여 튼튼한 진지로 삼았다. 성곽을 수리하고 병기를 수리하고 곡식을 저축하여 사변이 있을 때에 임금이 머무를 곳으로 삼았으니, 의정부가 마땅한 사람을 가려 맡겨 방어할 방도를 다해야 할 것인데, 김경징은 한낱 미친 아이일 뿐이었다. 글을 배우지 않아 아는 것이 없고 탐욕과 교만을 일삼으므로 길에 나가면 거리의 사람들이 비웃고 손가락질하는데, 김류는 사랑에 가리워 그 나쁜 점을 몰랐으나 사람들은 집안을 망칠 자식이라 하였다.

청나라 군사가 대거 우리나라로 침략해 들어와 소식을 들은 지 며칠 만에 경기고을까지 이르렀으므로, 김류가 검찰사 두 사람을 먼저 강화도에 보내어 수군을 정리하게 할 것을 의논하고, 그 아들 김경징을 우의정 이홍주에게 천거하여 아뢰게 하였는데, 이홍주 마음은 그가 패하리라는 것을 알았으나 권세에 겁이 나 애써 따랐다. 이민구를 부사로 삼았는데, 이민구는 병조 판서 이성구의 아우이다. 평생에 시와 술로 자부하고 본디 실용의 재주가 없었다. 홍명일을 종사관으로 삼았는데, 홍명일은 좌의정 홍서봉의 아들이다. 데면데면하고 느려서 일할 줄 몰랐다. 세 사람이 명을 받고 나갈 때에 세 집의 짐이 10리에 잇달고 그 집 사람의 행색이 화사하므로 피란하는 자가 모두 분하여 욕하였다. 강화도에 이르러서는 적병이 날아서 건널 형세가 아니라 하여 날마다 술에 취하는 것을 일삼으므로 피란한 선비의 아들들이 분통 터져 글을 지어 검찰사의 막하에 보냈다. 그 글에 "임금이 성을 순찰하고 유학자가 성을 지키니 와신상담해야지 술마실 때가 아니다." 하였으나, 이민구 등은 오히려 부끄러운 줄 몰랐다. 어느 날 적병이 갑곶진을 건너자 김경징은 늙은 어미를 버리고 배를 타고 달아나고, 이민구와 홍명일도 뒤따르고, 김경징의 아들 김진표는 제 할미와 어미를 협박하여 스스로 죽게 하였다. 아, 나라의 일이 이 지경에 이르게 한 것이 누구의 죄인가. 나라 사람들이 말하기를 "김류는 부귀 때문에 나라를 망치고 또 제 아들을 죽였다." 하였다.

—인조실록 15년 9월 21일—

이로 김류는 영의정직에서 물러나게 되었으나 조정은 이에 그치지 않고 계속하여 상소문이 빗발쳤다.

"삼가 생각건대, 국가가 유지되는 까닭은 기강이 서고 법령이 행해지기 때문입니다. 오늘날 국세가 이 지경에 이르렀으니, 신하들은 모두 죽을죄가 있는 것인데, 하물며 대신으로서 오늘날과 같은 상황을 불러온 데이겠습니까. 전 영의정 김류는 권한이 장수와 재상을 겸하였으니, 의리상 국가의 기쁨과 슬픔을 함께 해야 합니다. 그런데 탐욕스럽고 교만하여 국사를 그르쳐 난의 실마리를 만들었습니다. 평상시에는 주밀하게 대비를 하는 데 기회를 잃었으며, 위급할 때에는 처치하는 데 방도를 잃음으로써 망극한 변란을 초래하여 스스로 용서받기 어려운 죄를 졌습니다."

– 인조실록 16년 2월 5일–

1644년 심기원의 모역을 신속하게 평정한 공으로 다시 영의정이 되어 영국공신 1등에 녹훈되고 순천부원군에 책봉되었다. 청나라에 볼모로 가 있던 왕세자의 환국을 주장하는 한편, 영춘추관사로서 실록의 수정을 요청하였다.

그러나 대사헌 홍무적 등에 의해 탄핵을 받자 병을 핑계로 사직했다가, 이듬해 다시 영의정으로 복위되었다. 이 해 청나라에서 돌아온 소현세자가 죽자 세자의 동생인 봉림대군을 왕세자로 책봉할 것을 주장하고 스스로 세자사가 되었다. 1646년 소현세자빈 강씨의 옥사가 일어나자 이에 반대하다가 사직한 뒤 다시는 벼슬을 하지 않았다.

김류는 서인의 영수였으나 장인 서경은 남인이었다. 김류는 문무겸전의 대표적 인물로 문장과 필법도 뛰어났다.

학문은 서인 계열이 대개 그러하듯이 이이·성혼의 계열을 이었으며,

특히 송익필을 사사하였다. 반정에 성공한 뒤 노서·소서로 갈리자 신흠·오윤겸 등과 더불어 노서를 주도했으나, 되도록 서인과 남인을 같이 쓰려고 노력하였다.

문장은 기력을 숭상하고 법도가 엄격했으며 시·율도 역시 정련청건⁹⁾하였다. 글 또한 기묘해 공경公卿의 비문을 많이 썼다. 저서로는『북저집』이 전한다. 시호는 문충文忠이다.

— 한국민족문화대백과, 한국학중앙연구원 —

아버지가 전사한 탄금대에서 기생과 풍악을 벌였다는 탄핵을 받다

1598년[28세] 선조 31년 2월 18일 아버지가 전사한 탄금대 아래에서 기생과 풍악을 벌여 놀았다는 사헌부의 탄핵을 받아 파면되다.

사헌부가 아뢰기를, "권지 승문원 부정자 김유가 복수 초모사 김시헌의 종사관으로 충주에 왕래할 적에 기생을 데리고 풍악을 울리면서 탄금대 아래에서 술을 마셨는데, 그곳은 바로 그의 아비 김여물이 전사한 곳입니다. 자식이 된 자로서 자기 아비가 전사한 곳에 이르면 울부짖으면서 통곡하여 차마 그곳을 지나갈 수 없는 일인데, 그의 소행이 감히 이와 같았으니 보고 듣는 모든 사람들이 통탄하고 경악하지 않는이가 없습니다. 벼슬자 명부에서 삭제시켜 인륜의 기강을 바루소서.

하니, 답하기를, "아뢴 대로 하라. 하고, 이어 전교하기를, "이런 때에 외방에도 기악이 있는가? 승정원에 하문하라." 하였다.
우부승지 최관이 아뢰기를, "서북 변방에는 아직도 왕년의 습관에 따라 기악을 폐지

---

9) 정련청건 : 세련되고 맑으면서 건실함

하지 않고 있지만 신들이 들은 바에 의하면 충주는 분탕된 뒤로 음악 등의 일이 없는 것 같았습니다. 그러나 이곳은 옛날에 기악이 있던 지방이니 대간의 의논은 반드시 들은 것이 있어서 말한 것일 것입니다." 하니,

비망기로 이르기를, "전에 듣건대 외방 수령들이 풍악을 베풀고 잔치를 열고 있는데 혹 받드는 사람도 그렇게 한다고 하니, 그들의 마음보가 극히 해괴하고도 경악스럽다. 대간이 논하기 전에는 한 사람도 금하기를 청하는 자가 없어 혼자서 탄식이 절실하였다. 이런 때에 나라 안에 어찌 기악을 둘 수 있겠는가. 육진·만포 국경을 제외하고는 모두 혁파하고 통렬히 금지하되 어기는 자에게는 윤리강상을 패란시킨 율로 논할 것을 비변사로 하여금 의논하여 아뢰게 하라." 하였다.

– 선조실록 31년 2월 18일 –

충청도 유생들이 김류를 구원하는 상소를 올리고 이항복, 이덕형 등의 변호로 모함이 풀려 3년후 예문관 검열로 복직되었다.

1600년[30세] 선조 33년 8월 14일 김류를 변론하는 상소와 이에 대한 대신들의 논의

괴산에 사는 진사 이정원 등이 상소하기를,

"신은 듣건대, 한 사람이 구석진 데를 향하여 침울해 하면 온 집안이 침울해 한다고 하였습니다. 임금은 한 나라를 한 집으로 삼고 있으니 한 사람이 침울해 하면 한 나라가 침울해 하고 한 나라가 침울해 하면 위망이 닥치는 것입니다. 이 때문에 옛날의 어진 임금은 반드시 억울함을 풀어주는 것을 급선무로 삼았으니 상서尙書에 '한 필부라도 제 자리를 얻지 못하게 되면 마치 저자 거리에서 매 맞은 것처럼 여긴다.'는 것이 바로 그것입니다.

신이 삼가 보건대. 전 권지정자 김류는 1597년 여름에 복수군 모집관에 선발되어 본도에 와서 충주에 있는 순찰사 김시헌을 찾아가 복수할 일을 의논하고자 하였습니다. 진천에서 충주로 갈 적에 김류가 본 고을에서 충주까지의 거리가 몇 리인가를 묻고 눈물을 흘리면서 말하기를 '충주는 우리 아버지가 전몰한 곳이다. 아버지가 죽었

는데 자식은 살아서 오늘까지 그대로 있으니 이는 큰 죄악이다. 어찌 그 땅을 밟을 수 있겠는가.' 하고 목이 메이도록 울부짖으면서 가지 못하니, 그 때에 이를 보고 들은 이들은 감격하여 눈물을 흘리지 않은 자가 없었습니다. 충주에 이르니 문위사 송순도 그곳에 왔는데, 송순이 탄금대에 올라 시를 지어 읊고서 김류의 관사에 돌아와 운에 따라 시를 청하니, 김류는 더욱 슬퍼하면서 차마 붓을 잡지 못했습니다. 이럴진대 탄금대 위에서 오락을 하였겠습니까. 김류가 탄금대에서 놀지 않았다는 것은 본 고을의 목백牧伯과 통판通判만 알 뿐이 아니고 당시의 온 고을민들도 다 아는 사실입니다. 지평 이필형이 근거없이 떠도는 말로 탄금대에서 술을 먹고 놀았다고 허위 사실로 성상을 속여 중죄를 덮어씌웠습니다. 삼가 전하께서는 특별히 그 무고함을 살피셔서 선비의 의견을 들어주시면 이는 김류 한 사람만의 다행일 뿐아니라, 어진 정치를 베푸시는 일에도 도움이 없지는 않을 것입니다." 하였는데, 상소가 들어가자 이조에 내려보냈다.

이조가 아뢰기를, "김류의 일은 온 도의 사람들이 모두들 억울하다고 할 뿐만 아니라, 그 당시의 순찰사 김시헌도 그 억울함을 말하였습니다. 이번 이정원의 상소 내용으로 보면 차마 탄금대에 올라가 놀지 못하였을 것인데, 기생을 데리고 가서 즐겼다는 것은 인정이나 천리로 미루어 보더라도 그런 일은 있을 수 없습니다. 선비가 상소한 것은 사실상 공론에서 나온 것이므로 억울함을 풀어주는 일이 있어야 할 듯합니다. 그러나 일이 중대한 것이니 대신들에게 의논하여 결정하는 것이 어떻겠습니까?" 하니, 아뢴 대로 하라고 하였다.

영상 이항복과 우상 김명원이 의논하여 아뢰기를, "김류의 일은 사람들이 본디 억울하다고 하였으며 신들도 일찍이 무고라고 들었습니다. 이정원 등이 상소한 것은 모든 도의 공론에서 나온 것이니, 마땅히 그 깊은 원한을 풀어주어야 할 것입니다." 하고,

좌상 이헌국은 아뢰기를, "김류가 중죄를 받았을 적에 많은 사람들이 애석하게 여겼으며, 신도 듣고 미안하게 생각했습니다. 신이 그때 대사헌으로 있으면서 동료들의 발언을 감히 강력하게 저지시키지 못하였으니, 이번의 이 의논을 모으는 데는 동참하기가 어려울 듯합니다."

하였는데, 전교하기를, "이른바 김류라는 사람은 어떠한 인물인지 모르겠다. 그리고

논죄를 당하게 된 것도 무슨 까닭인지 모르겠다. 그러한 일은 조정의 공론에서 나와야지 유생의 상소로 인하여 좌우될 수는 없으니, 이는 사체가 합당하지 않고 조정의 상벌이 그로 인해 조종될까 염려되기 때문이다. 사대부들이 모두 억울하다고 말한다면 전일 벼슬명부를 삭제시킨 사람들에 대해 물었을 때 담당자가 한마디 말도 없이 알리지 못하게 막은 것은 무슨 뜻이었는가? 우선 그대로 두고 거행하지 말라." 하였다.

– 선조실록 33년 8월 14일 –

1601년[31세] 선조 34년 6월 3년 만에 모함이 풀려 예문관 검열로 복직하여 12월에 대교가 되었다. 1602년 선조 35년 2월 봉교가 되었는데, 대사헌 정인홍이 지난 일을 들추어 내 공박하자 견뎌내질 못하고 다시 파직되고 말았다.

사헌부가, 이조 좌랑 홍서봉, 예문관 검열 김류를 논박하여 파직시켰다. 1597년 왜적이 다시 호남과 호서를 침범하여 수도권에 계엄이 내렸을 때 홍서봉이 안산에 있는 노모를 보러 갔다가 다음날 돌아왔다. 그런데 당시 사람들이 '난리를 당해 도망쳤다.'고 무고하여 조정에 방榜을 써서 보이기까지 하였으므로, 사람들이 이를 원통하게 여겼다. 김류는 순찰사 김시헌의 종사관으로 호서지방으로 사명을 받고 나갔다. 충주의 탄금대는 바로 김류의 아비인 김여물이 순절한 곳인데, 당시 사람들이 '김류가 멋대로 술을 마시고 기생을 끼고 탄금대에서 놀았다.'고 무함하여 중한 논박을 받기에 이르렀다. 괴산·충주 등의 선비들이 상소를 올려 모두 그것이 날조된 실상임을 아뢰자 다시 거두어 기용한 것이다. 이 두 사람은 나이가 젊고 문장에 능하였으며 명망이 있었기 때문에 당시의 무리들이 제일 꺼려했는데, 또 그 의논을 주워 모아 탄핵, 파직시키기에 이른 것이다.

이때 김류가 사관이 되어 새로 천거될 사람에 대해 의논하면서 동료와 뜻이 맞지 않아 4일이나 서로 버티면서 끝내 그들에게 정도를 굽혀 따르지 않았다. 동료는 바로 당시 무리들인데, 대관에게 사주하여 김류가 궐문을 나서기도 전에 탄핵하는 글이 이르렀다. 단지 김류만 논박하면 사주한 자취가 드러날까 걱정하여 홍서봉도 함께 탄핵한 것이다.

– 선조수정실록 35년 2월 1일 –

김류는 탄금대 사건으로 두 번이나 파직되었다가 1602년 8월 봉교로 복직되었다.

이괄의 난과 김류

1617년[47세] 광해 9년 11월 인목대비 폐비문제에 대한 백관들의 정청(참석자 전원발언)을 하였다. 북인들로부터 임금도 잊고 역적을 비호한다는 대간의 탄핵을 받아 쫓겨났다. 광해군 말년 폐비론을 들고 나오자 김류는 크게 반발하여, 관직을 박차고 향리에 은거해 버렸다. 이후 신립 장군의 아들인 신경진과 '함께 만 번을 죽더라도 종사를 위해 계책을 도모하자'는 모의를 하게 된다.

1620년 광해 11년 이귀 등과 반정을 꾀하다가 미수에 그쳤다. 1623년 3월 13일 인조반정 거의대장이 되어 반정군의 수장으로 전 함흥판관 이귀, 신립장군의 아들 신경진, 북평사 이괄, 전 예문관 전적 최명길 등과 인조반정을 일으켜 거사에 성공하였다. 혁명 이후에는 논공행상과 사회질서를 둘러싸고 잡음이 있기 마련이었다. 공신들에 의해 주도된 적폐자 명단과 죄인들을 다루는 일은 저항과 민란을 부를 수도 있기에 김류는 그것을 슬기롭게 헤쳐나갔다. 3월 14일 광해를 폐하여 군으로 봉하다.

예조 판서 임취정이 아뢰기를, "구 임금을 폐하여 군君으로 봉하는 것이 오늘날의 가장 큰 절목입니다. 속히 의논하여 조처하소서." 하니,
주상이 이르기를, "이 일을 내 어찌 스스로 결정하겠는가. 의당 대비전께 여쭈어 조처하리라." 하였다. 이에 김류가 아뢰기를, "세조가 즉위하여 노산을 폐했고, 중종께서 반정한 후 역시 연산을 폐하였으니, 이는 모두 종사와 신민을 위한 대계입니다.

폐廢자를 내리지 않고는 다시 적합한 말이 없으니, 전국에 교서를 반포하는 일이 일각이 급합니다. 속히 결단을 내리소서." 하니, 주상이 비로소 허락하였다.

– 인조실록 1년 3월 14일 –

3월 14일 병조참판이 되었고, 3월 18일 병조판서가 되어 병권을 장악하였다. 윤 10월 공신 책봉을 논하여 김류는 1등공신에 오르고 이괄은 2등공신에 책봉되었다.

1등공신 김류·이귀·김자점·심기원·신경진·이서·최명길·이흥립·구굉·심명세
2등공신 이괄, 김경진(김류의 아들) 등

– 인조실록 윤 10월 18일 –

1624년 인조 2년 1월 이괄이 공신책봉에 불만을 품고 난을 일으켰다. 의금부에 갇혀 있던 49인을 처형하다.

이괄의 난 직후 인조와 공신들은 피난하기 직전 감옥에 갇혀 있던 전 영의정 기자헌 등 49명의 정치범들이 갇혀 있었다. 김류는 이들이 이괄과 내통할 우려가 있다고 인조에게 처형할 것을 청했다 49명의 반대당 인사들은 그의 건의에 따라 하룻밤 사이에 모두 사형당했다.

기자헌에게 사약을 내리고, 성철·성효량·한욱·이시언·윤수겸·성백구·성준길·한준철·신영남·신경남·신종남·신승남·이담·이항·유공량·이양·이형·권이균·권필균·성대익·이용진·전회·한인·이성·오문갑·기순격·전유형·정석필·남건·윤창·현즙·유위·한명철·민유장·허익·윤상철·남염 등 37인을 참斬하였다.

– 인조실록 2년 1월 25일 –

2월 2일 비변사가 김류를 총독 군문으로 명하여 도원수 이하를 통솔

하게 할 것을 청하였다. 이괄의 기세가 강하여 임진강을 뚫고 공격하자 2월 8일 공주 산성으로 피난가는 일을 논의하다.

이날 저녁에 병조 판서 김류가 정탐하려고 보냈던 사람이 와서 말하기를 '임진강의 군사가 무너지자 적이 이미 강을 건넜다.' 하였다. 이윽고 어영사 이귀가 임진강에서 급히 돌아왔는데 기운이 없어 소리내어 응대하지 못하였다. 주상이 내관에게 밥을 찾아 먹이도록 하니, 이귀가 조금 안정되어 아뢰기를,

"일이 급해졌으니, 주상께서는 오늘 저녁에 떠나시어 그 예봉을 피하셔야 하겠습니다." 하였다. 이에 신하들이 '남으로 공주산성에 거동하여 형세를 보아 진퇴하는 것이 가장 좋겠다.' 하니 남으로 옮길 계책을 정하였다. 예조 판서 이정구가 우상 신흠에게 '대비전을 임금이 계신 행재소로 모셔가지 않을 수 없다.' 하고 신흠과 함께 결정에 나아가 아뢰니, 따랐다.

애초에 조정에서 경기감사 이서를 보내어 송도 청석동에서 차단하게 하고, 수원 부사 이흥립, 파주 목사 박효립으로 하여금 강탄江灘의 위아래를 지키게 하였는데, 적이 청석동에 군사가 있는 것을 알고 투항한 일본인 수십 명을 위장시켜 놀래 달아나게 하고, 산예狻猊의 평탄한 길을 거쳐 송도를 지나 임진에 이르러 박효립 등과 내통하니, 강을 지키던 군사들이 위풍을 바라보고 먼저 달아났다. 관군이 뒤쫓아 이르렀으나 적은 이미 강을 건넜다.

— 인조실록 2년 2월 8일 —

2월 8일 김류는 주상과 자전·중전 등이 공주로 피난길에 오르자 수행하였다. 2월 14일 공주 산성의 수비를 논하고 있었는데 이괄·한명련이 살해되었다고 보고하다.

병조 판서 김류와 좌승지 김자점이 만나기를 청하니, 주상이 만났다. 검찰사 김상용, 호조 판서 심열, 체찰 부사 정엽도 청하여 입궐하였다. 김자점이 아뢰기를, "적의 남은 무리가 아직도 1천여 명이라 하는데, 저돌할 걱정이 없지 않습니다. 차령의 차단

하는 곳에 2백 명만을 보냈으니 군사를 증가시키는 것이 마땅합니다. 온양·진천의 여러 곳에도 군사를 나누어 보내어 요해처를 지켜야 하겠습니다."하고,

김류는 아뢰기를, "금의병의 군사는 4천 명이 있을 뿐이므로 군사를 나누어 나가서 주둔하게 할 수 없습니다. 내부를 튼튼히 지킨 뒤에야 군사를 내어 차단할 수 있습니다." 하였다.

심열이 아뢰기를, "어제 도관찰사가 바닷가의 세금을 모두 공주로 나르게 하였다고 하는데, 이것은 장기계책이 아닙니다. 근처 고을의 세금을 먼저 나르고 바닷가의 세금은 형세를 보아 처치하게 하소서." 하니, 따랐다.

전라 병사 윤숙이 뒤따라 들어와 뵈니, 주상이 이르기를, "경은 성을 지키는 대장인데, 어떻게 계책을 세울 것인가?" 하니,

윤숙이 대답하기를, "전라 감사가 거느린 군사는 4천 명이므로 나누어 지키기에는 부족할 듯싶습니다. 구원병이 잇따라 온 뒤에야 징발하여 쓸 수 있을 것입니다." 하였다.

주상이 "이 성의 형세는 어떠한가?" 하니, 윤숙이 "이 성의 형세는 좋습니다." 하였다.

김자점이 아뢰기를, "대가가 이곳에 와서 머물고 있는 이상 공주의 인사를 거두어 써서 인심을 위로해야 하겠습니다." 하니,

주상이 이르기를, "어제 길에 나와 맞이한 사람들을 해당 조정으로 하여금 뽑아 쓰게 해야 하겠다." 하였다. 만남이 아직 파하지 않았는데, 대장 신경진의 군관이 와서 이괄·한명련 두 역적이 죽은 정상을 아뢰었다.

주상이 불러서 그 정상을 물으니 군관이 대답하기를, "적이 12일에 40여 기騎를 거느리고 광주에서 이천으로 향하여 경안역 근처에서 머물러 묵었는데 그의 수하 사람에게 참살되었다고 합니다. 척후장이 와서 말하였으므로 대장이 급히 먼저 글로 아뢴 것입니다." 하니,

주상이 이르기를, "흥안군은 어디에 있는가?" 하자, 대답하기를, "그것은 모릅니다. 흥안의 아우가 군전軍前을 달려 지나가는데 도망치는 모습이었으므로 잡아서 경기 수사에게 넘겼습니다." 하였다.

이에 술을 먹고 6품 벼슬을 주라고 명하였다. 김류가 아뢰기를, "산성을 조처하는 문제는 이제 정지해야 합니까?" 하니,
주상이 이르기를, "적의 목이 아직 도착하지 않았는데 성을 지키는 의논을 먼저 그만둘 수는 없다." 하였다.

— 인조실록 2년 2월 14일 —

1625년 인조 3년 1월 이조판서가 되었고 4월 22일 정사공신 축하연을 크게 열었는데 신경진과 김류의 틈이 생기다.

정사 공신과 진무 공신이 축하연을 크게 베풀었는데, 그 음식과 도구가 회맹연보다 훨씬 성대했다 한다. 주상이 1등의 풍악을 내려주도록 명하고 또 환관을 보내어 술을 하사했다. 모든 공신 및 대신들은 이미 좌정하였는데 유독 형조 판서 신경진만이 늦게 왔다. 김류가 말하기를 "오늘은 예를 갖춘 잔치라서 정승도 자리에 있고 내관도 와서 있는데 신경진이 일찍 오지 않은 것은 참으로 미안한 일이다." 하고, 노비를 가두니, 신경진이 화를 내며 나가버렸다. 재삼 초청하였으나 끝내 참석하지 않았다. 이귀도 큰 소리로 말하기를 "신경진은 외척으로서 병사를 손아귀에 쥐었는데 지금 함부로할 조짐이 있다." 하였다. 김류가 어전에 아뢰니, 곧 그를 조사하도록 명하였다. 이로 말미암아 신경진 등이 김류와 틈이 있게 되었다.

— 인조실록 3년 4월 22일 —

병자호란의 중심에 섯던 김류

1636년[66세] 인조 14년 2월 만주에서 일어난 후금의 둘째 왕 태종이 국호를 대청이라 고쳐 조선으로 하여금 청나라를 황제로 받들라고 위협하니, 조선은 임진왜란 때 군대를 파견해 목숨을 바쳐가며 도와준 명나라와의 관계 때문에 난처해 졌고, 북방 국경은 청의 공격이 있을 것이라

는 풍문이 돌아 민심이 매우 흉흉하니, 김류는 3월에 북방 3도 체찰사를 겸직하여 북방의 민심을 다스리다가, 7월 김류는 영의정 자리에 앉았다. 영의정에 올라 도체찰사로서 각 도의 속오군 2만 명을 정선하여 사전에 대비할 것을 청하였다. 안주가 무너지는 경우를 대비해 평양·황주·평산의 방어선을 구축하고 그곳의 산성에 주된 병력을 배치하였다.

1636년 12월 병자호란이 일어났다. 청나라가 아군의 편제된 산성 중심의 방어 체제를 미리 알고 도성을 직접 공격해오자 인조를 강화도로 모시고자 하였다. 그러나 의논이 분분한 가운데 적이 이미 서울 교외까지 진출하자, 먼저 출발한 왕자와 왕비는 강화도로 피난가고 인조를 비롯한 군신은 남한산성으로 피하게 되었다. 전략적 요충지인 남한산성에는 유사시를 대비하여 국왕의 임시 거처인 행궁이 마련되어 있었고, 상당한 양의 식량과 무기도 갖추어져 있었다.

인조는 하루에도 두 번씩 팔도체찰사 겸 영의정 김류를 불러 자문을 구했다. 김류는 도체찰사로 1만 3천여의 군사를 통솔하면서 청군에 대항하였다. 그러나 청 태종이 직접 거느린 4만여의 군대가 남한산성에 대한 포위망을 강화하자 성 안에는 군량이 고갈되고 외부와의 연락도 두절되었다. 위기의 순간마다 발했던 그의 꾀도 창졸간에 당한 청나라 대군과의 전쟁에선 화의론이라는 변통책 밖에 뾰족한 수가 없었다. 조정에서는 국왕의 출성 항복을 결정하고 이듬해 1월 30일 인조가 남한산성에서 내려와 삼전도에서 청 태종에게 항복하였다. 이때 김류는 주화파의 뜻에 좇아 청과의 맹약을 맺는 데 주도적 구실을 하였다.

12월 17일 홍서봉이 오랑캐 장수에게 재배하다.

주상이 대신과 비변사 당상을 불러 만났다. 주상이 울며 이르기를, "나랏일이 이 지경에 이르렀으니 어떻게 해야 하겠는가. 내가 재덕은 변변찮으나 뜻은 잘 해보려고 하였는데, 일이 끝내 이 지경에 이르렀다. 내 한몸 죽는 것이야 애석할 것이 없지만, 백관과 성에 가득한 군민이 나 때문에 모두 죽게 되었으니, 금고 천하에 어찌 이처럼 망극한 일이 또 있겠는가." 하니,

김류·이성구 등이 울면서 아뢰기를, "전하께서 자리에 오른 14년 동안 전혀 실덕한 일이 없으셨으니 결코 망국의 군주는 아니십니다. 강화도로 향하셨더라면 도달할 수 있었을 것인데, 옥체가 불편하시어 나가셨다가 돌아오시고 말았으니, 참으로 안타깝기 그지없습니다." 하자,

주상이, "내가 어찌 병 때문에 돌아왔겠는가. 적병이 이미 육박했는데 요격이라도 받게 되면 예측 못할 모욕을 면하기 어려울 것 같기에 돌아온 것이다." 하였다.

김류 등이 아뢰기를, "일이 급하게 되었으니, 훈구대신 십여 명을 데리고 미복 차림으로 동문을 나가 곧장 충청도로 향하거나 영남이나 호남으로 가시는 것이 마땅할 듯합니다." 하니,

주상이, "그게 무슨 말인가. 나를 따라 성에 들어온 자는 모두 종족이요 백관인데, 어찌 그들을 사지에 버려두고 나 혼자 탈출하여 달아난단 말인가. 요행히 살아난다 한들 어떻게 천지에 얼굴을 들 수 있겠는가." 하였다.

김류와 홍서봉이 아뢰기를, "일이 급하게 되었으니 화친을 요청하지 않을 수 없습니다. 적은 이미 승세를 얻었고 우리의 원병이 올 것도 기약할 수 없습니다. 우리의 형세로 보면 정묘년 보다 몇 배나 더 굴복하고 들어가야만 허락을 받을 수 있을 것인데, 어떤 계책을 써야 할지 모르겠습니다." 하니,

주상이 한참 뒤에 이르기를, "일이 이미 이렇게 되었으니 어찌 다른 일을 계획하겠는가. 이것은 해서는 안 될 말이지만 사태가 매우 급박하게 되었으니, 오직 운명에 맡겨야 할 것이다." 하였다.

모두 아뢰기를, "이런 지경까지 와서 어느 겨를에 명분을 다투겠습니까. 신들이 가서 만나볼 때에도 재배례를 행하여 중국을 대접하는 예로 해야 할 것입니다." 하니,

주상이 울며 이르기를, "삼백 년 동안 온갖 정성을 다해 중국을 섬겼고 받은 은혜도 매우 많은데, 하루 아침에 원수인 오랑캐의 신하가 되려하니 어찌 애통하지 않겠는가. 윤리기강이 사라진 때를 당하여, 당시 절개를 지키던 제 현인과 함께 반정의 거사를 일으켜 임금의 자리에 있으면서 임금의 일을 행한 지 14년인데, 끝내 개나 양의 금수와 같은 결과가 될 줄이야 어찌 생각이나 했겠는가. 경들에게야 무슨 잘못이 있겠는가. 내가 변변찮고 형편없어 오늘과 같은 지경에 이르게 한 것이다. 경들이여 경들이여, 어찌할 것인가, 어찌할 것인가." 하자,

신하들이 모두 울며 아뢰기를, "이것은 모두 신들이 형편없어 빚어진 결과입니다. 전하에게 무슨 잘못이 있겠습니까." 하였다.

주상이 울면서 이르기를, "연소한 자가 사려가 얕고 논의가 너무 과격하여 끝내 이같은 화란을 부른 것이다. 당시에 저들의 사자를 박절하게 배척하지 않았더라면 설사 화란이 생겼다고 하더라도 그 형세가 이 지경까지는 이르지 않았을 것이다." 하니,

모두 아뢰기를, "연소하고 생각이 얕은 자가 일을 그르쳐서 이 지경에 이른 것입니다." 하였다.
주상이 울면서 이르기를, "그 논의가 실로 바른 논의였기에 나 역시 거절하지 못하다가 이 지경에 이르렀다. 실로 시대 운에 관계된 것인데 어찌 남을 탓할 수 있겠는가." 하고,

홍서봉에게 이르기를, "영상은 지금 병사를 주관하고 있으니, 경이 이경직과 함께 나가서 그들을 만나보도록 하라." 하니,
대답하기를, "만약 적이 친왕자를 보고자 하면 어떻게 대답해야 합니까?" 하니,
주상이 이르기를, "먼저 전날의 과실을 사과함이 마땅하다. 대군이 지금 강화도에 가 있는데, 앞으로 뒤따라 보내겠다는 뜻으로 잘 말하라. 일이 이 지경에 이르렀으니 동궁을 청한다 한들 어찌 거절을 하겠는가. 나의 생각으로는 화친을 성사시키는 것

도 기약할 수 없을 듯하다." 하니,

김류가 아뢰기를, "저들의 군대가 도움없이 깊이 들어왔으니, 바라는 것은 단지 이 점뿐일텐데 어찌 허락하지 않을 까닭이 있겠습니까." 하였다.
이때 세자가 주상의 곁에 있다가 오열을 참지 못하여 문밖으로 나가 사관의 곁에 앉았다. 홍서봉과 김신국을 청나라 진영에 보냈는데, 홍서봉이 적장을 만나 재배를 하였다.

- 인조실록 14년 12월 17일 -

12월 김류·홍서봉 등이 세자의 인질문제를 논의하다.

김류·홍서봉·김신국·장유·최명길·이성구·이경직·홍방·윤휘가 주상을 만나기를 청하였다. 김류가 아뢰기를, "적이 또 군대를 증강시켰는데, 그 수가 매우 많습니다. 한 조각 고립된 성의 형세가 이미 위급하게 되었으니 어떤 계책을 써야 할지 모르겠습니다." 하니,

주상이, "경들에게도 반드시 의견이 있을 것이니 전부 말하도록 하라." 하였다.

장유가 아뢰기를, "신들이 아뢰고 싶어도 차마 입을 열지 못하겠습니다." 하고, 눈물을 흘리니,
주상이, "세자를 인질로 삼고자 하는데 감히 말을 못하는 것인가?" 하니,
김류가 아뢰기를, "인질을 교환하는 일은 예로부터 있어 왔습니다. 세자를 청나라 진영에 가게 하더라도 핍박하여 심양으로 데려가기까지는 않을 것입니다." 하니,

주상이 이르기를, "옛날에도 인질을 교환한 일이 있었으나 이번의 경우는 인질이 아닙니다. 그러나 여러 사람의 뜻이 이와 같으니 내가 보내겠다. 세 대신이 수행하도록 하라." 하였다.

사헌부 사간원과 세자시강원의 신하들이 아뢰기를, "비변사의 신하들이 세자를 인질로 삼아 청국진영에 들여 보내려 하니, 이는 실로 나라를 망치는 말입니다. 그 죄

를 다스리지 않을 수 없습니다." 하니,

주상이 이르기를, "종묘 사직과 백성을 위한 계책이다." 하였다.

동양위 신익성도 만나기를 청해 아뢰기를, "전하를 위해 이 계책을 세운 자가 누구입니까? 전하께서는 송나라 때의 일을 보지 못하셨습니까. 흠종欽宗이 잡혀가자 휘종徽宗이 뒤이어 포로가 되었습니다. 전하께서는 어찌하여 이런 사리를 살피지 않으십니까. 지금 임금을 잡아 적진에 보내려는 대신과 함께 국사를 도모하고 있으니, 망하는 것 외에 무엇을 기다리겠습니까. 신은 15세에 선조의 부마가 된 뒤로 큰 은혜를 받았는데, 세자를 잡아 적진에 보내는 일을 가만히 보고 있겠습니까. 신은 마땅히 차고 있는 칼을 뽑아 이러한 의논을 꺼낸 자의 머리를 베고 세자의 말 머리를 붙잡고 그 앞에서 머리를 부수고 죽겠으니, 원하건대 괴이하게 여기지 마소서." 하니, 주상이 이르기를, "의정부의 말이 그런 정도까지 이르지는 않았다. 경이 필시 잘못들은 것이다." 하였다.

- 인조실록 14년 12월 17일 -

12월 29일 김류의 지휘로 북문 밖에 진을 친 군대가 크게 패하다.

이날 북문 밖으로 출병하여 평지에 진을 쳤는데 적이 상대하여 싸우려 하지 않았다. 날이 저물 무렵 체찰사 김류가 성 위에서 군사를 거두어 성으로 올라오라고 전령하였다. 그 때 갑자기 적이 뒤에서 엄습하여 별장 신성립 등 8명이 죽고 병졸도 사상자가 매우 많았다. 김류가 군사를 전복시키고 일을 그르친 것으로 죄를 청하니, 주상이 위로하였다.

- 인조실록 14년 12월 29일 -

1637년 인조 15년 1월 2일 귀순하라는 청나라 황제의 글과 그에 대한 의논

홍서봉·김신국·이경직 등을 오랑캐 진영에 파견하였다. 홍서봉 등이 한의 글을 받

아 되돌아왔는데, 그 글에,

"대청국의 인성 황제는 조선의 관리와 백성들에게 가르쳐 깨우친다. 짐이 이번에 정벌하러 온 것은 죽이기를 좋아하고 얻기를 탐해서가 아니다. 본래는 서로 화친하려고 했는데, 그대 나라의 군신이 먼저 불화의 단서를 야기시켰기 때문이다.

짐은 그대 나라와 그 동안 털끝만큼도 원한 관계를 맺은 적이 없었다. 그대 나라가 1619년 광해 11년에 명나라와 서로 협력해서 군사를 일으켜 우리나라를 해쳤다. 짐은 그래도 이웃 나라와 지내는 도리를 온전히 하려고 경솔하게 전쟁을 일으키려 하지 않았다. 그러다가 요동을 얻고 난 뒤로 그대 나라가 다시 명나라를 도와 우리의 도망병들을 불러들여 명나라에 바치는가 하면 다시 저 사람들을 그대의 지역에 수용하여 양식을 주며 우리를 치려고 협력하여 모의하였다. 그래서 짐이 한 번 크게 노여워하였으니, 1627년(정묘호란)에 군사를 일으킨 것은 바로 이 때문이었다. 이때도 그대 나라는 병력이 강하거나 장수가 용맹스러워 우리 군사를 물리칠 수 있는 형편이 못 되었다. 그러나 짐은 백성이 도탄에 빠진 것을 보고 끝내 이웃과 사귐의 도를 생각하여 애석하게 여긴 나머지 우호를 돈독히 하고 돌아갔을 뿐이다.

그런데 그 뒤 10년 동안 그대 나라 군신은 우리를 배반하고 도망한 이들을 받아들여 명나라에 바치고, 명나라 장수가 투항해 오면 군사를 일으켜 길을 막고 끊었으며, 우리의 구원병이 저들에게 갈 때에도 그대 나라의 군사가 대적하였으니, 군사를 동원하게 된 단서가 또 그대 나라에서 제공한 것이다. 명나라가 우리를 침략하기 위해 배를 요구했을 때 그대 나라는 즉시 넘겨 주면서도, 짐이 배를 요구하며 명나라를 정벌하려 할 때는 번번이 인색하게 굴면서 내어주지 않았으니, 이는 특별히 명나라를 도와 우리를 해치려고 도모한 것이다.

그리고 우리 사신이 왕을 만나지 못하게 하여 국서를 못보게 하였다. 그런데 짐의 사신이 우연히 그대 국왕이 평안도 관찰사에게 준 밀서를 얻었는데, 거기에 '정묘년 변란 때에는 임시로 속박됨을 허락하였다. 이제는 정의에 입각해 결단을 내렸으니 관문을 닫고 방비책을 가다듬을 것이며 여러 고을에 알려 충의로운 인사들이 각기 계책을 바치게 하라.'고 하였으며, 기타 내용은 모두 헤아리기가 어렵다.

짐이 이 때문에 병사를 일으켰는데, 그대들이 도탄에 빠지는 것은 내가 원하는 바가 아니었다. 단지 그대 나라의 군신이 스스로 너희에게 재앙을 만나게 했을 뿐이다. 그대들은 집에서 편히 생업을 즐길 것이요, 망령되게 도망하다가 우리 군사에게 해를 당하는 일이 일체 없도록 하라. 항거하는 자는 반드시 죽이고 순종하는 자는 반드시 받아들일 것이며 도망하는 자는 반드시 사로잡고 성 안이나 초야에서 귀순하는 자는 조금도 침해하지 않고 정중하게 대우할 것이다. 이를 그대들에게 유시하여 모두 알도록 하는 바이다." 하였다.

주상이 즉시 대신 이하를 불러 만나고 이르기를, "앞으로의 계책을 어떻게 세워야 하겠는가?"

하니, 홍서봉이 대답하기를, "저들이 이미 조칙이란 글자를 사용한 이상 회답을 하지 말아야 하겠지만 한나라 때에도 묵특의 편지에 회답하였으니, 오늘날에도 회답하는 일을 그만둘 수 없을 듯합니다."

하고, 김류가 아뢰기를, "회답하지 않을 수 없으니 신하들에게 널리 물어 처리하소서." 하였다.

주상이 각자 마음속의 생각을 아뢰게 하였으나 모두 머뭇거리기만 하였다.

최명길이 아뢰기를, "신의 뜻은 영의정·좌의정과 다름이 없습니다." 하고,
김상헌이 아뢰기를, "지금 사죄한다 하더라도 어떻게 그 노여움을 풀겠습니까. 끝내는 따르기 어려운 요청을 해 올 것입니다. 적의 글은 삼군三軍에 반포해 보여주어 사기를 격려시키는 것이 마땅하겠습니다."

하고, 최명길이 아뢰기를, "한이 일단 나온 이상 대적하기가 더욱 어려운데, 대적할 경우 반드시 망하고 말 것입니다." 하니,

주상이 이르기를, "성을 굳게 지키면서 속히 회답해야 할 것이다." 하였다.

김상헌은 답서의 방식을 경솔하게 의논할 수 없다고 하면서 끝까지 극력 간하였는데, 최명길은 답서에 조선 국왕이라고 칭하기를 청하고 홍서봉은 저쪽을 제형帝兄이라고 부르기를 청하였다.

주상이 이르기를, "지금이야말로 존망이 달려 있는 위급한 때이다. 위로 종묘사직이 있고 아래로 백성이 있으니 높은 담론이나 하다가 기회를 잃지 않도록 하라. 예조판서는 여전히 고집만 부리지 말라." 하니,

김상헌이 아뢰기를, "이렇게 위급한 때를 당하여 신이 또한 무슨 마음으로 한갓 담론이나 하면서 존망을 돌아보지 않겠습니까. 신은 적의 뜻이 거짓으로 꾸미는 겉치레의 문자에 있지 않고 마침내는 따르기 어려운 말을 해올까 두렵습니다." 하였다.

이성구가 장유·최명길·이식으로 하여금 답서를 작성하게 할 것을 청하였다. 당시 비국 당상이 왕복하는 글을 소매에다 넣고 출납하였으므로 승지와 사관도 볼 수 없었다.

– 인조실록 15년 1월 2일 –

1월 4일 척화와 강화의 의논이 있었다. 김자점과 심기원을 각각 원수로 삼다.

대신과 비국의 신하들을 불러서 만났다.
김상헌이 아뢰기를, "사신을 자주 왕래시키는 것은 그들의 술책에 빠지는 것이고 오랑캐의 글에 답서를 보내는 것은 오늘날의 급무가 아닙니다. 군신 상하가 마음을 굳게 정하여 동요됨이 없이 한 뜻으로 싸우고 지키는 데 대비해야 합니다." 하니,

김류가 아뢰기를, "제 방면의 관군 대부분이 후퇴하여 주둔하고 있으니 아무리 군사를 내보낸다 하더라도 적을 꺾을 수 없습니다. 그리고 우리 군사도 많이 꺾이고 손상되어 성을 지키는 것도 점점 엉성해지고 있으니, 형세가 매우 위태롭고 급박합니다." 하였는데, 꽤나 화가 난 기색이었다.
이성구가 김자점을 양서원수로 일컫고, 심기원을 삼남·강원도 원수로 일컫기를 청하니, 따랐다.

– 인조실록 15년 1월 4일 –

1월 4일 유백증이 김류와 이방을 주벌할 것을 상소하고는 파직되다.

기평군 유백증이 상소하기를, "지금 추악한 오랑캐가 지구전에 뜻을 두고는 아직 화친을 허락하지 않으면서, 구원병의 진로를 차단하여 전진할 수 없게 하고 오래도록 포위하고 풀지 않아 안팎으로 하여금 막히고 단절되게 하고 있으니, 존망의 기틀이 눈앞에 다가왔다 하겠습니다. 지금 신臣이라고 일컫기만 하고 포위가 풀린다면 후일을 기약할 수 있으니, 신이 극력 다투려 하지는 않을 것입니다. 그러나 옥천 청성靑城에서 당한 것과 같은 결과를 필시 면하지 못할 것입니다. 따라서 결사전을 벌여야 한다는 뜻을 구원병에게 단단히 타이르고 머뭇거리며 진격하지 않을 경우 즉시 목을 벤다면 사기가 저절로 배가 될 것입니다. 싸우지 않으면 반드시 망할 것이고 결전을 벌이면 이길 수 있는 이치가 있으니 지금 해야할 계책은 오직 위엄을 크게 세우고 대의를 밝히며 군율을 시행하는 데 있을 뿐입니다.

무릇 화란을 수습하고 평정하는 일은 평소 벼슬만 차지하고 녹을 받아먹던 무리에게 책임지울 수는 없습니다. 오래도록 정승의 지위에 있는 자는 윤방과 김류뿐입니다. 윤방은 재능도 없고 덕망도 없이 조정에서 녹봉만 받아먹으면서 임금에게 실책이 있어도 감히 한 마디의 말을 올려 바로잡지 못하였고, 국가의 형세가 거의 망하게 되었는데도 한 가지 계책을 계획하여 구원하지도 못한 채 자기 몸만 돌보고 지위만 보전하려 하면서 하는 일 없이 날짜만 보내고 있습니다. 지난해 용골대가 왔을 때 영의정의 지위에 있으면서 일을 형편없이 처리하여 전쟁의 단서를 열어 놓았으니, 오늘날의 변고는 실로 여기에서 말미암은 것입니다.

김류는 겁만 많고 꾀는 없으며 시기하고 괴팍스러워 제멋대로 하는데 정승으로 병권을 아울러 쥐어 뇌물이 그 집 문에 폭주하였습니다. 그러다가 적병이 치달려와 칼날이 육박했을 때 강화도로 행차하기를 청하며 주상에게 미복으로 몰래 떠나도록 권하였는데, 만약 임금께서 성을 나갔다가 되돌아 오시지 않았다면, 일이 말할 수 없는 지경이 되었을 것입니다. 싸우느냐 화친하느냐를 결단하지 못한 채 머뭇거리기만 하고 적을 구경만 하면서 날짜를 보내, 군사들을 지치게 하고 사기를 저하시켰으며, 추악한 오랑캐에게 글을 올려 화친을 빌면서도 뜻대로 되지 않았으니, 오늘날의 일을 차마 말할 수 있겠습니까. 그 이유를 따진다면 누가 그 잘못을 책임져야 하겠습니까.

이 두 신하를 처형하고 또 애통해 하는 분부를 내려 사방 군사들의 마음을 감동시킨다면, 큰 위엄이 저절로 수립되고 대의가 저절로 밝혀질 것이며 군율도 저절로 행해질 것입니다.

그리고 신이 생각건대 장수와 병졸의 마음을 치솟게 하는 데는 관작보다 좋은 것이 없습니다. 따라서 장수와 병졸을 많이 모집하여 상과 직위를 내린 뒤, 형세를 보아 야습하기도 하고 복병을 섬멸하는 등 날마다 이와 같이 하게 함으로써 마음대로 행동하지 못하게 하는 한편, 구원병이 대거 모이기를 기다려 한번 사생을 건 결전을 벌여야 할 것입니다." 하였는데,

상소가 들어가자 김류가 직무를 수행하지 못하고 사퇴하였다. 주상이 즉시 불러 위로하며 출근하도록 권하고, 유백증이 두 대신을 공격하고 배척하였다고 하여 파직을 명하였다. 당시 조정에서 재상을 뽑아 협수사協守使의 명칭을 주어 성안의 사대부를 통솔하면서 북쪽 성의 수비를 돕도록 하였는데, 유백증이 파면되자 이목으로 대신하게 하였다.

- 인조실록 15년 1월 4일 -

1월 9일 김류·홍서봉·최명길 등이 청하여 만나고 국서 보낼 것을 윤허 받다.

김류·홍서봉·최명길이 청하여 만났는데, 도승지 이경직이 입실하였다.
김류가 아뢰기를, "오랑캐 진영에 사신을 파견하는 일에 대해 윤허를 받지 못하였습니다. 그러나 보내려고 한다면 지금이 적기입니다. 신들도 그렇게 하는 것이 무익한 줄 압니다만, 혹시라도 만에 하나의 요행을 바랄 뿐입니다. 문서를 이미 작성하였으니 열람하소서." 하니,

주상이 이르기를, "여러 사람의 의논이 이와 같다면 보내도록 하라." 하였다.

이경직이 아뢰기를, "저들이 가만히 앉아서 우리를 곤궁하게 하려고 하니 정상을 헤아리기가 어렵습니다. 지금 사람을 보낸다 하더라도 허락할지는 모르겠습니다만 큰 해로움은 없을 듯합니다." 하고, 김류가 그날 바로 내보내기를 청하니, 따랐다.

- 인조실록 15년 1월 9일 -

1월 11일 김류·홍서봉·최명길 등이 청하여 만나고 수정한 국서

김류·홍서봉·최명길 등이 만나기를 청하였다.
김류가 글을 보낼 것을 굳이 청하니, 주상이 열람하고 하문하기를, "고쳐야 할 곳은 없는가?" 하자,

최명길이 아뢰기를, "성상 앞에서 여쭈어 고쳤으면 합니다." 하고, 붓을 잡고 문장의 자구를 고치는데, 그 글은 다음과 같다.

"지난번에 소국의 재상이 군영에 글을 올려 청하며 아뢰었는데, 황제로부터 후에 명이 있을 것이라고 돌아와서 말하기에, 소국의 군신은 발을 굴리며 목을 빼어 날마다 말씀을 기다렸으나 지금 열흘이 지나도록 분명한 회답이 없습니다. 이에 곤궁하고 사정이 급박하여 다시 아뢰지 않을 수 없게 되었으니, 황제께서는 살펴 주소서.

소국은 앞서 대국의 은혜를 입어 외람되게도 형제의 의리를 맺고 천지에 명백히 고하였으니, 지역은 구분이 있다 하더라도 감정은 간격이 없다 하겠습니다. 그래서 자손 만대의 한없는 복이 되었다고 스스로 여겼는데, 맹서를 한 지 얼마 되지 않아 의혹으로 인한 분쟁의 발단이 마음 속에서 생겨나, 그만 위태롭고 급박한 화란을 당함으로써 거듭 천하의 웃음거리가 될 줄이야 어떻게 생각이나 했겠습니까. 그 이유를 찾아 보건대, 모두가 천성이 유약한 탓으로 이웃에게 잘못 이끌린 채 사리에 어두워 살피지 못함으로써 오늘날의 결과를 초래하였으니, 스스로를 책망할 뿐 다시 무슨 말을 하겠습니까. 다만 생각건대 형이 아우에게 잘못이 있음을 보고 노여워하여 책망하는 것은 진실로 당연한 일이지만, 너무나 엄하게 책망한 나머지 도리어 형제의 의에 어긋나는 점이 있게 되면, 어찌 하늘이 괴이하게 여기지 않겠습니까.

소국은 바다 한쪽 구석에 위치하여 오직 시와 글만을 일삼고 군사는 일삼지 않았습니다. 약한 나라가 강한 나라에 복종하고 작은 나라가 큰 나라를 섬기는 것이야말로 당연한 이치인데, 어찌 감히 대국과 서로 견주겠습니까. 다만 명나라와는 대대로 두터운 은혜를 받아 명분이 이미 정해졌습니다. 일찍이 임진년의 환란에 소국이 조석으로 망하게 될 운명이었는데, 신종 황제께서 천하의 군사를 동원하여 물난리와 불난리 가운데 빠진 백성들을 건져내고 구제하셨으므로, 소국의 백성들이 지금까지도

그 은혜를 마음과 뼈에 새기고 있습니다. 그리하여 대국에게 잘못 보이는 한이 있더라도 차마 명나라를 저버릴 수는 없다고 하니, 이것은 은혜를 베푼 것이 두터워 사람을 깊이 감동시켰기 때문입니다. 은혜를 베푸는 방법은 한 가지가 아닙니다. 진실로 백성의 목숨을 살리고 종묘사직의 위태로움을 구원하는 것이라면, 군사를 일으켜 환란을 구제하거나 철수하여 보존되도록 도모해 주는 일이 다르다고는 하더라도 그 은혜는 마찬가지라고 할 것입니다.

지난해 소국의 일처리가 잘못되어 대국으로부터 여러 차례나 진지하게 가르침을 받았는데 여전히 깨닫지 못하여 화란을 초래하고 말았습니다. 지금 잘못을 용서하고 스스로 새롭게 되도록 허락하여 종사를 보존하고 대국을 오래도록 받들게 해 주신다면, 소국의 군신이 마음에 새기고 감격하여 자손 대대로 영원히 잊지 않을 것이고, 천하에서도 이를 듣고 대국의 위엄과 신용에 복종하지 않음이 없게 될 것입니다. 이는 대국이 한 번의 거사로 큰 은혜를 조선에 베푸는 일이 됨과 동시에, 더 없는 영예를 사방의 나라에 베푸는 일이 될 것입니다. 그렇지 않고 하루아침의 분함을 풀려고 병력으로 추궁하여 형제 사이의 은혜를 손상시키고 스스로 새롭게 하려는 길을 막음으로써 제 나라의 소망을 끊어버린다면, 대국의 입장으로 볼 때에도 장구한 계책이 되지 못할 듯합니다. 고명하신 황제께서 어찌 이에 대해 생각이 미치지 못하시겠습니까.

가을에 만물을 죽이고 봄에 살리는 것은 천지의 도이고, 약한 나라를 어여삐 여기고 망해가는 나라를 불쌍히 여기는 것은 대국의 사업입니다. 지금 황제께서 영명하고 용맹스런 계략으로 제국을 어루만져 안정시키고 새로 황제의 호를 세우면서 맨 먼저 관온인성(청태종) 네 글자를 내걸었습니다. 이 뜻이 천지의 도를 체득하여 패왕의 사업을 넓히려고 하는 것이니, 소국처럼 지난날의 잘못을 고치고 넓은 은혜에 의지하기를 바라는 나라에 대해서는 의당 끊어서 버리는 가운데에 포함시키지 않아야 할 듯합니다. 이에 다시 구구한 정을 펴 집사에게 명을 청하는 바입니다."

– 인조실록 15년 1월 11일 –

1월 11일 호조 판서 김신국 등이 국서 대신 말로 물어보길 청하다.

우의정 이홍주, 호조 판서 김신국, 예조 판서 김상헌 및 비국 당상이 청하여 만나서

아뢰기를,

"갖가지를 생각하고 헤아려 보아도 국서를 보내는 것이 합당한 일인지 모르겠습니다. 전일 왕래한 재상으로 하여금 먼저 용골대에게 가서 물어보게 하는 것이 순서일 듯합니다." 하니,

주상이 이르기를, "말로 전하는 이야기를 저들이 어찌 응답하겠는가." 하였다.

김상헌이 아뢰기를, "문서 가운데에 '임진년에 신종 황제가 군사를 출동시켜 난리를 구원하였다. 지금 만약 군사를 거두어 보존하도록 도모해 준다면 그 은혜가 다름이 없으니 일이 어찌 차이가 있겠는가.' 하는 등의 말이 있습니다. 그러나 이러한 문자로는 그들의 노여움이 풀려지기를 기대하기 어렵고, 문장을 작성한 것도 매우 타당하지 못합니다." 하였다.

주상이 김류·홍서봉·최명길을 불러서 들어오게 하고, 이르기를, "우상의 뜻은 문서를 보내지 말고 말로 먼저 탐지해 보는 것이 마땅하다고 하는데, 어떻게 해야 할지 모르겠다." 하니,
김류와 홍서봉이 대답하기를, "허다한 이해 관계를 말로 전달하기는 어렵습니다." 하고,
최명길이 아뢰기를, "국서는 이미 작성되었는데, 여러 갈래로 논의가 많으니 어느 때 결정되겠습니까. 지금은 여러 의논을 배격하고 그대로 하는 것이 좋겠습니다." 하였다.

– 인조실록 15년 1월 11일 –

1월 18일 예조 판서 김상헌이 최명길이 지은 국서를 찢고 주벌을 청하다.

대신이 문서를 아뢰어 결정하였다. 주상이 대신을 불러 만나고 하교하기를, "문서를 지은 사람도 들어오게 하라." 하였다.

주상이 문서 열람을 마치고 최명길을 불러 앞으로 나오게 한 뒤 온당하지 않은 곳을

감정하게 하였다.

이경증이 아뢰기를, "임금을 모시고 외로운 성에 들어와 이토록 위급하게 되었으니, 오늘날의 일에 누가 다른 의논을 내겠습니까. 이 일은 국가의 막중한 조치인데 어떻게 비밀스럽게 할 수 있겠습니까. 대간 및 2품 이상을 불러 분명하게 알리는 것이 어떻겠습니까?" 하니,

주상이 이르기를, "사람들의 마음은 성실성이 부족하여 속 마음과 말이 다르다. 나랏일을 이 지경으로 만든 것도 이 때문이니, 이 점이 염려스럽다." 하였다.

김류가 아뢰기를, "설령 다른 의논이 있더라도 상관할 것이 없습니다." 하니,

주상이 이르기를, "그렇다." 하였다.

최명길이 마침내 국서를 가지고 비국에 물러가 앉아 다시 수정을 가하였는데, 예조 판서 김상헌이 밖에서 들어와 그 글을 보고는 통곡하면서 찢어 버리고, 인하여 만나기를 청해 아뢰기를,

"명분이 일단 정해진 뒤에는 적이 반드시 우리에게 군신君臣의 의리를 요구할 것이니, 성을 나가는 일을 면하지 못할 것입니다. 그리고 한번 성문을 나서게 되면 또한 북쪽으로 행차하게 되는 치욕을 면하기 어려울 것이니, 동료들이 전하를 위하는 계책이 잘못되었습니다. 진실로 의논하는 자의 말과 같이 임금과 세자가 겹겹이 포위된 곳에서 빠져나오게만 된다면, 신 또한 어찌 망령되게 소견을 아뢰겠습니까. 국서를 찢어 이미 죽을죄를 범하였으니, 먼저 신을 처형하고 다시 더 깊이 생각하소서." 하였다.

주상이 한참 동안이나 탄식하다가 이르기를, "위로는 종사를 위하고 아래로는 백성과 백관을 위하여 어쩔 수 없이 이 일을 하는 것이다. 경의 말이 바르다는 것을 모르지 않으나 어떻게 할 수 없기 때문에 나온 것이다. 한스러운 것은 일찍 죽지 못하고 오늘날의 일을 겪게 된 것뿐이다." 하니,

대답하기를, "신이 어리석기 짝이 없지만 성상의 의도가 어디에 있는지는 압니다. 그러나 한번 허락한 뒤에는 모두 저들이 조종하게 될터이니, 아무리 성에서 나가려 하지 않더라도 되지 않을 것입니다. 예로부터 군사가 성 밑에까지 이르고서 그 나라와 임금이 보존된 경우는 없었습니다. 진 무제나 송 태조도 제국을 후하게 대우하였으나 마침내는 사로잡거나 멸망시켰는데, 송나라가 금나라에 패배하여 많은 사람이 인질로 잡혀간 일에 이르러서는 차마 말하지 못하겠습니다. 당시의 제 신하들도 나가서 금나라의 왕을 보면 백성을 보전하고 종사를 편안하게 한다는 말을 하였지만, 급기야 사막에 잡혀가게 되자 수도에서 죽지 못한 것을 후회하였습니다. 이러한 지경에 이르게 되면 전하께서 아무리 후회한들 무슨 소용이 있겠습니까." 하였다.

김상헌의 말 뜻이 간절하고 측은하였으며 말하면서 눈물이 줄을 이었으므로 입실한 제신들로서 울며 눈물을 흘리지 않는 이가 없었다. 세자가 주상의 곁에 있으면서 목 놓아 우는 소리가 문 밖에까지 들렸다.

그 글은 다음과 같다.

"조선 국왕은 삼가 대청국 관온 인성 황제에게 글을 올립니다. (황제 밑에 폐하라는 두 글자가 있었는데 제신이 간쟁하여 지웠다.)
삼가 밝은 뜻을 받들건대 거듭 가르침을 주셨으니, 간절히 책망하신 것은 바로 지극하게 가르쳐 주신 것으로서 추상같이 엄한 말 속에 만물을 소생시키는 봄의 기운이 같이 들어 있었습니다.

삼가 생각건대 대국이 위엄과 덕을 멀리 가해 주시니 여러 변방국이 사례해야 마땅하고, 천명과 인심이 돌아갔으니 크나큰 명을 새롭게 가다듬을 때입니다. 소국은 10년 동안 형제의 나라로 있으면서 오히려 운세가 일어나는 초기에 죄를 얻었으니, 마음을 돌이켜 생각해 볼 때 후회해도 소용없는 결과가 되고 말았습니다. 지금 원하는 것은 마음을 고치고 생각을 바꾸어 구습을 말끔히 씻고 온 나라가 청나라를 받들어 여러 번국과 대등하게 되는 것뿐입니다. 진실로 위태로운 심정을 굽어 살피시어 스스로 새로워지도록 허락한다면, 문서와 예절은 당연히 행해야 할 의식이 저절로 있으니, 강구하여 시행하는 것이 오늘에 있다고 하겠습니다.

성에서 나오라고 하신 명이 실로 인자하게 감싸주는 뜻에서 나온 것이긴 합니다만, 생각해 보건대 겹겹의 포위가 풀리지 않았고 황제께서 한창 노여워하고 계시는 때이니 이곳에 있으나 성을 나가거나 간에 죽는 것은 마찬가지일 것입니다. 그래서 깃발을 우러러 보며 죽고자 하여 자결하려 하니 그 심정이 또한 서글픕니다. 옛 사람이 성 위에서 천자에게 절했던 것은 예절도 폐할 수 없지만 군사의 위엄 또한 두려웠기 때문입니다.

소국의 진정한 소원이 위에서 아뢴 것과 같고 보면, 이는 변명도 궁하게 된 것이고 경계할 줄 알게 된 것이며 마음을 기울여 귀순하는 것입니다. 황제께서 바야흐로 만물을 살리는 천지의 마음을 갖고 계신다면, 소국이 어찌 온전히 살려주고 관대하게 길러주는 대상에 포함되지 못할 수가 있겠습니까. 삼가 생각건대 황제의 덕이 하늘과 같아 반드시 불쌍하게 여겨 용서하실 것이기에, 감히 실정을 토로하며 공손히 은혜로운 분부를 기다립니다."

– 인조실록 15년 1월 18일 –

1월 20일 김수현 등이 '신하'란 글자에 대해 아뢰니 영의정에게 하문하다.

대사헌 김수현, 집의 채유후, 장령 임담·황일호 등이 만나기를 청하여 아뢰기를,
"국서에 그 전에는 신臣이라는 글자를 쓰지 않기로 의논하여 정했는데, 이번에는 갑자기 신臣 자를 썼다고 합니다. 지금 만약 신이라고 일컬으면 다시는 여지가 없게 됩니다. 일이 아무리 위태롭고 급박하다 하더라도 명분은 지극히 중요한 것입니다. 한 번 신 자를 썼다가 문득 신하의 도리로 책망한다면, 어떻게 하시렵니까?"
하면서 끊임없이 이해관계를 반복하여 아뢰었다.

주상이 영상을 불러서 묻기를, "사헌부가 불가하다고 하는데, 어떻게 하여야 하겠는가?" 하니,
김류가 아뢰기를, "모르겠습니다만, 사헌부가 명분이 지극히 엄하니 절대로 안 된다고 하는 것입니까? 그렇지 않다면 이야말로 조삼모사와 같은 것입니다." 하였는데,
최명길이 들어와 주상에게 나아가 귀에 대고 말을 하였으므로 입실한 사람들도 알

아들을 수 없었다. 김류가 아뢰기를,

"신은 죄인의 우두머리가 되어야 마땅하니, 어찌 감히 혐의를 피하겠습니까. 지금 만약 신 자를 일컫지 아니하고 지난번과 같은 모양의 문서를 주고받는다면, 저들이 화를 내어 다시 어떻게 할 수 없을 것입니다. 옛날부터 주변국의 제후로서 상국을 위하여 절개를 지키다가 죽은 경우가 어디에 있습니까?" 하고,

최명길이 아뢰기를, "선비들의 의논을 견지하는 자는 하루라도 더 늦추어 신이라고 일컬으려 하며, 생각이 있는 자는 약조 맺기를 기다린 뒤에 일컬어 여지를 만들려 하는데, 신은 빨리 일컫는 것만 못하다고 여깁니다." 하였다

— 인조실록 15년 1월 20일 —

1월 20일 오랑캐가 답서를 보내어 화친을 배격한 신하를 묶어 보내라 하다.

이홍주 등을 보내 지난번의 국서를 가지고 오랑캐 진영에 가도록 하였는데, 답서를 받아 가지고 돌아 왔다. 그 글에,
"그대가 하늘의 명을 어기고 맹세를 배반하였기에 짐이 매우 노엽게 여겨 군사를 거느리고 정벌하러 왔으니 뜻이 용서하는 데 있지 않았다. 그러나 지금 그대가 외로운 성을 고달프게 지키며 짐이 직접 준절하게 책망한 조서를 보고 죄를 뉘우칠 줄 알아 여러 번 글을 올려 면하기를 원했으므로, 짐이 넓은 도량을 베풀어 스스로 새로워지기를 허락하는 바이다. 이는 힘으로 공격해서 취할 수 없거나 형세상 에워쌀 수 없어서가 아니라 불러서 오도록 하기 위함이다. 이 성은 공격하기만 하면 함락시킬 수 있다. 그렇게 하지 않더라도 그대의 꼴과 식량을 군사와 말이 다 먹도록 해서 저절로 곤궁하게 하면 또한 함락시킬 수 있다. 이처럼 보잘것 없는 성을 함락시킬 수 없다면 장차 어떻게 깊숙이 있는 북경을 함락시키겠는가.

그대에게 성을 나와 짐과 대면하기를 명하는 것은, 첫째로는 그대가 진심으로 기뻐하며 복종하는지를 보려 함이며, 둘째로는 그대에게 은혜를 베풀어 국토를 회복시켜 줌으로써 천하에 인자함과 신의를 보이려 함이다. 꾀로 그대를 유인하려는 짓은 하

지 않는다. 짐은 바야흐로 하늘의 도움을 받아 사방을 평정하고 있으니, 그대의 지난날의 잘못을 용서하여 줌으로써 명나라에 본보기를 보이려고 하는 것이다. 간사하게 속이는 계책으로 그대를 취한다고 하더라도 이 큰 천하를 어떻게 모두 간사하게 속여서 취할 수 있겠는가. 이는 와서 귀순하려는 길을 스스로 끊는 것이니, 진실로 지혜로운 자나 어리석은 자를 막론하고 다 아는 일이다. 그대가 만약 날짜를 미루고 나오지 않는다면, 지방이 유린되고 꼴과 식량이 모두 떨어져 백성이 도탄에 허덕이고 재해와 고통이 날마다 더할 것이니, 진실로 잠시도 늦출 수 없는 일이다.

맹서를 어기도록 주도한 그대의 신하에 대해 짐이 처음에는 모두 죽인 뒤에야 그만두려고 생각하였다. 지금 그대가 정말로 성에서 나와 귀순하려거든 먼저 앞장서서 모의한 신하 2, 3명을 묶어 보내도록 하라. 짐이 목을 베어 내걸어 뒷 사람을 경계시키겠다. 짐이 서쪽으로 정벌하려는 큰 계책을 그르치게 하고 백성을 물과 불구덩이에 빠뜨린 자가 이들이 아니고 누구이겠는가. 만약 주도하여 모의한 자를 미리 보내지 않더라도 그대가 귀순한 뒤에 찾아내는 짓은 짐이 하지 않겠다. 그러나 그대가 만약 나오지 않으면 아무리 간절하게 빌고 청하더라도 짐은 들어주지 않을 것이다. 특별히 유시한다." 하였다.

주상이 하문하기를, "오늘 저들의 말이 어떠하였는가?" 하니,

최명길이 아뢰기를, "용골대와 마부대가 말하기를 '처음에는 조금도 호의를 가지지 않았는데, 그대 나라가 한결같이 사죄하였기 때문에 황제께서 지난날의 노여움을 모두 푼 것이다. 지금 성에서 나오려거든 주도하여 화친을 배척한 1, 2명을 잡아 보내라. 이와 같이 한다면 내일 포위를 풀고 떠나겠다. 그렇지 않으면 성에서 나온 뒤에 또 한 번 다투는 단서가 될 것이다.' 하였습니다." 하였다.

주상이 이르기를, "화친을 배척한 신하를 어찌 차마 묶어서 보내겠는가?" 하니,

김류가 아뢰기를, "우리나라가 명나라에 복종하여 섬겨 온 지 이미 오래되었기 때문에 배신할 수 없다고 한 몇 사람이 있기는 하지만 오늘부터 대국을 섬긴다면 그들도 오늘날 명나라를 배반하지 않는 것처럼 뒷날 대국을 배반하지 않을 것이라는 내용으로 말을 해야 할 것입니다." 하고,

최명길이 아뢰기를, "조약을 토의 하면서 그들의 답변을 살펴 보아야 하겠습니다." 하자, 주상이 이르기를, "경들은 다만 답서를 지어내도록 하라." 하였다.

1월 22일 김류·최명길이 입실하여 신하를 묶어 보내는 것에 대해 아뢰다.

김류·이성구·최명길이 입실하였다. 최명길이 아뢰기를, "다시 문서를 작성하여 회답해야겠습니다." 하고,

김류가 아뢰기를, "화친을 배척한 사람들의 의논이 당시에는 정론이었다고 하더라도 오늘에 이르러서는 나라를 그르친 죄를 피할 길이 없으니, 그들이 나가기를 자청한다면 좋겠습니다. 홍익한은 현재 평양에 있는데, 저들로 하여금 그에 대한 처치를 마음대로 하게 하는 것이 적당하겠습니다." 하고,

최명길이 아뢰기를, "신은 홍익한과 한 집안입니다. 연나라가 장차 망하게 되자 태자 단의 목을 베어 보냈으며, 송나라에도 한탁주의 일이 있었습니다. 만약 주상의 명령이 있으면 어찌 감히 혐의를 피하겠습니까." 하고,

이홍주가 아뢰기를, "지금 만약 묶어 보내어 저들이 즉시 포위를 푼다면 그런 것을 돌아볼 여유가 없다고 하겠습니다만, 그들이 꼭 포위를 푼다는 보장이 없는데 묶어서 보내는 일을 어떻게 차마 하겠습니까." 하고,

이성구가 아뢰기를, "이런 일은 아래에서 토론하여 결정할 일입니다. 중한 임금의 입장에서 그런 것을 어떻게 돌아보겠습니까. 홍익한의 죄는 경연광의 죄보다도 크니 저들로 하여금 처치하게 하더라도 안 될 것이 없습니다." 하고,
김류가 아뢰기를, "이 일은 아래에서 해야 하니, 어찌 임금님께 여쭐 필요가 있습니까." 하니,
주상이 이르기를, "이는 너무나 참혹한 일이다. 날씨가 매우 추우니 우선 물러가서 쉬도록 하라." 하였다.

1월 29일 윤집·오달제가 하직 인사를 하다.

최명길·이영달을 파견하여 국서를 가지고 오랑캐 진영에 보내고, 화친을 배척한 신하인 윤집·오달제를 잡아 보내었다. 윤집 등이 하직 인사를 하자, 주상이 불러 만나고 이르기를,

"그대들의 식견이 얕다고 하지만 그 원래의 의도를 살펴보면 본래 나라를 그르치게 하려는 것이 아니었는데 오늘날 마침내 이 지경에까지 이르고 말았다. 고금 천하에 어찌 이런 일이 있겠는가." 하고, 눈물을 흘리며 오열하였다.

윤집이 아뢰기를, "이러한 시기를 당하여 진실로 국가에 이익이 된다면 만번 죽더라도 아까울 것이 없습니다. 전하께서는 어찌하여 이렇게 구구한 말씀을 하십니까." 하니,

주상이 이르기를, "그대들이 나를 임금이라고 여겨 외로운 성에 따라 들어왔다가 일이 이 지경이 되었으니, 내 마음이 어떻겠는가." 하였다.

오달제가 아뢰기를, "신은 자결하지 못한 것이 한스러웠는데, 이제 죽을 곳을 얻었으니 무슨 유감이 있겠습니까." 하니,

주상이 다시 이르기를, "고금 천하에 어찌 이런 일이 있겠는가." 하고, 목이 메어 소리를 제대로 내지 못했다.

오달제가 아뢰기를, "신들이 죽는 것이야 애석할 것이 없지만, 단지 전하께서 성에서 나가시게 된 것을 망극하게 여깁니다. 신하된 자들이 이런 때에 죽지 않고 장차 어느 때를 기다리겠습니까." 하니,

주상이 이르기를, "그대들의 뜻은 임금으로 하여금 바른 길을 지키게 하려고 한 것인데, 일이 여기에 이르렀다. 그대들에게 부모와 처자가 있는가?" 하였다.

윤집이 아뢰기를, "신은 아들 셋이 있는데, 모두 남양에 갔습니다. 그런데 지금 듣건

대 부사府使가 적을 만나 몰락하였다고 하니 생사를 알 수 없습니다." 하고,

오달제가 아뢰기를, "신은 단지 70세 된 노모가 있고 아직 자녀는 없으며 임신 중인 아이가 있을 뿐입니다." 하니,

임금이 이르기를, "참혹하고 참혹하다." 하였다.

윤집이 아뢰기를, "신들은 떠나갑니다만, 전하께서 만약 세자와 함께 나가신다면 성 안이 무너져 흩어질 가능성이 있으니, 이점이 실로 염려됩니다. 원컨대 전하께서는 세자를 이곳에 머물러 있게 하고 함께 나가지 마소서." 하니,

주상이 이르기를, "장차 죽을 곳에 가면서도 오히려 나라를 걱정하는 말을 하는가. 그대들이 죄없이 죽을 곳으로 나아가는 것을 보니 내 마음이 찢어지는 듯하다. 어찌 차마 말할 수 있겠는가. 성에서 나간 뒤에 국가의 존망 역시 단정할 수는 없다만, 만일 온전하게 된다면 그대들의 늙은 어버이와 처자는 마땅히 돌보아 주겠다. 모르겠다만 그대들의 늙은 어버이의 연세는 얼마이며, 그대들의 나이는 또 얼마인가?" 하였다.

오달제가 아뢰기를, "어미의 나이는 무진생이며 신의 나이는 무신생입니다." 하고,

윤집이 아뢰기를, "신은 일찍이 부모를 여의고 단지 조모가 있는데 나이는 지금 77세입니다. 신의 나이는 정미생입니다." 하고,

드디어 절하고 하직하니, 주상이 이르기를, "앉아라." 하고, 내관에게 명하여 술을 대접하게 하였다.
승지가 아뢰기를, "사신이 벌써 문에 나와 재촉하고 있습니다." 하니,

주상이 이르기를, "어찌 이와 같이 급박하게 제촉하는가." 하였다.
두 신하가 술을 다 마시고 아뢰기를, "시간이 이미 늦었습니다. 하직하고 떠날까 합니다." 하니,

주상이 눈물을 흘리며 이르기를, "나라를 위하여 몸을 소중히 하도록 하라. 혹시라도 다행히 살아서 돌아온다면 그 기쁨이 어떠하겠는가." 하자,

오달제가 아뢰기를, "신이 나라를 위하여 죽을 곳으로 나아가니 조금도 유감이 없습니다." 하였다.

이 날 새벽에 김류·이홍주·최명길이 만나기를 청하여 주상이 침전안에 들어갔는데, 승지와 사관은 문 밖에 있었으므로 비밀리에 이루어진 말을 기록할 수 없었다.

주상이 이경직을 돌아보며 이르기를, "오늘의 말은 원래 중대한 일과는 관계가 없으니, 사관이 기록하는 것은 온당하지 않다." 하였다.

국서에,
"소국에 일찍이 근거없는 논의가 있어 국사를 무너뜨리고 그르쳤기 때문에, 작년 가을에 신이 그 가운데에서 더욱 심한 자 약간 명을 적발하여 모두 배척해서 쫓아내었습니다. 그리고 주도한 대간 한 명은 청나라 병사가 국경에 도착하였을 때 평양 서윤으로 임명하고 그 날로 즉시 앞으로 나아가도록 독촉하였는데, 혹 군사에게 잡혔는지 아니면 샛길로 부임하였는지 모두 알 수가 없습니다.

지금 이 성 안에 있는 자는 혹 부화뇌동한 죄는 있다 하더라도 앞서 배척을 당한 자에 비교하면 경중이 현격히 다릅니다. 신이 내보내는 것을 끝까지 어렵게만 여긴다면 폐하께서 본국의 사정을 살피지 못하고 신이 숨겨주는 것으로 의심하시어 신의 진실한 마음을 밝힐 수 없을까 두려웠습니다. 그래서 두 사람을 조사해 내어 군영에 보내면서 처분을 기다립니다." 하였다.
최명길이 두 사람을 데리고 청나라 진영에 나아가니, 한汗이 그들의 결박을 풀도록 명하였다. 최명길을 불러 자리를 내리고 대접할 기구를 올리게 하면서 초구招裘(옷) 한벌을 각각 지급하게 하였다. 최명길 등이 이것을 입고 네 번 절하였다.

– 인조실록 15년 1월 29일 –

1월 30일 삼전도에서 삼배 구고두례를 행하다. 서울 창경궁으로 나아

가다.

용골대와 마부대가 성 밖에 와서 주상이 성에서 나오기를 재촉하였다. 주상이 남염의 차림으로 백마를 타고 의장은 모두 제거한 채 시종 50여 명을 거느리고 서문을 통해 성을 나갔는데, 왕세자가 따랐다. 백관으로 뒤쳐진 자는 서문 안에 서서 가슴을 치고 뛰면서 통곡하였다. 주상이 남한산성에서 내려가 자리를 펴고 앉았는데, 얼마 뒤에 갑옷을 입은 청나라 군사 수백 기가 달려 왔다.

주상이 이르기를, "이들은 뭐하는 자들인가?" 하니,
도승지 이경직이 대답하기를, "이는 우리나라에서 말하는 영접하는 자들인 듯합니다."하였다.

한참 뒤에 용골대 등이 왔는데, 주상이 자리에서 일어나 그를 맞아 두 번 읍하는 예를 행하고 동서로 나누어 앉았다. 용골대 등이 위로하니,

주상이 답하기를, "오늘의 일은 오로지 황제의 말과 두 대인이 힘써준 것만을 믿을 뿐입니다." 하자,

용골대가 말하기를, "지금 이후로는 두 나라가 한 집안이 되는데, 무슨 걱정이 있겠습니까. 시간이 이미 늦었으니 속히 갔으면 합니다." 하고,

마침내 말을 달려 앞에서 인도하였다. 주상이 단지 삼공 및 판서·승지 각 5인, 한림·주서 각 1인을 거느렸으며, 세자는 시강원·익위사의 제 관료를 거느리고 삼전도에 따라 나아갔다. 멀리 바라보니 한汗이 황옥黃屋을 펼치고 앉아 있고 갑옷과 투구 차림에 활과 칼을 휴대한 자가 진을 치고 좌우에 옹립하였으며, 악기를 진열하여 연주했는데, 대략 중국 제도를 모방한 것이었다. 주상이 걸어서 진영 앞에 이르고, 용골대 등이 주상을 진영문 동쪽에 머물게 하였다. 용골대가 들어가 보고하고 나와 한의 말을 전하기를,

"지난날의 일을 말하려 하면 길다. 이제 용단을 내려 왔으니 매우 다행스럽고 기쁘다."

하자, 주상이 대답하기를, "천은天恩이 망극합니다." 하였다.

용골대 등이 인도하여 들어가 단壇 아래에 북쪽을 향해 자리를 마련하고 주상에게 자리로 나가기를 청하였는데, 청나라 사람을 시켜 의식 순서를 읽게 하였다. 주상이 세 번 절하고 아홉 번 머리를 조아리는 예를 행하였다. 용골대 등이 주상을 인도하여 진영의 동문을 통해 나왔다가 다시 동북쪽 모퉁이를 통하여 들어가서 단壇의 동쪽에 앉게 하였다. 대군 이하가 강화도에서 잡혀왔는데, 단 아래 서쪽에 늘어섰다. 용골대가 한의 말을 전하며 주상에게 단에 오르도록 청하였다. 한은 남쪽을 향해 앉고 주상은 동북 모퉁이에 서쪽을 향해 앉았으며, 청나라 왕자 3인이 차례로 나란히 앉고 왕세자가 또 그 아래에 앉았는데 모두 서쪽을 향하였다. 또 청나라 왕자 4인이 서북 모퉁이에서 동쪽을 향해 앉고 두 대군이 그 아래에 잇따라 앉았다. 우리나라 신하들에게는 단 아래 동쪽 모퉁이에 자리를 내주고, 강화도에서 잡혀 온 제 신들은 단 아래 서쪽 모퉁이에 들어가 앉게 하였다. 차 한잔을 올렸다. 한이 용골대를 시켜 우리나라의 여러 대신에게 고하기를,

"이제는 두 나라가 한 집안이 되었다. 활쏘는 솜씨를 보고 싶으니 각기 재주를 다하도록 하라."

하니, 시관들이 대답하기를, "이곳에 온 자들은 모두 문관이기 때문에 잘 쏘지 못합니다." 하였다.

용골대가 억지로 쏘게 하자 위솔 정이중으로 하여금 나가서 쏘도록 하였는데, 활과 화살이 본국의 제도와 같지 않았으므로, 다섯 번 쏘았으나 모두 맞지 않았다. 청나라 왕자 및 제장수들이 떠들썩하게 어울려 쏘면서 놀았다. 조금 있다가 잔치를 하고 술을 마시게 하였다. 술잔을 세 차례 돌린 뒤 술잔과 그릇을 치우도록 명하였는데, 치울 무렵에 청나라 내관 두 사람이 각기 개를 끌고 한의 앞에 이르자 한이 직접 고기를 베어 던져주었다.

주상이 하직하고 나오니, 빈궁 이하 사대부 가속으로 잡힌 자들이 모두 한곳에 모여 있었다. 용골대가 한의 말로 빈궁과 대군 부인에게 나와 절하도록 청하였으므로 보는 자들이 눈물을 흘렸는데, 사실은 나인이 대신하였다고 한다. 용골대 등이 한이 준 백마에 영롱한 안장을 갖추어 끌고 오자 주상이 친히 고삐를 잡고 근신이 받았다. 용골대 등이 또 초구(옷)를 가지고 와서 한의 말을 전하기를,

"이 물건은 당초 주려는 생각으로 가져 왔는데, 이제 본국의 의복 제도를 보니 같지 않다. 따라서 감히 억지로 착용케 하려는 것이 아니라 단지 정을 표할 뿐이다."

하니, 주상이 받아서 입고 뜰에 들어가 사례하였다. 도승지 이경직으로 하여금 국보를 받들어 올리게 하니, 용골대가 받아서 갔다.
조금 있다가 와서 힐책하기를, "고명과 옥책은 어찌하여 바치지 않습니까?" 하니,

주상이 이르기를, "옥책은 일찍이 갑자년 변란으로 인하여 잃어버렸고, 고명은 강화도에 보냈는데 전쟁으로 어수선한 때에 온전하게 되었으리라고 보장하기 어렵소. 그러나 혹시 그대로 있으면 나중에 바치는 것이 뭐가 어렵겠소." 하자,

용골대가 알았다고 하고 갔다. 또 초구 3령嶺을 삼정승을 불러 입게 하고, 5령을 오경을 불러 입게 하였으며, 5령을 다섯 승지를 불러 입게 하고,

말하기를, "주상을 모시고 산성에서 수고했기 때문에 이것을 주는 것이다." 하였다.

하사를 받은 이들이 모두 뜰에 엎드려 사례하였다. 홍서봉과 장유가 뜰에 들어가 엎드려 노모를 찾아 보도록 해 줄 것을 청하니, 김석을시가 화를 내며 꾸짖었다.
주상이 밭 가운데 앉아 진퇴를 기다렸는데 해질 무렵이 된 뒤에야 비로소 도성으로 돌아가게 하였다. 왕세자와 빈궁 및 두 대군과 부인은 모두 머물러 두도록 하였는데, 이는 장차 북쪽으로 데리고 가려는 목적에서였다. 주상이 물러나 막사에 들어가 빈궁을 보고, 최명길을 머물도록 해서 우선 배종하고 호위하게 하였다.
주상이 소파 나루를 경유하여 배를 타고 건넜다. 당시 나루 병사는 거의 모두 죽고 빈 배 두 척만이 있었는데, 백관들이 다투어 건너려고 어의를 잡아당기기까지 하면서 배에 오르기도 하였다. 주상이 건넌 뒤에, 한汗이 뒤따라 말을 타고 달려와 얕은 여울로 군사들을 건너게 하고, 뽕밭에 나아가 진영을 치게 하였다. 그리고 용골대로 하여금 군병을 이끌고 행차를 호위하게 하였는데, 길의 좌우를 끼고 주상을 인도하여 갔다.

사로잡힌 자녀들이 바라보고 울부짖으며 모두 말하기를, "우리 임금이시여, 우리 임금이시여. 우리를 버리고 가십니까." 하였는데, 길을 끼고 울며 부르짖는 자가 만 명

을 헤아렸다. 인정人定 때가 되어서야 비로소 서울에 도달하여 창경궁 양화당으로
나아갔다.

- 인조실록 15년 1월 30일 -

1월 말 한양으로 환도

아들 김경징이 강화도 수비를 실패했다는 이유로 사사당했고 김류 자신도 남한산성
에서 청나라와 싸울 때 부총관 직을 맡은 기평군 유백증의 상소로 파직과 삭탈관직
이 되어 향리로 방축됐다. 그러나 인조는 "이번에 성을 지킨 것은 김류의 힘이었다"
고 비호했고, 거듭된 신하들의 주장으로 문외로 송출했다가 이듬해에 특명으로 예
전의 직책으로 사용했다.

2월 1일 백관들이 모두 대궐안에 들어가다.

이때 몽고 사람들이 그대로 성 안에 있었다. 백관들은 모두 대궐 안에 들어가 있었
는데, 백성집이 대부분 불타고 넘어져 죽은 시체가 길거리에 이리저리 널려 있었다.

2월 1일 각사의 서리·하례가 부모·처자를 찾으러 흩어지다.

각 관사의 서리와 노비가 각기 그들의 부모와 처자를 찾으러 모두 흩어졌다. 승지가
직접 문서를 가지고 각사에 분부하자, 각사의 관원들이 직접 분주하게 움직였다.

- 인조실록 15년 2월 1일 -

2월 1일 용골대·마부대 두 장수가 고려왕의 옥새를 가져오다.

주상이 용골대·마부대 두 장수를 양화당에서 접견하였다. 용골대가 황제의 명으로
고려 왕인 및 신경원의 부원수의 인印을 올리니, 왕이 사례하였다. 상이 이어 몽고
사람들이 아직도 도성에 있으면서 사람을 해치고 물건을 약탈한다고 말하니, 용골

대가 즉시 내관으로 하여금 몽고 사람들을 도성 밖으로 몰아내게 하고, 진달眞㺚로 하여금 문을 지키도록 하였다. 그리고 말하기를,

"황제가 내일 돌아갈 예정이니, 나와서 전송하지 않으면 안 될 것입니다."

하니, 주상이 알았다고 하고, 인하여 사로잡힌 사람을 쇄환하도록 요청하자, 용골대가 말하기를, "황제께서 직접 처분하실 것입니다." 하였다.

주상이 또 공물을 마련하기 어렵다고 말하자, 두 장수가 말하기를, "귀국의 형세를 황제께서 직접 보셨으니, 의당 재명년再明年부터 시행할 것입니다." 하였다 .

– 인조실록 15년 2월 1일 –

2월 1일 청나라 사람이 인평 대군과 부인을 경성으로 돌려보내다.

청나라 사람이 왕세자와 빈궁 및 봉림 대군과 부인을 그대로 진영에 머물러 두고, 인평 대군과 부인은 경성으로 돌려 보냈다.

– 인조실록 15년 2월 1일 –

2월 2일 철군하는 청의 한을 전송하다.

청나라 한汗이 삼전도에서 철군하여 북쪽으로 돌아가니, 상이 전곳장에 나가 전송하였다. 한이 높은 언덕에 앉아 주상을 제왕의 윗자리로 인도하여 앉게 하였는데, 도승지 이경직만 따라갔다.

– 인조실록 15년 2월 2일 –

2월 4일 영중추부사 윤방이 강도에서 종묘와 사직의 신주를 받들고 오다.

영중추부사 윤방이 강화도에서 종묘와 사직의 신주를 받들고 오니, 주상이 불러 보았다. 윤방이 주상을 보고 울자 주상도 울었다. 이어 어제 봉안한 곳을 하문하니, 답하기를,

"어제 밤이 깊었기 때문에 미처 아뢰지 못하고 신이 머무르는 곳의 정결한 곳에 봉안하였습니다." 하였다. 상이 즉시 예관에게 명하여 시민당에 봉안하도록 하고, 근신을 거느리고 곡하며 절하는 예를 행하였다.

– 인조실록 15년 2월 4일 –

2월 5일 예조가 성종묘와 선조묘의 두 신주만 개선할 것을 아뢰니 이에 허락하다.

예조가 아뢰기를,

"종묘의 신주가 5, 6위位 외에는 모두 손상됨을 면치 못했습니다만, 그 정도는 매우 미약합니다. 수백 년 받들어 모신 묘주廟主는 매우 부득이한 경우가 아니면 경솔하게 고쳐 만들 수 없으니, 그 중에 더욱 심하게 손상당한 성종묘와 선조묘 두 신주만 고쳐 만드는 것이 마땅하겠습니다." 하니, 주상이 따랐다.

– 인조실록 15년 2월 5일 –

2월 5일 구왕이 철군하면서 왕세자와 빈궁, 봉림대군과 부인을 데려가자 전송하고, 왕세자가 오랑캐 진영에서 와서 하직을 고하고 떠나다.

구왕九王이 군사를 거두어 돌아가면서 왕세자와 빈궁, 봉림 대군과 부인을 서쪽으로 데리고 갔다. 주상이 창릉의 서쪽에 거둥하여 전송하였다. 길 곁에 말을 머물게 하고 구왕과 서로 인사하니, 구왕이 말하기를,

"멀리 오셔서 서로 전송하니 실로 매우 감사합니다." 하니,

주상이 말하기를, "가르치지 못한 자식이 지금 따라가니, 대왕께서 가르쳐 주시기를 바랍니다." 하였다.

구왕이 말하기를, "세자의 연세가 벌써 저보다 많고, 일에 대처하는 것을 보건대 실로 제가 감히 가르칠 입장이 못 됩니다. 더구나 황제께서 후하게 대우하시니 염려하지 마시기 바랍니다." 하니,

주상이 말하기를, "자식들이 깊은 궁궐에서만 생장하였는데, 지금 듣건대 여러 날 동안 노숙하여 질병이 생겼다 합니다. 가는 동안에 온돌 방에서 잠을 잘 수 있게 하면 다행이겠습니다." 하자,

구왕이 말하기를, "삼가 가르침을 받들겠습니다. 만리 길을 떠나 보내니 여러모로 마음을 쓰실텐데 국왕께서 건강을 해칠까 두렵습니다. 세자가 간다 하더라도 머지않아 돌아올 것이니, 행여 너무 염려하지 마십시오. 군대가 갈 길이 매우 바쁘니 하직했으면 합니다." 하였다.

세자와 대군이 절하며 하직하고 떠나자, 주상이 눈물을 흘리며 전송하기를, "힘쓰도록 하라. 지나치게 화를 내지도 말고 가볍게 보이지도 말라." 하니,

세자가 엎드려 분부를 받았다. 신하들이 옷자락을 당기며 통곡하자, 세자가 만류하며 말하기를,

"주상이 여기에 계신데 어찌 감히 이렇게들 하는가." 하고,

말하기를, "각자 진중하도록 하라." 하고, 마침내 말에 올라 떠났다.

왕세자가 오랑캐 진영에서 와서 하직을 고하고 떠나니, 신하들이 길 가에서 통곡하며 전송하였는데, 혹 말 재갈을 잡고 당기며 울부짖자 세자가 말을 멈추고 한참 동안 그대로 있었다. 이에 정명수가 채찍을 휘두르며 모욕적인 말로 재촉하였으므로 이를 보고 경악하지 않는 이가 없었다. 호위해가는 재상 남이웅, 좌부빈객 박황, 우부빈객 박노, 보덕 이명웅, 필선 민응협, 문학 이시해, 사서 정뇌경, 설서 이회 및 익위사의 관원 3명이 따라갔는데, 우의정 이성구가 오랑캐 지역에 흉년이 든 것을 아뢰면서 따라가는 관원을 줄여 보내도록 청했기 때문이었다. 주상이 설서 유계는 산성에서 화친을 극력 비난하면서 나라 일을 담당한 대신을 참하도록 청했다는 이유로 따라가지 못하게 명하였다.

– 인조실록 15년 2월 5일 –

2월 9일 대신과 최명길을 만나 명나라와의 문제를 논의하다.

대신 및 이조 판서 최명길을 만났다. 주상이 이르기를, "요즈음의 일을 명나라에 비밀리에 통고하려고 하는데 어떻겠는가?" 하니,

김류가 아뢰기를, "명나라는 우리나라와 오랑캐 사이에 틈이 생기도록 하려고 했는데, 지금 통고하면 필시 일을 낼 것입니다."하고,

홍서봉도 그렇다고 하였다. 최명길이 아뢰기를, "신이 어제 신경진과 의논하였는데, 그의 뜻도 신과 같았습니다. 먼저 주문을 지어 명나라에 통고하면서 '형세가 중하고 힘이 달려 이 지경에 이르렀으니, 이후로는 형세상 사신을 통하기가 어렵겠다.'고 하는 것이 마땅합니다." 하니,

김류가 아뢰기를, "지금 이런 주장을 하면 조정의 선비들이 벌떼처럼 일어날 것이니, 말할 수 없습니다." 하였다.

주상이 이르기를, "그렇다면 끝내 비밀리에 통보하는 것이 불가하다는 뜻인가?" 하니,

김류가 아뢰기를, "불가합니다. 지금 백성들이 모두 화친을 배척한 사람에게 죄를 돌리는데, 어떻게 명나라와 통하여 다시 시끄러운 단서를 일으킬 수 있겠습니까?" 하였다.

사관은 논한다. 김류가 도체찰사 임무를 담당하여 국가의 병력으로 그들을 감당하기에 부족하다고 생각했다면, 어찌 그 때에 외교대책을 극력 주장하지 않고서 국가가 망하고 난 뒤에야 '백성들이 모두 화친을 배척한 사람들에게 허물을 돌린다.'고 말을 하는가. 아, 당시에 화친을 배척한 사람이 과연 누구였던가. 신진 인사들이 국가의 대사를 경솔하게 논의한 실수가 있었다 하더라도 그 주장을 취사선택한 자는 또 누구였던가. 최명길은 처음부터 끝내 화친을 주장했는데, 지금에 와서 명나라에 주문을 해야한다고 주장하니, 이것이 과연 진정에서 나온 것인가?

— 인조실록 15년 2월 9일 —

2월 19일 윤황·유황·홍전 등은 유배를, 조경·김수익·신상은 문외 출송시키다.

영의정 김류, 좌의정 홍서봉, 우의정 이성구, 병조 판서 신경진, 공조 판서 구굉, 이조 판서 최명길, 호조 판서 이경직이 회의하여 나라를 그르친 사람들의 죄를 경중으로

나누어 글로 아뢰기를,

"지난날 명망 있는 관원으로 준엄하게 논한 자가 매우 많지만, 그 언론이 문자 사이에 나타나지 않은 자는 소문으로만 죄를 논하기는 어려우므로, 각 사람의 아뢴 상소 가운데 언어가 합당하지 않은 자만을 뽑아 아룁니다.

지난해 가을 무렵 윤황은 상소를 올리면서 '강화도를 태우고 평양에 머물러야 한다.'는 등의 말을 하였고, 이일상·유황·홍연 등은 인피引避하면서 '명나라를 속이고 우리 백성을 속인다.'는 등의 말을 하였고, 김수익은 오랑캐와 통역관을 보낼 때에 정지시키자는 논의를 제기하였고, 조경은 지난해 봄 의정부를 극력 헐뜯으며 말이 매우 광망하였고, 유계는 상소를 보지는 못했지만 전하는 자들이 모두 놀랍다고 하였습니다.

이것으로 그 경중을 논하건대 윤황은 내용이 상서롭지 못한 데 관계되고, 이일상·유황·홍연은 임금과 정승을 지목하여 배척하였으니, 이 네 사람은 죄가 중할 듯합니다. 조경은 논의가 과격한 습성이 가증스럽고, 유계는 일개 망령된 사람이고, 김수익은 위협에 못이겨 따른 셈이니, 이 세 사람은 가벼운 쪽으로 논단하는 것이 마땅할 듯합니다. 그리고 신상·조빈·홍처후 세 사람은 이미 처벌을 받았으니 겹쳐서 받게 할 필요는 없습니다. 대개 이 사람들의 마음씀을 논하건대 사특한 마음을 가지고 혼란케 한 자와는 차이가 있는데, 얕은 계책으로 섣불리 생각하여 큰 소리를 쳐서 나라 일을 이 지경까지 이르게 하였으니, 나라를 그르친 죄를 어떻게 면할 수 있겠습니까. 그러나 율을 논할 즈음에는 정상을 참작하는 것이 온당하겠습니다."

하니, 답하기를, "모두 관직을 삭탈하라. 윤황·유황·홍연·유계는 유배하라. 이일상은 난리를 당하여 국가를 저버리고 성을 나가 도망한 죄가 있으니 절도에 유배하라. 조경·김수익·신상 세 사람은 문밖으로 내쫓아라." 하였다.

– 인조실록 15년 2월 19일 –

2월 28일 청에 빼앗긴 교서와 신주의 개조 문제에 대해 최명길이 아뢰다.

이조 판서 최명길이 만나기를 청하니, 주상이 불러다 보았다. 최명길이 아뢰기를,

"애통해하는 교서를 청나라 사람에게 빼앗겼는데. 청나라의 연호를 쓰지 않아 저들이 반드시 화를 낼 터이니 안타깝기 그지없습니다. 신이 지난번에 모든 문서는 정축丁丑으로 쓰자고 말했는데, 대신이 그 일을 중대하게 여겨 거행하지 못한 결과 이와 같이 되고 말았습니다. 신은 지금부터라도 연호를 사용하여 뒷날의 여지를 만들어 놓아야 마땅하다고 여겨집니다." 하니,

주상이 이르기를, "그 당시 대신에게 하문하였는데 대신이 가부를 결정하지 않아 이와 같이 되었으니, 어떻게 하겠는가." 하자,

최명길이 아뢰기를, "오늘날의 일은 신이 담당하겠습니다. 이미 표문表文을 받들며 신臣이라고 일컫게 된 이상 연호를 사용하는 것은 단지 하나의 절차일 뿐입니다." 하였다.

최명길이 또 아뢰기를, "종묘 사직의 신주가 파손되었거나 손상되었으면 개조하지 않을 수 없습니다." 하니,

주상이 이르기를, "속히 살피게 하라. 만일 파손된 곳이 있으면 잃어버린 신주와 함께 동시에 개조하도록 하라. 숙녕전의 신주도 칼자국이 있으니 개조하는 것이 마땅할 듯하다." 하였다.

최명길이 아뢰기를, "김류와 상의했더니. 그가 말하기를 '향香을 달인 물로 깨끗이 씻어 그대로 봉안하는 것이 타당할 듯하다.'고 하였습니다. 그러나 중대한 관계가 있는 일이므로 감히 경솔하게 아뢰지 못하였습니다." 하니,

주상이 이르기를, "향을 달인 물로 씻는 것은 무방할지 모르겠으나 숙녕전의 칼자국 같은 변고가 있으면 개조하지 않을 수 없다." 하였다.

최명길이 아뢰기를, "선조묘의 신주도 칼자국이 있습니다." 하니,

주상이 이르기를, "그렇다면 그대로 봉안할 수 없다. 먼저 신주를 모시는 감실을 수리하고 개조해서 봉안하는 것이 온당하다." 하였다.

– 인조실록 15년 2월 28일 –

5월 기평군 유백증이 상소를 하여 김류를 공박하고, 이어 양사 등에서 삭출, 파직, 삭탈을 주청하였으나 인조의 비호로 성문 밖으로 추방하는 가벼운 벌에 그치었다.

7월 양사가 김류와 윤방을 문외 출송 할 것을 합계하였으나 윤허하지 않다.

양사가 합계하기를,
"영의정 도체찰사 김류는 일국의 수상으로서 팔도의 군사를 맡았는데 계획하고 적을 막는 것을 전혀 살피지 않았습니다. 강화도의 중요한 임무를 신중히 가리지 않고 경솔히 그 아들에게 제수하여 종묘사직과 빈궁이 한꺼번에 함몰하게 하고, 외로운 성이 포위된 뒤에는 속수무책으로 있다가 여러 번 기회를 잃어 마침내 망극한 지경에 이르렀습니다. 그런데도 벼슬을 잃을세라 걱정하는 마음을 품고 그대로 장수와 재상의 권세를 잡고서 끝내 자기의 잘못을 들추어 말하지 않으므로 사람들의 말이 그치지 않고 뭇사람의 노여움이 불과 같으니, 관작을 삭탈하고 문외로 출송하소서.
영부사 윤방은 원로대신으로서 중대한 종묘사직을 부탁 받았는데, 강화도가 함몰할 때에 죽음으로 지키지 못하고 방어하는 일을 오로지 김경징 등에게 맡겼고, 성이 함몰한 뒤에도 보호하지 못하여 신위가 더럽혀지기도 하고 잃게도 되었으며, 또 전하께서 아직 산성에 계신데 그 전에 먼저 적진에가 내통하였으니 임금을 잊고 나라를 판 죄를 면할 수 없습니다. 그러므로 무거운 벌에 처해야 하는데도 단지 벼슬을 파면하였다가 특별한 은혜를 입고 태연히 정승 반열에 있으므로 여론이 일제히 분격하여 갈수록 격렬하니, 관작을 삭탈하고 문외로 출송하소서."

하니, 답하기를,

"나라의 일이 이 지경이 되었으니, 일을 맡은 대신은 그 책임을 면할 수 없다. 그러나 논한 것이 그 실상이 아니니, 사리와 체면이 옳지 않다. 영상이 일찍 사직하지 않은 것은 나라의 일을 위해서이다. 어찌 벼슬을 잃을세라 걱정하는 마음이 있겠는가. 영부사가 친히 적진에 간 것은 종사를 위한 것이다. 어찌 임금을 잊고 나라를 팔 리가 있겠는가. 본 뜻에 벗어난 지나친 말을 상신에게 가하지 말라." 하였다.

– 인조실록 15년 7월 7일 –

8월 4일 양사가 아뢴 김류·윤방의 관작을 삭탈하여 문외 출송을 요청한 일에 대하여 답하였다. "김류는 관작을 삭탈하라."

9월 21일 김경징을 사사하고 강지흔·변이척을 참형에 처하였다.

12월 19일 양사가 합계하여 김류와 윤방을 위리안치하기를 청하나 윤허하지 않다.

양사가 합계하기를, "윤방과 김류는 나라를 망친 대신입니다. 김류는 겁이 많고 꾀가 없으며 공연히 미워하고 싫어하며 괴팍하여 자기 마음대로입니다. 의병을 일으킨 뜻을 생각하지 않고 오직 재물을 탐내는 것을 일삼아, 국가의 안위와 백성의 고락은 무관심하게 버려두었습니다. 갑자년의 변란 때에는 역적 이괄이 모반하지 않는다고 하다가 그가 군사를 움직이자 그 옥사를 엄하게 다스려서 임금의 의심을 풀려고 하룻밤 사이에 38인을 마구 죽여서 임금의 실덕을 끼쳤습니다. 과거시험을 임금은 하지 않으려고 하는데 청하여 베풀었다가 재시험을 치르게 하여 황해도와 평안도의 인심을 크게 잃었습니다. 장수와 재상의 권세를 겸하여 뇌물이 몰려드니 부귀에 도취하여 백성의 곤궁을 마치 월나라 사람이 진나라 사람이 여윈 것을 보듯이 하였습니다. 그리하여 옳고 그름이 혼란하고 상벌이 전도되어 공정한 도의가 날로 없어지고 탐욕하는 풍습이 날로 성하여 백성의 원망이 날로 불어나고 군정이 날로 허술해졌습니다.

그러고도 스스로 굳세어질 방도는 생각하지 않고 화친을 배척하는 의논을 힘껏 주장하다가, 박노를 곧 보내지 않았을 때에 임금께서 특별히 '적이 깊이 들어오면 체찰사는 무거운 책벌을 면할 수 없을 것이다.'라는 분부를 내리시자, 이 뒤로는 화친하자는 의논에 붙였습니다. 청나라 군사가 도성에 닥치게 되어서는 속수무책하여 강화도로 거동하시기를 청하였을 뿐이며, 남한산성에 머무르실 때 임금께 밤에 몰래 나가시기를 권하였을 뿐이고, 겁내고 움추려서 걸핏하면 기회를 잃고 외방에 있는 장수들에게 기회를 보아 진격하라고 영을 전하였을 뿐입니다. 북문 싸움에서 정예한 군사를 많이 잃자 그 죄를 막료 장수에게 돌려 김추는 참형에 처하고 신경인과 황집은 곤장을 맞았습니다.

휘하의 군관을 가족 피난길에 보내어 그 집을 지키게 하기도 하고 그 짐바리를 호위하게 하기도 하였는데, 이들에게 포상으로 성을 지킨 장수와 병사보다 먼저 벼슬을 주었으며 그 가족의 피란을 위하여 자신의 아들에게 검찰사를 제수하여 강화도가 함몰되게 하였습니다. 환도할 때에 그 집에서 깨진 그릇을 가지고 나온 두 사람이 군관에게 잡혔는데, 모두 베어 죽였습니다. 그 아들이 볼모로 가는 것를 면하려고 감히 벼슬이 높고 상을 당하였다고 이름 아래에다 주를 달았습니다. 국가의 패망을 보통 일인 듯이 여기고 임금의 남한산성에서 출성함을 공이 있는 듯이 말하며 의정부에 높이 손을 모으고 앉아 장수들을 죄주었습니다. 양사가 바야흐로 그 아들을 논할 때에 아침 경연에 입실하기까지 하였으니, 사대부의 염치가 땅을 쓴 듯이 없습니다. 그 죄가 어찌 벼슬을 삭탈하는 데에 그쳐야겠습니까.

윤방은 재주도 없고 덕도 없으며 지극히 어리석고 지극히 나약한데 오래 정승 자리에 있으면서 몸을 용납하고 지위를 보전하여, 조정의 기강과 나라의 형세가 날로 위축되어 수습할 수 없게 만들었습니다. 지난해 용골대가 왔을 때에 화친을 끊을 계책을 아뢰어 병란의 꼬투리를 열고 뜻밖의 화를 재촉하였습니다. 종묘사직의 신주를 책임지게 되어서는 김경징이 하는 대로 맡기고 두려워 어쩔 줄 몰라 지킬 뜻이 없었습니다. 천연의 요새인 긴 강을 청병이 나는 듯이 건넜을 때에 종묘사직의 신주와 빈궁을 피하게 해야 할 것인데 받들어 피할 생각은 하지 않고 몸을 숨겼다가 마침내 항복하여 포로가 되어 종묘사직의 신주를 더럽히고 잃었을 뿐더러, 도성으로 받들고 돌아올 때에는 말에 실어 노비가 그 위에 걸터앉게 하였고, 자기 집에 들어가 밤을 지내기까지 하였으니, 법으로 논하면 곧 크나큰 무례입니다. 강화도를 지키지 못한 죄를 어찌 김경징만이 당해야 하겠습니까. 그런데도 상소하여 스스로 죄를 들추어 말하여 주상의 총명을 어지럽혔습니다. 나라를 그르친 것이 이러하여도 인책할 뜻이 조금도 없으므로 신과 사람이 함께 분개하고 공론이 더욱 격렬해지니, 어찌 대신 줄에 있게 할 수 있겠습니까. 윤방과 김류를 모두 위리 안치하도록 명하소서."

하니, 답하기를,

"대신은 일반 벼슬과 같지 않으므로 무거운 죄가 있더라도 논하는 데에 참작해야 할 것인데 말이 다 지나치고 죄목이 태반이나 부실하니, 내가 생각하기에 공정한 말이 아닌 듯하다." 하였다.

– 인조실록 15년 12월 19일 –

1638년 인조 16년 2월 5일 홍문관의 전 영의정 김류·영중추부사 윤방 등의 죄에 대한 상소문

홍문관이 상소하기를,
"삼가 생각건대, 국가가 유지되는 까닭은 기강이 서고 법령이 행해지기 때문입니다. 오늘날 국세가 이 지경에 이르렀으니, 신들은 모두 죽을죄가 있는 것인데, 하물며 대신으로서 오늘날과 같은 상황을 불러온 데이겠습니까. 전 영의정 김류는 권한이 장수와 재상을 겸하였으니, 의리상 국가의 기쁨과 슬픔을 함께 해야 합니다. 그런데 탐욕스럽고 교만하여 국사를 그르쳐 난의 실마리를 만들었습니다. 평상시에는 주밀하게 대비를 하는 데 기회를 잃었으며, 위급할 때에는 처치하는 데 방도를 잃음으로써 망극한 변란을 초래하여 스스로 용서받기 어려운 죄를 졌습니다. 영중추부사 윤방은 원로 대신으로 종묘·사직의 신주를 안전히 모시라는 부탁을 받고서 미리 구획하여 잘 조처하지 못하였고, 또 변을 만나서는 목숨을 걸고 시의에 맞게 대처하지 못했으니, 신주를 함몰시킨 참담함과 더럽힌 모욕에 대해서는 차마 말 못할 점이 있습니다.

이 두 신하의 죄는 왕법을 시행한다면 사형에 처하더라도 그들 또한 변명할 말이 없을 것입니다. 그런데 사헌부 사간원의 청을 오래도록 윤허받지 못하였습니다. 이에 여론이 더욱 분개하고 공론이 날로 격렬해져 해가 지나도록 논쟁하면서 여기까지 끌어 온 것입니다. 속히 사헌부의 공론을 따라 나라의 법을 엄숙하게 하소서.
그리고 오늘날 남쪽 지방에 우려할 만한 단서가 많이 있어서, 미리 대비할 계책을 모두 강구하였습니다. 그런데 유독 군율에 있어서만은 진작시키지 않고 있습니다. 이와 같이 하다가 하루아침에 경보가 있게 되면 누가 군율을 두려워해 자신을 돌보지 않고서 군부의 위급함에 달려나가려 하겠습니까. 지난해의 변란 때 적을 놓아두고 임금을 버린 원수元帥가 아직까지 목숨을 보전하고 이 세상에서 버젓이 숨을 쉬고 있으니, 만약 제 행로의 하급 장관이나 혹 군율을 받아 죽은 자가 구천에서 원통해 할 것입니다. 옛날 군율은 대장부터 시행했는데, 오늘날 군율은 어찌 그리도 어긋난단 말입니까.

삼군의 명을 맡고 서문西門을 막는 것이 어떤 책임인데 적의 기병 수백 기가 성 아래를 지나갔는데도 그들의 동태를 살펴서 대응하지 못하였고, 대병이 마구 쳐들어 와 남한산성에 다가왔을 때에야 비로소 깊은 골짜기를 경유해 달이 바뀐 뒤에야 와서는 외로운 성을 지척에 두고도 한 발자국도 나아가지 않았습니다. 지금와서 생각해도 간담이 저절로 찢어지며, 온 나라 사람들이 모두 그의 살점을 먹고자 합니다.

법령은 역대왕조의 법령으로 전하에게 전해진 것이니 엄하여 범할 수 없는 것인데, 전하께서 어찌 훈구대신이라는 이유로 조종의 법을 굽힐 수 있겠습니까. 신들이 듣건대, 성왕聖王이 정사를 하는 데 있어서는 상을 줄 때는 원수도 피하지 않고, 처벌할 적에는 임금의 친척이나 근신도 가리지 않는다고 합니다. 이로써 말한다면, 전하께서 벌을 내리는 것이 옛날 성왕들과는 크게 어긋나니, 무엇을 가지고 기강을 진작시키며 인심을 복종시키겠습니까. 군율이 이 사람에게 행해지지 않는다면 뒷날 장수된 자들이 모두 살아날 수 있는 방도가 있다는 것을 알아 목숨을 바치겠다는 마음이 없을까 깊이 염려됩니다. 정밀하고 날카로운 병기가 있고 높고 깊은 성과 못이 있더라도, 그것이 무슨 소용이 있겠습니까. 전하께서 오늘날 부지런히 애쓰시는 것이 헛수고로 돌아가고 성을 쌓고 군량을 운반하고 배를 만들고 군사들을 검열하는 일이 끝내 형식적인 것이 되고 말 것이니, 애석함을 금할 수 없습니다.

신들의 생각으로는, 김자점의 죄는 가장 먼저 군율을 적용하여 처벌하여야 하고, 그 나머지 군사를 잃고 포로가 되고, 목숨을 아껴 구차히 살아난 무리들은 각각 그에 해당된 군율로 차례차례 논단하여야 할 것으로 생각됩니다. 그러면 무너진 기강이 저절로 진작되고 사기가 백배는 충만될 것입니다. 전하께서는 굽어 살펴 받아들이셔서 결단을 내리시기 바랍니다."

하니, 답하기를, "문제를 제기했을 당시 말하지 않은 내용을 주워모아 아뢰니, 몹시 구차하다. 대장을 죄주자고 청하는 것 또한 전의 규례에 어긋난다. 모두 번거롭게 하지 말라." 하였다.

- 인조실록 15년 2월 5일 -

김류는 주화파의 일원으로 청국과의 화의를 성사시키는 역할을 했다가, 척화파의 극렬한 반격으로 실각하고 말았다.

1638년[68세] 인조 16년 2월 양사가 김류의 처벌을 아뢰니 문밖으로 내쫓다. 4월 양사가 김류를 안치할 것을 잇달아 아뢰니 삭탈관직하다. 12월 대사령에 의해 석방하고 서용하게 하다.

김류의 졸기

1648년[78세] 인조 26년 윤 3월 5일 전 영의정 승평 부원군 김류의 졸기

전 영의정 승평 부원군 김류가 졸했는데, 시호는 문충文忠이다. 김류가 병을 얻어 갈수록 위독해지자 상이 잇따라 내의를 보내어 병을 살피게 하고 자주 약물을 내렸다. 병이 위독하게 되자 김류가 상소를 올려 사례하고 아뢰기를,

"신이 곧 죽게 되어 다시 은혜에 보답할 것을 도모할 길이 없어 몸뚱이만 어루만지면서 슬피 우노라니, 눈물이 빗물처럼 쏟아져 내립니다. 삼가 생각하건대, 신이 지금 성상께 영결을 고하면서 끝내 한마디도 하지 않는다면 성상을 크게 저버리는 것입니다. 신은 정신이 혼란하여 인사를 살필 수가 없습니다만, 임금을 사랑하는 구구한 정성은 죽음에 이르렀어도 없어지지 않고 있습니다. 삼가 바라건대 성상께서는 하늘의 노여움을 조심하여 국운이 영원하기를 빌고, 백성의 고통을 돌아보시어 나라의

근본을 공고하게 다지시며, 사적인 의견을 억제하여 충성스런 간언을 받아들이시고, 현명한 인재를 갖추어 벼슬자리를 중하게 하소서. 신은 여러 달 고질병에 시달려 병석에 누워 있기 때문에 끝내 다시 전하를 우러러 뵐 수 없으니, 저승의 아래에서 눈을 감지 못할 것입니다. 이것이 하찮은 신의 하나의 큰 한입니다."

하였는데, 주상이 열람한 다음 안타까운 마음으로 답하기를,

"경의 상소를 살펴보고 내가 매우 놀랍고 슬펐다. 훈계한 내용은 모두가 지론이었으니, 내가 불민하지만 명심하고서 힘써 행함으로써 경의 지극한 뜻에 부합되도록 하겠다."하였다.

또 승지를 보내어 병을 묻게 했고 세자도 궁의 관료를 보내었으나 김류는 이미 말을 할 수 없었다. 향년은 78세였다. 장생전의 관을 하사하라고 명하였다.

김류는 근엄한 마음과 굳센 의지에 기국이 있었으므로 일찍이 재상의 기대를 지니고 있었다. 계해년에 정사 원로훈신에 책봉되어 일대의 종신이 되었다. 이조 판서로서 대제학을 맡았고 도체찰사를 겸했으며 다섯 번 정승에 들어갔었다. 원종의 추숭과 강씨 옥사가 있을 적에는 모두 정당함을 지켜 동요하지 않아 끝내 큰 계책을 도와 이루고 국본을 정하였으니, 위대하다고 할 수 있다. 그러나 성품이 자기의 마음대로 하기를 좋아하여 남의 선을 따르는 데에는 부족한 점이 있었다. 병자호란과 정축년의 난리 때에는 패자에게 중임을 제수하여 결국 나라를 망하게 하였으니, 통분스러움을 금치 못하겠다.

1648년 윤 3월 7일 임신 승평 부원군 김류의 녹봉을 3년을 기한으로 그의 집에 지급하게 하다
1648년 윤 3월 8일 도승지 남선을 보내어 김류의 상사에 조문하다.
1648년 윤 3월 23일 왕세자가 고 영의정 김류의 집에 가서 조제하다.

[승진과정]

임진왜란 수절자의 아들로 음서직으로 관직에 진출

1596년[26세] 선조 29년 정시 문과 급제, 승문원 권지 부정자

1598년[28세] 선조 31년 2월 탄금대 기생과 풍악 건으로 파면

1601년[31세] 선조 34년 6월 모함이 풀려 예문관 검열로 복직.
12월 대교

1602년[32세] 선조 35년 2월 주서, 봉교,
대사헌 정인홍의 상소로 다시 파직, 8월 봉교 복직

1604년[34세] 선조 37년 4월 형조좌랑, 5월 충청도사,
8월 전주판관

1607년[37세] 선조 40년 9월 형조좌랑

1608년[38세] 선조 41년 2월 선조 승하, 광해군 즉위

1609년[39세] 광해 1년 7월 성균관 종5품 직강

1610년[40세] 광해 2년 3월 세자시강원 사서, 4월 수찬,
5월 부교리, 10월 부교리

1611년[41세] 광해 3년 7월 강계부사

1614년[44세] 광해 6년 가선대부로 승급

1615년[45세] 광해 7년 6월 동지겸 명나라 성절사

1617년[47세] 광해 9년 11월 폐비문제에 대한 백관들의 정청

1620년[50세] 광해 11년 이귀 등과 반정을 꾀하다가 미수

1623년[53세] 인조 1년 인조반정 거의대장, 3월 14일 병조참판,
3월 18일 병조판서, 윤 10월 공신 책봉,
윤 10월 겸 판의금부사, 10월 명나라 사신 원접사

1624년[54세] 인조 2년 1월 이괄의 난

1624년[54세] 인조 2년 5월 병조판서 사직, 의정부 우찬성

1625년[55세] 인조 3년 1월 이조판서, 4월 겸 세자 우빈객,
5월 겸 세자 우빈객, 좌빈객 7월 우찬성

1626년[56세] 인조 4년 1월 이조판서, 5월 명나라 사신 원접사.

1627년[57세] 인조 5년 정묘호란.
1월 겸 경기·충청·전라·경상도 체찰사
9월 4일 우의정

1628년[58세] 인조 6년 유효립의 난 진압, 7월 진휼상사 겸직

1629년[59세] 인조 7년 7월 18일 좌의정, 체찰사 겸직

1631년[61세] 인조 9년 4월 좌의정 면직, 도체찰사 유지
1633년[63세] 인조 11년 2월 다시 좌의정, 도체찰사 겸직, 우의정
1634년[64세] 인조 12년 4도 도체찰사로 임명
1635년[65세] 인조 13년 7월 승평부원군 복직
1636년[66세] 인조 14년 7월 14일 영의정, 도체찰사 겸직
1636년[66세] 인조 14년 12월 병자호란
1637년[67세] 인조 15년 1월 30일 삼전도에서 삼배 구고두례
           1월 말 한양으로 환도, 8월 4일 관작 삭탈
1638년[68세] 인조 16년 2월 문의출송, 4월 삭탈관직
           12월 대사령에 의해 석방,서용
1644년[74세] 인조 22년 4월 5일 다시 영의정.
           심기원의 역모 사건 처리, 영국공신 1등
1645년[75세] 인조 23년 2월 3일 영의정, 봉림대군 세자사
1646년[76세] 인조 24년 소현세자빈 강씨 옥사 반대.
           3월 사직, 승평부원군
1648년[78세] 인조 26년 윤 3월 5일 승평 부원군 김류가 죽다.

83. 이홍주李弘胄

정종의 후손, 병자호란중
화친국서를 들고 적진을 드나들다

생몰년도	1562년(명종 17) ~ 1638년(인조 16) [77세]
영의정 재직기간	(1637.9.3~1638.6.11) (9개월)
본관	전주全州
자	백윤伯胤
호	이천梨川
시호	충정忠貞
묘소	경기도 양주 별내면 고산
묘비	영의정 이경석이 지음
6대조	조선 정종의 후손
증조부	이옥형李玉荊 - 하양군
조부	이주李珠 - 파천군
부	이극인李克仁 - 간성군수
모	창원유씨
부인	능성 구씨
장남	이헌방李憲邦 - 감찰
장녀	민성임에게 출가

정종의 후손으로 도량이 넓고 곧았던 인물

이홍주는 자가 백윤伯胤, 호는 이천梨川으로 본관은 전주이다. 그는 조선 정종의 넷째 아들 신성군 이무생의 후손으로, 증조부 이옥형은 하양군이며, 조부 이주는 파천군이었고, 아버지 이극인은 간성군수를 지냈다.

조선조에서는 왕실의 친족은 정치에 참여하지 못하게 하여 임금의 정비 소생에게서 난 자손은 4대손까지, 후궁에게서 난 자손은 3대손까지 종친으로 대우하였다. 종친에게는 작위와 녹을 주는 것을 원칙으로 했기에 별도로 벼슬을 하기 위해 과거를 준비할 필요는 없었다. 3~4대가 지나면 작위와 녹봉 지급이 중지되기에 스스로 벼슬길을 찾아야 했다.

조선의 왕족 가운데 후손이 영의정까지 오른 왕손은 2대 정종, 3대 태종, 4대 세종의 후손만 있었다. 그만큼 오르기 힘든 자리이기도 하지만 왕실의 후손으로 온실 속에서 자란 것을 고려하면 영의정까지 오른 이들은 대단했던 인물임에는 틀림없다.

이홍주는 벼슬의 시작부터 세상을 하직할 때까지 남의 모함을 받거나 반대파의 탄핵을 받아 관직을 삭탈 당한 적이 없다. 다만, 업무과실로 젊은 시절 한 두번의 질책은 받았으나 동료들로부터 적을 만들지 않았다.

20세 갓 넘어 잇달아 부모상을 당하여 부모를 여의고. 누님 섬기기를 어머니같이 하여 가정을 화목하게 이끌었다. 타고난 자품이 매우 높아 법도에 구차히 얽매이지 않았지만 평소의 언행은 도리에 어긋난 것이 없었다. 남들을 대할 때는 하루종일 똑바로 앉아 조금도 게으른 빛이 없었으며, 기풍이 온화하면서도 엄격하여 기뻐함과 노여움을 겉으로 드러내지 않았고, 일에 부딪히면 꿋꿋하고 당당하여 함부로 범접할 수 없었으므로 사람들이 모두 정직하다고 일컬었다. 차림새는 검소하였고 생활이 보잘것없어, 오두막집에서 부들로 만든 방석에 앉았었지만 태연하였다. 타고난 성품이 검약한 데다가 굶주리는 백성들 생각에 자신을 챙기지 않아 늘 끼니 걱정을 할 만큼 가난하였다.

1582년 선조 15년 진사시에 합격하여 의금부 낭관이 되고, 1594년 별시 문과에 병과로 급제하여 승문원 정자가 되었다. 주서·교산찰방을 거쳐 예조·병조·이조좌랑을 역임하였다. 이때 이항복이 도체찰사가 되어 이홍주를 종사관으로 등용하였다. 이후 세자 시강원 사서와 지제교를 겸임하였으며, 이조좌랑에 제수되었다가 1601년 이조정랑으로 승진되었는데 정철의 아들이 견책당한 일에 연좌되어 강서현령으로 나갔다가 이듬해에 파직되어 돌아왔다.

1606년 선조 39년에 평양 서윤으로 나갔는데, 조정에 그 치적이 으뜸이라고 보고되어 옷감 한 벌을 하사받았고, 1609년 광해군 원년에 질병으로 돌아왔다.

1610년에 홍문관 교리에 제수되었다가 얼마 안 되어 체찰사의 추천으로 의주 부윤이 되어 임기를 마치고 돌아왔다. 1614년 광해 6년에는 안동부사로 나가 치적을 이루어 옷감 한 벌을 하사받고, 얼마 후 공무로 인해 견책을 받아 파직되어 산직으로 물러났다. 근 10년간 외직으로만 발령받은 것을 보면 왕실의 후손이라 하여 특별히 우대받은 것은 없었다.

1617년 광해 9년에 동부승지에 제수되었다가 곧 전라 감사가 되었는데, 때마침 흉악한 논의가 거세게 일어나 장차 인목대비를 폐하기 위해 조정 관리들의 의논을 수합하자, 이홍주는 이를 개탄하여 초안을 잡아 놓고 대기하였으나 의논을 수합하는 범위가 지방 관리에게까지는 미치지 않았기 때문에 중지하였다.

1618년 전라도를 감사를 마치고 돌아와 형조참판이 되었다. 1619년 사은사로 명나라에 다녀왔으며, 다시 진주사가 되었으나 병으로 사직하였다. 이 해 병조참판이 되었고, 1621년에는 함경도 관찰사로 나갔다.

1623년 인조반정으로 인조가 임금이 되었을 때, 관찰사로 그대로 유임시켰다가 곧 예조 참판으로 불러 서울로 돌아오던 도중에 도승지로 바꿔 제수하였다. 당시 좌승지의 품계가 이홍주보다 높아 임금이 이홍주에게 특별히 한 자급을 올려줬는데, 보기드문 은전이었다.

1624년 이괄의 난이 일어나자 이홍주를 우참찬 겸 팔도 도원수에 제수하자, 이홍주는 군사에 대하여 익숙지 못하다고 사양하니, 임금이 비답하기를, "경은 행실이 청백하고 도량이 크고 깊다. 청백하면 충분히 수많은 대중을 다스릴 수 있고 도량이 크고 깊으면 충분히 인심을 제어할 수 있으니, 도원수의 임무를 경이 아니면 누가 맡겠는가?" 하였다. 이홍주는 도원수 업무수행 도중 군사를 통솔하는데 모질지 않고도 엄하여 군기가 엄숙하였다. 난을 토벌한 후 우참찬이 되어 지경연사를 겸임했으며, 이어 호태감 접반사·대사헌·전주부윤·도승지·병조판서를 역임하였다.

1628년 인조 6년에 형조 판서를 역임하였고, 1629년에 1년간 경기 감사를 지낸 뒤에 병조 판서, 지돈녕부사·대사헌·예조 판서를 차례대로 역임하였다.

1632년 인목대비가 죽자 애책문[10]을 짓고 숭정대부에 오른 뒤 예조·병조의 판서를 역임하였다. 1635년 왕이 여러 대신들에게 왜의 정세에 관해 묻자 모두들 왜인들은 침범할 힘이 없다고 대답했으나, 그는 병선과 군사를 정비해 환란에 대비하자고 청하였다.

1636년 이조판서를 거쳐 우의정이 되었는데 여러 번 사직을 청했으나 허락되지 않았다. 이 해 말 병자호란이 일어났다. 1637년 청나라에 항복 후 사태가 다급해져 소현세자가 인질로 심양으로 들어가게 되고 대신들도 함께 따라가게 되어 있었으나, 이때 이홍주의 나이 70세가 넘었으므로 당시의 여론이 너무 나이가 많아 그 대상에서 빼자고 하여 임금의 허락을 얻고 영중추부사에 제수하였다.

1637년 인조 15년 가을에는 말미를 받아 묘소를 참배하고 그대로 선산 아래 머물러 있었는데, 얼마 안 되어 영의정에 임명되었으므로, 여러 번 사양하였으나 임금의 부탁하는 말이 한층 더 간절하여 마지못해 일어나 조정에 나아갔다. 1638년 인조 16년 5월부터 다리병의 증세가 심각해져 사직소를 20여 차례나 올리자, 임금이 비로소 허락하고는 사관을 보내어 위문하고 의원과 약물을 계속 보내왔다. 7월 13일 정침에서 졸하였는데, 나이는 77세였다. 시호는 충정忠貞으로 내려졌다.

항상 겸손하고 사양하며 자주 자리를 바꿔주기를 원하면서도, 일을 당해서는 자기의 주장을 굽히지 않고, 바른길을 지키며 털끝 만큼도 남의 눈치를 보지 않으니, 사람들이 모두 "참으로 바르고 곧은 사람이다"하였다.

- 국역 국조인물고, 이홍주, 세종대왕 기념사업회 -

---

10) 애책문 : 죽은 자를 조의하고 애도하는 글

병자호란 화친체결의 중재자

1636년 병자호란이 일어나자 12월에는 임금을 호위하고 남한산성으로 들어갔으며, 여러 차례 국서를 가지고 왕명을 받들어 적진으로 갔는데, 산성에서 나오는 문제를 거론할 때마다 그들의 뜻을 받아주지 않았고, 어느 날 임금이 산성을 나가는 계책을 가지고 묻자 이홍주는 임금의 항복은 있을 수 없다는 주장을 극력 아뢰었다. 12월 14일 최명길에게 화친을 청하게 하고 주상은 남한산성에 도착하였는데, 강화도로 옮기기로 결정하였다.

저물 무렵에 임금의 수레가 출발하려 할 때 수레와 말을 담당하는 관리가 다 흩어졌는데, 말관리인 이성남이 말을 끌고 왔다. 수레가 숭례문에 도착했을 때 적이 이미 양철평까지 왔다는 소식을 접했으므로, 주상이 남대문 루에 올라가 신경진에게 문 밖에 진을 치도록 명하였다. 최명길이 청나라 진영으로 가서 변동하는 사태를 살피겠다고 청하니, 최명길을 보내어 오랑캐에게 강화를 청하면서 그들의 진격을 늦추게 하도록 하였다.

주상이 돌아와 수구문을 통해 남한산성으로 향했다. 이때 변란이 창졸 간에 일어났으므로 근신 중에는 간혹 도보로 따르는 자도 있었으며, 성 안 백성은 부자·형제·부부가 서로 흩어져 그들의 통곡소리가 하늘을 뒤흔들었다. 초경이 지나서 대가가 남한산성에 도착하였다.

김류가 주상에게 강화도로 옮겨 피할 것을 권하였는데, 홍서봉과 이성구도 그 말에 찬동하였으며, 이홍주는 형세로 보아 반드시 낭패하게 될 것이니 요행을 바라서는 안 된다고 하였다. 그러나 다른 사람은 모두 이런 의논이 있는 것을 모르고 있었는데, 병방 승지 이경증이 집의 채유후에게 이 일을 은밀히 말하였다. 채유후가 드디어 만나길 청하여 불가하다고 자기 의견을 고집하므로, 이경증이 김류를 불러 물어볼 것을 청하였다.

김류가 아뢰기를, "고립된 성에 계시면 외부의 구원도 없게 되고 말 풀과 양식도 부족할 것입니다. 강화도는 우리에게 편리하고 저들에게는 침범하기 어려운 곳입니다. 또 적군은 뜻이 명나라에 있으니, 반드시 우리를 상대로 지구전을 벌이지는 않을 것입니다. 그러므로 신이 강화도로 가시는 것이 편리하다고 말씀드린 것입니다." 하니,

주상이 이어 김류의 귀에 대고 하문하기를, "어느 길로 가야 하는가?" 하자,

아뢰기를, "과천과 금천을 경유하는 것이 마땅합니다." 하였다.

주상이 이르기를, "강화도는 이 곳에서 무척 먼데 어떻게 도착할 수 있겠는가?" 하니,

김류가 아뢰기를, "날쌘 기병으로 금천과 과천의 들을 가로질러 가면 충분히 도착할 수 있습니다." 하였다.
삼사가 모두 간쟁하였으나 뜻을 이루지 못하고 마침내 어가를 옮길 계획을 정하니, 하룻밤 사이에 성 안이 온통 들끓었다.

-인조실록 14년 12월 14일 -

1637년 인조 15년 1월 9일 대사간 김반과 집의 채유후 등이 청대하고 사신 파견의 불가함을 아뢰다.

대사간 김반, 집의 채유후, 교리 김익희가 청대하여 각기 사신을 파견해서는 안 된다는 뜻을 아뢰었다. 동부승지 이경증이 아뢰기를, "삼사의 말이 이와 같으니 다시 대신을 불러 헤아려 보는 것이 어떠하겠습니까?"

하니, 주상이 대신과 비국의 제신을 불러 하문하기를, "오랑캐 진영에 사신을 파견하는 일에 대하여 예조 판서 등 여러 사람이 모두 무익하다고 하는데, 그 의논이 어떠한가?"

하였다. 김류가 아뢰기를, "신 또한 틀림없이 유익할 것이라고 생각해서가 아니고 일

이 어떻게 할 수 없기 때문에 이런 거론을 한 것입니다."

하고, 이홍주가 아뢰기를, "신의 생각으로는 틀림없이 무익하리라고 여겨집니다."

하고, 김반이 아뢰기를, "보내자고 하는 사람은 한두 명의 대신에 불과하고 또 나머지는 모두들 불가하다고 말합니다. 지난번 북문에서 조금 꺾인 뒤로 저들의 기세가 한창 교만해지고 있습니다. 그런데 대신이 잇따라 왕래하였는데, 당시의 문자는 곧 항복서였지 화해서가 아니었습니다. 스스로 강해진 뒤에야 화친도 성립될 것입니다."

하니, 주상이 이르기를, "어느 때나 스스로 강해지겠는가."

하였다. 김반이 아뢰기를, "이의배는 머뭇거리며 진격하지 않았고, 이시방은 김준룡을 구원하지 않아 광교에서 패배를 당하게 하였으니, 모두 분통스럽기 짝이 없습니다. 두 사람을 처벌하여 군율을 밝히소서."

하니, 주상이 이르기를, "명령이 통하지 않는데 어떻게 하겠는가."

하였다. 병조 판서 이성구가 아뢰기를, "오늘 승려를 모집해서 원수元帥에게 보내 먼저 이의배를 참하게 한 뒤 통솔할 장수를 대신 정하는 것이 좋겠습니다."

하니, 주상이 이르기를, "적과 대치한 상황에서 장수를 바꾸는 것은 병가兵家에서 크게 꺼리는 일이니 용이하게 할 수 없다."

하였다. 김상헌이 아뢰기를, "보낼 문서를 신이 보지는 못했습니다만, 곁에서 듣건대 관온 인성 등 단어의 뜻을 해석하여 찬미하였다고 합니다. 삼공이 모여 다시 더 재량하도록 하소서."

하니, 주상이 이르기를, "그 전부터 문장을 잘못 작성하여 강한 오랑캐를 가볍게 보고 도발시킴으로써 이 지경에 이르렀다. 우리는 약하고 저들은 강하니 한갓 빈 말만 숭상할 수는 없다."

하였다. 대사헌 김수현이 아뢰기를, "밖에서 공격하는 일은 위태롭습니다."

하고, 김류가 아뢰기를, "오늘날에는 장수가 되는 것이 또한 어렵지 않겠습니까. 싸우지 않으면 사론(士論)이 그르다고 하고, 싸워서 불리하게 되면 역시 사론이 비난하니, 일을 장차 어떻게 해야 하겠습니까." 하였다.

— 인조실록 15년 1월 9일 —

1637년 인조 15년 1월 11일 이의정 이홍주와 호조 판서 김신국 등이 국서 대신 말로 물어보길 청하다.

우의정 이홍주, 호조 판서 김신국, 예조 판서 김상헌 및 비국 당상이 청대하여 아뢰기를,

"갖가지를 생각하고 헤아려 보아도 국서를 보내는 것이 합당한 일인지 모르겠습니다. 전일 왕래한 재신으로 하여금 먼저 말로 용골대에게 가서 물어보게 하는 것이 순서일 듯합니다."

하니, 주상이 이르기를, "말로 전하는 이야기를 저들이 어찌 응답하겠는가."

하였다. 김상헌이 아뢰기를, "문서 가운데 '임진년에 신종 황제가 군사를 출동시켜 난리를 구원하였다. 지금 만약 군사를 거두어 보존하도록 도모해 준다면 그 은혜가 다름이 없으니 일이 어찌 차이가 있겠는가.' 하는 등의 말이 있습니다. 그러나 이러한 문자로는 그들의 노여움이 풀리리라고 기대하기 어렵고, 문장을 작성한 것도 매우 타당하지 못합니다."

하였다. 상이 김류·홍서봉·최명길을 불러서 들어 오게 하고, 이르기를, "우상의 뜻은 문서를 보내지 말고 단지 말로 먼저 탐지해 보는 것이 마땅하다고 하는데, 어떻게 해야 할지 모르겠다."

하니, 김류와 홍서봉이 대답하기를, "허다한 이해 관계를 말로 전달하기는 어렵습니다."

하고, 최명길이 아뢰기를, "국서는 이미 작성되었는데, 여러 갈래로 논의가 많으니 어

느 때나 결정되겠습니까. 지금은 여러 의논을 배격하고 그대로 하는 것이 좋겠습니다." 하였다.

– 인조실록 15년 1월 11일 –

1월 19일 오랑캐가 보낸 사람이 서문 밖에 와서 사신을 보내라고 독촉하였다. 좌상 홍서봉이 병을 핑계대고 사양하였으므로 우상 이홍주와 최명길·윤휘를 보내 오랑캐 진영에 가게 하였다.

1월 20일 오랑캐가 답서를 보내어 화친을 배격한 신하를 묶어 보내라 하다.

이홍주 등을 보내 지난번의 국서를 가지고 오랑캐 진영에 가도록 하였는데, 답서를 받아 가지고 돌아 왔다. 그 글에,

"그대가 하늘의 명을 어기고 맹세를 배반하였기에 짐이 매우 노엽게 여겨 군사를 거느리고 정벌하러 왔으니 뜻이 용서하는 데 있지 않았다. 그러나 지금 그대가 외로운 성을 고달프게 지키며 짐이 직접 준절하게 책망한 조서를 보고 바야흐로 죄를 뉘우칠 줄 알아 여러 번 글을 올려 면하기를 원했으므로, 짐이 넓은 도량을 베풀어 스스로 새로워지기를 허락하는 바이다. 하지만 이는 힘으로 공격해서 취할 수 없거나 형세상 에워쌀 수 없어서가 아니라 불러서 오도록 하기 위함이다. 이 성은 공격하기만 하면 진실로 함락시킬 수 있다. 그렇게 하지 않더라도 그대의 꼴과 식량을 군사와 말이 다 먹도록 해서 저절로 곤궁하게 하면 또한 함락시킬 수 있다. 이처럼 보잘것 없는 성을 함락시킬 수 없다면 장차 어떻게 유연幽燕을 함락시키겠는가.

그대에게 성을 나와 짐과 대면하기를 명하는 것은, 첫째로는 그대가 진심으로 기뻐하며 복종하는지를 보려 함이며, 둘째로는 그대에게 은혜를 베풀어 나라를 온전하게 회복시켜 줌으로써 천하에 인자함과 신의를 보이려 함이다. 꾀로 그대를 유인하려는 짓은 하지 않는다. 짐은 바야흐로 하늘의 도움을 받아 사방을 평정하고 있으니, 그대의 지난날의 잘못을 용서하여 줌으로써 남조南朝에 본보기를 보이려고 하

는 것이다. 만약 간사하게 속이는 계책으로 그대를 취한다고 하더라도 이 큰 천하를 어떻게 모두 간사하게 속여서 취할 수 있겠는가. 이는 와서 귀순하려는 길을 스스로 끊는 것이니, 진실로 지혜로운 자나 어리석은 자를 막론하고 다 아는 일이다. 그대가 만약 날짜를 미루고 나오지 않는다면, 지방이 유린되고 꼴과 식량이 모두 떨어져 생령이 도탄에 허덕이고 재해와 고통이 날마다 더할 것이니, 진실로 잠시도 늦출 수 없는 일이다.

맹서를 어기도록 앞장 서서 모의한 그대의 신하에 대해 짐이 처음에는 모두 죽인 뒤에야 그만 두려고 생각하였다. 그러나 지금 그대가 정말로 성에서 나와 귀순하려거든 먼저 앞장 서서 모의한 신하 2, 3명을 묶어 보내도록 하라. 짐이 효시梟示하여 후인을 경계시키겠다. 짐이 서쪽으로 정벌하려는 큰 계책을 그르치게 하고 백성을 수화水火에 빠뜨린 자가 이들이 아니고 누구이겠는가. 만약 앞장 서서 모의한 자를 미리 보내지 않더라도 그대가 이미 귀순한 뒤에 비로소 찾아 내는 짓은 짐이 하지 않겠다. 그러나 그대가 만약 나오지 않으면 아무리 간절하게 빌고 청하더라도 짐은 들어주지 않을 것이다. 특별히 유시한다."

하였다. 주상이 하문하기를, "오늘 저들의 말이 어떠하였는가?"

하니, 최명길이 아뢰기를, "용골대와 마부대가 말하기를 '처음에는 정말로 조금도 호의를 가지지 않았는데, 그대 나라가 한결같이 사죄하였기 때문에 황제께서 지난날의 노여움을 모두 푼 것이다. 지금 만일 성에서 나오려거든 먼저 앞장 서서 화친을 배척한 1, 2명을 잡아 보내라. 이와 같이 한다면 내일 포위를 풀고 떠나겠다. 그렇지 않으면 성에서 나온 뒤에 또 한 번 다투는 단서가 될 것이다.' 하였습니다."

하였다. 주상이 이르기를, "화친을 배척한 신하를 어찌 차마 묶어서 보내겠는가?"

하니, 김류가 아뢰기를, "우리 나라가 남조(명나라)에 복종하여 섬겨 온 지 이미 오래되었기 때문에 배신할 수 없다고 한 몇 사람이 있기는 하지만 오늘부터 대국을 섬긴다면 그들도 오늘날 남조를 배반하지 않는 것처럼 뒷날 대국을 배반하지 않을 것이라는 내용으로 말을 해야 할 것입니다."

하고, 최명길이 아뢰기를, "조약을 강정(講定)하면서 그들의 답변을 살펴 보아야 하겠습니다."

하자, 주상이 이르기를, "경들은 다만 답서를 지어내도록 하라." 하였다.

- 인조실록 15년 1월 20일 -

1637년[76세] 인조 15년 1월 21일 이홍주 등을 통해 보낸 국서

이홍주 등을 보내 국서를 받들고 오랑캐 진영에 가게 하였는데, 그 글은 다음과 같다.
"조선 국왕 신 이모는 삼가 대청국 관온 인성 황제 폐하에게 글을 올립니다. 신이 하늘에 죄를 얻어 외로운 성에서 고달프게 지내면서 곧 망하게 되리라는 것을 스스로 알고 여러 번 글을 올려 스스로 새롭게 되는 길을 찾았습니다만, 감히 크게 노여워하시는 하늘에 꼭 용서받으리라고 확신하지는 못하였습니다. 그런데 이번에 은혜로운 뜻을 받들건대 지난 날의 잘못을 모두 용서하여 추상같은 엄숙한 위엄을 늦추시고 따뜻한 봄같은 혜택을 베푸심으로써 장차 동방 수천 리의 백성들로 하여금 물불의 난 가운데에서 벗어나게 하셨으니, 어찌 한 성城의 목숨만 연장되는 것이겠습니까. 군신 부자가 감격하여 눈물을 흘리며 어떻게 보답해야 될지를 모를 것입니다.

저번에 성에서 나오라는 명을 받고는 실로 의혹되고 두려워지는 단서가 많았는데, 마침 하늘의 노여움이 아직 거치지 않은 때라서 감히 마음에 품은 생각을 모두 아뢰지 못하였습니다. 그런데 이제 숨김없이 알리고 정령하게 인도하시는 뜻을 받들건대, 이는 참으로 옛사람이 '입장을 바꿔서 잘 헤아려 준다.'고 하는 것이라 하겠습니다. 신이 대국을 받들어 섬긴 지 10여 년 동안에 폐하의 신의를 심복해 온 것이 오래 되었습니다. 대수롭지 않은 언행도 서로 부합되지 않은 것이 없었는데, 더구나 신실하기가 사계절과 같은 조칙의 명이겠습니까. 따라서 신은 다시 이것을 염려하지는 않습니다.

다만 신에게 안타깝고 절박한 사정이 있기에 폐하에게 호소하려 합니다. 동방의 풍속은 대국적이 못되어 예절이 너무하리만큼 꼼꼼합니다. 그리하여 임금의 행동에 조금만 정상적인 법도와 다른 점이 보이면 놀란 눈으로 서로 쳐다보며 괴상한 일로 여깁니다. 이런 풍속을 따라서 다스리지 않으면 마침내는 나라를 세울 수가 없게 됩니다. 정묘년 이후로 조정의 신하들 사이에 다른 논의가 많았으나 가능한 한 진정시키려고 하면서 거연히 나무라거나 책망하지를 못했던 것은 대체로 이런 점을 염려해서였습니다. 오늘날에 이르러 온 성의 백관과 백성이 위태롭고 급박한 사세를 목도하고 귀순하자는 의논에 대해서는 똑같은 말로 동의하고 있습니다만, 오직 성에서 나가는 한 조목에 대해서만은 모두들 고려조 이래로 없었던 일이라고 하면서 죽는 것으로 스스로 결정하고 나가지 않으려 합니다. 만약 대국이 독촉하기를 그만두지 않으면 뒷날 얻는 것은 쌓인 시체와 텅 빈 성에 불과하게 될 것입니다. 지금 이 성 안의 사람들이 모두 조만간 죽을 것을 알면서도 이처럼 말들 하는데, 더구나 다른 일의 경우이겠습니까.

예로부터 국가가 망한 이유가 오로지 적병 때문만은 아니었습니다. 아무리 폐하의 은덕을 입어 다시 나라를 세울 수 있다고 하더라도, 오늘날의 인정을 살펴 보건대 신을 임금으로 떠받들려 하지 않을 것이니, 이것이 신이 크게 두렵게 여기는 바입니다. 폐하께서 귀순하도록 허락하신 것은 대체로 소국의 종묘사직을 보전시키려 함인데, 이 한 가지일 때문에 나라 사람들에게 용납되지 못한 채 마침내 멸망하고 만다면 이는 분명히 폐하께서 감싸주고 돌보아 주시는 본 뜻이 아닐 것입니다.

그리고 폐하가 천둥 번개와 같은 군사로 천 리나 떨어진 땅에 들어와 두 달도 채 못되어 그 나라를 신하로 만들고 그 백성들을 어루만지셨으니, 이야말로 천하의 기이한 공으로서 전대에 없었던 일입니다. 어찌 꼭 신이 성에서 나오기를 기다린 뒤에야 이 성을 이겼다고 말하겠습니까. 폐하의 위세과 무력에도 손상이 가지 않고 소국의 존망 문제를 해결할 수 있는 열쇠가 바로 이 점 하나에 달려 있다고 할 것입니다. 더구나 대국이 이 성을 공격하지 않는 것은 이기지 못해서가 아닙니다. 또 성을 공격하는 목적은 죄 있는 자를 토벌하기 위함인데, 이미 신하로서 복종하였으니, 성이 무슨 필요가 있겠습니까. 삼가 생각건대 폐하께서는 천부적인 깊은 지혜로 만물을 밝게 살피시니, 소국의 진정과 실상에 대하여 반드시 남김없이 환하게 아실 것입니다.

화친을 배척한 제 신들의 일에 대해서는 이렇게 생각합니다. 소국은 으레 대간을 두어 쟁논하는 직무를 주관하게 하고 있습니다. 그런데 지난날의 행동은 실로 그릇되고 망령되기 짝이 없었으니, 소국의 백성으로 하여금 도탄에 허덕이게 한 것은 이 무리들의 죄가 아닌 것이 없었습니다. 지난해 가을 무렵에 근거 없는 논의로 일을 그르친 자를 적발하여 모두 배척해서 내쫓았습니다. 지금 황제의 명을 받들었으니 어찌 감히 어기겠습니까마는, 이 무리들의 본정을 생각해 보면, 식견이 치우치고 어두워 천명이 있는 곳을 모르고 마음속으로 옛날의 습관만 융통성 없이 지키려고 하다가 그렇게 된 데 불과합니다. 이제 폐하께서 바야흐로 군신의 대의로 한 세대를 감화시킨다면, 이와 같은 무리도 당연히 불쌍히 여겨 용서하는 가운데 포함시켜야 될 듯합니다. 삼가 생각건대 폐하께서 하늘과 같은 도량으로 이미 나라 임금의 죄를 용서해 주신 이상, 보잘것없는 이들 소신小臣을 곧바로 소국의 법률로 다스리도록 회부해 주신다면, 관대한 덕이 더욱 나타날 것이기에 아울러 어리석은 견해를 진달하며 폐하의 결재를 기다립니다. 삼가 죽음을 무릅쓰고 아룁니다. 숭덕崇德 모년 월 일."

– 인조실록 15년 1월 21일 –

1637년 인조 15년 1월 21일 최명길이 왕이 성에서 나와야 한다는 오랑캐의 말을 아뢰다.

이홍주 등이 국서를 전하고 온 뒤에 만났다. 최명길이 아뢰기를,
"용골대가 말하기를 '지난번의 글에 두 건의 일이 있었는데 듣고 싶다.' 하기에 신이 먼저 화친을 배척한 사람의 일을 대답하고, 성에서 나오는 한 건은 국서 내용을 해석하여 말했더니, 용골대가 말하기를 '황제가 심양에 있다면 문서만 보내도 되겠지만 지금은 이미 나왔으니 국왕이 성에서 나오지 않을 수 없다.' 하였습니다."

하니, 주상이 이르기를, "저들이 기필코 유인하여 성에서 나오게 하려는 것은 잡아서 북쪽으로 데려 가려는 계책이다. 경들은 대답을 우물쭈물하지 않았는가?"

하자, 대답하기를, "준엄한 말로 끊었습니다." 하였다.

–인조실록 15년 1월 21일 –

1월 21일 용골대가 급히 사신을 청하다.

저녁 때에 용골대가 서문 밖에 와서 급히 사신을 청했다. 상이 대신 이하를 명하여 인견하고, 분부하기를, "성에서 나가는 한 건은 다시 응답하지도 말도록 하라."

하니, 이경증이 아뢰기를, "필경 따르기 어려운 일을 어찌 섣불리 대답하겠습니까?"

하자, 주상이 이르기를, "이조 판서는 성질이 본래 유약하니, 저들이 혹시라도 화를 내면 틀림없이 좋은 말로 해명할 것인데, 이렇게 하는 것은 부당하다."

하였다. 최명길이 아뢰기를, "혹시 등급을 낮추는 말을 꺼내면 어떻게 대답해야 합니까?"

하였는데, 등급을 낮춘다는 것은 세자가 성에서 나오기를 청하는 것이었다. 이홍주가 아뢰기를, "세자는 상제祥制도 아직 마치지 못했으니, 병이 중하다고 해야 할 것입니다." 하였다.

-인조실록 15년 1월 21일-

1월 22일 김류·이성구·최명길이 입대하여 신하를 묶어 보내는 것에 대해 아뢰다.

김류·이성구·최명길이 입대하였다. 최명길이 아뢰기를, "다시 문서를 작성하여 회답해야겠습니다."

하고, 김류가 아뢰기를, "화친을 배척한 사람들의 의논이 당시에는 정론이었다고 하더라도 오늘에 이르러서는 나라를 그르친 죄를 피할 길이 없으니, 그들이 나가기를 자청한다면 좋겠습니다. 홍익한은 현재 평양에 있는데, 저들로 하여금 그에 대한 처치를 마음대로 하게 하는 것이 적당하겠습니다."

하고, 최명길이 아뢰기를, "신은 홍익한과 한 집안입니다. 그러나 연나라가 장차 망하게 되자 태자 단의 목을 베어 보냈으며, 송나라에도 한탁주(금나라와 전쟁을 주장한 신하)가 있었습니다. 만약 주상의 명령이 있으면 어찌 감히 혐의를 피하겠습니까."

하고, 이홍주가 아뢰기를, "지금 만약 묶어 보내어 저들이 즉시 포위를 푼다면 그런 것을 돌아볼 여유가 없다고 하겠습니다만, 그들이 꼭 포위를 푼다는 보장이 없는데 묶어서 보내는 일을 어떻게 차마 하겠습니까."

하고, 이성구가 아뢰기를, "이런 일은 아래에서 강정할 일입니다. 중한 임금의 입장에서 그런 것을 어떻게 돌아보겠습니까. 홍익한의 죄는 진나라 경연광(전쟁을 불사하겠다고한 신하) 보다도 크니 저들로 하여금 처치하게 하더라도 안 될 것이 없습니다."

하고, 김류가 아뢰기를, "이 일은 아래에서 해야 하니, 어찌 품신할 필요가 있습니까."

하니, 주상이 이르기를, "이는 너무나 참혹한 일이다. 날씨가 매우 추우니 우선 물러가서 쉬도록 하라." 하였다.

– 인조실록 15년 1월 22일 –

1월 24일 적이 서문 밖에 와서 사신을 보내라고 독촉하였다. 사신 이홍주 등이 오랑캐 진영에 가서 국서를 전달하고 돌아왔다.

1637년 인조 15년 1월 27일 황제의 약속을 확인하려는 국서

이홍주·김신국·최명길을 보내 글을 받들고 오랑캐 진영에 가게 하였다. 그 글에,

"조선 국왕 신 이모는 삼가 대청국 관온 인성 황제 폐하께 글을 올립니다. 신이 이달 20일에 황제의 뜻을 받들건대 '지금 그대가 외로운 성을 고달프게 지키며 짐이 절실히 책망하는 조서를 보고 바야흐로 죄를 뉘우칠 줄 아니, 짐이 넓은 도량을 베풀어 그대가 스스로 새로와지도록 허락하고, 그대가 성에서 나와 짐을 대면하도록 명한다. 이는 한편으로는 그대가 진심으로 기뻐하며 복종하는지 확인하는 것이며, 한편으로는 그대에게 은혜를 베풀고 국토를 회복시켜줌으로써 회군한 뒤에 천하에 인애와 신의를 보이려고 함이다. 짐이 바야흐로 하늘의 돌보심을 받들어 사방을 어루만져 안정시키니, 그대의 지난날의 잘못을 용서함으로써 명나라의 본보기를 삼으려한다. 만약 간사하게 속이는 계책으로 그대를 취한다면 천하가 크기도 한데 모두 간사하게 속여서 취할 수 있겠는가. 이는 와서 귀순하려는 길을 스스로 끊는 것이다.'고 하였습니다.

신은 성지를 받들고서부터 천지처럼 포용하고 덮어 주는 큰 덕에 더욱 감격하여 귀

순하려는 마음이 가슴 속에 더욱 간절하였습니다. 그러나 신 자신을 살펴보건대 죄가 산더미처럼 쌓여 있기에, 폐하의 은혜와 신의가 분명하게 드러남을 모르는 것은 아니었지만, 조서를 내림에 황천이 내려다 보는 듯하여 두려운 마음을 품은 채 여러 날 머뭇거리느라 앉아서 회피하고 게을리하는 죄만 쌓게 되었습니다. 이제 듣건대 폐하께서 곧 돌아가실 것이라 하는데, 만약 일찍 스스로 나아가서 용안을 우러러 뵙지 않는다면, 조그마한 정성도 펼 수 없게 될 것이니 후회한들 무슨 소용이 있겠습니까.

다만 생각하건대 신이 바야흐로 3백 년 동안 지켜온 종묘사직과 수천 리의 백성을 폐하에게 우러러 의탁하게 되었으니 정리상 실로 애처로운 점이 있습니다. 만약 혹시라도 일이 어긋난다면 차라리 칼로 자결하는 것이 나을 것입니다. 삼가 원하건대 자비로운 황제께서는 진심에서 나오는 정성을 굽어 살피시어 조서를 분명하게 내려 신이 안심하고 귀순할 수 있는 길을 열어 주소서."
하였는데, 마부대가 글을 받고 말하기를, "황제에게 품하여 날짜를 정해서 통보하겠다." 하였다.

- 인조실록 15년 1월 27일 -

1월 29일 병조 판서 이성구를 우의정으로 삼았다. 당시 대신이 세자를 따라 인질로 들어가야 한다는 의논이 있었는데, 이홍주가 연로했기 때문에 이성구로 대신한 것이다.

이홍주의 졸기

1638년[77세] 인조 16년 7월 14일 의정부 영의정 이홍주의 졸기

의정부 영의정 이홍주가 졸하였다. 이홍주의 자는 백윤伯胤인데, 사람됨이 침착하고 청렴하였다. 선조 때의 명망으로 성상께 인정을 받고 크게 임용되어 도원수·종백(예조판서)·사마(병조판서)·총재(이조판서)의 직책을 역임하였다. 영의정이 되어서도 항상 뒤로 물러서고 세력과 이익을 점거하려고 하지 않아 거처하는 집이 비바람을 가리지 못하였다. 졸하자, 집에 쌀 한 가마니도 남아있는 것이 없어서 부의를 힘입어 장사를 지내니, 사람들이 모두 탄복하였다.

[승진과정]

1582년[21세] 선조 15년 진사시에 합격, 음관으로 이조낭관
1589년[28세] 선조 22년 12월 성균관 유생들이 과거응시 정지자의 합격에 분개해 하다.
1593년[32세] 선조 26년 임진왜란시 의금부 도사에 임명
1594년[33세] 선조 27년 2월 낭속
1595년[34세] 선조 28년 2월 가주서,
　　　　　　　9월 별시 문과 병과 급제, 승문원 정자
1596년[35세] 선조 29년 고산도 찰방
1599년[38세] 선조 32년 12월 예조좌랑
1600년[39세] 선조 33년 6월 병조좌랑, 이항복 종사관, 시강원
　　　　　　　사서, 지제교 겸임, 10월 이조좌랑,
　　　　　　　11월 비변사 유공신 16인에 천거되었다.
1601년[40세] 선조 34년 6월 이조정랑, 강서현령
1602년[41세] 선조 35년 1월 파직
1604년[43세] 선조 37년 1월 강서현령
1605년[44세] 선조 38년 10월 성균관 사예 겸 편수관
1606년[45세] 선조 39년 평양서윤
1607년[46세] 선조 40년 7월 다시 평양서윤
1609년[48세] 광해 1년 5월 다시 평양서윤. 12월 부수찬
1610년[49세] 광해 2년 2월 홍문관 교리, 3월 의주부윤
1610년[49세] 광해 2년 10월 사간원이 의주 부윤 이홍주를
　　　　　　　잡아다 국문할 것을 연속 아뢰다.
　　　　　　　윤 11월 의주부윤 면직
1614년[53세] 광해 6년 안동부사
1615년[54세] 광해 7년 7월 분승지
1616년[55세] 광해 8년 10월 종 6품 사과
1617년[56세] 광해 9년 1월 동부승지, 3월 승지, 4월 전라 감사
1618년[57세] 광해 10년 서반 중추부, 8월 형조 참의
　　　　　　　10월 분병조 참판.
1619년[58세] 광해 11년 명나라 사신으로 중국 연경에 다녀오다.
1620년[59세] 광해 12년 5월 병조참판
1621년[60세] 광해 13년 1월 지의금부사 겸 승문원제조,
　　　　　　　동지중추부사 겸 부총관, 5월 병조참판

겸 동지의금부사, 6월 함경도 관찰사

1623년[62세] 인조반정
1624년[63세] 인조 2년 이괄의 난. 6월 우참찬 겸 팔도 도원수
1624년[63세] 인조 2년 8월 예조참판, 도승지
1625년[64세] 인조 3년 9월 대사헌
1626년[65세] 인조 4년 2월 도승지, 윤 6월 우참찬,
　　　　　　　10월 지경연사
1627년[66세] 인조 5년 정묘호란. 우참찬 겸 의금부사,
　　　　　　　12월 동지춘추관사, 12월 대사헌, 지중추부사
1628년[67세] 인조 6년 1월 죽책 사서관, 3월 대사헌,
　　　　　　　5월 형조판서, 10월 도승지
1629년[68세] 인조 7년 6월 대사헌, 1년간 경기 관찰사.
1630년[69세] 인조 8년 5월 병조판서, 지돈녕부사, 대사헌
1631년[70세] 인조 9년 4월 예조판서, 개성유수
1632년[71세] 인조 10년 10월 대사헌, 좌참찬,
　　　　　　　10월 겸 지춘추관사, 12월 예조판서
1633년[72세] 인조 11년 1월 병조판서, 3월 병조판서
1634년[73세] 인조 12년 창경궁 보수공사 감독, 숭록대부로 승진,
　　　　　　　판돈녕부사, 윤 8월에 예조 판서, 10월 병조판서
1635년[74세] 인조 13년 11월 겸 판의금부사,
　　　　　　　12월 병조판서직 사직
1636년[75세] 인조 14년 1월 예조판서,2월 이조판서, 5월 우의정
　　　　　　　12월 병자호란
1637년[76세] 인조 15년 1월 21일 화친 국서 전달
1637년[76세] 인조 15년 9월 3일 영의정
1638년[77세] 인조 16년 6월 11일 영의정 사직
1638년[77세] 인조 16년 7월 14일 의정부 영의정 이홍주가 죽다

84. 최명길崔鳴吉

인조반정 1등공신, 청나라와 화친을 주장한 주화파

생몰년도	1586년(선조 19) ~ 1647년(인조 25) [62세]
영의정 재직기간	1차 (1638.9.15.~1640.1.15)
	2차 (1642.8.3~1642.11.17) (1년 7개월)
본관	전주全州
자	자겸子謙
호	지천遲川
공훈	인조반정 1등공신
당파	서인
묘소	충북 청원군 북이면 대율리
묘비	영의정 남구만이 지음, 손자 최석정이 전자를 씀
출생지	충청도 청주
기타	윤두수, 윤근수, 이항복, 신흠의 문인
조부	최수준崔秀俊
부	최기남崔起南 – 영흥부사
모	유씨 – 유영립의 딸
형	최내길崔來吉 – 공조판서
동생	최혜길崔惠吉 – 이조판서
전처	인동 장씨 – 도원수 장만의 딸
양자	최후량崔後亮 – 완릉군
손자	최석정崔錫鼎 – 영의정, 최후상의 양자가 됨
손자	최석항崔錫恒 – 좌의정
후처	양천 허씨
아들	최후상崔後尙

인조반정 1등공신, 정묘·병자 호란의 중심에 서다

최명길의 자는 자겸子謙, 호는 지천遲川으로 본관은 전주이다. 세조 때의 명재상 최항의 후손으로, 증조부 최업은 빙고별제를 지냈고, 조부 최수준은 좌찬성의 벼슬을 추증받았다. 아버지 최기남은 영흥부사를 지냈는데 문학과 덕행으로 이름이 높았다. 어머니는 관찰사 유영립의 딸이다.

최명길은 어릴 때부터 총명하여 8세 때에 "오늘은 증자曾子가 되고 내일은 안자晏子가 되며, 또 그 다음 날엔 공자孔子가 되리라."라고 말하여 부모를 놀라게 했다는 이야기가 전한다.

이항복과 신흠 문하에서 배워, 1605년 20세에 생원 진사시에 장원한 후 문과에 급제하였다. 1609년 광해 1년에 사관에 천거되었으나 나아가지 않았다. 그후 성균관 전적에 임명되었고 수년 동안에 감찰과 제조의 낭관을 두루 맡다가 어떤 일에 연루되어 삭직 출방되었다. 1616년[31세]에 모친상을 당하고, 1619년[34세]에 부친상을 당하여 연이어 여묘살이를 하였다.

광해군이 영창대군을 학살하고 대비를 유폐하자 최명길은 핍박받은 서인 동료들과 더불어 비밀리 모의하여 중대한 거사계획을 세웠다. 동료가 사저에서 인조를 뵙고자 하였는데 최명길은 달가워하지 않으면서 말하기를, "사사로이 뵙는 의리는 없다." 하였다. 시간이 지나도록 모의가 결행되지 못하니, 최명길이 "시일을 오래 끌면 대사를 그르치기 십상이다." 하고는 스스로 거사할 날짜를 잡고 계책을 정해 1623년[38세] 3월 12일에 인조를 받들어 대통을 잇게 하고 대비를 서궁에서 맞이하였다. 거사 후 최명길은 이조 좌랑에 제수되었고 정랑으로 전임되었다. 이해 겨울에 정사공신 1등에 책록되고 품계가 올랐으며 완성군에 봉해지고 이조 참판이 되었다.

1624년[39세] 봄에 역적 이괄이 반란을 일으켜 파죽지세로 쳐들어오니 임금의 피신 수레가 공주로 파천하자 최명길이 총독 부사가 되어 장만과 안령에서 역적을 격파하였다.

1627년[42세] 정묘년 봄에 북쪽 오랑캐의 군대가 패수를 건너 국경을 침범하여 나라 안 깊숙한 곳까지 쳐들어오니, 조야가 두려워하였다. 적의 군사가 평양에 이르러서는 우리에게 글을 보내 강화를 요구하였다. 최명길이 말하기를, "적이 한창 기세가 올랐으니, 부드러운 말로 답하여 그 예봉을 늦추어야 합니다." 하니, 제공의 뜻이 일치하여 장유로 하여금 글을 써서 적들의 뜻에 답하게 하였으나 적들은 진격을 멈추지 않았다. 주상이 도성을 나가 강화도로 피난하였는데 오랑캐의 사신이 재차 강화 문제로 주상을 뵙기를 청하였다. 최명길이 다시 말하기를, "교전이 있기 전에는 사신이 그 사이에서 왕래하는 법이니, 들어줄 만합니다." 하였는데 조정이 따랐다. 오랑캐의 군대가 평산에 이르러 화친조약이 맺어지니, 적의 군대가 물러나 더 이상 진격하지 않았다. 당시 적병은 가까이 닥쳤는데 행궁의 군대는 약하여 상하가 위태롭게 여기고 두려워하였다. 계책은 오직 화약(화친조약)을 맺는 것뿐이었지만 감히 말을 꺼내지 못하였는데 적이 물러간 뒤에는 또 화약을 맺은 것에 대해 분분하게 최명길의 탓으로 돌렸다. 언관이 교대로 상소장을 올려 벼슬을 떼고 내치기를 청하였으나 주상이 허락하지 않았다. 최명길은 조정에 있는 것이 편치 않아 오래도록 서울 근교 강가에서 거처하였다.

1629년[44세] 인조 7년에 이르러 선후배들 간의 논의가 일치하지 못하여 반정의 주역 서인이 노서와 소서로 분파가 있게 되었다.

1632년에 예조 판서에 제수되고 예문관 제학을 겸하였다. 주상이 하교하기를, "성인의 효도는 어버이를 높이는 것을 으뜸으로 여기니, 아버지(인조의 친부 원종)의 사당을 오래도록 누추한 곳에 둘 수 없고 아버지의 신위를 오랫동안 비워둘 수 없다." 하고 예관으로 하여금 속히 논의하게 하였다. 이에 최명길이 또 광무제의 고사를 따라 별묘를 세우기를 청하니, 주상이 엄히 책망하였다.

겨울에 이조판서에 제수되었고 자급이 숭정대부로 올랐다. 양관 대제학에 제수되고 또 체찰 부사를 겸하였다. 최명길이 전후로 이조를 맡고 있는 동안에 붕당을 깨뜨리고 공정성을 넓히며 어질고 재주 있는 자를 나아오게 하고 무능하고 나약한 자를 퇴출하여 제대로 된 사람을 선발하여 등용하니, 세상 사람들이 중흥 이래로 인사의 공정함은 최명길이 으뜸이라고 칭송하였다.

1635년[50세] 인조 13년 봄에 이조에서 해면되고 여름에 호조 판서가 되었다. 1636년 봄에 질병으로 사면하니 여름에 병조판서가 되었으나 또 병으로 사직하였다. 가을에 한성부 판윤이 되었다. 1636년 봄에 청나라가 스스로 황제라 선포하고 사신을 보내왔다. 조정의 논의는 그 글을 받아들이지 말고 단지 구두로만 거절하고자 하였다.

최명길이 말하기를, "저들이 큰 사막지대를 차지하고 있으면서 제재를 받을 대상이 없으므로 제멋대로 황제라 칭하였으니, 누가 다시 제어할 수 있겠습니까. 그런데도 기어이 우리한테서 구실을 찾고자 하니, 그 속셈을 알기 어렵습니다. 만약 구두로만 거절하게 되면 일이 불분명해져 증거가 없게 됩니다. 만일 저들이 도리어 그 말을 뒤집어 우리를 무함한다면 우리는 무엇으로써 스스로 천하에 해명하겠습니까. 지금은 의당 답서 하나를 만들어 대국을 참칭해서는 안 되고 신하의 절개를 바꿀 수 없음을 말하고, 이어 오랑캐의 글과 우리의 답서를 명나라에 보고하는 한편으로 군사를 신칙하여 변란에 대비해야 합니다. 저들은 사신과 조문을 명분으로 내세울 뿐입니다. 사리에 어긋난 것은 팔고산 및 몽고 왕자의 글이니, 예에 관한 요구에는 대답하고 사리에 어긋난 것에 대해서는 거절하는 것이 마땅한 계책입니다. 지금은 시기의 차이만 있을 뿐 어차피 전쟁의 환란을 입는 것은 매일반이니, 공연히 불분명하게 처리하여 우리를 이용하게 하거나 경솔하게 거절하여 전쟁의 환란을 재촉해서는 안 됩니다." 하였는데,

오랑캐의 사신이 과연 글을 받지 않은 것 때문에 노하여 지레 돌아갔다. 최명길이 반드시 침입이 있을 것을 알고 주상을 뵙고 아뢰기를, "오랑캐의 사신이 곧장 돌아갔으니, 맹약을 어기는 것은 필연적인 형세입니다. 일찌감치 전쟁에 대비하소서." 하였다.

당시 조정의 논의가 분분하여 척화만 주장했지 적을 막을 계책이 없었다. 최명길이 홀로 이를 깊이 염려하여 상소하기를, "요즈음 대간은 모두 척화를 주장하나 의정부에는 정해진 계책이 없습니다. 대간의 말을 받아들여 결전하지도 못하고, 또 신의 말을 받아들여 재앙을 늦추려고도 않으니, 노기가 휘몰아쳐 와 생령이 어육이 되고 종사가 피난하게 된다면 그 허물은 장차 누가 떠맡겠습니까. 신은 원하건대, 모든 장수들을 관서지방에 속하게 하고 제 장수와 약속하여 오직 전진만 있고 후퇴는 없

게 하는 한편으로, 심양에 글을 보내 대의를 모두 개진하고 이어 오랑캐의 정황을 탐지하여, 저들이 다른 생각을 품지 않았다면 우선은 형제지약을 지키면서 내부적으로 정사를 닦아 후일을 도모할 수 있도록 해야합니다. 만일 그것이 아니라면 의주지방을 굳게 지키면서 한바탕 결전해야 하니, 이것이 만전지책은 되지 못하더라도 속수무책으로 망하기를 기다리는 것보다는 낫습니다. 나아가 싸우자는 말을 하자니 의구심이 없지않고 화친의 주장을 펴자니 또 비방이 두려워 내내 미적거리고 있습니다. 이러다가 강물이 얼게 되면 화가 목전에 닥칠 것이니, 이른바 '너희들이 논의를 정하는 사이에 나는 이미 강을 건넌다.'라는 말과 불행히도 가깝습니다." 하였다. 최명길이 창졸간에 적이 도발해 오면 반드시 멸망의 근심이 있을 줄 알고 매양 부드러운 말로 답하여 병화를 늦추는 동안 싸울계책을 세울 시간을 벌고자 하여 중의를 무릅쓰고 누차 계책을 아뢰었으나, 화의를 주장한다고 언관이 최명길을 공격하였다.

"신이 이렇듯 강화론을 주장하는 것은 감히 시비를 돌아보지 않고 한갖 이해에 관계된 말을 하고자 하는 것이 아닙니다. 시의를 참작하고 지난 사적을 참작해 보건대 필연적인 형세임을 확신해서입니다. 신이 일찍이 마음속으로 '나라는 약하고 오랑캐는 강하니, 우선은 정묘화약을 지켜서 몇 년 동안 전쟁의 화를 늦추어 그 사이에 성을 쌓고 군량을 비축하여 변방의 수비를 더욱 굳건히 하며 군사를 갈무리해 두고 저들의 빈틈을 엿보아야 하니, 이보다 나은 계책은 없다.'라고 생각하였습니다. 입술이 마르고 혀가 타도록 조정에서나 물러나서나 쟁변하면서 스스로 그만둘 줄 모르는 것이 어찌 다른 뜻이 있어서이겠습니까. 종사와 나라가 위태로워지는 것을 근심할 뿐, 일신의 이해를 헤아릴 겨를이 없었습니다." 하니, 중론이 또 들고일어나 시끄럽게 공격하였다.

11월에 다시 이조 판서가 되었다. 12월에 청나라 왕이 스스로 군사를 거느리고 우리나라를 공격하여 그 선봉이 기병을 휘몰아 수일 만에 서쪽 근교에 이르렀다.

병자호란 때 좌의정 김상헌 등의 주전론(척화론)이 다수인 가운데서, 홀로 승산없는 전쟁을 그만두고 핍박받는 백성들을 살리자는 주화론(화친론)을 펼쳤는데 인조가 이를 택함으로써 백성들을 전쟁의 고통속에서 해방시켰다. 이때 대신들이 둘러 앉아 항복문서를 썼는데, 좌의정 김상헌이 통곡하며 문서를 찢어 버리자, 최명길은 찢어진 항복문서를 집어 붙이며, "이를 찢는 사람이 없어서도 안 되고, 또 이를 주워 붙이는 사람도 없어서는 안된다"며 목을 놓고 울었다.

4월에 우의정에 올랐다. 당시 전란의 참화가 눈에 가득하여 모든 일이 경황이 없었는데 최명길이 나아가서는 임금의 마음을 위로하고 물러나서는 조정을 수습하니, 내외가 다소 안정되었다. 주상이 성하지맹[11]을 맺은 뒤로 늘 우울하여 조정에 임했을 때 기쁜 기색이 없었다. 최명길이 주상에게 간언하기를, "뜻은 만사의 근본이고 기氣는 또 뜻을 돕는 것이니, 그 뜻과 기를 길러 굽히거나 꺾이지 않을 수 있게 된 뒤에야 공을 이룰 수 있습니다. 한 번 뜻대로 되지 않았다고 하여 기운을 잃고 만다면 천하에 할 수 있는 일이 없으니, 쇠미한 나라를 부흥하는 일을 어찌 바랄 수 있겠습니까." 하였다.

---

11) 성하지맹城下之盟 : "성 아래에서의 맹약"이라는 뜻으로, 힘에 굴복하여 굴욕적인 조약을 맺는 것을 비유하는 말

가을에 좌의정으로 올랐다. 난리 뒤에 역병으로 죽은 소가 많아 농민이 어려움을 호소하자 최명길이 그 화가 병화보다 극심하다고 하고 도살을 엄히 금하였고, 호미와 괭이를 더 많이 주조하여 빈민에게 지급해서 농사에 이용하도록 하였다.

성하지맹을 맺은 날에 우리 군사를 동원하여 중국을 범하는 일이 없기로 약속하였는데도 마침내 이해 가을에 와서 군사를 요구하자 이시백이 최명길을 보내어 거절하게 할 것을 청하였다. 이에 최명길이 심양에 가서 말하기를, "우리가 명나라를 섬긴 지 300년이 되었으니 군사를 일으켜 공격을 돕는 것은 의리상 불가하다." 하면서 반복하여 쟁론하니, 청나라 인들이 그 뜻을 꺾지 못하였다. 돌아올 때에 포로 수천 명을 몸값을 주고 데려왔다.

1638년[53세] 인조 16년 가을에 영의정에 올랐다. 북쪽 오랑캐가 다시 중국을 침범하여 우리에게 군사를 요구하자, 최명길이 말하기를, "성하지맹은 형세가 급박하고 역량이 달려 어쩔 수 없이 나온 계책이었습니다. 오늘날 군사를 돕는 것은 의리상 허락할 수 없으니, 들어주어서는 안 됩니다." 하였다.

청국이 대노하여 힐책하는 글이 날마다 이르니, 온 조정이 크게 두려워하였다. 최명길이 주상에게 아뢰기를, "우리 한두 사람의 대신이 이 일을 위해 죽어야만 비로소 천하와 후세에 떳떳이 할 말이 있게 됩니다. 더구나 이 일은 실로 신이 주도하였으니, 가서 스스로 감당해 보겠습니다." 하였다. 이에 최명길이 다시 심양에 가게 되었다. 도착하니 여러 귀인들이 조정에 늘어 서 있었다. 최명길을 맞아들이고 힐책하기를, "누가 군사를 돕는 일을 저지하였습니까?" 하니, 최명길이 대답하기를, "내가 영의정으로 있으니, 주관하지 않는 일이 없습니다. 이 일이 내게서 나왔으니,

감히 죽음을 피하지 않겠습니다." 하니, 청나라 왕이 의롭게 여기고 풀어 주었다. 이렇게 해서 최명길이 의정부에 있는 동안에는 한 번도 원병을 보내지 않았다. 처음에 최명길이 떠날 때에 사람들이 반드시 죽게 될 것 이라고 하였고 최명길 또한 스스로 죽음을 면치 못하리라고 여겨 상례 도구를 가지고 갔다. 친척과 자제가 모두 길에서 통곡을 하였으나 최명 길은 태연하였다.

1640년[55세] 봄에 사직을 청하여 허락을 받았다. 2월에 돌아와 경사 에 이르러 또 일에 연루되어 파직되었다.

1642년[57세] 가을에 다시 영의정에 제수되었다. 누차 사면을 청하였 으나 부드럽게 타이르며 마지않았으므로 출사하여 일을 보았다. 10월에 이르러 또 심양에 사신으로 갔다.

인조 18년 병자호란이 끝나면서 청나라를 섬기고 명나라를 배척하기 로 약조하고서는 의주부윤 임경업이 명나라와 내통한 사실이 드러나 국 내 반청세력이 들썩이자, 분개한 청나라는 국정책임자 최명길을 불러들 여 형틀에 묶어서 압송하게 하여 북관에 가두었으니, 북관은 사형수를 가두는 옥이었다.

1643년[58세] 인조 21년에 비로소 남관으로 옮겨졌다. 당시 김상헌, 이 경여도 같이 남관에 구금되어 있었는데 중국 사람으로 심양에 포로로 잡혀 온 자가 탄식하며 말하기를, "동방의 경상으로 중국조정을 위하여 이곳에 잡혀 온 자가 세 사람이니, 의를 중시함을 족히 볼 수 있다." 하였 다.

1644년에 청국이 북경에 들어가 명나라를 제거하고 남북을 평정하였다.

1645년[60세]에 비로소 우리 세자 및 두 왕자가 돌아왔는데, 최명길과 이경여, 김상헌도 함께 돌아왔다. 가을에 진천에 우거하면서 와룡계가에 띳집을 엮었다. 겨울에 부름을 받고 도성으로 들어왔다.

1646년에 소현세자비 민회빈 강씨를 사사하자 최명길이 은혜를 온전히 하기를 청하였으나 허락하지 않았다. 이해 가을에 최명길의 병이 심해지자 어의를 보내 간병하였고 어선(음식)을 나누어 주었으며, 위독하게 되어서는 문병하는 사자가 연이어 들렀다.

1647년[62세] 인조 25년 5월 17일에 집에서 운명하였다. 주상이 최명길을 위해 5일 동안 고기를 들지 않았고 3일 동안 조회를 정지하였다. 환관이 상사를 살피고 관에서 염빈을 도왔으며 내탕고에서 옷과 이불을 내어 부의하였고 3년 동안 녹봉을 지급하도록 하였으니, 가엾이 여기는 은전이 규례를 벗어난 것이었다. 후에 주상이 조정에 임하여 한숨을 쉬며 이르기를, "임금에 대한 충성이 최명길만 한 자를 어찌 얻을 수 있겠는가." 하였다. 이해 8월에 청주 감영의 북쪽 대율리 감좌의 언덕에 장사 지냈다.

최명길은 허례와 명분만 내세우는 풍조에서 실질을 구하며, 오직 나라와 백성을 위해 몸을 바친 재상이었기에, 대동법의 시행, 서얼의 등용, 토지제도 개혁 등 새로운 정책의 시도로 백성들의 고충을 덜어 주려 애를 썼다. 관료들이 당파의 주장을 내 세워 서로 싸움을 할 때 '두 쪽이 모두 옳은 점도 있고, 그른 점도 있다' 양시양비론을 내세워 세간의 주목을 받았다.

최명길의 형 최내길은 공조판서, 아우 최혜길은 이조판서였고, 아들 최후량은 한성부 좌윤에 이르렀다. 최명길의 손자인 최석정은 숙종 때 여덟 차례나 영의정 자리에 오른 명신이며, 최석정의 아우 최석항도 좌의정까지 올라, 형제 정승으로 가문을 빛냈다. 조선시대에 할아버지와 손자가 모두 정승 반열에 오른 인물로 15가문을 꼽을 수 있는데 최명길도 그 중 한 사람이다. 최명길에 대한 평은 청나라와 화친을 주장한 사실로 인해 후하지는 않다.

정묘호란

1627년[42세] 인조 5년 1월 13일 정묘년에 청나라 병력이 대대적으로 들어오자 국서를 보내 강화를 요청하였는데, 최명길이 말하기를, "이미 스스로 강하지도 못한 데다가 또 약자도 되지 못하면 어떻게 나라를 부지할 수 있단 말입니까? 청컨대 말을 유순하게 하여 직접 맞서서 싸움을 늦추소서." 하였다. 청나라 사신이 와서 임금을 만나려고 하자 최명길이 말하기를, "양쪽의 병력이 대치하고 있는 가운데 사신이 그 중간에 있으니, 뜻을 굽혀 한번 접견하소서." 하였다. 적병이 물러가자 언관이 화친을 주장했다는 이유로 최명길을 유배시킬 것을 청하니, 주상이 단지 조사만 하라고 명하였다. 이때 청나라 침입에 대한 대책 논의의 글이다.

접반사 원탁이 글로 아뢰기를, "이달 13일에 금나라 군사가 의주를 포위하고 접전하였는데 승패는 모릅니다." 하고,
정주 목사 김진이 글로 아뢰기를, "14일에 금나라 군대가 와서 능한凌漢을 포위하였다가 싸우지 않고 퇴각하여 곧바로 읍내에다가 대진을 쳤습니다. 이미 선천·정주의 중간에 육박하였으니 얼마 후에 안주에 도착할 것입니다." 하였다. 이때 대신들이 정청(의견수렴)으로 인하여 대궐 아래에 와 있었다. 주상이 영중추부사 이원익, 판중추

부사 정창연·신흠, 좌의정 윤방, 우의정 오윤겸, 비국 당상 김류·이귀·이정구·장만·김상용·이서·서성·신경진·김신국·구굉·이홍주·심기원·최명길·이현영·장유, 대사헌 박동선, 대사간 이목을 불러 만났는데, 승지 이여황·김상 등이 입실하였다.

주상이 이르기를, "적이 만일 거침없이 쳐들어 온다면 관서 지방은 미처 구제할 수 없을 듯하다." 하였다.

장만이 아뢰기를, "하삼도는 속히 징병토록 하고, 황주·평산은 급히 별장을 보내도록 하소서." 하니, 주상이 모두 따랐다.

이어서 묻기를, "이들이 모문룡을 잡아가려고 온 것인가, 아니면 전적으로 우리나라를 침략하기 위하여 온 것인가?" 하니,

장만이 아뢰기를, "듣건대 홍태시란 자가 매번 우리나라를 침략하고자 했다는데 이 자가 만일 일을 맡게 되면 반드시 그 계획을 성취시킬 것입니다." 하였다.

주상이 이르기를, "관서 지방은 부체찰사가 호령을 전적으로 주장해서 할 것이다. 안주의 군사가 적다면 병사를 물러서 안주를 수비하도록 하라." 하니,

장만이 아뢰기를, "급히 선전관을 보내 명하도록 하소서." 하고, 또 속히 한어대장을 임명할 것을 청하니, 주상이 이르기를, "누가 적합한가?" 하였다.

장만이 아뢰기를, "경기는 이서, 서울은 신경진이 함께 담당하도록 하소서." 하니,

주상이 이르기를, "체찰사는 오늘 중으로 내려가되 경기의 군대는 해서지방에 보내고, 그 나머지는 경성을 방어토록 하는 것이 좋겠다." 하였다.
장만이 아뢰기를, "위급하고 어려운 시기에는 마땅히 인재를 수용하여야 합니다. 청컨대 김자점을 다시 불러서 쓰소서." 하였다. 주상이 이르기를, "전라 감사 민성징을 맡기도록 하라." 하였다.

윤방이 아뢰기를, "하삼도에 만일 별도로 체찰사를 선출한다면 한준겸이 이 직임에

적합합니다." 하였다. 이귀가 아뢰기를, "해서 지방도 반드시 지켜지게 될지는 보장하기 어려우니 강화도를 피난처로 정해놓았다가 만일 안주에서 패전소식이 오거든 주상께서는 곧바로 강화도로 들어가소서." 하니,

주상이 이르기를, "이런 의논은 서서히 하라." 하였다. 장만이 아뢰기를, "신은 반드시 대장 한 사람을 데리고 가고자 합니다." 하니,

주상이 이르기를, "이는 바로 부장이니 경이 직접 선발토록 하라." 하였다. 장만이 아뢰기를, "신경원과 박상을 데리고 가고자 합니다. 찬획사(참모관)도 마땅히 차출해야 하니 김자점과 김기종 중에서 한 사람을 보내소서." 하니,

주상이 이르기를, "김기종이 좋겠다." 하였다. 오윤겸이 아뢰기를, "장만이 물러가기 전에 하삼도의 징병 숫자를 의논하여 결정토록 하소서."

하니, 주상이 이르기를, "얼마를 징발해야 하겠는가?" 하였다. 장만이 아뢰기를, "신의 생각에는 2만~3만 명 정도면 혹시 대항할 수 있을 듯합니다." 하니,

주상이 이르기를, "적이 이미 성을 포위하였으니, 속히 군마를 정돈하여 오늘 중에 출발해야 할 것이다." 하였다.

주상이 이원익에게 묻기를, "경은 적의 형세가 어떻다고 보는가?" 하니, 대답하기를, "철기부대로 거침없이 쳐들어온다면 하루 동안에 8~9식(95~105km)의 길을 달릴 수가 있습니다. 그러니 시급히 대비해야 합니다." 하였다.

주상이 이르기를, "징병을 하는 일이 시급하니 마땅히 병사로 하여금 인솔하여 오게 하되 3만 명으로 인원수를 삼아서 세 번으로 나누어 조발하라." 하였다. 오윤겸이 아뢰기를, "병조판서를 속히 정하고 남한산성을 이서로 하여금 관할토록 하소서."

하니, 김류가 아뢰기를, "남한산성 이외에도 긴급한 곳이 많은데 하필 남한산성을 먼저 할 이유가 무엇입니까?"

하였는데, 주상이 이르기를, "남한산성을 버릴 수는 없다." 하였다. 최명길이 아뢰기를, "임진강에 대한 방비도 마땅히 미리 좋은 계획을 생각해 놓아야 합니다." 하고,

이귀가 아뢰기를, "유도 대장[12]과 체찰사[13]를 마땅히 먼저 차출해야 합니다."

하니, 주상이 이르기를, "영부사를 마땅히 체찰사로 삼아야 한다." 하였다. 이원익이 아뢰기를, "신은 정신이 이미 혼미하여 바로 죽은 시체나 다름없으니, 결코 이 책임을 감당할 수 없습니다."

하니, 상이 이르기를, "경은 임진년 이래로 행진[14]을 낱낱이 경험하였고, 심기원 또한 재능이 많으니 경은 부디 이 사람을 감독 인솔하여 지휘하도록 하라." 하였다. 이원익이 아뢰기를, "나이는 늙고 몸은 쇠잔하여 결코 감당해 낼 수가 없습니다."

하니, 주상이 이르기를, "경 말고 적합한 사람이 누가 있는가." 하였다. 이원익이 아뢰기를, "적이 비록 이르지 않더라도 만일 난민이 있게 되면 역시 난리를 겪게 됩니다. 반드시 남한산성에 주장수가 있은 연후에야 맥락이 하삼도에 통할 수 있습니다."

하였다. 최명길이 아뢰기를, "경상도는 병사 한 사람이 마땅히 남아있어야 하는데 어떤 병사가 올라와야 하겠습니까?"

하니, 주상이 이르기를, "우병사가 인솔해 올라오고 좌병사는 머물러 있도록 하라." 하였다. 주상이 또 이르기를, "경상도에서 2천 명, 충청도에서 5천 명, 전라도에서 3천 명을 병사로 하여금 인솔하여 오도록 하고, 수군은 배를 대비해 놓고 있다가 다시 분부를 듣고서 강화도에 와서 정박하도록 하라." 하였다.

심기원이 아뢰기를, "한쪽으로는 징병을 하고 한쪽으로는 호패를 하는 일은 겸하여 시행할 수가 없으니, 마땅히 여러 도의 어사들에게 명하여 호패를 정지하도록 하소서."

---

12) 유도대장 : 서울성을 지키는 대장

13) 체찰사 : 지방군사 총괄대장

14) 행진 : 이동 조정. 행궁

하니, 주상이 이르기를, "그들을 올라오게 하라." 하였다. 주상이 또 이르기를, "김자점을 전일에 중죄가 있었기 때문에 처벌하였다마는 갑자년 변란에 많은 공로가 있었으니 이제 석방하여 강화를 검찰하는 책임을 맡기려 하는데 괜찮겠는가?" 하니, 모두가 아뢰기를, "매우 합당합니다." 하였다.

주상이 이르기를, "도감군을 전 지역에 나누어 보내는 것이 타당할 듯하다." 하였는데, 신경진이 아뢰기를, "보낼 숫자를 알고자 합니다. 그리고 또 유응형·이신·유비이 세 사람은 전투에 익숙하니 도감에 두고서 위급한 상황에 활용하소서."

하니, 주상이 그렇게 하라고 하였다. 주상이 좌상과 우상을 돌아보며 이르기를, "도체찰사는 영부사보다 나은 이가 없다고 보는데 경들의 생각은 어떠한가?" 하니, 윤방이 아뢰기를, "이원익이 비록 늙었으나 듣는 사람들 마음에 반드시 흡족할 것입니다."

하였다. 모두가 아뢰기를, "경기 감사 권진기는 병세가 매우 심하고 장단 부사 민기는 방어의 책임을 맡기기에는 부당하며, 삭녕 군수 송준 또한 병무에 관한 일을 알지 못합니다. 청컨대 모두 교체시키소서."

하니, 주상이 그렇게 하라고 하였다. 최명길이 아뢰기를, "강원도도 마땅히 징병을 해야 하는데, 영서의 사람은 곧바로 평산으로 보내겠습니다."

하니, 주상이 그렇게 하라고 하였다. 김류가 아뢰기를, "속히 본병의 장을 차출해야 합니다."

하니, 주상이 이르기를, "누가 적합한가?" 하였다. 오윤겸이 아뢰기를, "서성이 누차이 직임을 역임했습니다." 하니,

주상이 이르기를, "모두들 같이 의논해서 추천하라." 하였다. 또 이서에게 이르기를, "산성의 군량미를 어떻게 계속해서 마련할 것인가?" 하니, 대답하기를, "선혜청의 춘등미를 산성에 들이고자 합니다." 하였다.

이원익이 아뢰기를, "신은 수일 안에 생사가 어찌될지 알 수 없는 몸입니다. 부사로서 직무를 대신 살필 만한 자를 선발했으면 합니다. 김류가 이 직임에 적합한데 단지 그는 정 1품인 사람이라서 어떨지 모르겠습니다."

하니, 주상이 이르기를, "이런 시기에 어찌 조그마한 혐의를 고려하겠는가. 비록 정 1품이라 하더라도 경이 이미 직접 선발하였으니 함께 일하도록 하는 것이 좋겠다."

하였다. 윤방이 아뢰기를, "그렇다면 장만은 마땅히 사도체찰사가 되어야 하고 이원익은 마땅히 하삼도와 경기의 체찰사가 되어야 합니다." 하니, 주상이 그렇다고 하였다.

이원익 등이 아뢰기를, "주상께서 소찬을 드신 지가 이미 오래인데 이러한 변란을 당하여 봄을 필시 많이 상하셨을 것입니다. 특별히 건강에 유념하소서." 하니,

주상이 이르기를, "나라의 일이 현재 위급한 지경에 놓여 있는데 어찌 이런 급하지 않은 말을 하는가." 하였다. 윤방이 아뢰기를, "임진강은 수심이 얕은 곳이 많아서 수비하기가 용이하지 않습니다. 그러나 도성에 가까우니 어찌 포기하고 수비하지 않을 수 있겠습니까."

하고, 이원익이 아뢰기를, "군병이 수효는 적고 힘은 약하니 나누어 수비하기 곤란할 듯합니다. 그러나 어찌 완전히 포기할 수야 있겠습니까." 하였다.

신흠이 아뢰기를, "개성부에는 마땅히 대장을 보내야 합니다. 적병이 안주·평양을 통과한 이후에는 황해도는 수비할 만한 곳이 없습니다."

하고, 심기원이 아뢰기를, "신의 생각에는 경기 및 도감군으로 하여금 힘을 합해 임진강을 수비하게 했으면 합니다." 하였다.

– 인조실록 5년 1월 13일 –

호란 발발 5일후 1월 18일

내전의 강화도 대피와 임진강·남한 산성 수비에 대해 논하다.

대신·비국 당상·양사 장관을 인견하였다. 윤방이 아뢰기를, "적이 이미 안주에 이르렀으니, 주상께서는 비록 경솔하게 거둥하지 못하시더라도 내전은 불가불 미리 대피토록 하셔야 합니다."

하니, 주상이 이르기를, "대비전은 내일 먼저 강화도로 거둥토록 하겠다." 하였다. 오윤겸이 아뢰기를, "이서가 이미 남한산성에 들어갔으니 임진강을 지킬 군대가 없습니다. 외부의 의논이 모두 '신경진은 마땅히 임진강을 수비해야 한다.' 하고, 또 '도감의 군대는 불가불 호위를 해야 한다.' 합니다. 어떻게 계획을 정해야 하겠습니까?"

하고, 김류가 아뢰기를, "이원익은 '임금의 친위병을 임진강을 방어하는 일에 나누어 보낼 수는 없으니, 수원의 군병을 임진강으로 보내는 것만 못하다.' 하였습니다."

하니, 주상이 이르기를, "나의 생각 역시 그렇다." 하였다. 오윤겸이 아뢰기를, "주상께서는 남한산성을 중요하게 여기시지만 이서가 경기의 총융사로 있으니 물러나 남한산성으로 들어가는 것보다는 나아가서 임진강을 수비하는 편이 낫습니다." 하니,

주상이 이르기를, "이서가 남한산성을 수축한 것은 나름대로 의도한 바가 있을 것이다. 지금 피차가 미치지 못하는 논의를 할 것이 없다." 하였다.

이귀가 아뢰기를, "신은 본시 업무를 피하지 않습니다. 이시백은 바로 신의 자식인데 3천 명의 군대를 훈련시킨 지가 이미 오래이니 만일 진영에 임하도록 한다면 발길을 돌려 후퇴하는 일은 없을 것입니다. 하지만 지금 군량도 궁핍한 임진강으로 보낸다면 단지 죽음이 있을 뿐, 무슨 도움이 있겠습니까. 만일 주상을 모시도록 한다면 호위를 반드시 견고하게 할 것입니다."

하고, 김류가 아뢰기를, "적병이 이미 깊이 쳐들어 왔는데 장강長江의 요새지를 버리고 수비하지 않는다 하니, 나라를 도모하는 도리가 어찌 이래서야 되겠습니까." 하니,

주상이 이르기를, "병세가 고단하기 때문에 보류하고 망설이는 것이다마는 도감이나 수원의 군병 중에서 조발하여 보내도록 하겠다." 하였다.

김류가 아뢰기를, "성상의 계책이 이미 결정되었으니 감히 다시 의논할 수는 없는 일이나 수레가 한번 강화도로 들어가시고 나면 남한산성의 형세는 포천 독현禿峴만 못해집니다. 어찌 편리하고 가까운 독현을 버리고 남한산성을 중요시하십니까."

하고, 최명길이 아뢰기를, "이시백으로 하여금 임진강에 가서 지키도록 하였다가, 사태가 급박하면 파주 산성으로 들어가 지키도록 하고, 충청도의 군병으로 독현을 수비하도록 하소서."

하니, 주상이 이르기를, "도감군을 호위에 전속시키도록 하라." 하였다. 윤방이 아뢰기를, "총융청의 군병도 임진강으로 선발해 보냈으면 합니다."
하고, 이귀가 아뢰기를, "수원의 군병을 임금의 호위병에 배치하여 호위하도록 하소서."

하니, 주상이 이르기를, "이시백의 군사가 훈련을 꽤 받았으니 강화도로 인솔하여 가는 것이 좋겠다. 지금의 사세는 다만 강화도와 남한산성에 전력을 해야 할 뿐이다. 그리고 도감에 분부하여 군사들의 처자를 모두 강화도에 들여보내도록 하라."

하였다. 주상이 또 이르기를, "오늘 종묘사직에 고제를 지내고 내일 모시고 옮겨가도록 하라."

하였다. 김자점이 아뢰기를, "내전의 행차는 사세가 몹시 급합니다. 김경징은 많은 바람이 있으니 일을 같이 하였으면 합니다."

하니, 주상이 허락하였다. 주상이 또 이르기를, "오늘 정승을 선출할 것이다. 우상은 종묘사직의 신주와 대비전을 모시고 가도록 하라."

하였다. 윤방이 아뢰기를, "상중에 있는 사람을 기복하소서."

하니, 주상이 그렇게 하라고 하였다. 이정구가 아뢰기를, "청컨대 파산된 무인을 거두

어 쓰소서." 하니,

주상이 이르기를, "비록 벼슬에서 내쫓기고 귀양 중에 있는 사람일지라도 만일 등용할 만한 사람이면 등용하라." 하였다.

젊은 환관이 서해도에서 올라온 보고서를 올리니, 주상이 이르기를, "아, 의주가 이미 함락되었구나." 하였다.

이귀가 아뢰기를, "사태가 이미 시급하니 마땅히 분할 조정의 조처가 있어야 하겠습니다. 강화도만 수비해 가지고서 결국 무슨 도움이 있겠습니까."

하고, 윤방이 아뢰기를, "이원익이 세자를 모시고 남하하여 인심을 수습해도 되겠습니까?" 하니, 주상이 이르기를, "세자는 나이가 어리니 멀리 갈 수 없다." 하였다.

- 인조실록 5년 1월 18일 -

1월 24일 호란 발발 11만에 평양 함락.
1월 29일 청나라 사신이 화친의 뜻을 보이다.
2월 2일 호란 발발 19일 만에 명나라와의 수교 단절·형제의 명칭·증급하는 목면의 양 등에 관한 논의

주상이 대신 및 비국 당상을 만났다.
윤방이 아뢰기를, "지금 적이 또 명나라를 영영 끊어버리라고 청하니, 마땅히 의리에 있어 할 수 없다는 말로 답해야 합니다." 하니,

주상이 이르기를, "대의에 관계된 것이니 단연코 허락할 수 없다." 하였다. 이정구가 아뢰기를, "장차 형제의 명칭으로 다툴 것입니까?" 하니,

주상이 이르기를, "이는 다툴 필요가 없다." 하였다.
최명길이 아뢰기를, "답서에 중신을 특별히 보낸다는 뜻만을 말하소서." 하였다.

이정구가 아뢰기를, "사은으로 보내는 목면이 1백 동이나 되는데 운반에만 어려울 뿐이 아니라 보고 듣기에도 놀라우니 약간의 가벼운 물자를 보내소서." 하고, 최명길은 아뢰기를, "폐단을 모면하기 어려울 터인데 어찌 그런 말씀을 합니까." 하였다.

– 인조실록 5년 2월 2일 –

2월 5일 화친 · 군사지원 · 급료지급 · 강유 등과 이귀의 처벌 등에 관한 논의

대신과 비국 당상이 만나기를 청하니 만났다.
윤방이 아뢰기를, "적이 평양에 오래 머물면서 도리에 어긋난 말을 한다면 국가가 망할지언정 의리상 따를 수 없습니다. 강인으로 하여금 결단하고 돌아오게 해야 합니다." 하였다.

오윤겸이 아뢰기를, "근일에 남도는 군사들이 제법 모였는데 장만은 홀로 외로운 군대로는 싸울 수 없다고 하니, 마땅히 이 군사를 장만에게 나누어 보내어 형세를 도와주어야 하겠습니다."
하고, 김류는 아뢰기를, "장만이 이미 윤훤에게 형률을 시행하지 못하고 개성으로 퇴각하여 주둔하고 있으니, 군사와 말이 아무리 많은들 장만이 무엇을 할 것입니까. 국가에 기율이 없어 성을 함락당한 장수도 죄를 받지 않습니다. 얼마 안 되는 오합지졸로 성이 없는 곳에 들여보내면 전일처럼 무너져 흩어지지 않으리라고 어떻게 보장하겠습니까."

하고, 윤방은 아뢰기를, "군사가 없는 장수로 적을 대적하게 하였으니 장만의 입장에서는 안타깝지 않겠습니까." 하였다. 호조 판서 김신국이 아뢰기를, "섬에 들어온 사람들이 모두 급료 얻기를 청하지만 군량도 부족한데 어떻게 줄 수가 있겠습니까. 지금부터는 싸우는 군사 이외에 전직 조정 관료 및 각사의 하인에게는 급료를 주지 말아야 합니다."

하니, 주상이 이르기를, "저들은 모두 호종하기 위해 들어왔는데 급료를 주지 않을 수 있는가. 또 전 조정 관료로서 관직이 없는데도 죽을 땅으로 들어왔으니 그 뜻이 가상하다. 급료를 주지 않을 수 없으니 우선 급료를 주라."

하였다. 정백창이 아뢰기를, "유림이 태릉에서 말을 방목하고 정릉의 재각 주변에서 나무를 베내어, 선왕의 능침에 있는 소나무와 잣나무에 가지가 없게 만들었으니, 어찌 이렇게 하고서도 장수가 될 수 있겠습니까."

하고, 윤방은 아뢰기를, "정백창의 말이 옳습니다." 하였다. 정백창이 아뢰기를, "강유·윤명은·한숙일·박일성 등의 상소가 진실로 충직한 말이니 마땅히 표창하여 장려해야 합니다." 하니,

주상이 이르기를, "해당 조정으로 하여금 상당한 관직을 제수하도록 하라." 하였다. 최명길이 아뢰기를,

"당초 서울을 떠나자는 의논을 어찌 이귀만이 주장하였겠습니까. 이원익 역시 이 의논을 주장하였는데도 대간이 한 마디 말도 없다가, 지금에 와서 이귀가 화친을 주장하여 나라를 그르친 것으로 만드니, 종말에는 어떤 사람이 또 이귀처럼 논박을 받을지 모르겠습니다."

하고, 김류는 아뢰기를, "어찌 이귀의 한 마디 말로 이런 큰일을 결정하였겠습니까. 장만에게 항복하지 않으면 달아날 것이라고 말했다는 것은 더욱 지극히 과당합니다."

하니, 주상이 이르기를, "당시에 대론이 과연 전도되었다." 하였다. 장유가 아뢰기를, "모문룡을 접대하는 일 또한 미리 정해야 할 것입니다."

하고, 최명길은 아뢰기를, "우리나라가 이런 병화를 입었는데도 그가 한 명의 군사도 내보내 구제하지 않았는데 무슨 면목으로 우리에게 요구하겠습니까."

하니, 주상이 이르기를, "미리 헤아릴 수 없다." 하였다.

– 인조실록 5년 2월 5일 –

2월 5일 진창군 강인을 시켜 명을 섬기고 청과 화친 한다는 뜻의 글을 보내다.

진창군 강인에게 형조 판서의 임시 직함을 주어 오랑캐의 진영으로 보냈는데, 글의 내용은 다음과 같다.

　"일전에 사신이 돌아갈 적에 노정의 기한에 핍박되어 말을 세워놓고서 떠나가겠다고 재촉하므로 바삐 적느라고 미처 상세하게 답장하지 못하였습니다. 우리 두 나라가 서로 좋게 지냈던 의리는 그 내력이 본디 있었던 것입니다. 비록 사고가 많았던 탓으로 소식이 서로 막히기는 했었지만, 어찌 일찍이 그 사이에 사소한 혐의가 있었겠습니까. 그런데 지난번 귀국이 까닭없이 군사를 동원하여 우리 국경을 깊숙이 침입해 오기에 사사로이 그 까닭을 괴이하게 여기면서도 감히 물어보지 못하였는데, 이렇게 귀국에서 전후에 걸쳐 글을 보내 정성을 열어 보이니 다시 전일의 우호를 되찾아 태평을 누릴 것으로 기대하였습니다. 그런데 군대가 뒤따라 나오고 일이 말과 달랐기 때문에 언뜻 믿다가도 곧 의심하여 수긍하지 않게 되었습니다. 요사이 접한 초보哨報에 의하면 귀국이 이미 퇴각하고 있다고 들었습니다. 따라서 귀국이 화친을 요구하는 뜻이 진정에서 나온 것임을 충분히 알겠으니, 이는 진실로 두 나라의 복입니다.

　이에 중신을 차출하여 휘하로 나아가도록 하였으니, 서약의 이뤄짐이 여기에 있을 것입니다. 두 나라가 서로 좋게 지내기 위해서는 반드시 성심으로 서로 대하여 진실하게 거짓이 없은 뒤에야 바야흐로 오래 지속할 수 있을 것입니다. 만약 일호라도 미안한 마음을 가지고서 말에 의한 외면적인 응대만 있게 된다면, 불곡不穀[15]이 자신을 속이는 부끄러움만 있을 뿐만이 아닙니다. 천지 신명이 진실로 함께 굽어보시는 바이기에 이에

---

15) 불곡不穀 : 임금 자신의 겸칭. 과인.

감히 생각한 바를 모두 토로하겠습니다. 우리 나라가 신하로서 명나라를 섬긴 지가 2백여 년이어서 명분이 이미 정해졌는데 감히 딴 뜻을 가질 수 있겠습니까. 우리 나라가 약소하지만 본시 예의로 일컬어졌는데, 하루 아침에 황조를 저버린다면 귀국도 장차 우리 나라를 어떻게 여기겠습니까. 대국을 섬기고 이웃 나라와 교제하는 예에는 본시 방도가 있는 것입니다. 지금 우리가 귀국과 화친하는 것은 이웃 나라와 교제하는 것이요 황조를 섬기는 것은 대국을 섬기는 것이니, 이 두 가지는 아울러 시행되면서 서로 어긋나지 않아야 하는 것입니다. 마땅히 각각 봉강封疆을 지켜 두 나라가 도리를 다하여 서로 편안하고 서로 즐거워하면서 대대로 끊이지 않도록 해야 합니다. 이는 진실로 불곡의 지극한 소원으로 하늘도 기뻐하는 바이니 귀국은 생각해 보십시오. 이밖의 여러가지 일은 모두 사신이 말로 전할 것입니다. 변변치 않은 토산물로 부족하나마 정을 표합니다."

2월 6일 화친하려거든 빨리 사신을 보내라는 청의 서신

"대금국의 이왕부二王府는 장 상서張尙書에게 전유傳諭합니다. 그대가 강화를 일컬었으니 차관을 속히 보내도록 하시오. 만약 강화를 원하지 않는다면 우리가 두 차례나 보낸 금나라 사람을 속히 돌려보내도록 하시오. 나는 야외에서 하영下營하고 있는데 1백 리 안에 군량과 꼴이 다 떨어지고 또 집도 없으니, 이와같은 어려움과 괴로움을 그대는 상상할 수 있을 것이오. 그대의 두 차인이 온 것을 보았는데 어째서 우리 나라 사람을 한 사람도 보내오지 않습니까. 나는 몹시 의심스럽게 여깁니다."

2월 13일 사헌부 사간원이 최명길을 내쫓아 귀양보내도록 청하다.

양사가 합계하기를,

"완성군 최명길이 군국의 정사를 마음대로 천단하여 나라를 그르치고 일을 낭패시킨 죄가 한둘이 아닙니다. 서울을 떠나는 계책을 정한 것과 임진강을 지킬 것이 없다는 의논도 이를 시종 주장한 사람은 최명길입니다. 자기의 견해를 실행하기 위해 공론을 억제함으로써 국사를 이렇게 막바지에 이르게 만들었으니, 어찌 통분하지 않을 수 있겠습니까. 지금에 또 화친을 자기의 책임으로 삼아 교활한 오랑캐를 믿을 만하다 하고 항복한 장수를 충절이라 하는가 하면, 온 나라의 힘을 다하여 끝없는 욕심을 채워주고 제후국의 존엄함을 굽혀 개와 양의 무리에게 친히 접견하게 하였으니, 이는 다 최명길이 한 짓입니다. 무릇 혈기가 있는 사람이면 분개하지 않는 이가 없으니 속히 내쫓아 귀양보내도록 명하여 대중들의 분노를 통쾌하게 해 주소서."

하니, 답하기를, "국사를 의논하여 결정하는 것은 의정부의 책임인데 그대들은 최명길에게 죄를 돌리니 그 뜻을 모르겠다. 조금도 죄줄 만한 일이 없으니 다시는 번거롭게 말라."

하였다. 양사가 여러 날 고집하였으나 주상이 끝내 따르지 않고 조사만 하도록 명하였다.

– 인조실록 5년 2월 13일 –

3월 3일 유해와 함께 회맹을 하고 화친을 하는 맹세를 하다.

이날 밤 상이 대청에 나가 향을 피우고 하늘에 고하는 예를 몸소 행하였다. 대신과 훈신은 동쪽 계단 위에 서고 호차胡差 등은 서쪽 계단 위에 섰으며, 승지 3명, 사관, 여러 장관들은 전상殿上에서 시위하였다. 도승지 홍서봉은 임금을 인도하여 나오고 장예충은 유해 등을 데리고 들어왔다. 상이 익선관, 흑포, 오대 차림으로 탁자 앞에 섰다. 도승지가 임금에게 향을 피우라고 고하자, 임금이 향을 피웠다. 좌부승지 이명한이 맹세문을 읽었다. 그 글에 이르기를,

"조선 국왕은 지금 정묘년 모월 모일에 금국金國과 더불어 맹약을 한다. 우리 두 나라가 이미 화친을 결정하였으니 이후로는 서로 맹약을 준수하여 각각 자기 나라를 지키도록 하고 잗단 일로 다투거나 도리에 어긋나는 일을 요구하지 않기로 한다. 만약 우리 나라가 금국을 적대시하여 화친을 위배하고 군사를 일으켜 침범한다면 하늘이 재앙을 내릴 것이며, 만약 금국이 불량한 마음을 품고서 화친을 위배하고 군사를 일으켜 침범한다면 역시 하늘이 앙화를 내릴 것이니, 두 나라 군신은 각각 신의를 지켜 함께 태평을 누리도록 할 것이다. 천지 산천의 신명은 이 맹약을 살펴 들으소서."

하였다. 다 읽고 나서 서쪽 계단의 탁자 위에서 불태웠다. 예를 마치고 주상은 환궁하고 유해는 나갔다. 대신 오윤겸·김류·이귀·이정구·신경진·신경유·허완·황이중 등이 유해와 함께 서단誓壇에 이르렀다. 호인들이 소와 말을 잡아 혈골血骨을 그릇에 담았다. 이행원이 맹세문을 낭독하였다. 그 글에 이르기를,

"조선국의 3국로와 6상서 아무개 등은 지금 대금국의 8대신 남목태·대아한·하세토·고산태·탁불해·차이혁·강도리·박이계 등과 함께 흰 말과 검은 소를 잡아서 맹약을 한다. 지금 이후로는 마음과 뜻을 함께할 것이니, 만약 금국을 적대시하여 조금이라도 불선한 마음을 갖는다면 이와 같이 피와 골이 나오게 될 것이고 만약 금국 대신이 불선한 마음을 갖는다면 역시 피와 골이 나와 하늘 아래서 죽게 될 것이다. 두 나라의 대신들은 각각 공도公道를 행하여 조금도 속임이 없어야 할 것이다. 기꺼이 이 술을 마시고 즐겁게 이 고기를 먹을지니, 하늘이 보호하여 많은 복을 받을 것이다."

하였다. 남목태 등도 맹세하기를,

"조선 국왕은 지금 대금국 이왕자와 맹약을 한다. 두 나라가 이미 아름다운 화친을 맺었으니, 이후로는 마음과 뜻을 함께 하여야 한다. 만약 조선이 금국을 적대시하여 병마兵馬를 정비하거나 성곽과 보루를 새로 세워 불선한 마음을 갖는다면 하늘이 앙화를 내릴 것이며 이왕자도 만일 불량한 마음을 갖는다면 하늘이 재앙을 내릴 것이다. 만약 양국의 두 왕이 마음을 같이 하고 덕을 같이 하여 공도로써 처신한다면 하늘의 보호를 받아 많은 복을 누릴 것이다."

하였다. 맹세하는 절차를 마치자, 유해는 돌아갈 것을 고하였다.

병자호란과 최명길

　1636년[51세] 청나라가 황제의 호칭을 쓰며 사신을 보내자 조정에서 명나라와 의리에 따라 배척하니, 청나라 사신이 노하여 바로 가버렸다. 최명길이 "전쟁의 빌미가 발생하였으니, 사전에 전쟁과 수비의 대책을 강구하소서." 하고, 또 빨리 사신을 보내어 청나라의 사정을 엿볼 것을 청하였다. 그때 조정의 의논이 거세게 나와 모두 화친을 배척하였으나 최명길만 달리 말했기 때문에, 조정에 들어가면 경연의 신하들이 번갈아 나무라고, 나가면 사헌부의 관료들이 번갈아 탄핵하였다. 최명길은 더욱더 극력 말하면서 선유학자의 정해진 결론을 증거로 대기도 하고 선왕조의 지난 행적을 참고로 대기도 하는 등 수만여 말을 하였다.

　11월에 청나라 왕이 친히 군대를 이끌고 쳐들어왔는데, 선봉이 압록강을 건넌 지 며칠 만에 서쪽의 교외로 들이닥쳤다. 임금이 강화도로 가려고 숭례문에 이르자마자 청나라 기병이 이미 길을 막아버렸다. 주상이 문루로 나아가 여러 신하들을 불러 계책을 물으니, 최명길이 말하기를, "일이 급박하게 되었습니다. 신이 달려가 청나라 장수를 만나 맹약을 어긴 것을 책망하려고 합니다. 청나라 장수가 듣지 않으면 신이 마땅히 그의 말 발굽 아래에서 죽을 것이고 접견하여 말대꾸를 해주면 시간을 조금 벌 수 있을 것입니다. 주상께서는 그 틈을 타 어가를 동쪽으로 빨리 달려 남한산성으로 들어가소서." 하니, 주상이 이르기를, "계책이 옳다. 하지만 경이 홀로 목숨을 내놓고 호구로 들어가 임금의 위급을 풀어 주고자 하니, 이는 고인도 어려워하던 바이다." 하고 탄식하면서 보냈다. 최명길이 또 아뢰기를, "이경직이 강개하여 기개와 절조가 있으니 함께 가기를 청합니다." 하였다. 주상이 윤허하고 호위병 20명을 떼어주었는데, 숭례문을 나가자마자 호위병들은 모두 새짐승처럼 뿔뿔이 흩어져버렸다. 최명길이 이경직 및 군교 한 명과 더불어 말을 달려 춘천 사현沙峴에 이르러 청나라 장수를 만나 군대를 동원한 것을 따지니, 청나라 장수가 강화(화친)와 전쟁 두 가지 중에 하나를 결정하라고 요청하였다. 최명길이 일부러 말을 질질 끌다가 해가 기울어서야 도성으로 돌아와 청나라 장수의 말을 이동 조정에 아뢰었다. 그 이튿날 저녁 무렵에도 아무런 회답이 없자 청나라 장수가 최명길이 자기들을 기만하였다고 해치려고 하였다. 혹자가 불가하다고 하면서 말하기를, "강화가 이루어지기도 전에 갑자기 죽여서는 안 된다." 하여 남한산성으로 진군하였다. 최명길 등이 돌아와 주상을 뵈니, 주상이 최명길의 손을 잡고 위로하기를, "조정 신료들이 모두 경처럼 충성스럽다면 어찌 오늘과 같은 일이 있었겠는가." 하고는 오열하며 눈물을 흘렸다.

당시 성 안에 있는 군사가 채 1만이 되지 않아 성가퀴(성곽)를 분담하여 지킬 수가 없었는데 적기가 대대적으로 이르러 산과 들을 뒤덮었다. 성을 몇 겹으로 포위하고 사방에서 위협하니 상하가 두려워하여 조석을 보전하지 못할 것만 같았다. 그런데도 적들이 오히려 날마다 사람을 보내어 강화를 요구하기를, "강화가 이루어지면 군대를 즉시 철수하겠다." 하였다. 그러나 뜻이 분분히 일어 강화의 주장을 더욱 준엄하게 공격하여 대신이 망설이며 결정을 하지 못하니,

최명길이 홀로 개연히 말하기를, "오늘의 계책은 강화하든 싸우든 양단 간에 결정을 내려야 합니다. 그런데 싸우자니 군사가 약하고, 강화를 주장하자니 거리끼는 마음이 있습니다. 하루아침에 성이 함락되어 상하가 어육이 된다면 종묘와 사직을 어디에 두겠습니까." 하였다.

포위되어 있던 40여 일 동안에 성이 거의 함락될 뻔한 적이 여러 번이었다. 원군은 끊어지고 식량이 고갈되었을 뿐 아니라 땔감과 말먹이도 모두 떨어졌다. 적이 포를 쏘아 성곽을 공격하여 성곽에 온전한 성가퀴가 하나도 없게 되니, 사람들의 기가 완전히 빠져 강화하고자 하는 자가 더욱 많아졌다.

이리하여 강화의 글이 비로소 작성되었는데 김상헌이 조정에서 통곡하면서 손으로 그 글을 찢으니, 최명길이 주워서 붙이며 말하기를, "문서를 찢는 자가 없어서도 안 되겠지만 붙이는 자도 있어야 합니다." 하였다. 제공이 청성靑城의 치욕을 면키 어렵다고 근심하였으나 최명길이 홀로 말하기를, "오랑캐는 우리의 영토를 탐내는 것이 아니라 그 뜻이 다만 강화하는 데에 있습니다. 다른 염려가 없다는 것을 장담할 수 있습니다." 하였다. 강화도가 함락되어 패전소식이 이르고 적이 또 우리에게 사로잡은 포로를 과시하니, 온 성 안이 두려워하고 놀랐다. 그리하여 마침내 성하지맹城下之盟을 맺으니, 1637년 인조 15년 정월 그믐날의 일이었다.

환향녀 처리문제로 논의하다

1638년[53세] 인조 16년 6월 13일 예조가 포로로 잡혀 갔던 부인들의 처리에 대해 아뢰다. 살아서 돌아오기는 했으나 정절을 잃은 수 많은 여인들을 가족들마저 거두기를 꺼리니 큰 문제였다. 임금이 그들 '환향녀還鄕女'들을 모두 청계천에 몸을 깨끗이 씻게 하여 받아들이도록 명을 내리니, 어명으로 허물이 바래지기는 했으나 '화냥년'으로 변음 되어, 난잡한 여인을 지칭하는 말이 되었다.

예조가 아뢰기를, "지난번 의정부의 뜻은 비록 포용하자는 데서 나왔으나 절의의 한계가 이로 말미암아 무너지게 되면 장차 나라를 다스릴 수 없을 것입니다. 대간이 아뢴 바 변통하여 중도를 얻자는 것이 실로 합당하니 지금 똑같이 하게 하는 법을 만들 필요는 없습니다. 다시 합하기를 원하는 자는 소원대로 하게 하고 재취를 원하는 자는 그대로 들어주면 의정부와 대간의 의논이 모두 시행되어 어긋나지 않고 역대 왕조가 수백 년간 배양한 교화도 무너지지 않을 것입니다.

법제도를 세울 때 반드시 사헌부와 사간원의 서경을 받는다는 것은 법전에 실려 있으나 오랫동안 폐하고 시행하지 않았으니 실로 미안한 일입니다. 지금부터는 다시 밝혀 거행하여 선왕의 성헌법을 따르소서."

하니, 답하기를, "다시 대신에게 의논하여 결정하라."하였다.

영돈녕 부사 이성구가 상소하여 아뢰기를,

"저 부인들이 의지할 곳을 잃는 것은 참으로 불쌍하지만 남편의 후사가 끊기는 것은 생각하지 않는단 말입니까. 더구나 부인은 이미 버림을 받았는데 남편도 또 재취하지 못한다면 피차가 모두 홀로 된 것을 원망하는 신세가 될 것이니 양쪽 다 막는 것보다는 한쪽이라도 허락하는 것이 낫지 않겠습니까. 또 역적의 딸도 이혼하게 하는 예가 있는데 지금 이 오욕을 입은 부인은 역적 집안의 자손보다 더 심하지 않습니까. 신의 어리석은 생각으로는 사대부 중에 정리가 몹시 절박한 자는 사유를 갖추어 임금께 아뢰어 뜻을 받아서 이혼하게 하면 중도를 얻을 수 있을 듯합니다."

하니, 답하기를, "상소에 아뢴 내용은 대신들과 의논하여 처리하겠다."하였다.

좌의정 최명길이 헌의하기를,

"선조께서 서울로 돌아온 후 사대부의 처로서 포로로 잡혀갔다가 살아서 돌아온 자들은 모두 재혼을 허락하지 않았습니다. 그 당시 유성룡·이원익·이덕형·이항복·성혼 등과 같은 명재상과 빼어난 유학자들의 식견의 바름은 반드시 지금 사람들과 비할 바가 아닐텐데 이의가 있었다는 것은 듣지 못하였으니, 이는 필시 이유가 있어서

일 것입니다. 신이 전일 의견을 아뢸 때는 임금과 현명한 신하들이 이미 했던 자취를 따라 홀아비와 홀어미들로 하여금 각기 제가 살 곳을 얻게 하고자 한 것에 불과했는데, 지금 삼사와 예관들의 논의가 이와 같으니, 신이 어찌 감히 스스로 옳다고 여겨 반드시 시행되기를 바라겠습니까. 다만 해당조정의 보고서를 보건대, 처음에는 절의의 한계를 중요시하여 그 말이 옳은 듯했으나 끝에 가서 반드시 똑같이 하게 하는 법을 만들 필요가 없고 다시 합하든 재취를 하든 모두 원하는 대로 하도록 하자고 했으니, 한 나라의 법을 나누어 둘로 만들었으므로 절의를 뿌리내리게 하는 뜻도 장차 반만 이루어지고 반은 유실될 것입니다. 임금의 정사가 이처럼 구차해서는 안 될 듯합니다."

하고, 우의정 신경진이 헌의하기를,

"온 나라의 백성들 중 태반이 연루되었으니 결코 담을 넘거나 개구멍으로 들어와 훔쳐간 것처럼 한 잘못에 비할 바가 아닙니다. 더구나 그 사이에 어찌 몸을 깨끗이 지켜 절의를 보전한 자가 없겠습니까. 조정의 포용하는 도리에 있어 일체 이혼하게 하여 홀로 되는 원통함이 있게 해서는 안 되니, 그들의 뜻에 맡기는 것이 가장 좋습니다. 또 새로운 법을 시행할 때에는 반드시 양사의 서경을 받는 것은 법을 후세에 전하기 위해서입니다. 이미 그들의 뜻에 맡긴다면 서경할 필요가 없음이 분명합니다."

하니, 답하기를, "선조 때의 사례에 따라 시행하도록 하라."

하였다. 비국이 아뢰기를,

"이성구가 상소에 아뢴한 것은 반드시 의견이 있어서일 것입니다만, 법은 만인에게 평등하게 적용하는 것이니 한두 좋은 집안을 위해 저것은 취하고 이것은 버리는 일이 있어서는 안 될 듯합니다. 신들의 어리석은 소견은 이미 의견수렴 때 자세히 아뢰었으니 주상께서 결정하시기에 달렸습니다." 하니, 주상이 따랐다.

— 인조실록 16년 3월 11일 —

제사에 쓰는 음식에 대해 논하다

1638년[53세] 인조 16년 5월 7일 사헌부와 사간원이 제사에 노루와 사슴포를 사용할 것을 아뢰다.

사헌부와 사간원이 제사에 말린 꿩으로 얇게 말린 소고기를 대신하자고 아뢰어서 주상이 대신에게 의논하도록 명하였었는데, 최명길이 아뢰기를,

"꿩으로 소를 대신하는 것은 미안한 일이 될 듯하니 노루·사슴·돼지 세 가지를 그때그때 있는 대로 취하여 말린고기를 만들어 쓰자고 청하자, 주상께서 돼지포를 쓰기는 미안하다 하여 노루와 사슴만을 쓰게 하였습니다. 그런데 그 후에 듣자니 노루와 사슴은 비록 토산이라 해도 실로 얻기가 쉽지 않다고 하였습니다. 얻기가 쉽지 않으면 형세상 불결한 것과 섞어 쓰지 않을 수 없을 것입니다.

신이 삼가 주례周禮를 살펴보니 '짐승을 사용하는 데 있어 봄에는 새끼 양과 돼지고기에 소기름을 쓰고, 여름에는 말린 꿩과 말린 생선에 개기름을 쓰고, 가을에는 송아지와 어린 사슴에 닭기름을 쓰고, 겨울에는 생선과 기러기에 양기름을 쓴다.' 하였고, 그 주석에 '거臑는 말린 꿩이고, 숙鱐은 말린 생선이고, 조膮는 개기름이고, 우羽는 기러기이다. 이는 사철의 물종이 각각 왕성하고 쇠약한 기운이 있으므로 같이 사용하여 서로 섞어서 왕의 반찬에 쓰고 인하여 제수에 쓰는 것인데, 각각 그 뜻이 있는 것이다.' 하였습니다.

신이 이 글을 보고 비로소 제사에 말린 꿩을 쓰는 것이 본디부터 전례가 있음을 알았습니다. 신의 학술이 형편없어 전에 의견을 모을 때 망령되게 소신의 의견을 주장하여 양사의 많은 관원들의 청을 반대하였으니 매우 후회스럽습니다. 그러나 이미 건의한 일이라 감히 다시 청하지 못하였으니 신의 죄가 큽니다.

대개 주례에는 춘추에 바치는 바가 각각 다르니 사시에 모두 말린 꿩과 말린 생선을 쓴 것은 아니나 말린 꿩을 제수에 쓴 것은 유래가 오래되었습니다. 더구나 지금은 나라가 천고에 없는 변란을 당하여 소고기 육포를 사용하고자 하여도 소를 얻을

수 없고 노루와 사슴을 사용하고자 하여도 잡물을 섞어 쓰게 되는 폐단을 끝내 막을 수 없습니다. 위로 주공周公이 예를 제정한 본뜻을 근거하고 아래로 양사가 어전에서 청한 바를 채택하여 소가 번식할 때까지 말린 꿩으로 대신하되, 지금 해당 관사에 저축된 육포는 이미 불결하다는 말이 있으니 그대로 제향에 쓸 수 없고 내년의 공물을 금년에 받을 수도 없으니, 우선 해당 조정으로 하여금 노루와 사슴을 거래하게 하여 포를 만들어 요즈음 소용되는 데 쓰는 것이 마땅할 듯합니다.”

하니, 답하기를, “백성의 제사에는 모두 포를 사용하는데 종묘사직에만 사용하지 않는 것은 매우 미안한 일이다. 부득이하다면 노루와 사슴으로 포를 만들어 대용하는 것이 마땅하겠다. 끝에 이른 것은 아뢴 대로 시행하라.” 하였다.

— 인조실록 16년 5월 7일 —

5월 10일 제향에 쓰는 제수에 대해 의논하다.

이에 앞서 경연관이 아뢰기를, “근래 제향에 쓰는 사슴 육장과 토끼 육장 등이 모두 정결하지 못하여 악취가 많이 나서 사람들이 가까이 가지 못할 정도라고 하니 매우 미안한 일입니다. 주례를 상고해 보니, 제사에 쓰는 육장에는 방합·고둥·개미알 등이 있다고 했는데, 주석에 씹조개·소라고둥이라 했으니 바로 오늘날의 생합·소라·백하 등입니다. 예기에 ‘곤충의 기이한 것과 초목의 열매는 음양의 뜻을 갖추는 것이다.’ 했으니, 지금 옛 예에 따라 생합·소라·백하 등의 육장을 대신 써서 악취가 나는 사슴 육장과 토끼 육장을 없애는 것이 어떻겠습니까?”

하니, 주상이 이르기를, “상례는 선대 조의 것을 따라야지 고치는 것은 옳지 않다. 그러나 불결한 것을 써서도 안 되니 예조에 말하라.” 하였다.
예조가 아뢰기를, “토끼 육장은 여름에는 악취가 나서 가까이 갈 수가 없습니다. 사람이 가까이 하지 못하는 것으로 신명神明께 올리는 것은 실로 미안하기 그지없으나 이미 오례의 제식에 분명히 실려 있으니 다른 것으로 대신하는 것은 타당하지 않은 듯합니다. 젓을 담글 때 소금을 적당히 넣으면 악취가 나거나 맛이 변하지 않을 것입니다. 그러나 경연관이 아뢴 것도 일리가 있는 듯하니 대신에게 의논하여 결정하소서.” 하였다.

좌의정 최명길이, 제향에 관한 것을 변통하는 것은 막중한 일이니 영상이 출근하고 우상이 돌아온 뒤에 회의하여 결정하자고 하니, 주상이 따랐다.

- 인조실록 16년 5월 10일 -

서경법 등 인사제도의 개선을 건의하다

1638년 인조 16년 7월 26일 좌의정 최명길이 서경법 없애기를 청하다. 주상이 최명길의 말에 따라서, 이후로는 지방관으로서 처음 수령에 임명된 사람에게 단 한 번만 서경[16]하는 것을 영구한 규칙으로 삼게 하였다.

1638년 인조 16년 12월 2일 영의정 최명길이 관리의 세 가지 폐단에 대해 아뢰다.

좌의정 최명길이 상차하기를, "신이 조정에 돌아온 후에 듣건대, 조정에서 새로 제도를 만들어 지방에 있는 인원은 삼사(사헌부, 사간원, 홍문관)의 후보자로 추천하지 못하고, 관직에 제수된 자는 중앙직으로 명하지 않으며, 휴가를 받아 시골로 내려가는 자는 관직을 지니고 왕래하지 못한다고 하니, 이는 한 때의 폐단을 바로잡으려는 뜻에서 나온 것이지만 신은 굳이 이와 같이 할 필요가 없다고 생각합니다.

---

16) 서경署經 : 조선 시대 관리의 임명이나 법령의 제정 등에 있어 대간의 서명을 거치는 제도. 고신 서경의 경우, 비록 국왕이 관리의 임명을 재가했더라도 대간이 동의해 고신에 서명을 해야만 비로소 관직에 나아갈 수 있었다. 대간에서는 해당자의 재행才行·현부賢否 및 하자 여부는 물론, 3대에 걸치는 가세世世까지도 심사하였다. 자기 자신과 부·모의 4조(부,조부,증조부)를 기록한 서경 단자를 대간에게 제출하였다. 심사결과 관직 임명에 결격사유가 없으면 심사에 참여한 간관들이 모두 서명하지만, 만일 해당 관직에의 임명이 부당하다고 판단되면 '작불납作不納'이라 쓰고 서명하지 않았다. 이렇게 되면 그 관직에 오를 수 없었다. 오히려 이 제도를 둘러싸고 국왕과 대간이 대립하는 일이 종종 있었다. 이는 관리의 임명이나 법령의 제정·개정 등이 전적으로 국왕의 의사에 따라서 결정되지 않고, 반드시 대간의 동의를 얻어야만 하였으므로 이를 통해 대간이 왕권을 견제할 수 있었기 때문이다.

조정의 관리 중에 벼슬하기를 즐겨하지 않는 자가 있습니다. 필부는 뜻을 빼앗을 수 없다 하였으니 그대로 두는 것이 제일 좋습니다. 그 중에 사고가 있거나 파산을 당하였거나 전쟁을 피해 타향에서 떠돌다가 집안이 가난하여 돌아오지 못하거나, 먼 곳에 집이 있어 형편상 상경하여 관리 등용을 기다리기 어려운 자가 있습니다. 이 같은 무리가 실로 적지 않은데, 지금 그 실정을 물어보지도 않고 모두 버리고 등용하지 않는다면 국가에서 사대부를 대우하는 도리에 위배될까 염려됩니다. 벼슬하기를 원치 않는 자는 억지로 시킬 수는 없지만 벼슬하지 않으려는 마음이 없는데 사세에 구애된 바가 위에서 말한 것과 같으면 마땅히 거두어 기록하여 인재 등용하는 길을 넓혀야 한다고 생각합니다. 이는 해당 조정에서 참작하여 취사함에 달려 있는데, 어찌 일정한 법으로 정할 수 있겠습니까.

또 지방에 있다가 피선된 삼사의 관원에 대해서 명하고 역마로 부른 것은 특별히 우대한 것입니다. 지난해 역마를 타고 오게 하는 규정을 없앴는데 금년에 또 명하는 명령마저 없애면 이는 삼사를 일반 관리와 같이 대우하는 것입니다. 국가에서 삼사를 설치한 것은 인도하고 간쟁하는 책임을 맡기고자 한 것이니 막중하다고 할 수 있는데, 옛 규정을 모두 폐지하여 일반 관리와 마찬가지로 대하니, 삼사의 관원이 된 자가 누가 전하를 위하여 간쟁하고 인도하는 책임을 다하겠습니까. 명은 실로 중지할 수 없고 역마를 타는 것도 전일대로 회복해야 합니다.

백관이 휴가를 받는 것은 역대왕조부터 규정이 있는데, 근래 풍습이 아름답지 못하여 일이 있다고 핑계하고 시골로 내려간 자가 많으니, 그 정상이 실로 얄밉습니다. 그러나 사고가 있어 부득불 왕래하는 자까지도 모두 교체시키면 역대왕조에서 여러 신하를 예우하던 아름다운 뜻이 아닌 듯합니다. 또 일반 관리 중에 벼슬을 아깝게 여겨 마침내 부모님을 모시고 성묘하는 등의 일을 폐하는 자도 혹 있을 것이니, 윤리와 풍속을 돈독히 하는 방도가 아닙니다.

세 가지의 폐단이 비록 눈앞의 이해에 절실하지 않은 듯하나 왕도 정치에 손상되는 것은 많습니다. 비변사가 요청한 명에 대한 한 조목은 우선 거행하고 역마를 타고 오게 하는 규정은 차츰 복구하소서."하니, 답하기를, "명에 대한 한 조목은 아린 대로 하라." 하였다.

－ 인조실록 16년 12월 2일 －

1639년 인조 17년 4월 6일 영의정 최명길이 육조의 승진에 대해 아뢰다.

영의정 최명길이 건의하기를, "육조의 좌랑은 30개월이 되어야 5품에 승진되고 정랑은 30개월이 되어야 4품에 승진되는 것은 국가의 법전인데, 지금은 모두 갑자기 승진하여 직무가 폐기됨이 많습니다. 예전의 법을 밝혀 기한 안에 승진시키지 말도록 하소서." 하니, 주상이 따랐다.

– 인조실록 17년 4월 6일 –

최명길의 졸기

1647년[62세] 인조 25년 5월 17일 완성 부원군 최명길의 졸기

완성 부원군 최명길이 졸하였다.

최명길은 사람됨이 기민하고 권모술수가 많았는데, 자기의 재능에 대해 자부심을 가지고 일찍부터 세상일을 담당하겠다는 생각을 가졌다. 광해 때에 배척을 받아 쓰이지 않다가 반정할 때에 큰 계획을 모의하였는데 최명길의 공이 많아 정사 원훈에 녹훈되었고, 몇 년이 안 되어 순서를 뛰어 넘어 재상의 지위에 이르렀다. 그러나 추숭[17]과 화친론을 주장함으로써 공론에 버림을 받았다. 남한산성의 변란 때에는 척화를 주장한 대신을 협박하여 보냄으로써 사적 감정을 풀었고 환도한 뒤에는 그릇된 사람들을 등용하여 선비들과 알력이 생겼는데 모두들 소인으로 지목하였다. 그러나 위급한 경우를 만나면 앞장서서 피하지 않았고 일에 임하면 칼로 쪼개듯 분명히 처리하여 따를 사람이 없었으니, 역시 한 시대를 구제한 재상이라 하겠다. 졸하자 주상이 조회에 나와 탄식하기를 "최명길은 재주가 많고 진심으로 국사를 보필했는데 불행하게도 이 지경에 이르렀으니 진실로 애석하다." 하였다.

---

17) 추숭追崇 : 인조의 아버지 정원군을 추존한 일.

7월 19일 최명길의 집안에 3년의 녹봉을 내려 주고, 또 묘사를 지어 주게 하였다.

[승진과정]

1605년[20세] 선조 38년 생원시 1등, 진사시 8등,
            증광시 문과에 급제, 승문원에 선발
1609년[24세] 광해 원년 한림원에 추천, 성균관 전적
1611년[26세] 광해 3년 8월 공조좌랑, 12월 병조좌랑
1612년[27세] 광해 4년 2월 병조좌랑
1613년[28세] 광해 5년 10월 병조좌랑

1614년[29세] 광해 6년 1월 14일 삭탈관직, 문외출송
1619년[34세] 광해 11년 5월 5년 5개월만에 석방, 모친상,
            부친상, 5년간 여묘살이
1623년[38세] 인조원년 3월 13일 인조반정, 3월 이조좌랑, 정랑,
            8월 이조참의, 윤 10월 정사공신 1등에 책훈,
            11월 이조참판
1624년[39세] 인조 2년 1월 17일 이괄의 난
1625년[40세] 인조 3년 2월 홍문관 부제학, 3월 대사헌,
            5월 부제학, 7월 겸 호패청 당상
1526년[41세] 인조 4년 8월 형조참판
1627년[42세] 인조 5년 1월 13일 정묘호란,1월 24일 평양 함락.
            2월 백성들의 목장의 경작 최명길이 반대하다
            2월 화친
1628년[43세] 인조 6년 6월 경기 관찰사
1630년[45세] 인조 8년 호조 참판, 병조참판, 5월 우참찬
1631년[46세] 인조 9년 4월 부제학, 11월에 예조판서
1632년[47세] 인조 10년 2월 겸 예문관 제학,
            3월 겸 동지성균관사, 12월 이조 판서
1633년[48세] 인조 11년 5월 겸 양관 대제학, 체찰부사 겸임
1635년[50세] 인조 13년 1월 이조판서 사직, 4월 호조판서
1636년[51세] 인조 14년 4월 병조판서, 한성 판윤, 이조판서
1637년[52세] 인조 15년 4월 우의정, 7월 좌의정
1638년[53세] 인조 16년 6월 예조가 포로로 잡혀 갔던
            환향녀 처리에 대해 아뢰다
            7월 최명길이 서경법 없애기를 청하다

9월 15일 영의정

1639년[54세] 인조 17년 주상이 오래도록 병석에 누워 있었다.

1640년[55세] 인조 18년 3월 9일 파직

1640년[55세] 인조 18년 6월 완성부원군, 7월 이괄의 잔당 체포
7월 7일 이괄의 잔당 일로 최명길을 파직하다

1643년[58세] 인조 21년 청나라 억류
조선이 명나라와 내통하다가 심양에 잡혀가 2년간
억류되었다가 소현세자 등과 함께 풀려났다.

1645년[60세] 인조 23년 10월 완성부원군 겸 어영 도제조

1647년[62세] 인조 25년 5월 17일 완성 부원군 최명길이 죽다.

85. 홍서봉洪瑞鳳

11년간 숨어 지내다가 인조반정에 가담하다

생몰년도	1572년(선조 5) ~ 1645년(인조 23) [74세]
영의정 재직기간	1차 (1640.1.15.~1641.8.11)
	2차 (1644.3.12~1644.4.4) (1년 7개월)
본관	남양南陽
자	휘세輝世
호	학곡鶴谷
시호	문정文靖
공훈	정사공신 3등, 영사공신 2등
묘소	경기도 양주시 남면 상수리
묘비명	영의정 최석정의 글
기타	주화파 중심인물
조부	홍춘경洪春卿 – 황해도 관찰사
부	홍천민洪天民 – 도승지
모	유당의 딸
숙부	홍성민洪聖民 – 대제학
처	황혁의 딸 – 호군
장남	홍명일洪命— – 관찰사
손자	홍처우洪處宇
손자	홍처주洪處宙
장녀	박황에게 출가

인조반정 3등공신

홍서봉의 자는 휘세輝世이며, 호는 학곡鶴谷으로 본관은 남양이다. 그 선조는 중국인인데, 황소의 난 때 바닷길로 우리나라에 건너와서 화성 당성唐城에 집안을 이루어 그대로 본적을 삼았다. 증조부 홍계정은 예문관 대교를 지냈고, 조부는 홍춘경은 황해도 관찰사를 지냈으며, 아버지 홍천민은 도승지를 지냈다. 어머니 흥양 유씨는 고려 시중 유탁의 후손으로 주부 유당의 딸이다

홍서봉은 3세 때에 아버지를 잃고 6세 때에 외조부에 배움을 받는데, 저절로 글을 지을 줄 알았다. 숙부 홍성민이 '묘猫' 자로 글귀를 지으라고 하자, 홍서봉이 큰소리로 "고양이가 우니 천 마리 쥐가 놀란다[猫鳴驚千鼠]"고 하여, 감탄하며 말하기를, "우리 형님의 인덕으로 행복을 누리지 못했는데, 집안을 일으킬 자는 이 아이일 것이다."라 하였다. 14세 때에 강가에서 독서를 할 때 송강 정철이 찾아와 홍성민에게 시를 짓게 하자 붓을 당겨 그 자리에서 지었는데, 송강이 크게 칭찬하며 상을 주었다.

홍서봉과 그의 아버지 홍천민, 숙부 홍성민, 할아버지 홍춘경은 3대에 걸쳐 네 사람이 연속 호당에 뽑혀, '3대 4호당'으로 명예를 얻었고, 홍성민의 후대에서 연속 6대에 걸쳐 대과 급제자가 줄을 이으니, 홍서봉의 증조부 이조참판 홍계정으로부터 9대에 걸쳐 대과 급제자가 나온 집안이라, 홍씨 가계는 조선 500년사에 전무후무한 벼슬 집안으로 이름이 났다. 홍서봉의 아들 홍명일은 대사성·강원도 관찰사를 지냈고, 사위 박황은 대사헌·전주부윤을 지냈다.

1608년 광해 즉위년 중시 문과에 갑과로 급제한 뒤 사성·응교 등을

역임하고, 사가독서[18]에 선발되었다.

1610년 강원도 관찰사를 거쳐, 이듬해 동부승지 재직 중 1612년 3월에 김직재 옥사에 장인 황혁이 연루되어 홍서봉도 삭직당하였다. 이때부터 세상일에 뜻을 끊고 문을 닫고 묻혀 지냈는데, 홍서봉의 외가쪽 사람이 때를 이용해 권력을 잡으면서 홍서봉에게 시류에 따르고 이해득실을 생각하라고 권하였으나 엄한 말로 배척하였다.

윤리가 무너져 혼란함이 날로 심해져서, 선조의 옛 신하들을 모두 물리쳐 외방에 있었다. 벼슬에서 물러난 지 11년이 되던 1623년 3월 김류와 함께 인조반정을 주동하여 인조를 등극시키니, 정사공신 3등에 책록되고, 익녕군에 봉해졌다. 이후로 병조참의·이조참의·대사간·동부승지·부제학·대사헌·병조참판 등을 차례로 역임한 뒤 1626년에는 도승지가 되었다. 1628년 유효립이 반역하면서 허적이 모의계획을 듣고 홍서봉에게 알리니 의정부에 통보하여 적을 모두 사로잡아 처형하였다. 4월에 다시 녹훈되어 영사공신 2등의 호를 내렸다. 두 번의 공신이 된 홍서봉은 이조판서와 병조판서, 대제학을 역임하여 1636년 우의정을 거쳐 좌의정에 올랐다.

마침 그 해 겨울 병자호란이 일어나자 화의를 주장, 최명길·김신국·이경직 등과 청나라 군사 진영을 내왕하며 화의를 위한 실무를 수행하였다. 1639년 69세에 부원군에 봉해지고 이듬해 영의정에 올랐다. 이때 가뭄으로 흉년이 들어 굶주리는 백성들이 넘치자 이를 구제하기 위해, 부유한 양민들에게 일정한 직첩을 주고 그 대가로 식량을 받아내 어려운

---

18) 사가독서 : 문흥을 일으키기 위하여 유능한 젊은 관료들에게 휴가를 주어 독서에만 전념케 하던 제도

백성들을 구하자는 주장을 펴기도 하였다.

1640년부터 1645년까지 영의정과 좌의정을 번갈아 역임하며 국왕을 적극적으로 보필하였다.

1645년 인조 23년 청나라에서 귀국한 소현세자가 급사하자 세손을 잇는 것이 상도常道임을 들어 봉림대군(효종)을 세자로 책봉하려는 인조의 의사에 반대하였다. 일찍이 시명을 떨쳐 『청구영언』에 시조 1수가 전한다. 시호는 문정文靖이다.

— 한국민족문화대백과, 국역국조인물고 —

홍서봉과 병자호란

1636년[65세] 인조 14년 12월 병자호란

12월에 청병이 크게 침입해 와 임금이 장차 피난하면서 다시 홍서봉을 좌의정에 제수하자 호가하여 남한산성으로 들어갔다. 이튿날 강화도로 옮기자는 의논이 있어 홍서봉에게 명하여 머물러 남한산성을 지키게 하고 수레는 성을 조금 나갔다가 다시 들어와 실행하지 못하였다. 이윽고 오래토록 포위되게 되자 임금이 홍서봉에게 오랑캐 진영에 가서 화친하기를 명하므로 홍서봉이 명을 듣고 즉시 갔는데, 이때부터 청병이 자주 성 아래에 와서 우리 사람을 보자고 청하면 임금이 번번이 홍서봉에게 나가 만나기를 명했는데, 일에 따라 주선하여 모두 시기와 형편에 맞게 해 무릇 10여 차례나 왕복하였다.

12월 26일 삼공 · 비국 당상과 의논하여 적진에 술과 소를 보내기로 하다.

삼공과 비국 당상이 입실하여 만나서 아뢰기를,
"오늘 군사를 징발하여 출전하려고 했는데, 바람이 너무 강하니 날씨가 조금 풀릴 때까지 기다렸으면 합니다." 하니,

주상이 김류에게 이르기를, "경이 대장이니, 사태를 보아 가며 대처하라." 하였다.

홍서봉이 아뢰기를, "오늘의 위급한 상황을 어찌 다 아뢸 수 있겠습니까. 지금 믿을 것은 외부의 구원뿐인데, 호서의 군사가 사식정(120리)의 거리에 와 있으면서도 관망만 할 뿐 진군하지 않고 있습니다. 또 호남과 영남의 군사가 아무리 많다 해도 아직까지 한 번도 싸우지 않았으며, 서북의 군사도 소식이 없습니다. 믿을 것은 단지 성안 군사의 사기가 꺾이지 않는 것뿐인데, 날씨가 이토록 차므로 너무도 사기가 저하되고 있습니다. 적이 명분없이 물러가기를 어렵게 여긴다면 우리가 사람을 보낸다 해도 무슨 상관이 있겠습니까. 온 성의 인정이 다 이와 같은데도 영상은 군사를 맡고 있어 감히 논의에 참여할 수 없기에 신이 감히 아룁니다."

하고, 김류도 아뢰기를, "신이 군사를 맡고 있어 감히 입을 열지 못하였으나 군정은 과연 좌상의 말과 같습니다."

하니, 주상이 이르기를, "적의 실정만 말하라. 군정은 어린아이라도 알 것인데 내가 어찌 모르겠는가." 하였다.

김신국이 아뢰기를, "사람을 보내어 강화를 성사시킬 수 있다면 실로 국가의 다행한 일입니다. 다만 우리 쪽에서 먼저 사람을 보내면 저들이 돌아가려는 마음이 있다 하더라도 중지할 것입니다."

하고, 장유가 아뢰기를, "저들도 처음 올 때와는 같지 않습니다. 처음에는 이 고립된 성이 그들의 손바닥 안에 있다고 생각했을 것입니다. 그러나 지금 산성의 형세가 올

려다 보고 공격하기 어려우므로, 우리가 지치기를 기다려 협박해서 강화를 맺고 돌아가려 하고 있습니다. 이 성안의 형세가 매우 위급하니, 우선 일이 이루어질 수 있느냐 없느냐는 논하지 말고 먼저 사람을 보내어 시험해 봐야 할 것입니다." 하니,

주상이 김신국을 돌아보며 이르기를, "호판의 말이 옳다. 백관 부형이 모두 여기에 들어와 있는데 형세가 이 지경이 되었으니, 어제 이서가 아뢴 대로 소와 술을 보내는 것도 좋겠다." 하였다.

최명길이 아뢰기를, "옛날에도 밀감을 적에게 보낸 경우가 있었으니, 이 역시 해로울 것이 없습니다." 하니,

주상이 이르기를, "재상 중에 계략에 뛰어나고 언변이 있는 자를 엄선하여 보내도록 하라." 하였다.

박황이 아뢰기를, "주상의 명으로 보냈다가 받지 않으면 괜히 모욕만 당하게 될 것이니, 대신이 보낸다고 하는 것이 어떻겠습니까?" 하니,

주상이 이르기를, "설령 받지 않더라도 해로울 것이 없다. 국가에서 보내는 것으로 하는 것이 마땅하다." 하였다.

이경직이 입궐하여 아뢰기를, "신이 적의 진영에 가도록 되어 있기에 대신에게 의논했더니 '방금 적병이 이부치利阜峙로 향하고 있으니, 이는 필시 우리측 원병을 맞아 공격하려는 것이다. 불행한 일이 있게 되면 저들은 우리가 강화하기 위해 왔다고 할 것이다. 오늘 복병에게 말을 전하여 사자를 보내겠다는 뜻을 먼저 통지해 놓고 내일 출발하는 것이 마땅하다.'고 하였습니다. 감히 이를 우러러 여쭙니다." 하니,

주상이 이르기를, "경이 적의 진영에 가서 어떻게 말할 것인가?" 하였다.

대답하기를, "십 년 동안 우호를 맺어온 나라가 지금 무단히 군사를 일으켰다. 너희는 맹약을 저버렸지만 우리는 옛날의 우호를 잊지 않았다. 그래서 이렇게 선물을 가져왔다.'고 하겠습니다." 하니,

주상이 이르기를, "강화하는 뜻은 언급하지 말고 세시의 선물이라고만 말하는 것이 좋겠다." 하였다.

— 인조실록 14년 12월 26일 —

1637년[66세] 1월 1일 비국 낭청 위산보가 소고기와 술을 가지고 오랑캐의 진영에 갔다 오다.

비국 낭청 위산보를 파견하여 소고기와 술을 가지고 오랑캐 진영에 가서 새해 인사를 하면서 오랑캐의 형세를 엿보게 하였는데, 청나라 장수가 황제가 왔으므로 마음대로 받지 못한다고 하며 공갈하는 말을 많이 하였으므로 위산보가 소고기와 술을 가지고 되돌아왔다.

주상이 삼공과 비국의 여러 신하들을 만나서 이르기를,

"오랑캐의 정세가 어떠한가?" 하니,

영의정 김류 등이 아뢰기를, "오랑캐의 형세가 필시 이 정도까지는 되지 않을 것입니다. 황제가 나왔다고 말하는 것은 과장인 듯합니다." 하고,

이조판서 최명길이 아뢰기를, "그가 이름은 황제여도 스스로 몸가짐을 신중히 하지 않으니, 그가 오지 않았으리라고 어떻게 보장하겠습니까.
한汗이 군사를 거느리고 왔다면 분명 까닭없이 군사를 되돌리지는 않을 것이니, 우리 병력으로는 결단코 감당하기 어렵습니다. 화친하는 뜻으로 저들의 실정을 은밀하게 탐지하는 것이 마땅합니다. 이어 사신을 파견해서 편지를 가지고 한汗에게 곧장 보내어 '듣건대 황제가 나왔다고 하니 본국의 실정을 모두 아뢰어야 겠다.'고 한다면 저들이 응당 대답이 있을 것입니다." 하였다.

제 신들은 모두 이를 불가하다고 하므로 오래도록 결정을 짓지 못하다가 주상이 최명길의 말을 따라 김신국·이경직을 파견하여 오랑캐 진에 가서 화친을 청하게 하였다.

오랑캐 장수 마부달이 말하기를, "황제가 지금 성을 순찰하고 있으므로 천천히 여쭈어 결정해야 할 것이니, 내일 아침에 사람을 파견하시오." 하므로, 김신국 등이 되돌아왔다.

– 인조실록 15년 1월 1일 –

1월 2일 대신과 비국의 신하를 인견하고 오랑캐에게 보낼 문서에 대해 의논하다.

주상이 대신과 비국의 여러 신하들을 만나고, 문서를 의논하여 정하게 하였다.

최명길이 아뢰기를, "마땅히 '한汗이 멀리서 우리나라에 왔기에 국왕이 사람을 보내어 문안한다'는 내용으로 말하는 것이 좋겠습니다. 이렇듯 회계會稽의 치욕[19]을 당하여 어찌 굴복하는 말을 피하겠습니까." 하고,

홍서봉이 아뢰기를, 지난날 근거없는 논의 때문에 일을 그르친 실수를 모두 말해야 합니다. 형제의 의를 맺은 지 이제 10년인데, 한번 사과한다고 하여 무슨 상관이 있겠습니까." 하니,

예조판서 김상헌이 안 된다고 고집하였다.
최명길이 소리를 높여 아뢰기를, "참으로 저 말과 같으면 이는 화친하지 않으려는 것입니다." 하니,

김상헌이 아뢰기를, "한이 왔다는 말을 듣고 겁을 내어 차마 말하지 못할 일을 강구하니, 신은 실로 마음 아프게 여깁니다." 하였다.

최명길이 아뢰기를, "범려와 대부종이 그 임금을 위하여 원수인 적에게 화친하기를 빌었으니, 국가가 보존된 뒤에야 바야흐로 와신상담도 할 수 있는 것입니다." 하니,

---

19) 회계의 치욕 : 춘추 시대 월나라 왕 구천이 오나라 왕 부차에게 회계산에서 패배하여 치욕을 당한 일임.

김상헌이 아뢰기를, "적중의 허실을 환하게 알지도 못하면서 스스로 대부종과 범려에게 비교한단 말입니까." 하였다.

장유가 아뢰기를, "교전 중에도 사신이 왕래하는 법이니, 편지 내용은 완곡하게 하는 것이 중요합니다." 하니,
주상이 이르기를, "강국도 약한 나라에 대해 거만하게 대해서는 안 되는 법인데, 더구나 강국을 대하는 약한 나라의 입장이겠는가." 하였다.

최명길이 아뢰기를, "명분에 대한 사항이야말로 매우 중요하니, 2품 이상이 모여 의논하여 정하게 하소서." 하니,

주상이 이르기를, "이 한 건이 가장 중대하니 잘 생각하고 분간해서 처리하도록 하라." 하였다.

- 인조실록 15년 1월 2일 -

1월 2일 귀순하라는 황제의 글과 그에 대한 의논
1월 13일 홍서봉의 건의로 정명수와 용골대·마부대에게 은을 주게 하다.

홍서봉·최명길·윤휘가 만나기를 청하여 만났다. 홍서봉이 아뢰기를, "호역 이신검이 와서 말하기를 '일찍이 정묘호란때 유해에게 기만책을 써서 그 덕분에 강화하였다. 지금도 정명수에게 뇌물을 주면 강화하는 일을 기대할 수 있을 듯하다.'고 하였습니다."

하니, 주상이 이르기를, "옛날에도 이런 계책을 시행한 적이 있었다. 모름지기 비밀리에 주고 누설되지 않도록 하라." 하고, 은 1천 냥을 정명수에게 주고 용골대와 마부대에게도 각각 3천 냥씩 주게 하였다.

- 인조실록 15년 1월 13일 -

1월 16일 오랑캐가 '초항招降'[20]이란 깃발을 띄워 성 중에 보이다.

1월 16일 무조건 항복하라는 요구에 대해 역사책에는 쓰지 못하게 하다.

홍서봉·윤휘·최명길을 오랑캐 진영에 보냈는데, 용골대가 말하기를, "새로운 말이 없으면 다시 올 필요가 없다." 하였다.

최명길이 만나서 아뢰기를, "신이 이신검[21]에게 물었더니 이신검이 여량과 정명수의 뜻을 전하였는데, 이른바 새로운 말이란 바로 무조건 항복하라는 것이었습니다. 인군과 필부는 같지 않으니 진실로 어떻게든 보존될 수만 있다면 최후의 방법이라도 쓰지 않을 수가 없습니다. 새로운 말을 운운한 것은 우리가 먼저 꺼내도록 한 것이니, 신의 생각으로는 적당한 시기에 우리가 먼저 그 말을 꺼내어 화친하는 일을 완결짓는 것이 온당하리라고 여겨집니다. 영상을 불러 의논하여 결정하소서."

하니, 주상이 이르기를, "어떻게 갑작스레 의논해서 정할 수 있겠는가." 하였다.

최명길이 아뢰기를, "이런 이야기를 역사책에 쓰게 하면 안 되겠습니다." 하니, 주상이 쓰지 말도록 명하였다.

− 인조실록 15년 1월 16일 −

1월 17일 오랑캐가 황제의 글을 보냈는데 조선 국왕에게 명령을 내려 깨우치게 한다는 뜻의 '조유한다'라고 하다.

1월 18일 국서를 보냈는데 받지 않아 도로 가져와 '폐하'라는 두 글자를 더하다.

---

20) 초항 : 타일러 항복하라
21) 이신검 : 오랑캐 통역관

사신들이 국서를 가지고 오랑캐 진영에 가니, 용골대가 마부대가 나갔다는 것을 핑계대고 받지 않았으므로, 도로 가지고 와서 마침내 폐하라는 두 글자를 더하였다.

1월 19일 오랑캐가 성 안에 대포를 쏘았는데, 대포의 탄환이 거위알만 했으며 더러 맞아서 죽은 자가 있었으므로 사람들이 모두 놀라고 두려워하였다.

1월 21일 우의정 이하가 나가니, 용골대가 국서를 되돌려 주면서 말하기를 '그대 나라가 답한 것은 황제의 글 내용과 틀리기 때문에 받지 않는다.'고 하였다.

1월 22일 강화도가 함락되는 전후 사정

오랑캐가 군사를 나누어 강화도를 범하겠다고 큰소리쳤다. 당시 얼음이 녹아 강이 차단되었으므로 사람들이 모두 허세로 떠벌린다고 여겼으나 제 방면의 수군을 징발하여 유수 장신에게 통솔하도록 명하였다. 충청 수사 강진흔이 배를 거느리고 먼저 이르러 연미정을 지켰다. 장신은 광성진에서 배를 정비하였는데, 장비를 미처 모두 실지 못했다.

오랑캐 장수 구왕이 제 진영의 군사 3만을 뽑아 거느리고 삼판선 수십 척에 실은 뒤 갑곶진에 진격하여 주둔하면서 잇따라 홍이포를 발사하니, 수군과 육군이 겁에 질려 감히 접근하지 못하였다. 적이 이 틈을 타 급히 강을 건넜는데, 장신·강진흔·김경징·이민구 등이 모두 멀리서 바라보고 도망쳤다. 장관 구원일이 장신을 참하고 군사를 몰아 상륙한 뒤 결전을 벌이려 했으나 장신이 깨닫고 이를 막았으므로 구원일이 통곡하고 바다에 몸을 던져 죽었다. 중군 황선신은 수백 명의 군사를 거느리고 나룻가 뒷산에 있었는데 적을 만나 패배하여 죽었다.

적이 성 밖의 높은 언덕에 나누어 주둔하였다. 내관이 원손을 업고 나가 피했으며, 성에 있던 조정 선비도 일시에 도망해 흩어졌다. 봉림 대군이 용사를 모집하여 출격하였으나 대적하지 못한 채 더러는 죽기도 하고 더러는 상처를 입고 돌아 왔다. 얼마

뒤에 대병이 성을 포위하였다. 노왕虜王이 사람을 보내어 성 밑에서 소리치기를,

"성을 함락시키는 것은 쉽지만 군사를 주둔시키고 진격하지 않는 것은 황제 조서 때문이다. 황제가 이미 강화를 허락하였으니, 급히 관원을 보내 와서 듣도록 하라." 하였는데,

대군이 한흥일에게 이르기를, "저들의 말은 믿을 수 없으나 화친하는 일은 이미 들었다. 시험삼아 가서 살피도록 하라." 하였다.
즉시 말을 달려 진영으로 가니, 말하기를, "대신이 와야만 한다."

하였으므로, 대군이 해창군 윤방에게 가도록 하였다. 가마로 진영에 들어가 늙고 병이 들어 거의 죽게 되었음을 핑계대고 예모를 갖추지 않으니, 좌우에서 칼을 빼어들고 위협하였으나 노왕虜王이 중지하게 하였다. 이어 조정이 화친을 이룬 일을 말하고 대군과 서로 만나 보기를 원하였다. 돌아와서 보고하니, 대군이 이르기를,

"저들이 호의를 갖고 나를 유도하는 것인지는 실로 헤아릴 수 없으나, 일찍이 듣건대 세자께서도 가기를 원했다고 하니, 진실로 위급함을 풀 수만 있다면 내가 어찌 죽음을 두려워하겠는가."

하고, 마침내 진영으로 갔다. 그러자 노왕虜王이 통역관으로 하여금 인도해 들이게 하고 인사를 하였다. 저물녘에 대군이 노왕과 함께 나란히 말을 타고 성으로 들어갔는데, 군사들은 성 밖에 머물게 하였다. 그리고 군사들은 동서로 길을 나누어 피차간에 서로 섞이지 않도록 하고 군병을 단속하여 살륙을 못하게 하였으며, 제 진영으로 하여금 사로잡힌 여자들을 되돌려 보내도록 허락하는 동시에, 대군에게 임금이 계신 행재소에 재상으로 하여금 글로 아뢰도록 청하였다.

이틀이 지난 뒤에 통역관이 돌아와 말하기를 '국왕이 장차 황제를 만나 보고 도성으로 돌아갈 것이니, 대군과 궁빈 그리고 여러 재상도 서울로 돌아가야 할 것이다.'고 하였다. 출발할 즈음에 국구 서평부원군 한준겸의 자손으로서 궁내에 피신해 있다가 자결한 자가 10여 인이었다. 이튿날 노왕이 도로 강을 건너갔는데, 몽고병이 난을 일으켜 거의 남김없이 불지르고 파헤치며 살해하고 약탈하였다. 도제조 윤방이 종묘

와 사직의 신주를 받들고 성중에 뒤쳐져 머물면서 묘廟 아래 묻었는데, 이때에 이르
러 몽고병이 파헤쳐 인순 왕후의 신주를 잃어버렸다.

— 인조실록 15년 1월 22일 —

1월 22일 강화도 함락 시, 전 의정부 우의정 김상용과 전 우승지 홍명형 등의 졸기

전 의정부 우의정 김상용이 죽었다. 난리 초기에 김상용이 주상의 분부에 따라 먼저 강화도에 들어갔다가 적의 형세가 이미 급박해지자 경연청에 들어가 자결하려고 하였다. 그러고는 성의 남문루에 올라가 앞에 화약을 장치한 뒤 좌우를 물러가게 하고 불 속에 뛰어들어 타죽었는데, 그의 손자 한 명과 노복 한 명이 따라 죽었다.

김상용의 자는 경택이고 호는 선원으로 김상헌의 형이다. 사람됨이 중후하고 근신했으며 선조를 섬겨 청직과 화직華職을 두루 역임하였는데, 해야 할 일을 만나면 임금이 싫어해도 극언하였다. 광해군 때에 참여하지 않아 화가 이르렀는데도 두려워하지 않았다. 주상이 반정함에 이르러 더욱 중하게 은총을 받아 지위가 정승에 이르렀지만, 항상 몸을 단속하여 물러날 것을 생각하며 한결같이 바른 지조를 지켰으니, 정승으로서 칭송할 만한 업적은 없다 하더라도 한 시대의 모범이 되기에는 충분하였다. 그러다가 국가가 위망에 처하자 먼저 의리를 위하여 목숨을 바쳤으므로 강화도의 인사들이 그의 충렬에 감복하여 사당을 세워 제사를 지냈다.

전 우승지 홍명형은 젊었을 때부터 재주와 이름이 있어 동료들의 인정을 받았으며 여러 번 승지를 역임하였다. 임금이 서울을 떠나던 날, 미처 수레를 호종하지 못하고 뒤따라 강화도에 들어갔다가 김상용을 따라 남문루의 불 속에 뛰어들어 죽었는데, 뒤에 이조판서로 추증되었다.

생원 김익겸, 별좌 권순장, 사복시 주부 송시영, 이시직, 돈령부 도정 심현, 전 사헌부 장령 정백형, 전 공조 판서 이상길, 충의 민성, 기타 유사儒士와 부녀로서 변란을 듣고 자결한 자와 적을 만나 굴복하지 않고 죽은 사람을 이루 다 기록할 수 없다.

— 인조실록 15년 1월 22일 —

1월 23일 윤집과 오달제가 상소하여 오랑캐에게 가서 죽을 것을 청하다.

전 교리 윤집, 전 수찬 오달제가 상소하였다.

"신들이 삼가 듣건대 의정부가 전후에 걸쳐 화친을 배척한 사람으로 하여금 자수하고 가게 하도록 하였다고 합니다. 이러한 때를 당하여 진실로 군부의 위급함을 구원할 수만 있다면 조정에 있는 어느 신료인들 감히 나가지 않겠습니까. 신들이 지난해 가을과 겨울에 상소를 올려 최명길의 주화론을 배척하였으니 이는 드러나게 화친을 배척한 것입니다. 오랑캐 진영에 가서 한 번 칼날을 받음으로써 교활한 오랑캐의 요청을 막도록 하소서. 듣건대 의정주의 의논이 신들로 하여금 짐승들에게 사죄시키려 한다고 하니, 의정부의 뜻 역시 슬프기만 합니다. 신들에게 사죄할 것이 없고 또 명을 받든 신하도 아닌데, 어떻게 오랑캐와 말을 주고 받을 수 있겠습니까. 이것은 감히 받들지 못하겠습니다."

– 인조실록 15년 1월 23일 –

1월 23일 화친 배척한 신하를 내보내겠다는 국서

우상 이하가 국서를 가지고 오랑캐 진영에 갔는데, 용골대와 마부대 두 오랑캐가 멀리 황제가 진영에 있다고 핑계대고 받지 않았다. 그 글에,

"조선 국왕 신臣 이모는 삼가 대청국 관온 인성 황제 폐하께 글을 올립니다. 소국은 해외의 약소국으로서 중국과는 멀리 떨어져 있는데, 오직 강대한 나라에 대하여 신하로서 복종하였으니, 고려 때 요·금·원나라를 섬긴 것이 이것입니다. 지금 폐하께서 하늘의 돌보심을 받아 큰 운세를 여시었는데, 소국은 영토가 서로 잇닿아 복종하며 섬겨 온 지가 이미 오래되었습니다. 따라서 누구보다도 먼저 귀순하여 제국의 앞장을 섰어야 본디 마땅한데, 지금까지 머뭇거렸던 까닭은 대대로 명나라를 섬겨 명분이 본래 정해졌기 때문이니, 신하로서의 절의를 갑자기 변경시키려고 하지 않았던 것 또한 인정과 예의로 볼 때 당연한 행동의 발로였다 할 것입니다.

그러나 너무 사리에 어두워 망령되이 일을 처리한 경우가 많았습니다. 지난 해 봄 이후부터 대국은 한결같은 정으로 소국을 대해 온 데 반해 소국이 대국에 죄를 얻은 것은 한두 번만이 아니었으니, 대군이 오게 된 것은 실로 자신이 불러들인 결과입니다. 그래서 군신 상하가 두려움 속에서 날을 보내며 그저 죽기만을 기다리고 있었는데, 뜻밖에도 하늘과 같은 성덕으로 불쌍하게 굽어 살펴주시며 종묘사직을 보전할 수 있도록 배려해 주셨습니다.

그리하여 이 달 17일 황제의 뜻에 이르기를 '그대 나라가 모두 나의 판도에 들어온다면 짐이 어찌 살려서 길러주고 안전하게 해 주기를 적자처럼 하지 않겠는가.' 하셨으며, 20일의 뜻에는 '짐이 넓은 도량을 베풀어 스스로 새롭게 하기를 허락한다.' 하셨습니다. 이렇듯 은혜로운 말씀이 한번 펼쳐지자 만물이 모두 봄을 만난 듯하니, 참으로 이른바 죽은 자를 살아나게 하고 뼈에 살을 붙여준 격이라 할 것입니다. 따라서 동방 백성들이 자손 대대로 모두 폐하의 공덕을 칭송할 것인데, 더구나 직접 다시 세우는 은혜를 입은 신의 경우이겠습니까. 이제 신하라고 일컬으며 표문表文을 받들고 번국이 되어 대대로 대 조정을 섬기고 싶어하는 것 역시 어쩔 수 없는 인정과 천리에서 나온 것이라 하겠습니다.

그런데 신이 이미 몸을 폐하에게 맡긴 이상 폐하의 명에 대해서는 진실로 분주하게 받드느라 겨를이 없어야 당연한데, 감히 성에서 나가지 못하는 이유는 신의 실정과 형세가 참으로 지난번에 아린 바와 같기 때문이니, 이 한 조목에 있어서만은 신에게 죽음이 있을 뿐입니다. 경전에 이르기를 '사람이 하고 싶어하는 일을 하늘은 반드시 따라준다.'고 하셨습니다. 폐하는 바로 신의 하늘입니다. 어찌 굽어 살펴 받아들여 주지 않을 수 있겠습니까. 그리고 폐하께서 이미 죄를 용서하여 신하되는 것을 허락하셨고, 신이 이미 신하의 예로 폐하를 섬기게 된 이상, 성을 나가느냐의 여부는 작은 대목에 불과할 뿐인데, 어찌 큰 것은 허락하시면서 작은 것은 허락하지 않으십니까.

따라서 신의 소망은 황제의 병사가 퇴군하는 날을 기다려 성 안에서 직접 은혜스런 조칙에 절을 하고 단壇을 설치하여 엎드려 절하면서 수레를 전송하고, 즉시 대신을 사은사로 차출해서 성심으로 감동하고 기뻐하는 소국의 심정을 나타냈으면 하는 것입니다. 그리고 앞으로는 사대事大하는 예를 일상 예식으로 삼아 영원히 끊지 않도록 하겠습니다. 신이 바야흐로 성심껏 폐하를 섬기고 폐하께서도 예의로 소국을 대하시어 군신 사이에 각기 그 도리를 다함으로써 백성들의 화를 풀어주고 후세의 칭송을 받게 된다면, 오늘날 소국이 병화를 입은 것이야말로 자손들에게 한없이 아름다운 경사가 될 것입니다.

화친을 배척한 제 신들에 대해서는 지난번 글에서 또한 이미 대략 아뢰었습니다. 대저 이 무리들이 감히 그릇되고 망령된 말을 하여 두 나라의 대계를 무너뜨렸으니, 이는 폐하가 미워할 대상일 뿐만 아니라 실로 소국의 군신이 공통으로 분하게 여기는 바입니다. 따라서 그들을 처형하는 데 대해서 어찌 조금이라도 돌아보고 아깝게 여길 것이 있겠습니까. 다만 지난 해 봄 초에 앞장서서 주장한 대간 홍익한은 대군이 우리 국경에 이르렀을 때 그를 배척하여 평양 서윤으로 임명함으로써 군대의 예봉을 스스로 감당하게 하였습니다. 만약 군사들 앞에 사로잡히지 않았다면 틀림없이 본 국토의 돌아오는 길목에 있을 것이니 그를 체포하기가 어렵지 않을 것입니다. 그리고 기타 배척을 당하여 지방에 있는 자 또한 길이 뚫린 뒤에는 그 거처를 심문하여 처리할 수 있을 것입니다.

그러나 지금 신을 따라 성 안에 있는 자는 혹 부화뇌동한 사람이 있다 하더라도 그 죄는 저들에 비하여 조금 가볍습니다. 하지만 이에 대해서도 폐하가 소국의 사정과 상황을 살피지 못하신 나머지 신이 그들을 감싸준다고 의심하실 경우 지성으로 귀순하는 신의 마음을 장차 자백할 수 없을까 두려웠습니다. 그래서 조정으로 하여금 세밀히 조사하고 심문하도록 하였으니, 마땅히 조사가 끝나는 대로 진영에 내보내어 폐하의 처분을 기다리겠습니다."

하였는데, 최명길이 지은 것이었다.

– 인조실록 15년 1월 23일 –

1월 25일 대포 소리가 종일 그치지 않았는데, 성첩이 탄환에 맞아 모두 허물어졌으므로 군사들의 마음이 흉흉하고 두려워하였다.

1월 25일 용골대와 마부대가 그 동안의 국서를 모두 돌려주다.

용골대와 마부대가 사신을 볼 것을 청하였다. 이에 이덕형·최명길·이성구 등이 가서 그들을 보니, 용골대와 마부대가 말하기를, "황제가 내일 돌아갈 예정인데, 국왕이 성에서 나오지 않으려거든 사신은 절대로 다시 오지 말라." 하고, 이어 그 동안의 국서를 모두 되돌려 주었으므로 최명길이 이야기 한 번 해 보지 못하고 돌아왔다.

– 인조실록 15년 1월 25일 –

1월 26일 강화도의 함락 보고를 처음 듣다.

홍서봉·최명길·김신국이 오랑캐 진영에 가서 세자가 나온다는 뜻을 알리니, 용골대가 말하기를, "지금은 국왕이 직접 나오지 않는 한 결단코 들어줄 수 없다." 하고, 인하여 윤방·한흥일의 문서와 대군의 친필을 전해 주었다. 이에 처음으로 강화도가 함락되었다는 보고를 듣고 성 안의 사람들이 통곡하지 않는 이가 없었다.

– 인조실록 15년 1월 26일 –

1월 26일 삼사가 청대하여 성을 나가지 말 것을 아뢰다.

삼사가 만나서 통곡하며 아뢰기를, "내일 차마 말하지 못할 일을 하려고 하신다니, 사람이 생긴 이래 어찌 이와 같은 일이 있었겠습니까. 지난 역사를 두루 살펴 보아도 짐승 같은 나라에게 나가 항복하여 화를 면한 자가 몇 사람이나 있었습니까. 성 안의 식량도 수십 일을 버티기에 충분한데, 내일 성을 나가신다니 이것이 무슨 계책입니까. 더구나 교활한 오랑캐의 흉모는 헤아릴 수 없으니, 한번 나간 뒤에는 후회해도 소용이 없을 것입니다."

하니, 주상이 이르기를, "경들이 말하지 않아도 내가 어찌 모르겠는가. 처음 생각에 이런 일은 결코 따를 수 없고 오직 성을 등지고서 한 바탕 싸워 사직과 함께 죽으려고 하였다. 그런데 군정이 이미 변했고 사태도 크게 달라졌다. 밤낮으로 기대했던 것은 그래도 강화도가 온전하게 되는 것이었다. 그러나 이제는 나의 자부들이 모두 잡혔을 뿐만 아니라 백관의 족속들도 모두 결박당해 북으로 끌려가게 되었다. 내가 혼자 산다고 하더라도 장차 무슨 면목으로 지하에서 다시 보겠는가." 하자, 제 신들이 통곡하며 나갔다.

- 인조실록 15년 1월 26일 -

1월 28일 용골대가 한汗의 칙서를 가지고 오다.

용골대가 한汗의 글을 가지고 왔는데, 그 글에, "관온 인성 황제는 조선 국왕에게 조
유한다. 보내온 주문을 보건대, 20일의 조칙 내용을 갖추어 진술하고 종묘사직과 백
성에 대한 계책을 근심하면서 조칙의 내용을 분명히 내려 안심하고 귀순할 수 있는
길을 열어 달라고 청하였는데, 짐이 식언食言할까 의심하는 것인가. 그러나 짐은 본
래 나의 정성을 남에게까지 적용하니, 지난번의 말을 틀림없이 실천할 뿐만 아니라
후일 개혁하게 하는 데에도 함께 참여할 것이다. 그래서 지금 지난날의 죄를 모두 용
서하고 규칙을 상세하게 정하여 군신君臣이 대대로 지킬 신의로 삼는 바이다.

그대가 만약 잘못을 뉘우치고 스스로 새롭게 하여 은덕을 잊지 않고 자신을 맡기고
귀순하여 자손의 장구한 계책을 삼으려 한다면, 앞으로 명나라가 준 명령과 책봉을
기록한 문서와 인장을 바치고, 그들과의 교류를 끊고, 그들의 연호를 버리고, 일체의
공문서에 우리의 책력을 받들도록 하라. 그리고 그대는 장자 및 재일자再一子를 인
질로 삼고, 제 대신은 아들이 있으면 아들을, 아들이 없으면 동생을 인질로 삼으라.
그대에게 뜻하지 않은 일이 발생하면 짐이 인질로 삼은 아들을 세워 왕위를 계승하
게 할 것이다.

그리고 짐이 명나라를 정벌하기 위해 조칙을 내리고 사신을 보내어 그대 나라의 보
병·기병·수군을 조발하거든, 수만 명을 기한내에 모이도록 하여 착오가 없도록 하
라. 짐이 이번에 군사를 돌려 철산의 가도椵島를 공격해서 취하려 하니, 그대는 배
50척을 내고 수병·창포·활과 화살을 모두 스스로 준비하는 것이 마땅하다. 그리고
대군이 돌아갈 때에도 군사들에게 음식을 주어 위로하는 예를 응당 거행해야 할 것
이다.

성절(황제생일)·정조(1월1일)·동지 중궁천추(동지날, 중전탄신일)·태자천추(태자탄신일)
및 경조일 등의 일이 있으면 모두 예를 올리고 대신 및 내관에게 명하여 표문表文(뜻

을 담은 글)을 받들고 오게 하라. 바치는 표문과 전문箋文(축하글)의 정식程式(표준방식), 짐이 조칙을 내리거나 간혹 일이 있어 사신을 보내 유시를 전달할 경우 그대와 사신이 상견례하는 것, 혹 그대의 신하가 알현하는 것 및 영접하고 전송하며 사신을 대접하는 예 등을 명나라의 옛 예와 다름이 없도록 하라.

군대의 포로들이 압록강을 건너고 나서 도망하여 되돌아오면 체포하여 본 주인에게 보내도록 하고, 만약 돈을 바치고 돌아오려고 할 경우 본 주인의 편의대로 들어 주도록 하라. 우리 군사로 죽음을 각오하고 싸우다 사로잡힌 사람은 그대가 차마 결박하여 보낼 수 없다고 말하지 말라. 내외의 제 신하와 혼인을 맺어 화평하고 사이를 굳게 하도록 하라. 새로이 하거나 오래된 성벽은 수리하거나 신축하는 것을 허락하지 않는다.

그대 나라에 있는 올량합 사람들은 모두 돌려보내야 마땅하다. 일본과의 무역은 그대가 옛날처럼 하도록 허락한다. 다만 그들의 사신을 인도하여 문안드리러 오게 하라. 짐 또한 장차 사신을 저들에게 보낼 것이다. 그리고 동쪽의 올량합으로 저들에게 도피하여 살고 있는 자들과는 다시 무역하게 하지 말고 보는 대로 즉시 체포하여 보내라.

그대는 이미 죽은 목숨이었는데 짐이 다시 살아나게 하였으며, 거의 망해가는 그대의 종묘사직을 온전하게 하고, 이미 잃었던 그대의 처자를 완전하게 해주었다. 그대는 마땅히 국가를 다시 일으켜 준 은혜를 생각하라. 뒷날 자자손손토록 신의를 어기지 말도록 한다면 그대 나라가 영원히 안정될 것이다. 짐은 그대 나라가 되풀이해서 교활하게 속였기 때문에 이렇게 교시하는 바이다. 숭덕崇德 2년 정월 28일.

공물은 황금 1백 냥, 백은 1천 냥, 물소뿔 2백 부, 표범가죽 1백 장, 차茶 1천 포, 수달피 4백 장, 다람쥐가죽 3백 장, 후추 10두, 호요도好腰刀 26파, 소목蘇木 2백 근, 호대지好大紙 1천 권, 양날칼 10파, 호소지好小紙 1천 5백 권, 화문석류 4령, 각종 꽃방석 40령, 흰모시포 2백 필, 각색 명주 2천 필, 각색 삼베포 4백 필, 각색 가는 삼베 1만 필, 포 1천 4백 필, 쌀 1만 포를 법령으로 삼는다." 하였다.

홍서봉 등이 나가서 칙서를 맞았는데, 용골대가 말하기를, "그대 나라가 명나라의 칙

서를 받을 때의 의례는 어떠하였소?" 하니,

홍서봉이 말하기를, "칙서를 받든 자는 남쪽을 향하여 서고 받는 신하는 꿇어앉아 받았소이다." 하자,

이에 의거하여 주고 받은 뒤에, 용골대는 동쪽에 앉고 홍서봉 등은 서쪽에 앉았다. 용골대가 말하기를, "요즈음 매우 추운데 수고스럽지 않소?" 하니,

홍서봉이 말하기를, "황상께서 온전히 살려주신 덕택으로 노고를 면하게 되었소이다." 하였다.
용골대가 말하기를, "삼전포에 이미 항복을 받는 단壇을 쌓았는데, 황제가 서울에서 나오셨으니, 내일은 이 의식을 거행해야 할 것이오. 몸을 결박하고 관棺을 끌고 나오는 등의 허다한 조항은 지금 모두 없애겠소." 하니,
홍서봉이 말하기를, "국왕께서 용포龍袍를 착용하고 계시는데, 당연히 이 복장으로 나가야 하겠지요?" 하자,

용골대가 말하기를, "용포는 착용할 수 없소." 하였다.
홍서봉이 말하기를, "남문南門으로 나와야 하겠지요?" 하니, 용골대가 말하기를, "죄를 지은 사람은 정문을 통해 나올 수 없소." 하였다.

— 인조실록 15년 1월 28일 —

1월 28일 제 관사의 문서를 거두어 모아 모두 태웠다. 문서 가운데 간혹 적이라고 호칭한 등의 말이 탄로나는 것을 두려워하였기 때문이다.

1월 28일 이조 참판 정온과 예조 판서 김상헌이 자결 시도와 사론

이조 참판 정온이 입으로 한 편의 절구를 읊기를,

사방에서 들려오는 대포 소리 천둥과 같은데

외로운 성 깨뜨리니 군사들 기세 흉흉하네
늙은 신하만은 담소하며 듣고서
모사에다 견주어 조용하다고 하네
하고, 또 읊기를,

외부에는 충성을 다하는 군사가 끊겼고
조정에는 나라를 파는 간흉이 많도다
늙은 신하 무엇을 일삼으랴
허리에는 서릿발 같은 칼을 찼도다
하고, 또 허리띠에 맹서하는 글을 짓기를,

군주의 치욕 극에 달했는데
신하의 죽음 어찌 더디나
이익을 버리고 의리를 취하려면
지금이 바로 그 때로다
수레를 따라가 항복하는 것
나는 실로 부끄럽게 여긴다
한 자루의 칼이 인을 이루나니
죽음 보기를 고향에 돌아가듯

하고, 인하여 차고 있던 칼을 빼어 스스로 배를 찔렀는데, 중상만 입고 죽지는 않았다. 예조 판서 김상헌도 여러 날 동안 음식을 끊고 있다가 이때에 이르러 스스로 목을 매었는데, 자손들이 구조하여 죽지 않았다. 이를 듣고 놀라며 탄식하지 않는 자가 없었다.

사관은 논한다. 삼강오상과 절의가 이 두 사람 덕분에 일으켜 세워졌다. 그런데 이를 꺼린 자들은 임금을 버리고 나라를 배반했다고 지목하였으니, 어찌 하늘이 내려다 보지 않겠는가.

— 인조실록 15년 1월 28일 —

1637년[66세] 1월 30일 삼전도에서 삼배 구고두례를 행하다. 서울 창경궁으로 나아가다.

2월 1일 백관들이 모두 대궐안에 들어가다.

이때 몽고 사람들이 그대로 성중城中에 있었다. 백관들은 모두 대궐 안에 들어가 있었는데, 백성들의 집 대부분 불타고 넘어져 죽은 시체가 길거리에 이리저리 널려 있었다.

— 인조실록 15년 2월 1일 —

2월 2일 철군하는 청의 한을 전송하다.
2월 3일 용골대·마부대 두 장수가 대궐에 오다.

용골대·마부대 두 장수가 대궐에 왔으므로 주상이 불러서 보니, 용골대가 정명수로 하여금 말을 전하게 하였다. 정명수는 평안도 은산의 노비로서 젊어서 청나라에 사로잡혔는데, 성질이 본래 교활하여 본국의 사정을 몰래 고해 바쳤으므로 한汗이 신임하고 아꼈다.

— 인조실록 15년 2월 3일 —

2월 7일 근신을 보내어 강화도에서 잡힌 사람들은 돌려받다.

주상이 세 차례 근신近臣을 보내 강화도에서 사로잡힌 사람들을 돌려보내 줄 것을 청하니, 한汗이 남녀 1천 6백여 명을 돌려보냈다.

— 인조실록 15년 2월 7일 —

2월 8일 철군하면서 왕세자와 빈궁, 봉림 대군과 부인을 데려가자 전송하다.

3월에 심양에 사신을 보내면서 임금이 대신과 육경을 불러만나 말하기를, "청나라 군사를 돕는 한 가지 일이 아주 처리하기 어려운데, 어떻게 대응해야 하는가?" 하니, 홍서봉이 대답하기를, "우리나라와 명나라는 부자의 의리가 있는데, 하루아침에 무기를 들고 대드는 것은 의리상 차마 할 수 없습니다." 하였는데, 최명길의 대답 역시 홍서봉과 일치하였으므로 조정에서 처음에는 굳게 거절하려 했으나 후에 처리한 바는 끝내 홍서봉의 말과 같게 되지 못하였다. 얼마 후 모친상을 당하였다.

2월 11일 양사의 합계로 팔도의 군사 거느린 신하의 죄를 다스리게 하다.

양사가 합계하기를, "강화도 수호의 임무를 받은 제 신들이 방어할 생각은 하지 않고 날이나 보내면서 노닐다가 적의 배가 강을 건너자 멀리서 바라보고 흩어져 무너진 채 각자 살려고 도망하느라 종묘와 사직 그리고 빈궁과 원손을 쓸모없는 물건처럼 버렸을 뿐 아니라 섬에 가득한 백성들이 모두 살해되거나 약탈당하게 하였으니, 말을 하려면 기가 막힙니다. 검찰사 김경징, 부사 이민구, 강화도 유수 장신, 경기 수사 신경진, 충청 수사 강진흔은 모두 율을 적용하여 죄를 정하소서.

군부가 외로운 성에 거의 두 달이 되도록 포위당하여 군사는 고단하고 양식은 적어 조석을 보전할 수 없었으므로 머리를 들고 발돋움하며 구원병이 이르기만을 날마다 기다렸지만 팔도의 군사를 거느린 신하로 한 사람도 성 밑에서 예봉을 꺾고 죽기를 다투는 이가 없었으니, 군신의 분수와 의리가 땅을 쓴 듯 없어졌습니다. 함경 감사 민성휘, 전라 감사 이시방, 경상 감사 심연, 황해 감사 이배원, 북병사 이항, 남병사 서우신, 전라 병사 김준룡, 황해 병사 이석달, 경상 좌병사 허완, 충청 병사 이의배를 모두 잡아다 국문하여 죄를 정하소서."

하니, 답하기를, "김경징·이민구·장신 등의 일은 아뢴 대로 하라. 신경진·강진흔 등은 그들이 지킨 곳을 김경징에게 물은 뒤에 처치하라. 민성휘 등은 용서할 만한 도리가 없지 않으니 우선 죄를 논하지 말라. 삼남의 병사는 이미 죄를 다스리도록 하였다." 하였다.

– 인조실록 15년 2월 11일 –

2월 19일 윤황·유황·홍전 등은 정배를, 조경·김수익·신상은 문외 출송시키다.

영의정 김류, 좌의정 홍서봉, 우의정 이성구, 병조 판서 신경진, 공조 판서 구굉, 이조 판서 최명길, 호조 판서 이경직이 회의하여 나라를 그르친 사람들의 죄를 경중으로 나누어 글로 아뢰기를, "지난날 명망 있는 관원으로 준엄하게 논한 자가 매우 많지만, 그 언론이 문자 사이에 나타나지 않은 자는 소문으로만 죄를 논하기는 어려우므로, 각 사람의 상소 가운데 언어가 합당하지 않은 자만을 뽑아 아룁니다.

지난해 가을 무렵 윤황은 상소를 올리면서 '강화도를 태우고 평양에 머물러야 한다.'는 등의 말을 하였고, 이일상·유황·홍연 등은 물러나면서 '명나라를 속이고 우리 백성을 속인다.'는 등의 말을 하였고, 김수익은 청나라 통역관을 의논하여 보낼 때에 정지시키자는 논의를 제기하였고, 조경은 지난해 봄 무렵 의정부를 극력 헐뜯으며 말이 매우 망령되었고, 유계는 그 상소를 보지는 못했지만 전하는 자들이 모두 놀랍다고 하였습니다.

이것으로 그 경중을 논하건대 윤황은 내용이 상서롭지 못한 데 관계되고, 이일상·유황·홍연은 임금과 정승들을 지목하여 배척하였으니, 이 네 사람은 그 죄가 중할 듯합니다. 조경은 논의가 과격한 그 습성이 가증스럽고, 유계는 그저 일개 망령된 사람이고, 김수익은 위협에 못이겨 따른 셈이니, 이 세 사람은 가벼운 쪽으로 논단하는 것이 마땅할 듯합니다. 그리고 신상·조빈·홍처후 세 사람은 이미 처벌을 받았으니 겹쳐서 받게 할 필요는 없습니다. 대개 이 사람들의 마음보를 논하건대 사특한 마음을 가지고 혼란케 한 자와는 차이가 있는데, 얕은 계책으로 섣불리 생각하여 감히 큰 소리를 쳐서 마침내 나라 일을 이 지경에까지 이르게 하였으니, 나라를 그르친 죄를 어떻게 면할 수 있겠습니까. 그러나 율을 논할 즈음에는 정상을 참작하는 것이 온당하겠습니다."

하니, 답하기를, "모두 관직을 삭탈하라. 윤황·유황·홍연·유계는 유배하라. 이일상은 또 난리를 당하여 국가를 저버리고 성을 나가 도망한 죄가 있으니 절도에 유배하라. 조경·김수익·신상 세 사람은 문밖으로 내쫓아라." 하였다.

– 인조실록 15년 2월 19일 –

2월 20일 주상이 하교하였다. "남한산성에 군사를 이끌고 온 수령, 수군을 이끌고 먼저 달려 온 자, 태만하여 나중에 도착한 자, 처음부터 끝까지 오지 않은 자를 모두 비국으로 하여금 조사하여 아뢰게 하라."

2월 22일 양사의 합계로 김경징·장신 등이 처형되다.

양사가 합계하기를, "김경징·장신 등에게 사형을 감하여 유배하라고 명하셨는데, 만약 사형하는 법을 시행하지 않으면 종묘사직의 영혼을 위로하고 귀신과 사람의 분노를 풀 수가 없으니, 율대로 죄를 정하소서. 윤황 등은 시류를 헤아리지 못한 잘못은 있으나 단지 대의를 부지하려고 했을 뿐 결단코 다른 마음은 없는데, 지금 억지로 죄안을 정하여 무거운 법전을 적용하였으니, 실로 듣기에 놀랍습니다. 윤황 등을 유배하여 내쫓으라는 명을 도로 거두소서." 하니, 윤허하지 않는다고 답하였다. 여러 번 아뢰자, 장신과 김경징이 차례로 처형되었다.

– 인조실록 15년 2월 22일 –

2월 28일 비국이 모든 문서에 숭덕의 연호 쓰기를 청하다.

비국이 아뢰기를, "방금 듣건대 애통해하는 교서를 청나라 군사에게 빼앗겼는데 숭정의 연호를 썼다 하니, 일이 벌어질까 지극히 염려됩니다. 지금 이후로는 각종 문서에 모두 숭덕의 연호를 사용하고, 이런 뜻으로 황해도와 평안도 및 함경도의 감사와 병사에게 하유하는 것이 마땅하겠습니다." 하니, 알았다고 답하였다.

– 인조실록 15년 2월 28일 –

3월 5일 홍익한의 졸기

청나라 사람이 홍익한을 죽였다. 홍익한은 일찍이 장령이 되어 청나라 사신을 베어 대의를 밝히자고 상소하였다. 이때 청나라 군사가 침입하여 서울을 떠나는 날 의정부에서 건의하여 홍익한을 평양서윤으로 차출하여 부임하게 하였다. 오달제와 윤집이 잡혀가게 되자 조정에서 평안 도사에게 홍익한을 죄인 수레에 실어 청나라 진영에 보내게 하였는데, 심양에 들어가 마침내 해를 당하였다. 죽을 때 지필을 구하여 글을 지어 그 뜻을 말하고 청나라 사람을 꾸짖었는데, 그 글은 다음과 같다.

"대명 조선국의 잡혀온 신하 홍익한이 화친을 배척한 뜻을 뚜렷이 아뢸 수 있으나, 언어를 서로 알아듣지 못하므로 감히 글로써 밝힌다. 무릇 사해의 안이 모두 형제는 될 수 있으나 천하에 아버지가 둘인 자식은 없다. 조선은 본래 예의를 숭상하고 간관은 오직 곧바로 헤아려 판단함을 기풍으로 삼는다. 지난해 봄에 마침 간관의 임무를 부여받고, 금나라가 맹약을 어기고 황제라 칭한다는 말을 듣고 마음속으로 '맹약을 어겼다면 이는 패역한 형제이며 만약 황제라 칭했다면 이는 두 천자가 있는 것이다. 한 집안에 어찌 패역한 형제가 있을 수 있으며, 천지간에 어찌 두 천자가 있을 수 있겠는가. 금나라는 조선과 새로운 교린의 조약이 있는데 먼저 배반하였고 명나라는 조선에 옛부터 돌보아준 은혜가 있어 깊이 맺어졌다. 그런데 감히 맺어진 큰 은혜를 망각하고 먼저 배반한 헛된 조약을 지키는 것은 이치에 맞지 않고 의리에도 부당하다.'고 여겼다. 그러므로 맨 먼저 이 논의를 주장하여 예의를 지키려고 한 것이다. 이는 신하의 직분일 뿐이다. 어찌 다른 뜻이 있겠는가. 다만 신하의 분의는 충과 효를 다할 뿐인데, 위로는 임금과 어버이가 있으나 모두 보호하여 안전하게 하지 못하였고 왕세자와 대군을 포로가 되게 하였으며, 노모의 생사도 알지 못한다. 진실로 쓸데없는 상소 한장을 올림으로써 가정과 나라에 패망을 초래하였으니, 충효의 도리로 헤아려 보면 비로 쓸어버린 듯이 없어진 것이다. 나의 죄를 스스로 생각해 보아도 죽어야 하고 용서될 수 없다. 비록 만번을 도륙당한다 할지라도 진실로 달게 받을 뿐, 이 밖에 다시 할 말은 없다. 오직 속히 죽여주기를 바랄 뿐이다."

– 인조실록 15년 3월 5일 –

1638년[67세] 인조 16년에 왜서倭書가 왔는데, 조정의 뜻을 염탐하려는 의도가 있었다. 그때 큰 난리를 겪은 나머지 인심이 흉흉하였는데, 홍서봉은 나라와 편안함과 근심을 함께 해야 할 의리에 있어 몸이 상중에 있는 것만을 혐의하는 것이 불가하다고 여겨 마침내 상소하여 응접해 예비하는 방도를 아뢰니, 임금이 우악한 비답을 내렸다.

1640년[69세] 인조 18년 겨울에 청나라 사람이 우리나라가 몰래 명나라 조정과 통하는 것으로 의심하여 수상 및 이조 판서와 도승지를 의주로 불러 꾸짖었는데, 도착하자 몇 달 동안 가두었으나 굽히지 않으니 청나라 장수가 탄복하였다.

홍서봉의 졸기

1645년[74세] 인조 23년 8월 8일 좌의정 홍서봉의 졸기

좌의정 홍서봉이 죽었다. 홍서봉은 사람됨이 총민하고 빼어났으며, 특히 문사文詞에 뛰어나서 동류들의 추앙을 받았다. 계해년 반정으로 정사공신에 등록되었고, 이어 이조 판서·병조 판서와 대제학을 역임하고 재상이 되어서는 정사를 건의하여 밝힌 것이 없었다. 선조 능의 변고 때에는 남의 말을 견강부회하여 임금을 속였고, 이조·병조의 판서로 있을 적에는 뇌물을 꽤 받았으므로, 사람들이 이 때문에 그를 나무랐다.

그해에 형혹성이 동정東井(별자리)으로 들어가자 별을 보고 점치는 관원이 대신이 위태롭다고 말했었는데, 7월에 홍서봉이 병환이 나서 위독하게 되자 임금이 우승지를 보내 문병하고 내의가 간병하였다. 8월 8일에 졸하니, 향년 74세였다. 부음이 알려지자 임금이 매우 슬퍼하여 3일 동안 조회를 철하고 도승지를 보내 조문하였으며 상례를 치르는 데 드는

물자를 많이 내렸다. 그해 10월에 관비로 상을 치러 적성 치소 남쪽 선영 옆 임좌 언덕에 장사지내니, 유언을 따른 것이다.

홍서봉 어머니의 자녀교육

홍서봉의 어머니 유씨는 설화문학가인 이조참판 유몽인의 누이로, 오빠가 공부하는 어깨너머로 글을 익힌 여류 지식인이었다. 일찍이 남편을 여인 유씨는, 아비 잃은 어린 홍서봉의 교육 때문에 마음고생이 많았다. 홍서봉이 글을 배울 나이가 되자 그녀는 직접 책을 펴 놓고 아들을 가르치기 시작했는데, 철모르는 아들이 조금만 게으름을 피워도 회초리에 피가 묻도록 종아리를 때렸다. "세상 사람들은 흔히 아비 없이 자란 아이를 '후레자식'이라고 한다. 너 역시 어려서 아비를 잃었으니, 남의 손가락질을 받을까 두렵구나. 이 어미는 그런 말을 듣는 것을 절대 용납 할 수 없다"며 울먹였다. 유씨는 아들을 후려친 회초리를 비단 보자기에 싸서 장롱 속에 간직하며 말했다. "이 회초리야 말로 장차 우리 집안의 흥망을 좌우 할 것이다. 내 이 회초리로 너를 치면서 피눈물을 흘렸으니, 여기에는 너의 피 뿐만 아니라 이 어미의 피 눈물도 배어 있음을 명심하거라. 네가 커서 이 회초리를 보면 이 어미를 고맙게 여길 것이다." 유씨는 아들을 가르칠 때 사이에 병풍을 쳐 아들이 어머니의 얼굴을 보지 못하게 했다. 사람들이 그 까닭을 묻자, "어미는 아비처럼 아이를 대할 때 엄격하질 못합니다. 여자이기 때문에 자식이 잘하면 자신도 모르게 기쁜 얼굴을 하게 되지요, 그러다가 자칫하면 아이에게 자만심을 갖게 할 염려가 있어 내 기뻐하는 얼굴을 못 보도록 가리는 것이오." 이리하여 홍서봉은 어머니의 눈물겨운 훈육으로 크게 성공 할 수 있었던 것이다.

나이 든 유씨 부인이 어느날 호당 즉, 머리좋은 문관들을 골라 뽑아 책만 읽게했던 이른바 독서당 앞을 지나다가 안으로 들어갔다. 이때 유씨를 맞은 호당의 노파가 옥잔 하나를 내 보이며 "이곳 독서당을 거친 인물들은 이 옥배로 술을 마실 수있다" 했다. 이에 유씨는 젖은 목소리로 "내 비록 여자이기는 하나 이 잔으로 술 한잔 마셔서 안 될 것 없소. 내 시아버지와 남편, 시동생, 그리고 내 아들이 모두 호당에 뽑혀 여기서 글을 읽었으니 말이오!" 유씨는 젊어서 39세 된 남편을 잃고 홀로 아들을 영의정으로 키워낸 열녀였으니, 이른바 '3대 4호당'의 중심에 그녀가 있었던 셈이다.

– 네이버 블로그 –

[승진과정]

1590년[19세] 선조 23년 사마시에 합격
1592년[21세] 선조 25년 임진왜란
1594년[23세] 선조 27년 별시 문과 병과 급제, 승문원에 선발,
　　　　　　　성균관 전적
1600년[29세] 선조 33년 8월 겸 시강원 사서, 10월 사간원 정언,
　　　　　　　11월에 홍문관 수찬
1601년[30세] 선조 34년 3월 검토관, 11월 원접사 종사관
　　　　　　　정인홍이 대사헌이 되어 탄핵 파직
1602년[31세] 선조 35년 3월 이조좌랑
1603년[32세] 선조 36년에 예조정랑, 성균관 사예,
　　　　　　　경기좌도 양전어사
1604년[33세] 선조 37년 8월 성주목사
1607년[36세] 선조 38년 2월 경기도 암행어사, 9월 성균관 사예
1608년[37세] 광해즉위년 8월 교리, 9월 사성, 9월 부응교,
　　　　　　　11월 독서당 사가독서에 선발
　　　　　　　12월 중시22) 문과 갑과 급제, 당상관
1609년[38세] 광해원년 도사, 영위사
1610년[39세] 광해 2년 1월 강원도 관찰사
1610년[39세] 광해 2년 승정원 동부승지, 승문원 부제조 겸직
1611년[40세] 광해 3년 3월 예조참의
1612년[41세] 광해 4년 2월 승지,
　　　　　　　3월 장인 일로 상소하여 파직되어 은둔하다
1623년[52세] 인조 1년 인조반정 3월 병조참의, 3월 이조참의,
　　　　　　　8월 대사간, 동부승지, 겸 승문원 부제조,
　　　　　　　정사공신 3등에 책록, 익녕군
1624년[53세] 인조 2년 2월 승지, 5월 부제학, 7월 대사간,
　　　　　　　7월 부제학
1625년[54세] 인조 3년 2월 대사헌, 3월 부제학, 6월 병조참판,

---

22) 중시重試 : 당하관 이하의 문·무관에게 10년마다 한 번씩 보게 하던 과거 시험. 합격하면 성적
　　에 따라 관직의 품계를 특진시켜 당상관까지 올려 주었다.

7월 대사간, 10월 대사간

1626년[55세] 인조 4년 2월 대사간, 3월 부제학,

7월 도승지, 정묘호란, 강화도로 임금 호종

1627년[56세] 인조 5년 7월 부제학, 대사성, 9월 이조참판

1628년[57세] 인조 6년 유효립의 반란, 4월 영사공신 2등.

정헌대부로 승급, 한성판윤, 지의금부사 겸직,

4월 대사헌, 윤 4월 예조 판서

1629년[58세] 인조 7년 의정부 우참찬, 홍문제학 겸직,

윤4월 예조 판서, 지경연 겸직

7월 대사헌, 10월 겸 지의금부사

1630년[59세] 인조 8년 1월 대사헌, 10월 좌참찬,

12월 1일 예조판서, 12월 4일 이조판서

1631년[60세] 인조 9년 숭정대부로 승급

1631년[60세] 인조 9년 11월 6일 홍서봉의 고신 3등급을 강등

11월 파직, 12월 겸 홍문관 제학

1633년[62세] 인조 11년 좌참찬, 3월 예조판서, 6월 예조판서,

11월 병조판서

1634년[63세] 인조 12년 겸 예문제학, 3월 청나라 사신 접대

관반, 10월 예조판서

1635년[64세] 인조 13년 6월 좌참찬, 8월 예조판서, 양관 대제학.

판의금 겸직

1636년[65세] 인조 14년 1월 의정부 우의정,

인열왕후의 상에 총호사, 5월 좌의정

10월 좌의정 사직(사직 상서를 40번 제출하니 허락하다.)

1636년[65세] 12월 다시 좌의정, 12월 병자호란 발발

1645년[74세] 인조 23년 8월 8일 좌의정 홍서봉이 죽다.

86. 이성구李聖求

태종의 7대손, 이수광의 아들,
인조가 발탁한 첫 번째 인물

생몰년도	1584년(선조 17) ~ 1644년(인조 22) [61세]
영의정 재직기간	(1641.10.10~1642.7.24) (9개월)
본관	전주全州
자	자이子異
호	분사分沙 ,동사東沙
시호	정숙貞肅
묘소	경기도 양주시 장흥면 삼하리 산90-1번지
묘비명	아우 이민구가 짓고 우의정 허목이 전자를 새기다.
저서	분사집分沙集
기타	태종의 아들인 경녕군 이비의 후손
조부	이희검李希儉 - 병조판서
부	이수광李晬光 - 이조판서
모	김대섭의 딸
본처	윤열의 딸, 후처 권흔의 딸
장남	이상규李尙揆
차남	이동규李同揆 - 승지
삼남	이당규李堂揆 - 함경도 관찰사
사남	이석규李碩揆 - 현감
오남	이태규李台揆

태종의 후손으로 이이첨의 배척이 전화위복이 되다

이성구의 자는 자이子異이며, 호는 분사分沙로, 본관은 전주이다. 7대
조 경녕군 이비는 태종의 소생으로, 증조부 이정은 신당부령을 지냈으며,
조부 이희검은 병조판서를 역임했고, 아버지 이수광은 이조판서를 지냈
다. 이수광은 명나라에 사신으로 갔다가, 마테오리치의 저서 천주실의를
가지고 조선땅에 전한 인물로, 지봉유설芝峰類說을 저술하여 서양문물과
천주교를 소개한 실학의 태두였다. 어머니는 안동 김씨로 의금부 도사
김대섭의 딸이다.

이성구는 어린시절 할머니 슬하에서 자라며 직접 소학을 배우고 가숙
家塾에 나아가 공부하였는데, 그때 벌써 문장력이 사람을 놀라게 하였다.
20세에 진사시에 합격하고 25세에 별시 문과에 급제하여 벼슬을 시작했
는데 광해군 초기에 전적·감찰을 거친 후 예조·병조·형조의 좌랑, 부교
리·헌납·병조정랑·교리 등을 역임하였다.

1613년 광해 5년 30세 때 사간원의 정5품 헌납이 되었는데, 아버지 이
수광은 대사헌으로 있었고, 동생 이민구는 홍문관의 부제학이었다. 한
가정에서 3부자가 삼사의 언관직에 같이 있어, 세인들의 주목을 받기도
하였다. 이성구는 일가의 3인이 삼사에 벼슬하고 있으니, 필경 위태로워
지겠다며 걱정하였다.

지평으로 있을 때 영창대군의 옥사가 일어나자 이성구는 이를 반대하
여 이이첨의 미움을 받았다. 이 무렵 이이첨 일당은 영의정 이항복의 천
거로 종성판관에 오른 정협을 역모로 몰았는데 이성구는 이들을 저지
하다가 파직되었다. 정협을 추천한 이항복도 책임이 크다하여 영의정 자

리에서 물러났고, 인목대비 폐모를 반대하다가 북청으로 귀양을 갔다. 1614년 이천현감으로 나갔다가 1616년 영평판관이 되어 포천도 함께 다스렸다.

이성구가 영평판관이 되어 고을을 다스리는데, 북청으로 귀양갔던 이항복이 귀양지에서 숨지니, 포천의 백성들이 이성구의 뜻을 헤아려 이항복의 시신을 포천으로 운구하여 장사지내고, 이항복의 유덕을 기리는 서원을 세웠다.

이성구의 의로운 행위를 질시하던 당파들은 이성구를 공격하여 파직을 시켰다. 이것이 전화위복이 되어 1623년 인조반정으로 광해군 시대가 막을 내리니, 이원익의 신임을 받은 이성구는 요직에 발탁되어 강화부윤·부승지·예조참의를 거쳐 1625년 인조 3년 대사간, 이듬해 병조참지가 되었다.

1627년 정묘호란 때에는 이조참의로서 왕세자를 전주로 호종하고, 이어 가선대부로 승진되어 이듬 해 전라감사에 부임하였다.

그 뒤 대사간·좌승지·도승지·병조참판·대사헌·형조참판·경기감사 등을 지냈으며, 1636년 형조판서·이조판서를 거쳐 병조판서와 체찰부사를 겸했고, 병자호란 때에는 왕을 남한산성으로 호종하였다.

최명길의 화친론에 뜻을 같이 했던 이성구는, 1637년 인조 15년 왕세자가 청나라에 볼모로 잡혀갈 때 좌의정에 발탁되어 왕세자 일행을 심양까지 수행하고 돌아왔다. 다음 해 청나라 사은사로 들어가 명나라를 공격할 군사를 보내라는 청국의 강력한 요청을, 결코 들어 줄 수없는 외교적 난제라는 조선의 입장을 밝히고 귀국했다.

1641년 영의정이 되었으나 이듬해 승지 홍무적의 모함으로 사직했다가 곧 영중추부사가 되었다. 선천부사 이계가 명나라와 밀무역을 하다가 청국에 들켜 죽게 되자, 궁지에서 벗어나고자 조선의 대신들이 명나라와 내통한다는 말을 해 문제가 크게 번졌다. 당시 영의정을 맡고 있던 이성구가 국정의 책임을 지고 파직되어 양화강 부근에 만휴암을 지어 소요하며 지냈고, 향인鄕人을 권장해 「서호향약기西湖鄕約記」라는 향약을 만들기도 하였다.

다시 영중추부사에 서용되었으나 나오지 않고 강호에 살다 죽으니, 인조가 조회를 폐하고 조의했다 한다. 이시백은 "반정 이후 인조가 발탁한 정승 중에서 이성구의 인물됨이 첫째이다."라고 하였다. 저서로는 『분사집』이 있다. 시호는 정숙貞肅이다.

태종의 후손으로 왕족이면서 그 혜택을 전혀 받지 않은 채 스스로 힘으로 영의정에 오른 인물이다. 광해군의 폐모론 논의 때 소신에 따라 반대하여 이이첨의 핍박을 받은 것이 계기가 되어 인조 때 등용될 수 있었고, 이후의 벼슬길은 그의 인품과 식견에 의해 승진되었다.

이항복의 사당을 세워 파직되다

1618년 이성구가 영평판관으로 나가 있는데 이항복이 유배지에서 죽자 포천으로 옮겨 장례를 치루었다. 고을 사람들이 판관의 뜻을 알고 서원을 세워 봉향하였다. 1620년 광해 12년 9월 이항복의 사당을 건립한 이성구를 파직시키다.

사간원이 아뢰기를, "옛날 사당을 건립하여 제사를 모셨던 것은 덕있는 이를 숭배하고 어진 이를 본받자는 뜻이었습니다. 만약 사문斯文에 공로있는 자가 아니라면 그를 제사모실 경우 밝은 세상에 부끄러움이 될 뿐만 아니라 후세에 웃음거리가 될 염려도 있습니다.

이항복으로 말하면 살아있을 때도 그럴싸한 공로가 없었고 죽은 후에도 잊지 못할 만한 덕이 없을 뿐만 아니라, 심지어는 인목대비에 대해 의견수렴하던 날 터놓고 반대의사를 발표하여 자기 스스로 명교名敎에서 이탈하였습니다. 조정에서 죄를 얻은 사람으로서 털끝만큼도 취할 것이 없는 자인데, 전 남도병사 현즙과 영평판관 이성구가, 자기가 좋아하는 사람이라 하여 그가 귀양살이했던 곳에다 사당을 세우기도 하고, 자기 사는 고을에다 사우를 건립하기도 하였으니, 그야말로 임금을 무시하고 공론을 멸시한 죄가 어찌 이에 더할 수가 있겠습니까. 현즙과 이성구를 파직시키고 영원히 서용하지 마소서. 〈중략〉 하였다.

사헌부가 아뢰기를, "이항복은 일개 평범한 재상에 불과한 위인으로 임금의 시대에 죄를 얻어 귀양살이로 쫓겨나기까지 하였는데, 그가 죽은 후 그의 관작을 종전대로 인정한 그 자체가 벌써 잘못된 은혜였던 것입니다. 신들이 듣기에 그가 귀양살이했던 북청과 그가 묻혀 있는 포천에서 그를 위해 모두 서원을 세웠다고 하는데, 그 일을 주장했던 자들을 징계하지 않으면 안 되겠습니다. 현즙 · 이성구를 모두 파직시키고 영원히 서용하지 말도록 명하소서." 하니,

답하기를, "현즙과 한급에 대하여는 천천히 결정하기로 하고, 이성구는 아뢴 대로 처리하라." 하였다.

사관은 논한다. 이항복과 이원익·이덕형은 모두 선조시대의 대신들이다. 광해군 초기에 백성들의 신망을 걸머지고 삼공의 지위에 있던 자들이었는데, 얼마 못 가서 모두 면직되었다. 계축년 옥사때 이덕형은 의분에 북받쳐 할 말을 다하다가 불측의 죄가 있으리라 생각하고 걱정 끝에 죽었으며, 정조와 윤인이 폐모론을 들고 나왔을 때 이원익이 맨 먼저 상소를 올렸었는데, 그때 광해군은 그를 미친 소리라고 화내고는 그를 홍천으로 내쫓았다. 이항복은 일국의 촉망을 한 몸에 지니고 있던 오랜 덕으로서 노원에 물러나 있었는데 흉도들의 유일한 시기의 대상이었고, 세상에서는 그를 태산교악처럼 여겨 모두 오성 상공이라고 불렀지 감히 이름을 부르지 않았다. 폐모론 의견수렴이 있던 날 바른 말로 간했다가 북청으로 귀양을 갔다. 그때 그 사실

을 바로 지적한 봉사封事에 대하여 사람들 모두가 무릎을 치며 탄복하기를 '오성이 과연 그 일을 해냈구나.' 하면서 길거리마다 감탄하는 소리였고, 급기야 귀양을 가게 되자 조금도 표정을 바꾸지 않고 있는 모습 그대로 여유있게 길을 떠나 길에서 만나는 사람들 모두가 눈물을 흘렸다. 결국 귀양살이하던 곳에서 죽자 북청과 포천에서 모두 사당을 세우고 제사를 모셨던 것인데, 묵은 감정을 그대로 갖고 있던 흉도들이 지금 이렇게 아뢰었던 것이다. 그런데 현습은 종전부터 궁료와 서로 통하고 있었기 때문에 왕이 아뢴 내용대로 따르지 않고 이성구만이 죄를 얻고 돌아오지 못했다. 이 세 사람들이 했던 일은 천고에 빛나고 있고 정사년에 세웠던 절의는 그 중에서도 더 더욱 돋보이는 일이었는데 흉도들이 이렇게까지 깎아내리고 있으니, 이따위 인간들에게 무엇을 또 나무랄 것인가.

-광해일기 12년 9월 13일-

이항복을 달가워하지 않던 사람들이 크게 들고일어나니 이성구가 그 고을의 원으로서 죄명부에 오르게 되어 파직된 채 다시 서용되지 않았다. 이성구가 일생 동안 겪은 시련은 이와 같다. 권력을 쥔 흉도들이 국권을 잡은 지가 오래되면서 정쟁을 멈추고 휴식을 취할 계획으로 동화될 자를 찾으므로 발길을 더럽힌 사람이 없지 않았으나, 이성구는 격류 속의 지주처럼 꿋꿋이 서서 그들의 나쁜 행위를 지탄하였다.

이괄의 난에 따른 종합대책을 논하다

인조가 즉위하여 1년도 지나지 않아 이괄의 난으로 공주까지 피난을 갔다가 돌아오니 큰 위기 의식을 느꼈던 모양이다. 조정 중신들을 모아놓고 이괄의 난에 따른 논공행상과 향후 위란시 어떻게 대처할 것인가를 논의하게 하여 남한산성을 쌓는 대책을 강구하게 하였다. 이때가 병자호란이 일어나기 12년 전이었다. 이 때에 좀더 치밀한 방어대책이 세워졌더라면 3배구고두례를 당하는 수모는 벗어날 수 있었을 터였다. 항시 국란 위기가 다가오면 그 위기를 감지하는 충신이 있기 마련이었는데 그 때의 상황을 대수롭지 않게 여겨버리려는 다수가 현재의 편안함을 추구하기 때문이다.

1624년[41세] 인조 2년 3월 남한산성의 축조와 군량 및 기인의 가포 등에 대해 논의하다.

저녁에 주상이 삼정승과 비국의 제 대신들을 만났다. 주상이 이르기를, "조정에 여러 현인이 거의 다 모였으므로 내가 덕이 없고 어리석더라도 진전됨을 바랄 수 있는데, 이제 난으로 망함을 면하지 못하게 되었으니, 경들은 할 말을 다하기 바란다."

하자, 영의정 이원익이 아뢰기를, "주상께서 정신을 가다듬고 다스리기를 꾀하시는 것이 지극하십니다. 신이 수상의 자리에 있으면서 국사를 담당하고 싶지 않은 것은 아니지만 본디 재주와 국량이 없는 데다가 노병이 날로 심하여 국청·비국의 모임에 모두 참여하지 못하고 부르실 때에만 겨우 들어올 수 있는데, 마침 국사가 위급하기 때문에 감히 사퇴하지 못할 뿐입니다. 어진 현인이 다 모인 것은 과연 임금의 가르침과 같습니다. 장현광으로 말하면 산림 사람으로서 이제 또한 왔으니, 백성의 추구함은 진실로 알 수 없으나, 선비의 마음이 굳게 맺어질 것은 이미 알 수 있습니다." 하니,

주상이 이르기를, "내가 참으로 만나기를 원했는데, 이제 다행히 만났다." 하였다.

이원익이 아뢰기를, "신에게 병이 없더라도 여든 살에 조정에 있는 것은 사대부의 염치에 관계되는데, 더구나 병이 깊은 데 이겠습니까. 도체찰사를 이미 교체하도록 윤허하지 않으셨으니, 신은 한번 도성 문을 나가서 방비하는 대책을 시험해 보고 싶습니다. 국내의 역적은 천고에 없었던 것이니 어찌 다시 이런 변란이 있을 수 있겠습니까. 다만 서쪽 변방의 일이 매우 근심스럽습니다. 강화도의 성곽에 관한 대책은 이성구에게 전임시켰으나, 강화도는 한 구석진 곳이므로 온 나라를 호령하기에 어려울 듯합니다. 사변이 있을 경우 원자는 남한산성에 들어가면 중앙에 있으면서 절제할

수 있을 것입니다. 그러나 남한산성은 쉽게 쌓기 어려울 듯하니, 이제 이서를 장수로 정하여 성을 쌓는 일을 전담시키면 겨울이 오기 전에 일을 끝낼 수 있을 것입니다. 신이 죽기 전에 마음과 힘을 다하여 부체찰사와 처리하고 싶으니, 오늘 계책을 정하기 바랍니다." 하고,

좌의정 윤방이 아뢰기를, "신이 경기 감사로 있을 때 강화도의 성곽과 남한산성이 동서에서 서로 응하여 급할 때에 힘이 될 수 있는 방책에 대해서 갖추어 보고하였으나 말이 시행되지 못하였습니다." 하고,

우의정 신흠이 아뢰기를, "남한산성을 쌓는 것은 나라의 큰 계책입니다. 옛날 백제의 임금도 이 성에 있었으니 이제 수선하지 않을 수 없겠으나 백성을 괴롭히고 대중을 동원시킬 수는 없습니다." 하고,

병조판서 김류는 아뢰기를, "대중을 동원시키는 일을 할 수 없으니, 먼저 그 공정을 헤아린 뒤에야 미리 처리할 수 있을 것입니다." 하고,

우찬성 장만은 아뢰기를, "영상의 생각은 도망했던 포수들에게 속죄하는 것으로 성을 쌓게 하려 하나, 좋은 계책이 아닙니다. 대개 포수들은 본시 놀고 먹는 사람인데 성을 쌓는 일을 전담시키면 원망을 일으킬 것이고, 또 큰 일을 홀로 감당하기 어려우므로 형편상 백성의 힘을 써야 할 것입니다. 오랑캐를 피하는 방책은 강화도를 주로 해야 하는 것으로서 만약에 두 곳에 모두 일을 일으키면 힘이 나뉘어 쉽게 성취되지 못할 듯합니다." 하고,

호조 판서 심열은 아뢰기를, "성을 쌓는 일은 매우 크므로 백성을 번거롭히지 않을 수 없습니다. 성을 쌓게 한다는 명령을 들으면 민심이 반드시 먼저 놀랄 것입니다." 하니,

주상이 이르기를, "이서가 나가서 살펴보려 하는데 필시 그 공역을 헤아릴 수 있을 것이다. 돌아오기를 기다려서 의논하여 정하도록 하라." 하였다.

주상이 또 이르기를, "이번에 강구하여 정하는 일은 적을 피하려는 계책이지 적을 막으려는 계책이 아닌데, 적을 막으려면 어떻게 해야 하겠는가?" 하니,

예조 판서 이정구가 아뢰기를, "이번에 도성을 떠났던 계책은 어쩔 수 없는 데에서 나왔던 것인데 한번 도성 문을 나간 뒤로 관청의 문서와 기계·군량미가 일시에 죄다 없어졌습니다. 그래도 다행히 하늘이 묵묵히 도와서 회복할 수 있었는데 이제 또 적을 피할 방책을 먼저 강구하는 것은 좋은 계책이 아닙니다. 신은 전에 경기감사였으므로 남한의 형세를 잘 아는데, 그곳에 수레가 멈추려면 건축하고 수선해야 할 일이 많을 뿐더러 공역이 커서 쉽게 성취하지 못할 형세이므로 산성의 일은 결코 할수 없으니, 사람을 보내어 가보도록 할 필요가 없습니다. 오직 적을 막는 방책을 강구해야 할 것인데, 1만의 군사를 엄중히 뽑아 목장의 말을 나누어 주고 늘 조련시키면 급할 때에 쓸 수 있을 것입니다." 하고,

김류가 아뢰기를, "기병은 본디 정하게 뽑아야 하겠으나, 군량이 모자라는 것이 걱정스럽습니다. 도감의 포수도 먹이기 어려운데, 더구나 새로 뽑는 기병이겠습니까."

하니, 주상이 호조 판서에게 묻기를, "군량은 장만할 수 있는가?" 하자, 심열이 아뢰기를, "지금 세입을 줄이고 있으므로 군량을 장만해 낼 수 없을 듯싶습니다."

하였다. 주상이 이르기를, "군사를 조발하는 일은 하지 않을 수 없다. 원수가 앞에 있으니 소견을 말하라."

하니, 장만이 아뢰기를, "이시발이 전에 황해도의 별승군 3천 인을 뽑아 힘써 훈련하였으므로 이제 쓸 만한 군사가 되었고, 또 이원익이 관서의 방백로 있을 때 영포수를 따로 뽑았는데 지금도 그 규례를 시행하고 있습니다. 이번에 힘을 얻은 것은 오로지 이 두 군사에 의지한 것입니다." 하였다.

주상이 이르기를, "근래 연소한 대간들이 함부로 자기들의 뜻을 가지고 어지러이 아뢰는데 대신과 상의해서 한 것인가?"

하니, 영상·좌상이 아뢰기를, "대간이 반드시 대신의 논의를 봉행한다면 뒷날의 폐단이 있을 것입니다." 하였다.

장만이 아뢰기를, "지난해에 죄를 입은 무리는 용서해 주는 범주에 들어 있어야 했

는데, 곧 대간의 논계로 인하여 그만두었습니다. 대간이 법을 지키는 논의에 있어서 어찌 그렇게 하지 않을 수 있겠습니까. 그러나 지금 임금이 대궐로 돌아오신 경사를 당하였으니 널리 은택을 베풀어야 할 것입니다."

하고, 김상용은 아뢰기를, "온 도성 안의 백성 많은 수가 역적 이괄에게 붙었었는데, 왕법으로 논하면 본디 죽여야 마땅합니다. 하지만 사람마다 모두가 의심하는 마음을 품을 것이니 작은 염려가 아닙니다. 지난해에 죄를 입은 사람은 누구인들 스스로 지은 죄가 아니겠습니까. 그러나 팔방이 같이 경하하는 이때를 당하였으니 죄를 풀어주는 은택이 있어야 할 것입니다."

하니, 주상이 이르기를,

"그때 대간이 대신에게 묻고서 이런 계사가 있었던 것으로 생각하였다. 그들을 방면하여 용서하라."

하였다. 김류가 아뢰기를, "폐모한 사람은 본디 쉽게 용서할 수 없습니다. 적에게 붙은 자 가운데에서 어리석은 백성들은 논하지 않아야 하겠으나, 사대부로서 적에게 붙은 자에 대해서는 용서할 수 없습니다. 그리고 대간이 모든 일을 대신에게 묻는다면 또한 간관의 풍채가 아닌데, 주상의 하교에 망언이라고까지 하신 것은 간관을 우대하는 도리에 매우 어긋납니다."

하니, 주상이 이르기를, "역적을 따른 사람을 낱낱이 치죄한다면 광해조 때와 다를 것이 없을 듯하다. 어떻게 처치해야 하겠는가?"

하였는데, 신흠이 아뢰기를, "진실로 너그러이 용서하여 죄를 씻어 주어야 하겠으나, 사대부로서 역적을 따른 자는 용서할 수 없을 듯합니다. 명나라 태조 때에 처형이 매우 많았으니 어찌 원망하는 자가 없었겠습니까. 그러나 태조가 여러 번 출사하여 친히 오랑캐를 쳐서 위엄을 떨쳤으므로 백성이 감히 움직이지 못하였습니다. 그리고 우리 세조 때에도 처형하는 것으로 위엄을 떨쳤는데 말년에 이시애의 변란을 곧바로 진정시켰고, 성종 때에도 문성군의 변란이 있었으나 마침내 토벌하였습니다. 대개 나라의 형세가 당당할 때에는 조정의 조치에 혹 알맞지 않은 점이 있더라도 백성이 감히 원망하지 못하지만, 쇠약한 세대에는 한 가지 잘못이 있더라도 백성이 문득 원망을 하게 됩니다. 지금의 시세는 마치 사람이 늙고 병들어 숨이 끊어지려는 것과 같아서 우연히 작은 병을 얻더라도 곧 죽게 될 것이니, 널리 혜택을 베풀어 빨리 옥사를 끝내야 하겠습니다."

하고, 정경세는 아뢰기를, "기익헌의 죄는 반드시 죽여야 마땅합니다. 그가 정성을 보낸 글은 뒷날의 여지로 삼은 것에 지나지 않습니다. 그의 마음은 반드시 일이 이루어지면 부귀할 것이고 일이 이루어지지 않아도 죽음을 면할 수 있을 것이라고 여겼던 것입니다. 이리하여 처음에는 흉역을 도와 못하는 짓이 없다가 그 형세가 궁해진 뒤에야 목을 베어가지고 온 것입니다. 그의 애초의 마음 먹은 것이 이러한 데에 지나지 않는데, 이제 죽이지 않는다면 난신적자가 뒤를 이어 일어나게 될 것입니다. 신흠이 이른바 처형함으로써 진압하여 복종한다는 것은 이 때문입니다. 오늘날의 일은 두 가지가 있는데, 인심을 기쁘게 하는 데에 힘쓰고 백성의 힘을 넉넉하게 하는 것입니다. 거사를 처음에 호령이 신의를 잃었기 때문에 백성이 지금까지 원망하는 것입니다. 이제 듣건대, 제향과 진상의 물품을 모두 줄였다 하니, 이것은 백성을 넉넉하게 하는 정사입니다. 그리고 볼모의 군포에 대해서 당초에 신이 아뢴 말대로 감면하라는 영이 있었으나, 단지 반 필만 줄이고 세 필은 그대로 두어서 줄인 것이 너무 적으니, 이제 다시 줄여야 하겠습니다."

하고, 이원익이 아뢰기를, "신이 전에 듣건대, 선대 조정의 나인들이 모두 말하기를 '사대부 집 종들도 온돌에 거처하는데 나인으로서 마루방에 거처해서야 되겠는가.' 하므로 이로부터 대궐 안에 온돌이 많아졌다 하니, 마루방으로 바꾸면 낭비를 줄일 수 있을 것입니다."

하니, 주상이 이르기를, "볼모의 나무는 대궐 안에 쓰이는 곳이 많을 뿐만 아니라 선왕의 후궁과 아직 장가들지 않은 왕자의 집에도 모두 나누어 보낸다. 그런데 그 용도를 전일에 줄인 것이 많았는데 군포를 반 필만 줄였다고 하니, 어찌 이렇게 적은가?"

하였다. 주상이 또 이르기를, "대비전의 바치는 물건은 줄일 수 없다."

하니, 이원익이 아뢰기를, "자전께서 '종묘의 제향도 줄였는데 내가 무슨 마음으로 혼자 진상을 받겠는가.' 하신 말씀이 지극하시니, 따르지 않을 수 없습니다."

하였다. 주상이 이르기를, "자전의 분부는 매우 성대한 뜻이나, 아랫사람의 도리로서는 따르기 어려울 듯하다."

하니, 오윤겸이 아뢰기를, "대체로 사람이 어버이를 섬기는 도리에 있어 극진하게 하지 않는 것이 없어야 할 것이니, 자전께 바치는 물건은 줄이지 않아야 할 듯합니다."

하자, 김상용이 아뢰기를, "신의 소견도 오윤겸과 같습니다."

하였다. 정경세는 아뢰기를, "자전께 진상하는 것을 줄이지 않는 것은 이른바 입과 몸을 봉양한다는 것이고, 진상을 줄이는 것은 이른바 뜻을 기른다는 것입니다."

하니, 주상이 이르기를, "먼 지방에서 진상하는 것은 자전의 분부대로 줄여도 괜찮겠으나, 일용의 바치는 물건은 줄일 수 없다."

하였다. 주상이 이르기를, "호종한 사람을 녹공하지 않을 수 없다."

하니, 이원익이 아뢰기를, "녹공은 결코 해서는 안 됩니다. 그러나 젊은 신진들에게는 따로 상전을 베풀어도 무방하겠습니다."

하고, 심열·김류·정경세도 모두가 녹공해서는 안 된다 하였다. 장만이 아뢰기를,

"김효신은 한명련의 중군으로서 강작을 베어가지고 신에게 귀순하였고, 유순무·이탁·이신·이윤서 등은 4천의 군사를 데리고 일시에 와서 귀순하였습니다. 적의 대세가 이로부터 꺾였으니, 이들은 녹훈하지 않을 수 없습니다."

하니, 주상이 이르기를, "녹훈까지 하는 것은 옳지 않을 듯하다."

하였다. 장만이 아뢰기를, "김효신은 어떻게 처치해야겠습니까?"

하자, 주상이 대신에게 물으니 이원익이 아뢰기를, "김효신은 원래 적에게 함몰되지 않고 충절을 지키다가 죽었으니, 유순무 등에게 비교하면 더욱 가상합니다."

하였다. 승지 홍서봉이 아뢰기를, "이시애의 변란 때에 잡혀서 절의를 지키다가 죽은 사람도 훈적에 참여 되었으니, 김효신은 이에 따라 녹훈해야 할 듯합니다."

하고, 장만이 아뢰기를, "이시발은 신과 함께 시종 일을 같이 하였으니 본디 경중을 논할 것이 없고, 김기종은 신의 종사관으로서 가장 공로가 있으며 이민구·김시양·남이웅·최현 등도 모두 녹공할 만합니다. 이 사람들을 녹공하지 않는다면 신이 어떻게 혼자 훈적에 참여할 수 있겠습니까."

하니, 주상이 이르기를, "대신의 생각은 어떠한가?" 하였다.

삼공이 모두 아뢰기를, "녹훈하는 일은 원훈에게 맡겨야 합니다. 신들이 어떻게 전투 진영에서 있던 일을 알 수 있겠습니까."

하니, 주상이 이르기를, "그렇기는 하나 상의해서 하는 것이 좋겠다." 하였다. 주상이 또 이르기를,

"당초에 원수를 내려 보내어 변방의 일을 처리하게 하려 하였으나 싸움터에서 분주할 즈음에 병이 생길까 염려되었다. 이제는 얼음이 풀렸고 변방의 일이 조금 늦추어 졌으니, 가을이 되거든 내려 보내는 것이 어떠하겠는가?"

하니, 윤방과 김류가 아뢰기를, "중앙에 있으면서 절제할 수 있으니, 내려 보낼 필요가 없습니다." 하였다.

정경세가 아뢰기를, "지난번 이동 조정에 계실 때 윤황 등의 상소에 답하신 내용에 훈신을 모해한다는 분부까지 있었습니다. 윤황은 종묘 사직이 파천하는 것을 보고서 울분을 견디지 못하여 그런 상소를 올렸던 것이니, 중도에 지나쳤다고 할 수는 있으나 모함한다고 하는 것은 실로 그의 본 뜻이 아닙니다. 왕언王들이 어찌 이러할 수 있겠습니까."

하니, 주상이 이르기를, "이귀는 군사를 거느리는 장수가 아니었으니 군율을 적용해서는 안 되는 것인데 그처럼 상소를 올렸기 때문에 그런 말을 했던 것이다."

하였다. 정경세가 아뢰기를, "옛날 사람은 배 안에서도 대학을 강독하였습니다. 6~7건의 논어를 지금 이미 모았으니, 이제 경연을 열 수 있습니다."

하니, 주상이 이르기를, "해야 하겠다." 하였다.

주상이 승지 홍서봉에게 이르기를, "전에 도원수가 하사받은 은을 부체찰사에게 나누어 주려 하기에 내가 따로 주겠다는 뜻으로 답하였다. 은 30냥을 부체찰사 이시발에게 내리고 20냥을 독전 어사 최현에게 내리라."
하였다. 그 뒤 삼공이 장만의 말대로 이시발 등 여섯 사람을 모두 녹훈하기를 청하니, 상이 윤허하지 않으며 이르기를,

"군진에서 역전한 사람만을 녹훈하도록 하라."

하였다. 장만이 다시 상소하기를,

"이시발이 충성스런 마음으로 나라를 위해 몸바쳐서 안현의 싸움을 약속한 것은 모든 군사가 다 아는 사실입니다. 종사관 김기종은 안현에서 교전할 때에 혼자 말을 타고 달려 들어가 직접 장수들을 독촉하여 큰 공을 이루었습니다. 그리고 남이웅은 끊임없이 군량을 운송하여서 군사들이 굶지 않게 하였습니다. 이민구·김시양·최현 등도 정성을 다하고 마음을 다한 공효가 없다고 할 수 없는데 혹 일에 앞서 출사出使하거나 남의 막료로 있었으니 인원이 너무 많은 것을 꺼린다면 혹 의논할 여지가 있습니다마는 이 세 사람은 그 공로가 이러한데 신만이 무슨 낯으로 감히 종정鐘鼎의 영예를 차지하겠습니까. 바라건대 신의 이 소를 대신에게 내려 특별히 신의 공훈명을 삭감하고 세 사람을 추록하게 하소서."
하니, 답하기를, "상소한 사연에 대해서 의논하여 처리하겠다." 하였다.

– 인조실록 2년 3월 5일 –

청나라로 사신을 다녀온 이성구에게 실정을 묻다

1637년[54세] 인조 15년 7월 4일 사은사에게 청의 실정과 삼학사 등의 일을 묻고 술 마신 일을 문책하다.

주상이 사은사 이성구 등을 불러서 이르기를, "저들의 기색이 어떠하던가? 대우하는 것은 또한 어떠하던가?" 하니,

이성구가 대답하기를, "신들이 40일 동안 숙소에 머물렀는데 20일 이전은 출입하지 못하였고, 그 뒤에야 비로소 만날 수 있었으나 그 사정을 자세히 알 수 없었습니다. 처음에는 기를 돋우어 상대하였으나 나중에는 점점 화평하여지는 듯 하였습니다. 그러나 사배례四拜禮는 반드시 행하게 하였습니다." 하였다.

주상이 이르기를, "우리나라 사신이 명나라에 들어갔을 때에도 예부에서 사배례를 하는가?" 하니,

이성구가 아뢰기를, "장예충이 명나라에서도 그러하였다 하였고, 저들도 명나라의 예는 우리가 모르는 것이 없다 하였습니다." 하고,

도승지 김수현이 아뢰기를, "우리나라 사신이 연경에 갔을 때에 하는 예는 황제에게 절할 때 오배五拜하고 예부에서는 사배입니다." 하였다.

주상이 이르기를, "고두례叩頭禮가 있던가?" 하니, 이성구가 아뢰기를, "삼고두三叩頭였습니다." 하고,

김수현이 아뢰기를, "중국에서는 상서(당상관)는 앉아서 절을 받고 낭중(당하관)은 사신과 맞절하고 서장관에게는 읍만 합니다." 하였다.
주상이 이르기를, "동서로 나누어 앉는가?" 하니,

이성구가 아뢰기를, "처음 만날 때에는 저들이 북쪽 벽을 차지하였으나, 그 뒤에는 동서로 나누었습니다. 또 동궁의 옥체가 아주 편안하니 이것은 기쁩니다마는, 가져 간 주문은 끝내 바치지 못하였으니 매우 황공합니다. 주문 가운데에 있는 말은 합당 한 의리를 거론하였을 뿐이고 정황을 논하지 않았으니, 실로 저들이 성낼세라 염려 되므로 머뭇거리다가 마침내 감히 바치지 못하였습니다." 하였다.

주상이 이르기를, "언제쯤 서쪽으로 침범한다 하던가?" 하니,

이성구가 아뢰기를, "혹 7월쯤에 군사를 움직인다고도 하고 올해에는 쉰다고도 하나. 군사기밀이 매우 비밀스러워 군 진영에서도 모른다 합니다. 이것으로 미루어 보면, 우리에게서 군사를 징발하려 하더라도 어느 겨를에 서로 통하겠습니까. 저들은 우리나라 포수가 정예하여 가도椵島 싸움에서 공을 이루었기 때문에 잡혀간 자 1천 6백 인을 뽑아 해주위에서 포를 익히고 있다 합니다." 하였다.

주상이 이르기를, "오달제 등의 일은 슬프다. 시종관들이 구제할 수 있는 형세가 아니었는가?" 하니,

이성구가 아뢰기를, "신이 남이웅에게서 들으니, 용골대가 와서 황제의 명을 전하기를 '이 두 사람의 죄는 죽어 마땅하나 내가 살리려 하였는데, 그들이 반드시 죽으려 하므로 죽였다.'하더라 합니다. 문답할 때 그 뜻을 따랐으면 혹 살 길이 있었을 것인데, 오달제의 말이 '죽음을 참고 있는 까닭은 살아 돌아가면 우리 임금과 늙은 어머니를 다시 볼 수 있기 때문이다. 잡혀 있게 된다면 죽는 것만 못하다.' 하므로 저들이 성내었고, 이번 싸움에서 그들의 죽은 자가 장수 3백인과 병졸 7천인 인데 죽은 자의 처자가 화친을 배척한 사람을 원수로 여기고 밤낮으로 호소하므로 면할 수 없었다 합니다." 하였다.

주상이 이르기를, "처음에 죽이지 않았으므로 혹 보전할 수도 있으리라 생각하였는데 마침내 면하지 못하였으니, 매우 슬프다." 하니,

이성구가 아뢰기를, "서문 밖에 사람을 죽이는 곳이 있는데 뼈가 쌓여 주검을 찾을 길이 없으므로 종을 시켜 혼을 불러 왔습니다." 하였다.

주상이 이르기를, "그 일은 가엾고 또한 아름답다. 대신이 말한 것을 따라 뜻을 굽혀 애걸하였더라면 혹 살길이 있었을 것인데, 오랑캐에게 항복할 수 없는 의리 때문에 죽도록 굽히지 않아서 나라에 빛이 있게 하였다." 하니,

이성구가 아뢰기를, "윤집은 말하는 것이 오달제처럼 명백하지 못하였다 합니다." 하였다.

주상이 이르기를, "오달제의 말은 매우 아름답다. 죽고 살 즈음에 명예와 절조를 잃지 않기가 또한 어렵지 않겠는가." 하니,
김수현이 아뢰기를, "홍익한이 진술한 말은 매우 명백하고 정당하여 보기에 어엿합니다." 하자,
주상이 이르기를, "나는 아직 보지 못하였다. 심양에서도 이런 말이 있던가?" 하니,

채유후가 아뢰기를, "신도 보았습니다마는, 심양에 들어간 뒤에 물었더니 몰랐습니다." 하였다.

주상이 이르기를, "저 나라에는 본디 진술받는 일이 없으므로 진술한 말이라 하는 것은 헛되이 전해진 것인 듯하고, 글에는 각각 다른 체가 있는데 그 사람의 손에서 나온 듯 하던가?" 하니,
채유후가 아뢰기를, "글씨는 비슷합니다마는, 어디에서 나왔는지 모르겠습니다." 하고,
김수현이 아뢰기를, "그 종이 그 진술한 말을 얻어 왔다 합니다." 하고,

이성구가 아뢰기를, "윤집·오달제 두 사람은 다 나라의 일을 위하여 죽었으니, 가엾이 여겨 돌보는 은전은 그만둘 수 없을 듯합니다." 하니,

주상이 이르기를, "이미 시행하였다. 또 오달제의 형 중에 수령의 추천망에 든 자가 있으니, 내가 곧 제수하여 그 늙은 어미를 봉양하게 하겠다. 배종한 신하들은 다 한 때에 가려보낸 사람인데, 방자하게 술을 마시고 삼가지 않는다고 한다. 경은 친히 임금의 명을 받았는데 금지하지 않을 뿐더러 함께 마셨으니, 무슨 까닭인가?" 하였다.

채유후가 나아가 아뢰기를, "그 때에 술마시고 실수한 것은 신 혼자뿐입니다. 매우 황공합니다." 하니, 주상이 매우 노하여 말이 없다가 이어서 승지에게 이르기를, "박노는 심양에 들어간 뒤에 한 번도 술잔을 잡지 않고 크고 작은 일을 자신이 스스로 담당하였다 한다. 그 충성이 아름다우니 털옷 한 벌을 장만해 보내어 내 뜻을 나타내라. 심양에 있는 배종신도 나중에 죄를 다스리겠거니와, 나온 자는 잡아다 국문하여 죄를 정하라." 하였다.

드디어 전 사서 이회와 전 익위 서택리를 잡아다 조사하고 이어서 유배하게 하고, 또 사신은 파직하고 서장관은 파직한 뒤에 조사하라고 명하였다.

- 인조실록 15년 7월 4일 -

파직된 뒤 동쪽 근교에 나가서 천장에 머리가 닿고 겨우 무릎만 들여놓을 만한 초막집을 짓고 태연한 마음으로 살았다. 이때 읊은 시에 '밭 가운데 씀바귀나물 쓸개 씹는 것 같고, 성곽 밖의 초막집 장작더미에 누운 격이로다[田中苦荼猶嘗膽 郭外茅茨當臥薪]' 하였다.

아들 보석금 문제로 탄핵을 받다

1637년 인조 15년 7월 7일 양사가 좌의정 이성구가 속바치는 값을 올렸다며 파직을 청하자 답하다.

양사가 또 아뢰기를, "좌의정 이성구는 국가가 황급할 때에 병조 판서 겸 부체찰사로서 나라의 일이 이렇게 되게 하였으니, 김류와 가볍고 무거움의 구분이 있기는 하나 혼자만 그 죄를 면할 수 없고, 또 아들을 속贖할 때 1천 5백 금金이나 주어 이때부터 속바치는 값이 매우 비싸져서 가난한 백성이 속바치고 돌아올 희망이 아주 없어지게 하였으므로 전국에서 원망하고 욕하니, 이성구를 파직하소서." 하니, 답하기를, "이미 파직하였으니, 다시 번거로이 논하지 말라." 하였다.

- 인조실록 15년 7월 7일 -

1639년[56세] 인조 17년 5월 12일 사헌부가 해남 현감 조정립의 비리를 계하다.

사헌부가 아뢰기를, "해남 현감 조정립이 오로지 긁어들이기만 일삼아서, 미곡을 세금 싣는 배에다 몰래 실어 시중의 인가에 갖다 놓았으므로 나라 사람들의 말이 자자합니다. 본부에서 뱃사공과 담당 아전을 잡아다가 물어보았더니, 격가미格價米 50곡을 덜어내어 시정 사람 최승길의 집에 몰래 보냈다 하였습니다. 최승길을 불러다가 물어보았더니, 이른바 50곡의 쌀은 영부사 이성구의 집에서 아들의 속바치는 은銀값을 마련하기 위하여 해변에서 쌀을 사서 삯을 주고 싣고 온 것이라 하였습니다. 최승길과 담당 아전이 주고받은 장부를 가져다 조사해 보았더니, 정밀하고 거친 것이 네 가지로 차이가 났습니다. 만일 세공미의 격가格價로 덜어낸 것이라면 필시 한결같을 것인데, 이것으로써 살펴보면 분명코 사사로이 판매한 것이지 관공서 물건이 아닙니다. 이밖에 또 들으니, 관공미를 경강京江 사람 오일남의 배에 몰래 실었다 하므로 오일남을 잡아다가 물어보았더니, 과연 해남 현감이 부탁한 쌀 36섬을 싣고 왔다고 하였습니다. 법을 무시하고 탐욕 방종함이 이 사람보다 심한 자가 없습니다. 잡아다 국문하여 정죄하도록 명하소서." 하니, 주상이 따랐다.

– 인조실록 17년 5월 12일 –

인조 17년 5월 13일 영중추부사 이성구가 사직하니 윤허하지 않다.

영중추부사 이성구가 상소하기를,
"신이 자식을 사랑하는 사사로운 정을 견디지 못하여 자식을 위해 속바치는 일이 있게 되었는데, 속바치는 은銀의 수량이 무려 1천 5백 냥이나 되었습니다. 신이 가산을 탕진한 나머지 맨손에 대책이 없어서 비루하고 잗단 일도 하지 않음이 없었는바, 일찍이 이 뜻으로 상소문에서 대강 아뢰었습니다.

제주 목사 심연沈演은 신의 처와 5촌입니다. 제주에 들어간 뒤에 노비 진상품을 거두어 토산물을 사서 모아 잡미雜米 50석을 겨우 사서 배에 싣고 왔더니, 대관臺官은 이것이 해남의 관미인 줄 알았습니다. 문서를 고찰하여 실상을 분명히 밝혀 이미 해명되었습니다만, 신의 마음에 끝내 미안한 바가 있어 이에 감히 성상께 밝히는 것입니다. 이번 쌀을 사들인 일은 심연이 실로 이를 주장하였으며, 전라 감사 구봉서具鳳瑞도 참여해 들었습니다. 다만 조정립은 일찍이 신의 군관으로 있었고 마침 해변 고을에 있었기 때문에 맡아 관리하여 무역해 보낸 것이고, 최승길은 본디 안면이 없는 자이나, 마침 해남으로부터 왔기 때문에 싣고 오는 일에 참여한 것이며, 신의 집에서 사람을 시켜 배에서 부려 곧바로 시장에 보내어 은을 샀을 뿐입니다.

대신된 신분으로 자취가 이익을 도모함에 관계되고 사연이 뇌물비리에 관련되고 이름이 편지글에 나와서 조정기구를 욕되게 하였으니, 신의 죄는 용서받을 수 없습니다. 신의 직명을 삭제하고 신을 법관에 회부하여 신의 죄를 다스리소서."
하니, 답하기를, "경 집안의 답답한 정상은 나라 사람들이 다 아는 바이니, 경은 안심하고 사직하지 말라." 하였다.

– 인조실록 17년 5월 13일 –

일본국에서 사당의 건립으로 편액과 시문을 청하다

1642년[59세] 인조 20년 2월 18일 일본 일광산 사당이 준공되자, 왜구 사신이 와서 편액과 시문을 청하다.

일본국의 일광산 사당이 준공되자, 일본사신이 와서 액자와 시문詩文을 청하므로 조정이 허락하였다.
일전에 섬주인 평의성이 신하 평행성을 보내 말하기를, "일광산에 덕천가강의 묘소가 있으므로 그 묘소 뒤쪽에다 사당을 건립하였는데, 기둥과 들보와 사방의 벽을 모두 대리석으로 꾸며 호화롭기가 그지없습니다. 국왕의 어필과 시문을 얻어 천추만대에 전해줄 보물로 삼고자 합니다." 하고,

또 종鍾과 서문 기록을 구하였는데, 접위관 이태운이 이 사실을 아뢰었다. 주상이 의정부에 의논하여 선조의 왕자 의창군 이광에게 일광정계日光淨界라는 네 글자의 편

액을 쓰게 하고 또 종을 주조하여 보내게 하였는데, 이명한이 글을 짓고 이식이 명銘을 짓고 오준이 글씨를 썼다.

또 시문을 제술할 사람을 뽑았는데, 김류·최명길·이식·홍서봉·이명한·이성구·이경전·신익성·심기원·김시국 등이 참여하였다. 주상이 대제학 이명한으로 하여금 먼저 칠언율七言律 한 수를 짓고 뽑힌 신하들에게 그에 화답하게 하였으며, 또 이명한에게 오언 배율五言排律을 지어 이웃 나라로서 영광으로 생각하는 소지로 삼게 하였다. 김류는 그의 아버지 김여물이 임진왜란에 죽었기 때문에 사양하고 짓지 않았다.

– 인조실록 20년 2월 18일 –

이성구의 졸기

1644년[59세] 인조 22년 2월 3일 영중추부사 이성구의 졸기

영중추부사 이성구가 죽었다. 이성구는 사람됨이 순후하고 점잖았는데 혼란한 조정 때 폐모하던 날을 당하여 정조鄭造와 윤인尹訒의 주장에 반대하고 인조반정 초기에 먼저 발탁되어 10여 년 사이에 정경(정이품)에까지 이르렀다. 병자호란 때는 왕을 호위하여 남한산성에 들어갔고 마침내 의정에 이르렀으나 본디 식견이 없는데다 당론에 치우쳤으므로 사람들이 이를 병통으로 여겼다.

[승진과정]

1603년[20세] 선조 36년 진사시에 합격
1608년[25세] 광해즉위년 별시 문과 을과 급제, 승문원 한원,
　　　　　　예문관에 선발, 세자시강원 설서를 겸직
1609년[26세] 광해 1년 10월 예문관 검열
1610년[27세] 광해 2년 1월 검열, 7월 봉교
1611년[28세] 광해 3년 성균관 전적, 사헌부 감찰
1612년[29세] 광해 4년 윤 11월 홍문관 부교리, 12월 부교리
1613년[30세] 광해 5년 1월 4일 헌납, 1월 6일 수찬,
　　　　　　3월 4일 부교리, 3월 25일 헌납, 4월 지평.
1614년[31세] 광해 6년 이천현감
1615년[32세] 광해 7년 모친상, 3년간 시묘살이
1618년[35세] 광해 10년 9월 상례후 영평판관,
1620년[37세] 광해 12년 9월 사당을 건립한 이성구를 파직시키다
1622년[39세] 7월 도목정사[23]로 관직을 제수하다.
1623년[40세] 인조반정. 인조 1년 3월 사간, 윤 10월 부응교,
　　　　　　윤 10월 강화유수
　　　　　　11월 장수의 재질이 있는 자 10인에 천거되다.
1624년[41세] 인조 2년 12월 23일 강화 부윤 이성구가 광해군의
　　　　　　병세가 위중함을 아뢰니, 주상이 의원과 약을 보내도록 명하였다.
1625년[42세] 인조 3년 2월 동부승지, 예조 참의, 병조 참의,
　　　　　　9월 대사간
1626년[43세] 인조 4년 6월 병조참지, 8월 이조참의
1627년[44세] 인조 5년 봄에 이조 참의 11월에 대사간 겸 승문원 부제조
1628년[45세] 인조 6년 3월 좌승지, 가선대부로 승급,
　　　　　　7월 전라도 관찰사, 겨울 부친상.
1631년[48세] 인조 9년 상례 후 2월 대사헌, 3월 도승지,
　　　　　　11월 이조 참판, 도총부 부총관,지경연관사,
　　　　　　지춘추관사, 세자시강원 우부빈객 겸직
1633년[50세] 인조 11년 1월 6일 병조판서, 1월 18일 대사헌,
　　　　　　4월 형조 참판, 경기도 안찰사

―――――――
23) 도목정사 : 년 2회의 인사평가

1634년[51세] 인조 12년 7월 부제학, 8월 대사헌, 윤 8월 대사헌,
윤 8월 겸 동지경연, 윤 8월 도승지
1635년[52세] 인조 13년 1월 이조판서, 종2품 승급,
지성균관사 겸직, 4월 겸 동지경연
1636년[53세] 인조 14년 3월 형조판서, 3월 대사헌,
6월 병조판서, 12월 병자호란
1637년[54세] 인조 15년 1월 우의정. 4월 좌의정
4월 청나라 사은사
7월 청나라 칙서를 가져오자 명나라 예를 행하다.
1637년[54세] 인조 15년 7월 사은사에게 청의 실정과 삼학사
등의 일을 묻고 술 마신 일을 문책하다
1638년[55세] 인조 16년 4월 영돈녕부사, 11월 영중추부사,
12월 판중추부사
1639년[56세] 인조 17년 5월 13일 영중추부사 이성구가 사직하니
윤허하지 않다
1640년[57세] 인조 18년 3월 판중추부사, 11월 영중추부사.
사은사로 청나라에 가서 명나라를 칠 원군을 보낼수 없음을 전하고 왔다
1641년[58세] 인조 19년 10월 10일 영의정

1642년[59세] 인조 20년 7월 24일 영의정 사직,
7월 25일 영중추부사
11월 양사가 합계하여 영부사 이성구의 삭탈 관작을 청하다
12월 30일 삭탈관직 문외출송
1643년[60세] 인조 21년에 영중추부사에 서용되었으나 녹을 반납하고 출근하지 않으
면서 여생을 마치려 하였다.
1644년[59세] 인조 22년 2월 3일 영중추부사 이성구가 죽다.

87. 신경진申景禛

신립장군의 아들로 인조반정을 기획하여
영의정에 오르다

생몰년도	1575년(선조 8) ~ 1643년(인조 21) [69세]
영의정 재직기간	(1643.3.6~1643.3.11) (5일간)
본관	평산平山
자	군수君受
시호	충익忠翼
공훈	정사공신 1등(인조반정 1등공신)
묘소	서울 중랑구 망우동
신도비	우암 송시열이 씀
배향	인조 묘에 배향
출신	서울 출신
신도비	우암 송시열이 비문을 짓고 박태유가 글씨를 썼다.
증조부	신상申鏛 - 기묘명신己卯名臣
조부	신화국申華國 - 생원
부	신립申砬 - 장군
부인	전주 최씨
장남	신준申埈 - 형조판서
손자	신여정申汝挺 - 현감
손자	신여식申汝拭 - 군수
손자	신여석申汝晳 - 현감
손자	신여철申汝哲 - 공조판서, 훈련대장
차남	신해申垓 - 돈녕 도정 (신경인에게 양자로 감)

인조반정의 기획자

신경진의 자는 군수君受인데, 본관은 평산이다. 증조부 신상은 중종 때 기묘명신이었고, 조부 신화국은 생원을 지냈으며, 아버지 신립은 판윤을 지냈다. 신립은 북쪽 변방을 지켜 큰 공을 세웠고 왜구와 싸우다가 충주 탄금대에서 죽었다. 아버지 신립의 형제는 넷으로 모두 왜란 때 목숨을 걸고 투쟁하였던 열사들이었다. 백부 신잡은 병조판서에 올랐고, 종백부 신급은 왜란을 만나 피난하다가 조모가 벼랑에 투신하자 조모를 구하고 절명하였다. 셋째가 신립이었고, 숙부 신할은 왜란 중 경기수어사로 활약하다가 임진강에서 순절하였다. 이처럼 신경진은 임진왜란시 국가유공자 집안 출신이다.

신경진은 어려서부터 성질이 오만하고 괴걸하여 놀이를 할 적에도 뭇 아이들의 우두머리가 되니 보는 자가 기이하게 여겼으나 글읽기를 즐겨하지 않았으므로 나이든 어른들이 이를 걱정하자, 아버지 신립은 웃으면서 말하기를, "스스로 마땅히 높은 벼슬에 오르리라." 하였다. 장성함에 따라 전쟁에서 목숨을 바친 장수의 아들로 혜택을 받아 과거를 거치지 않은 채 선전관에 특임 되었다가, 오위도총부의 종5품 도사에 올랐을 때 무과에 급제하여 무관으로 관직을 시작하여 태안군수·담양부사·부산진 첨사·갑산부사 등을 역임하였다.

광해군이 즉위하자 권력을 잡은 대북파의 전횡에 반기를 들고 관직을 사퇴하였다. 무관직이라 지방을 전전하며 근무를 하여야 했고, 광해의 즉위후 형제들인 임해군과 영창대군을 유배보냈다가 죽이는가 하면, 인목대비마저 폐하자, 의를 중시하는 무관으로써 참기 어려운 고통의 연속이었다.

신경진이 조정에서 물러난 지 수년이 지나도 조정은 재등용할 기미조차 보이지 않았고, 대북파의 탐욕스런 정치는 국가 기강을 뿌리 채 흔들고 있었으며, 그 대열에서 쫓겨난 서인 들은 점점 늘어나고 있는 상황이었다. 이에 신경진이 직접 광해를 폐위시킬 거사계획을 세웠다. 이귀가 평산부사가 되자 신경진은 중군으로 자원해 들어가 조정에 불이익을 당한 인재들을 규합하기 시작했다. 김여물의 아들 김류, 이귀, 김자점 등과 함께 거사계획을 세웠다가, 사전에 정보가 발각되어 벽지로 좌천되고 처형은 면하였다. 이로 실제 거사날에는 직접 참여하지는 못했으나 인조반정은 성공하였다.

광해 때 유배당했거나 벼슬에서 파직당하여 물러났던 인물들은 인조반정후 재등용되어 높은 관직에 올랐거나 충신으로 이름을 남긴 반면, 광해군 때 권력을 잡고 세도를 부린 인물들은 모두 간신으로 평가받고 처형당하여 만고의 역적으로 오명을 남겼다.

만약에 인조반정이 실패로 돌아갔다면 역적과 충신의 이름은 바뀌어 전해졌을 것이다. 역사는 승자의 역사로 기록되어 전해지기에 광해는 역모의 사실이 사전에 발각되었는데도 이를 대수롭지 않게 처리함으로써 본인은 폭군으로 남겨졌고, 그를 믿고 지지했던 인사들은 모두 간신들로 기록시키고 만 것이다.

인조가 등극하자 신경진은 그의 누이가 인조의 백부 신성군의 아내가 되는 관계로 왕실과 인척이었고, 임진왜란 때 국가를 위해 목숨을 바친 가문의 후예라 하여, 임금이 특별히 신임하여 총애를 받았다.

반정 직후 병조참판에 훈련대장·포도대장·호위대장까지 3대장을 겸하니, 병권과 왕실의 보위까지 책임지는 막중한 책임을 맡았다. 신경진은 반정하는 날에 직접 참여하지 못했지만 계획을 수립한 공로가 인정되어 정사 1등공신 책록과 함께 평성군에 봉군되었다.

반정의 논공행상에 반발해 일어난 이괄의 난이 평정 된 뒤, 이괄이 추대하고자 하였던 흥안군을 신경진이 반역의 뿌리로 단정하여 처형해 버리니, 대간들은 심하다며 신경진을 탄핵하는 사태가 벌어졌다. 그러나 인조는 신경진을 병조판서로 승진시켜 대간들의 뜻을 눌러버렸다.

정묘호란이 일어나자 신경진은 왕을 강화도로 호종하여 그 공로로 부원군에 책봉되었다. 지위가 높아지면 눈도 높아져 눈 아래는 보이는 게 없었던 건지 신경진은 임금의 신임을 믿고 탐욕을 부려 남의 집터 수 천 칸을 빼앗는 비리를 저지르고, 업무에 소홀하였다는 탄핵을 받은 끝에 인조 13년에 파직당하고 말았다.

병자호란이 일어나자 군사들을 모아 이끌고 적의 선봉을 막으니 그 공로로 그는 병조판서에 복직되고 1637년 우의정 겸 훈련도감 제조에 올랐다. 1638년 인조 18년 10월 좌의정에 오른 신경진은 11월에 사신으로 청나라에 들어가 해마다 바치는 공물 경감을 주장하고 왔다.
1643년 3월 무관직 출신으로 영의정에 올랐으나 임명 된 지 6일 만에 신병으로 숨지고 말았다. 나이 69세, 시호는 충익공으로 내려지고 뒤에 인조의 묘정에 배향되었다.

신경진은 장군다운 기상으로 최초로 인조반정을 기획했던 인물이라, 인조의 신임을 받아 왕의 신변을 지켰다. 정승으로 탐욕스럽기도 했고 특별히 이룬 일은 없으나 청나라와의 교섭에 나서서 과도한 요구를 합리적으로 조정하고 내정간섭을 막았다. 무관임을 자처하여 조정의 시비에 끼어들지 않으려 하면서도 송시열 등 현신들을 천거하는데 힘써 그들의 환심을 샀다.

인조가 그를 인척으로 불러 보려하였으나, 신경진은 "신하의 도리가 아니다"라며 사사로이 왕을 찾지 않으니, 사람들은 '견식이 남다르다'고 말하였다. 이런 무관의 충직한 자세도 재산 앞에서는 어쩔 수 없었나 보다. 후세는 영의정을 지낸 신경진 보다 임진왜란 때 막료장수로서 목숨을 바쳐 국가를 구하려 했던 아버지 신립 장군을 더 기억하고 있다. 당대의 고귀하고 화려한 현직보다는 국가를 위해 목숨을 바친 충성된 삶이 더 가치가 있기 때문이다.

인조반정 기획의 전모

1623년 인조 1년 3월 13일 인조반정

무관 이서와 신경진이 먼저 대계大計를 세웠으니, 신경진 및 구굉·구인후는 모두 주상의 가까운 친속이었다. 반정 직후 왕의 특명으로 공조참의·병조참지에 임명되었고, 곧 병조참판이 되어 훈련도감·호위청·포도청의 대장을 겸하여 왕실 안전의 책임을 맡았다.

인조가 의병을 일으켜 왕대비를 받들어 복위시킨 다음 대비의 명으로 경운궁에서 즉위하였다. 광해군을 폐위시켜 강화로 내쫓고 이이첨 등을 처형한 다음 전국에 대사령을 내렸다.

주상은 선조 대왕의 손자이며 원종 대왕(추존왕)의 장자이다. 모후는 인헌 왕후 구씨

(추존 왕후)로 찬성 구사맹의 딸이다. 왕이 탄강할 때 붉은 광채가 빛나고 이상한 향내가 진동하였으며, 그 외모가 비범하고 오른쪽 넓적다리에 검은 점이 무수히 많았다. 선조께서는 이것이 한 고조의 상이니 누설하지 말라고 하면서 크게 애중하여 궁중에서 길렀고, 친히 이름을 명하고 깊이 정을 붙이므로 광해가 좋아하지 않았다. 장성하자 총명하고 어질고 효성스럽고 너그럽고 굳건하여 큰 도량이 있었다. 여러 번 자급이 올라가 능양군에 봉해져서는 더욱 겸양하면서 덕을 길렀다.

광해가 동궁에 있을 때 선조께서 세자를 바꾸려는 의사를 가졌었는데, 결국 광해가 왕위를 계승하게 되자 영창대군을 몹시 시기하고 모후(인목대비)를 원수처럼 보아 그 시기와 의심이 날로 쌓였다. 적신 이이첨과 정인홍 등이 또 그의 악행을 종용하여 임해군과 영창대군을 섬에 안치하여 죽이고 연흥 부원군 김제남을 멸족하는 등 여러 차례 대옥사를 일으켜 무고한 사람들을 살육하였다. 주상의 막내 아우인 능창군 이전도 무고를 입고 죽으니, 원종 대왕이 화병으로 돌아갔다. 대비를 서궁에 유폐하고 대비의 존호를 삭제하는 등 그 화를 헤아릴 수 없었다.

선왕조의 옛 충신들로서 이의를 제기하는 자는 모두 추방하여 어진 선비가 죄에 걸리지 않으면 초야로 숨어버려 사람들이 모두 불안해 하였다. 백성들은 해마다 토목 공사를 크게 일으켜 쉴 새가 없었고, 간신배가 조정에 가득 차고 후궁이 정사를 어지럽혀 크고 작은 벼슬아치의 임명이 모두 뇌물로 거래되었으며, 법도가 없이 가혹하게 거두어들임으로써 백성들이 물불구덩이에 든 것 같았다.

인조는 윤리와 기강이 무너져 종묘사직이 망해가는 것을 보고 개연히 난을 제거하고 반정할 뜻을 두었다. 무관 이서와 신경진이 먼저 대계를 세웠으니, 신경진 및 구굉·구인후는 모두 주상의 가까운 친속이었다. 서로 은밀히 모의한 다음, 문관 중 위엄과 인망이 있는 자를 얻어 일을 같이 하고자 하였다. 전 동지 김류를 방문한 결과 말 한 마디에 서로 의기투합하여 추대할 계책을 결정하였으니, 곧 1620년이었다. 그 후 신경진이 전 부사 이귀를 방문하고 사실을 말하자 이귀도 본래 뜻을 두었던 사람이라 크게 좋아하였다. 드디어 그 아들 이시백·이시방 및 문관 최명길·장유, 유생 심기원·김자점 등과 공모하였다. 이로부터 모의에 가담하고 협력하는 자가 날로 많아졌다.

1622년 가을에 마침 이귀가 평산 부사로 임명되자 신경진을 이끌어 중군으로 삼아 전국에서 서로 호응할 계획을 세웠다. 그때 모의한 일이 누설되어 대간이 이귀를 잡아다 문초할 것을 청하였다. 그러나 김자점과 심기원 등이 후궁에 청탁을 넣음으로써 일이 무사하게 되었다. 신경진과 구인후 역시 당시에 의심을 받아 모두 외직으로 추방되었다. 마침 이서가 장단 부사가 되어 덕진에 산성 쌓을 것을 청하고 이것을 인연하여 그곳에 군졸을 모아 훈련시키다가 이때에 와서 날짜를 약속해 거사하게 된 것이다. 그런데 훈련 대장 이흥립이 당시 정승 박승종과 서로 인척이 되는 사이라 뭇의논이 모두들 '도감군이 두려우니 반드시 이흥립을 설득시켜야 가능하다.'고 하였다. 이에 장유의 아우 장신이 이흥립의 사위였으므로 장유가 이흥립을 보고 대의大義로 회유하자 이흥립이 즉석에서 내응할 것을 허락하였다. 그리하여 이서는 장단에서 군사를 일으켜 달려오고 이천 부사 이중로도 소속 부대장들을 거느리고 달려와 파주에서 회합하였다.

그런데 이이반이란 자가 그 일을 이후배·이후원 형제에게 듣고 그 숙부 이유성에게 고하자, 이유성이 이를 김신국에게 말하였다. 이에 김신국이 즉시 박승종에게 달려가 이이반으로 하여금 고해바치게 하고 또 박승종에게 이흥립을 목을 베도록 권하였다. 이이반이 드디어 반역 사실을 고해바쳤으니 이것이 바로 12일 저녁이었다. 그리하여 추국청을 설치하고 먼저 이후배를 대궐 아래 결박해 놓고 고발된 모든 사람을 체포하려 하는데, 광해군은 후궁과 연회를 벌이던 참이라 그 일을 머물러 두고 결재하여 내리지 않았다. 박승종이 이흥립을 불러서 '그대가 김류·이귀와 함께 모반하였는가?' 하니 '제가 어찌 공을 배반하겠습니까?' 하자 곧 풀어주었다.

의병은 이날 밤 2경에 홍제원에 모이기로 약속하였다. 김류가 대장이 되었는데 역모를 고해바쳤다는 말을 듣고 추포자가 도착하기를 기다려 그를 죽이고 가고자 하였다. 지체하며 출발하지 않고 있는데 심기원과 원두표 등이 김류의 집으로 달려가 말하기를, '시기가 임박했는데, 어찌 앉아서 붙잡아 오라는 명을 기다리는가.' 하자 김류가 드디어 갔다.

이귀·김자점·한교 등이 먼저 홍제원으로 갔는데, 이때 모인 자들이 수백 명밖에 되지 않고 김류와 장단의 군사도 이르지 않은 데다 밀고 내용이 이미 들어갔다는 말을 듣고 군중이 흉흉하였다. 이에 이귀가 병사 이괄을 추대하여 대장으로 삼은 다음

편대를 나누고 호령하니, 군중이 곧 안정되었다. 김류가 전령을 내려 이괄을 부르자 이괄이 크게 노하여 따르려 하지 않으므로 이귀가 화해시켰다.

주상이 친병을 거느리고 연서역에서 이서의 군사를 맞았는데, 사람들은 연서를 기이한 예언지로 여겼다. 장단의 군사가 7백여 명이며 김류·이귀·심기원·최명길·김자점·송영망·신경유 등이 거느린 군사가 또한 6~7백여 명이었다. 밤 3경에 창의문에 이르러 빗장을 부수고 들어가다가, 선전관으로서 성문을 감시하는 자를 만나 전위병이 그를 참수하고 북을 울리며 진입하여 곧바로 창덕궁에 이르렀다. 이흥립은 궐문 입구에 포진하여 군사를 단속하여 움직이지 못하게 하였다. 초관 이항이 돈화문을 열어 의병이 바로 궐내로 들어가자 호위군은 모두 흩어지고 광해는 후원문을 통하여 달아났다. 군사들이 앞을 다투어 침전으로 들어가 횃불을 들고 수색하다가 그 횃불이 주렴에 옮겨 붙어 여러 궁전이 연소하였다.

주상이 인정전 계단위의 접의자에 앉았다. 궁중의 숙직관이 모두 도망쳐 숨었다가 잡혀왔는데, 도승지 이덕형과 보덕 윤지경 두 사람은 처음엔 배례를 드리지 않다가 의거임을 살펴 알고는 바로 배례를 드렸다. 호명패를 내어 이정구 등을 불러들이니, 새벽에 백관들이 다 모였다. 박정길이 병조참판으로 먼저 이르렀는데, 판서 권진이 뒤미처 이르러 '박정길이 종실 항산군과 함께 군사를 모았는데, 지금 들어왔으니 아마도 대응할 뜻을 둔 것 같다.'라고 하였으므로 곧 박정길을 끌어내어 참수하였다. 항산군을 잡아다 문초하니, 혐의 사실이 없어 석방하였다. 그런데 박정길은 당연히 참형을 받아야 할 자라 사람들이 모두 그의 참수를 통쾌하게 여기었다.

그리고 상궁 김씨와 승지 박홍도를 참수하였다. 김 상궁은 선조의 궁인으로 광해가 총애하여 말하는 것을 모두 들어줌으로써 권세를 내외에 떨쳤다. 또 이이첨의 여러 아들 및 박홍도의 무리와 결탁하여 그 집에 거리낌 없이 무상으로 출입하였다. 이때에 와서 맨 먼저 참형을 받았다. 박홍도는 흉패함이 흉당 중에서도 특별히 심한 자라 궐내에 잡아들여 목을 베었다. 광해는 상주가 된 의관 안국신의 집에 도망쳐 안국신이 쓰던 흰 의관을 쓰고 있는 것을 안국신이 와서 고하므로 장사들을 보내 떠메어 왔고, 폐세자는 도망쳐 숨었다가 군인들에게 잡혔다.

주상이 처음 대궐에 들어가 즉시 김자점과 이시방을 보내 왕대비에게 반정한 뜻을 아뢰자, 대비가 하교하기를 '10년 동안의 유폐 중에 문안 오는 사람이 없었는데, 너희들은 어떤 사람이기에 이 밤중에 승지와 사관도 없이 이처럼 직접 아뢰는가?' 하였다. 두 사람이 돌아와 아뢰자 주상은 곧 대장 이귀와 도승지 이덕형, 동부승지 민성징 등에게 명하여 의장을 갖추고 나아가 모셔오게 하였다. 이에 이귀 등이 경운궁에 나아가 사실을 아뢰며 누차 모셔갈 것을 청하였으나 대비는 허락하지 않았다. 주상이 이에 친히 경운궁으로 나아갔다. 담당관이 가마를 등대하고 위엄을 베풀었으나 주상은 이를 모두 거두라 명하였다. 교자에 오르기를 청하였으나 역시 따르지 않고 말만 타고 가면서 광해를 떠메어 따르게 하였는데, 도성 백성들이 환호성을 울리면서 '오늘날 다시 성세를 볼 줄 생각지 못하였다.' 하고 눈물을 흘리는 자까지 있었다.

주상이 경운궁에 이르러 말에서 내려 걸어서 서청문 밖에 들어가 재배하고 통곡하자 호위병 장수 및 시신들이 모두 통곡하였다. 주상이 곧 엎드려 대죄하자 대비가 하교하기를,

"능양군은 종실의 아들이니 들어와 대통을 잇는 것이 마땅하다. 막대한 공을 이루었는데 무슨 대죄할 일이 있겠는가." 하였다.

주상이 이에 대답하기를, "혼란 중에 일이 많고 겨를이 없어 지금에야 비로소 왔으니 황공하기 그지없습니다." 하니,

대비가 국보와 옥쇄를 바치라고 명하였다.

이에 이귀가 아뢰기를, "자전[24]께서 마땅히 대궐에 납시어 대신을 불러 국보를 전하소서. 어찌 성급하게 국보를 들여 사람들의 의심을 사겠습니까." 하니,

자전이 누차 재촉하였다. 주상이 좌의정 박홍구를 명하여 국보를 받들어 들이게 하였으나 오랫동안 하명이 없었다.

---

24) 자전 : 대비

주상이 한참 동안 땅에 부복해 있다가 야심한 때에 이르러 군신들에게 이르기를, "내가 집에 물러가 대죄하겠다." 하자,

군신들이 극력 간하여 말렸다. 조금 후에 자전께서 인조를 만나겠다고 명하였다. 이에 주상이 집안으로 들어갔고 여러 장수도 모두 따라 들어갔다. 자전이 선왕의 빈자리를 설치해 놓는데, 주상이 재배하고 통곡하니 시신들도 모두 통곡하였다. 이에 자전이 침전에 납시어 발을 드리우고 국보를 탁자에 놓은 다음 주상을 인도해 들어갔다. 주상이 엎드려 통곡하자 자전이 이르기를,
"통곡하지 마시오. 종사의 큰 경사인데 어찌 통곡하시오." 하였다.

주상이 자리를 피해 배례를 올리면서 아뢰기를, "거사가 아직 안정되지 않아 날이 저물어서야 비로소 왔으니 신의 죄가 막심합니다." 하니,

자전이 이르기를, "사양하지 마시오. 무슨 죄가 있단 말이오. 내가 기구한 운명으로 불행하게도 인륜의 대변을 만나, 역적의 괴수가 선왕에게 유감을 품고 나를 원수로 여겨 나의 부모를 도륙하고 나의 친족을 어육으로 만들고 나의 어린 자식을 살해하고 나를 별궁에다 유폐하였소. 이 몸이 오랫동안 깊은 별궁 속에 처하여 인간의 소식을 막연히 들을 수 없었는데 오늘날 이런 일이 있을 줄은 생각지도 못하였소."

하고, 또 군사들에게 이르기를, "역적의 괴수는 선왕에 대하여 실로 원수이다. 조정에 간신이 포진하여 나에게 대악의 누명을 씌우고 10여 년 동안 가둬 놓았는데, 어젯밤 꿈에 선왕께서 나에게 이 일이 있을 것을 말하시더니 경들이 다시 인륜을 밝히는 것을 힘입어 오늘을 볼 수 있었다. 경들의 공로를 어찌 다 말할 수 있겠는가."

하였다. 군신들이 속히 어보를 전할 것을 청하자, 자전이 이르기를,

"미망인이 오늘에 이르게 된 것은 실로 옥황상제의 영험이 있어서이다. 대를 이을 왕은 옥황상제께 엎드려 사례를 표하시오."

하였다. 이에 민성징이 아뢰기를, "이런 거조를 하는 것은 몹시 미안한 일이라 감히 명을 받들 수 없습니다. 어보를 전한 후 대를 이은 왕께서는 마땅히 밖으로 나가 흉

악한 무리를 잡아 다스려서 민심을 안정시켜야 합니다."

하고, 군신들이 모두 아뢰기를, "후왕이 즉위한 후 의당 종묘에 고유할 것이니, 어보를 전하는 것이 몹시 급합니다."

하니, 자전이 이르기를, "어보를 전하는 것은 큰일이니 초라하게 예를 행할 수 없다. 명일 서청西廳에서 예를 갖추어 행할 것이다. 또 중국 조정의 명이 없으니 어찌 정통성이 있겠는가. 우선 국사를 임시로 서리해야 한다." 하였다.

도승지 이덕형이 만나기를 청하여 아뢰기를,

"국가가 위태하여 거의 망할 지경에 이르렀으므로 후왕께서 종묘 사직의 대계를 위해 몸소 갑옷을 입고 이 대사를 일으켰습니다. 인심이 이미 돌아오고 하늘의 명이 이미 정해졌는데, 어보를 전하는 일을 밤이 깊도록 결단하지 않는 것은 왜입니까? 만약 속히 국보를 전하여 위호를 바루지 않는다면 어떻게 난국을 진정할 수 있겠습니까. 빨리 국보를 전하여 백성의 기대에 보답하소서."

하니, 자전이 이르기를, "어보를 받는 데는 절차가 있는 법이다. 어떻게 이처럼 늦은 밤에 급박히 전수하겠는가. 경들의 말이 이와 같으니 대신과 상의하리라. 그리고 어떤 어보를 전해야 하겠는가?"

하자, 이에 대신이 아뢰기를, "소신보昭信寶[25]와 수명보受命寶[26]를 전하심이 마땅하겠으며, 유서보宥書寶[27] 역시 전수해야 합니다." 하였다.

주상이 아뢰기를, "신은 재덕이 없어 감당하지 못하겠습니다." 하니,

---

25) 소신보昭信寶 : 조선 시대에 사용한 어보御寶 가운데 하나. 사신事神·발병發兵·사물賜物 에 사용되었다. 영조 때에 통신 문서에만 사용하였다.

26) 수명보受命寶 : 중국 진시황이 처음 제작하여 역대로 왕위계승의 상징으로 인식한 제왕의 인장. 제왕은 하늘로부터 명을 받아 임명된다고 여겼으므로 제왕의 인장을 수명보受命寶라 일컬었다.

27) 유서보宥書寶 : 유서를 남길 때 사용한 어보

자전이 이르기를, "왕실의 지친이며 백성이 추대하니 덕이 아니고 무엇이겠는가. 후대왕은 이로부터 성주가 될 것이니 이는 실로 종사의 큰 복이다." 하고, 곧 승전색 김천림 등에게 명하여 어보를 받들어 무릎꿇고 주상에게 전하게 하였다. 주상이 절하며 어보를 받자, 시종신이 아뢰기를, "이미 어보를 전해 받았으니 속히 정전正殿으로 나아가 주상의 직위를 바룸이 마땅합니다."

하니, 자전이 이르기를, "처음에는 예를 갖추어 조용히 전수하려 하였으나, 경들의 말을 어길 수 없어 이와 같이 행하였다."

하고, 이어 주상에게 이르기를, "역적괴수의 죄를 아시오? 내 덕이 박하여 모자의 도리를 다하지 못함으로써 윤리와 기강이 무너지고 국가가 거의 망하게 되었었는데 후왕의 효를 힘입어 위로는 종사를 안정시키고 아래로는 원한을 씻게 되었으니 그 감격스러움이 이 어찌 끝이 있겠소."

하였다. 또 여러 신하들에게 이르기를, "역적괴수의 부자를 지금 어디에 두었는가?"

하니, 대답하기를, "모두 궐 아래에 있습니다." 하였다.

자전이 이르기를, "한 하늘 아래 같이 살 수 없는 원수이다. 참아 온 지 이미 오랜 터라 내가 친히 그들의 목을 잘라 죽은 영혼에게 제사하고 싶다. 10여 년 동안 유폐되어 살면서 지금까지 죽지 않은 것은 오직 오늘날을 기다린 것이다. 쾌히 원수를 갚고 싶다."

하니, 여러 신하들이 아뢰기를, "예로부터 폐출된 임금은 신자가 감히 형법에 따른 처형으로 의논하지 못하였습니다. 무도한 임금으로는 걸왕·주왕만한 이가 없었으되 탕왕·무왕은 이를 추방하였을 뿐입니다. 지금 내리신 하명은 신들이 차마 들을 수 없는 말입니다."

하고, 이덕형은 아뢰기를, "자전께서 폐군에 대하여는 천륜이 이미 정해졌습니다. 아들이 비록 효도하지 않더라도 어머니로서는 사랑하지 않을 수 없는 것입니다. 이 하명은 차마 들을 수 없을 뿐 아니라 또한 감히 받들 수 없습니다."

하였다. 자전이 이르기를, "내가 후왕과 함께 정전으로 나아가면 나의 원한을 씻으리니. 지금 후왕이 즉위하여 나의 마음을 본받아 나를 위해 복수하면 효라 이를 만하다."

하자, 주상이 아뢰기를, "백관들이 있으니 신이 어찌 감히 마음대로 할 수 있겠습니까."

하니, 자전이 이르기를, "후왕은 이미 장성하였소. 어찌 백관들의 지휘를 받으려 하오."
하였다. 이덕형이 아뢰기를, "후왕께서 궐내에 드시어 지금 날이 새어가는데, 아직까지 즉위하지 못하고 있으므로 장수와 병졸과 군민이 모두 걱정하고 있습니다. 속히 밖으로 나가소서."

하였다. 자전이 이르기를, "부모의 원수는 한 하늘 밑에 같이 살 수 없고 형제의 원수는 한 나라에 같이 살수 없다. 역적괴수가 스스로 모자의 도리를 끊었으니 나에게 있어서는 반드시 갚아야 할 원한이 있고 용서해야 할 도리는 없다."

하니, 이덕형이 아뢰기를, "옛날에 중종께서 반정하시고 폐왕을 우대하여 천수를 마치게 하였으니 이것은 본받을 만한 일입니다."

하자, 자전이 이르기를, "경의 말이 실로 옳다. 그러나 역적괴수는 부왕을 시해하고 형을 죽였으며, 부왕의 첩을 간통하고 그 서모를 죽였으며, 그 적모를 유폐하여 온갖 악행을 구비하였다. 어찌 연산에 비교할 수 있겠는가."

하니, 성징이 아뢰기를, "지금 하교하신 사실은 외간에서 일찍이 듣지 못한 일입니다. 시해하였다는 말은 더욱 듣지 못한 사실입니다."

하였다. 자전이 이르기를, "사람을 죽이는데 몽둥이로 하든 칼로 하든 무엇이 다르겠는가. 선왕께서 병들어 크게 위독하였는데 고의로 충격을 주어 끝내 돌아가시게 하였으니 이것이 시해한 것과 무엇이 다르겠는가." 하였다.

이덕형이 아뢰기를, "간신 역당의 무리가 외방에 흩어져 있으니 뜻밖의 변란이 없지 않을 것입니다. 속히 즉위하여 교서를 반포하고 제때에 체포하여 군정을 진무해야 합니다."

하니, 자전이 이르기를, "별당은 선왕께서 일을 보시던 곳이라 이미 궁인으로 하여금 청소를 하게 하였다."

하였다. 주상이 일어나 절하고 물러나와 별당에서 즉위하여 일을 보며 밤을 새웠는데, 시종신 및 장사들이 칼을 차고 지켰다. 광해는 약방藥房에, 폐세자는 도총부에 안치하고 군사로 지키며 사옹원으로 하여금 음식을 공급하게 하였다. 영건도감·나례도감(악신을 쫓는 도감)·화기도감 등 12개의 도감을 폐지하고 의금부와 전옥서를 열어 죄인들을 모두 석방하였다. 당시 이이첨의 무리 중에 도망쳐 숨은 자가 많아 군인을 풀어 수색해 체포하였다. 또 죄를 면제받을 마음으로 앞을 다투어 나아가 뵈었는데 모두 결박하여 구속하였다. 도원수 한준겸에게 명하여 평안 감사 박엽과 의주 부윤 정준을 현장에서 처형하게 하였으며, 또 여러 도의 조도사 김순·지응곤·김충보·왕명회·권충남·이문빈 등을 처형하라고 명하였다.

박엽은 성품이 혹독하고 처사가 도리에 어긋나고 사나웠다. 유덕신의 사위로서 궁중과 결탁하였다. 일찍이 수령이 되어 사사로이 헌상하여 아첨하였고, 평안 감사가 되어서는 영합하여 총애를 굳히기 위해 못하는 짓이 없었다. 기이한 기호품을 날로 궁중으로 실어들였으며, 의복과 음식을 법도에 지나치게 사치하게 하고 징세를 혹독하게 하며 사람 죽이기를 지푸라기처럼 쉽게 하여 한 도가 텅 비게 됨으로써 그 원한이 골수에 사무쳤다. 그가 목이 잘려 거는 날에 한 도의 백성들로서 서로 경하하지 않는 자가 없었으며, 심지어 그의 관을 쪼개고 시신을 난도질하는 자가 있었다고 한다.

정준은 정조의 아우로서 그 위인이 거칠고 음침하고 간교하였다. 이이첨의 심복이 되어 불충하고 흉악한 논의를 주장하지 않은 것이 없었다. 급기야 의주에 특진되어 발령받고서는 오로지 뇌물을 바쳐 아첨하는 것을 일삼고 탐욕을 부리며 토색질하니 온 경내가 원망하고 괴로워하였다. 그리고 누루하치와 사사로이 내통함으로써 중국 조정의 의심을 샀다. 목이 잘려 매달려지자 백성들이 크게 기뻐하였다.

김순은 본래 미천한 서얼인데 윤휘와 임취정의 심복으로 궁중과 결탁하여 동지중추에 제수되기까지 하였다. 임취정 등이 김순을 서해 조도調度에 임명하자, 그는 백성들의 고혈을 착취하고 선비족을 능욕하는 등 못하는 짓이 없으므로 온 도내가 왜란을 만난 것보다 더 쓸쓸하였다. 당시 감사였던 정립이 사유를 갖추어 글로 보고하였고, 영건 도청 권첩이 상소하여 극력 개진하였으나 광해가 받아들이지 아니하므로 조야가 모두 분개하였다. 급기야 의금부가 처형을 청하자 주상이 본도에서 참할 것을 명하여 한 도내의 민심을 통쾌하게 하였다. 지응곤 등의 죄악도 김순과 같으므로 함께 참형을 명하였다.

당시 제주 목사 양호가 흉악한 패당에 아첨하여 섬기면서 탐욕과 학정이 특히 심하여 한 섬의 백성들이 물과 불 속에 든 것 같았으므로 역시 잡아다가 처형할 것을 명하였다.

– 인조실록 1년 3월 13일 –

광해군의 죽음

1641년 인조 19년 7월 10일 광해군이 죽다.

광해군이 이달 1일에 제주에서 위리안치된 가운데 죽었는데 나이 67세였다. 부음을 듣고 주상이 사흘 동안 조회를 철회하였다. 이때에 이시방이 제주 목사로 있으면서 즉시 열쇠를 부수고 문을 열고 들어가 염하여 입관하였는데, 조정의 의논이 모두 그르다고 하였으나 식자는 옳게 여겼다.

광해가 강화도 교동에서 제주로 옮겨 갈 때에 시를 짓기를,

부는 바람 뿌리는 비 성문 옆 지나는 길

후덥지근 장독 기운 백 척으로 솟은 누각

창해의 파도 속에 날은 이미 어스름

푸른 산의 슬픈 빛은 싸늘한 가을 기운

가고 싶어 왕손초를 신물나게 보았고

나그네 꿈 자주도 제자주에 깨이네

고국의 존망은 소식조차 끊어지고

연기 깔린 강 물결 외딴 배에 누웠구나

하였는데, 듣는 자들이 비감에 젖었다. 이에 이르러 예조가 아뢰기를,

"광해가 번번이 인심을 잃어 천명天命이 전하에게 돌아왔는데, 전하께서 광해를 독실히 염려하셨으니 은혜와 예의가 모두 갖추어진 것입니다. 그리고 퇴위한 지 거의 20년에 천수를 마칠 수 있었으니 전하의 성덕은 옛날에 비추어 보아도 부끄러움이 없습니다. 천하 후세에 전해도 어찌 아름다운 일이 아니겠습니까. 다만 생각건대 의리상 종묘사직을 중히 여기고 백성들의 요청에 쫓긴 나머지 폐출시키는 거사가 있긴 하였으나, 상례에 있어서는 다른 종실과 비교하여 차이를 두어야 할 듯합니다. 주상이 한번쯤 대궐내에서 곡을 하시고 백관도 각 아문에서 옷을 갈아입고 모여 곡하는 정도로 한다면 정리나 예의에 있어 유감이 없을 듯한데, 대신과 의논하소서."

하였는데, 좌의정 신경진이 아뢰기를,

"일단 광해가 천명을 스스로 배반하여 모든 신민들에게 버림을 받은 처지라고 한다면, 수의와 이부자리와 관곽을 구비해 주는 것만으로도 골육에 대한 성상의 사은을 다했다고 말하기에 족합니다. 그런데 대궐내의 곡을 하고 백관이 상복을 입고 모여서 곡하는 등의 절목까지 아뢰다니, 해당 관청의 의도를 알 수가 없습니다."

하고, 우의정 강석기가 아뢰기를,

"광해의 상례는 다른 종실에 비해 차이를 두어야 할 듯하다는 말이 소견이 없지도

않습니다. 다만 생각건대 광해가 윤리 기강에 죄를 얻어 스스로 천명을 끊고 종사와 신민에게 버림을 당했는데, 전하께서 독실하게 가족의 의리를 생각하여 은혜와 예의를 다 갖추심으로써 마침내 천수를 마치게 하였습니다. 상을 당한 소식을 들은 뒤에도 특별히 예관과 환관을 보내어 호상하게 하셨으니, 성상께서는 광해를 처음부터 끝까지 유감없이 대하신 것입니다. 또 전하께서 편찮으신 때가 아니라면 골육의 정리로 대내에서 한 번쯤 곡을 하시는 것이 하나의 도리가 될 수도 있겠습니다만, 백관들까지 상복을 입어야 한다는 등의 절목은 대의의 측면에서 볼 때 경솔히 의논하기는 어려울 듯합니다. 연산의 상례에 이미 예규가 있으니, 예관으로 하여금 참작하여 거행토록 하소서."

하니, 주상이 신경진의 의논을 옳게 여겼다. 예조가 또 아뢰기를,
"제주의 상례는 강화와는 다릅니다. (광해군비가 강화에 있을 때 먼저 죽었기 때문에 말한 것이다.) 초상의 염과 입관 등의 일은 이미 거행했을 것으로 생각됩니다. 다만 바다 멀리 떨어진 일이라서 물품이 초라할 것이니, 반드시 정성과 근신해야 하는 도리에 흠이라도 있게 되지 않을까 두렵습니다. 만약 그만둘 수 없다면 관을 바꾸고 염을 다시 하되, 반드시 발인하여 올라온 뒤에 여러 관료들이 회동하여 널리 의논해서 해야 될 것입니다. 그러니 초상에 소용되는 것은 일단 내려 보내지 말고 발인에 필요한 물건만 해당 조정으로 하여금 먼저 내려 보내도록 하소서. 그리고 염과 초빈이 끝난 뒤에는 가시울타리 안에 그대로 둘 수 없으니, 관사의 정결한 곳에 빈소를 만들어야 할 것입니다. 모든 제사하는 제물도 본 고을로 하여금 정결히 갖추어 예법대로 시행하도록 해야 할 것인데, 본도의 감사가 그곳에 나아가 모든 일을 검칙하는 것이 마땅하겠습니다."

하니, 주상이 따랐다. 채유후를 예조 참의로 삼아 내관과 함께 제주에 가서 호상하도록 하였다. 주상이 7일 동안 반찬을 줄이려 하였는데, 약방과 승정원의 여러 신하가 서로 잇따라 아뢰기를,

"예관의 청에 따라 조회를 정지시킨 것도 벌써 예를 벗어난 일인데, 더구나 옥체가 편찮으신 이때에 법도 밖의 예의를 행하심은 마땅치 않습니다. 조회의 정지 기간이 끝난 뒤에는 즉시 평상시 음식을 회복하소서."

하니, 주상이 따랐다. 예조가 또 아뢰기를,

"연산의 상례는 왕자의 예로써 장사 지냈습니다. 이번에도 이에 의거하여 같은 예로 써 장사지내는 것이 어떻겠습니까?"

하니, 답하기를,

"아뢴 대로 하라. 산소 감역관도 가려서 보내도록 하고, 광해의 삼년상 뒤에 광해와 문성 부인의 가묘와 묘제는 연산의 제례대로 그의 외손이 주관하게 하라." 하였다. (연산은 그의 외손이 제사를 주관하였다)

– 인조실록 19년 7월 10일 –

신경진의 졸기

1643년[69세] 인조 21년 3월 11일 영의정 신경진의 졸기

영의정 신경진이 졸하였다. 주상이 장생전의 관곽을 내려줄 것을 명하고 승지를 보 내 조문하였다. 신경진은 사람됨이 침착하고 꿋꿋하였는데 반정 당시에 주상의 외척 으로 거사 계획을 정한 공이 있었으며, 병조 판서를 거쳐 마침내 의정에 이르렀다가 이때에 와서 졸하였다.

1643년 3월 27일 영상 신경진의 집에 요미를 3년간 지급하라고 하교하다

주상이 하교하였다. "영상 신경진의 집에 3년간 급료를 지급하고 여막을 만들어 주 되 일체를 연평 부원군 이귀의 사례대로 시행하라."

1651년 효종 2년 6월 묘정에 배향할 신하 중에 신경준과 이서를 포함시킬 것을 명 하다.

주상이 하교하기를,

"선왕의 묘정에 배향할 신하들을 이미 의정하긴 하였으나, 한편 생각하면 지난날 어지러움을 다스려 반정할 당시 두세 명의 무관 장수의 공이 어찌 한두 원로훈신에 미치지 못했겠는가. 그런데도 모두 참여되지 못했으니, 내 마음에 미안할 뿐만 아니라 하늘에 계시는 선왕의 혼령도 반드시 섭섭해 하실 것이다. 마땅히 변통하는 길이 있어야겠으니 해당 조정으로 하여금 다시 여러 대신과 의논하게 하여 후회하는 일이 없도록 하라."

하니, 영중추부사 이경여가 헌의하기를,

"평성 부원군 신경진은 거사를 계획할 당시 맨 먼저 큰 계책을 정하여 공이 그와 견줄 만한 사람이 없고, 완풍 부원군 이서 또한 일을 성사시킨 공로가 어찌 경진보다 크게 못하겠습니까. 다만 성명께서 여러 의논을 물어서 취할 것인가 말 것인가를 살펴 정하시기에 달렸습니다."

하고, 영의정 김육과 좌의정 이시백은 헌의하기를,

"당초 의정할 때 두 신하는 점수가 많지 않은 이유로 인해 참여되지 못하였으나 바깥의 말들이 다 성스러운 조정에 흠이되는 의전이라고 거론하였는데, 이번에 성상의 분부가 이와 같아 실로 뭇사람의 마음을 흡족하게 하였습니다. 두 신하를 다 배향하는 열에 넣는 것이 좋겠습니다."

하였는데, 김육과 이시백의 헌의대로 따를 것을 명하였다.

[승진과정]

임진왜란 때 사망한 신립장군의 아들이라 하여 선전관으로 기용

1600년[26세] 선조 33년 오위도총부 도사, 무과 급제, 경력,
                   태안 군수, 담양 부사

1605년[31세] 선조 38년 12월 부산첨사

1606년[32세] 선조 39년 7월 갑산부사. 함경도 병마우후,
                   경원부사, 벽동군수, 삭탈관직

1612년[38세] 광해 4년 10월 직첩을 돌려받다.

1618년[44세] 광해 10년 12월 삼가현감

1619년[45세] 광해 11년 8월 곡산군수, 개천군수.
                   대북파가 정권을 잡자 관직에서 물러나다.

1620년[46세] 광해 12년 인조반정을 계획하다가 사전에 적발되다.   1622년[48세] 광
                   해 14년 효성령 별장. 인조반정에는 직접 참여하지 못하였다.

1623년[49세] 인조 1년 3월 13일 인조반정
                   3월 공조 참의, 병조 참지, 병조 참판에 특진,
                   훈련대장·호위대장·포도대장 3대장 겸직,
                   윤 10월 공훈 책정.
                   윤 10월 분충찬모 입기명륜 정사공신, 평성군

1624년[50세] 인조 2년 이괄의 난, 훈련대장

1625년[51세] 인조 3년 4월 형조판서.

1626년[52세] 인조 4년 3월 공조판서.

1628년[54세] 인조 6년 9월 보국숭록대부. 평성부원군

1634년[60세] 인조 12년 9월 병조 관리를 능멸한 평성부원군
                   신경진을 문책하다.

1635년[61세] 인조 13년 4월 목릉·혜릉의 봉심관으로
                   보수를 소홀히 하여 문책받다.

1636년[62세] 인조 14년 2월 형조판서, 3월 병조판서
                   12월 병조판서 겸 훈련도감 대장, 병자호란

1637년[63세] 인조 15년 1월 병조판서. 11월 우의정
                   겸 훈련도감 대장

1638년[64세] 인조 16년 9월 좌의정

1639년[65세] 인조 17년 6월 청나라 사은사.

1640년[66세] 인조 18년 2월 좌의정 사직, 평성부원군
1640년[66세] 인조 18년 10월 좌의정
1641년[67세] 인조 19년 1월 청나라 사은사
1641년[67세] 인조 19년 7월 10일 광해군이 죽다.
1642년[68세] 인조 20년 10월 세자부
1643년[69세] 인조 21년 3월 6일 영의정
1643년[69세] 인조 21년 3월 11일 영의정 신경진이 죽다
1643년[사후] 3월 27일 영상 신경진의 집에 요미를 3년간 지급하라고 하교하다
1651년[사후] 효종 2년 6월 묘정에 배향할 신하 중에 신경준과 이서를 포함시킬 것을
              명하다.

88. 심열沈悅 (심돈沈悖)

청송심씨 집안으로 탄탄한 왕실과의 외척

생몰년도	1569년(선조 2) ~ 1646년(인조 24) [78세]
영의정 재직기간	(1643.5.6~1644.3.12) (10개월)
본관	청송靑松
자	학이學而
호	남파南坡
시호	충정忠靖
묘소	경기도 양평군 강상면 세월리
저서	남파상국집南坡相國集, 방일주의放逸奏議
기타	영의정을 지낸 심덕부, 심온, 심회의 후손
증조부	심연원 　－ 영의정
조부	심강沈鋼 　－ 청릉부원군
백부	심의겸沈義謙 － 서인의 영수
친부	심충겸沈忠謙 － 병조판서, 청림군(심강의 6남)
친모	전주 이씨 　－ 중종의 손녀(아들 봉성군의 딸)
양부	심예겸沈禮謙 － 성천부사, 백부
고모	인순왕후 　－ 명종비
양모	연일 정씨 　－ 첨지중추부사 정숙의 딸
처	기계 유씨
양자	심희세沈熙世 － 홍문관 교리, 옥과현감 심엄의 아들
손자	심권沈權 　－ 전라도 관찰사
외조부	봉성군(중종과 희빈 홍씨의 아들)

왕실과의 외척으로 영의정의 대를 이어온 집안

심열의 자는 학이學而이고, 호는 남파南坡이며. 본관은 청송이다. 태조 때 영의정을 지낸 심덕부, 세종 때 영의정을 지낸 심온, 성종 때 영의정을 지낸 심회의 후손으로 조선왕조에서 가장 많은 영의정을 배출한 집안이다. 증조부는 명종 때 영의정을 지낸 심연원이며, 조부 심강은 청릉부원군을 지냈으며, 양부 심예겸은 성천부사를 지낸 백부이자 아버지이다. 친아버지 심충겸은 병조판서를 지냈다. 청송심씨는 타 성씨에 비해 유난히 왕족과의 인척관계가 깊다. 심열도 고모가 명종비인 인순왕후이다. 고모를 왕비로 출가시킴으로서 조부는 부원군이 되었고, 친아버지 심충겸도 청림군이 되었다. 백부 심의겸은 서인의 영수이자 명종비 인순왕후의 동생이다. 화려한 명문가이자 대대로 이어온 왕실 외척에서 심열이 자란 것이다.

심열은 1589년에 사마시에 합격하고 1593년 별시 문과에 급제하여 이듬해 승문원에 배치됐다가 예문관 검열에 천거되어 임명됐으나 그해 겨울에 부친상으로 3년간 여묘살이를 하였다. 복을 마친 후 사국史局에 들어가서 승진하여 봉교가 되고 1600년에 예조좌랑, 사헌부 지평, 이조좌랑을 거쳐 이조의 정랑으로 승진하였으나 어떤 사건으로 인해 교체되었다.

이어 세자시강원 보도, 문학, 홍문관 교리, 응교, 성균관 사성, 사재감 정, 시강원 필선 등을 두루 거쳤다. 병조참지와 동부승지를 지낸 다음 노모의 봉양을 위해 지방관이 되기를 청하여 해주목사로 나갔다. 해주목사로 근무하는 동안 치적이 현저하게 드러나서 보고에 으뜸으로 올랐으므로 임금께서 특별이 겉옷과 속옷 한 벌씩을 하사하셨다. 1604년 예조참의를 거쳐 강화부사로 나갔는데 어사가 포상할 것을 청했으므로 다시 옷이 하사되었다. 임기를 마치고 돌아올 때 백성들이 비석을 세워 칭송하였다.

1605년에 다시 황해도 관찰사가 되어서는 위엄과 은혜가 아울러 시행되니 숨겨져서 밝히지 못했던 억울함이 드러나서 분명하게 처결되었으며 흔쾌하게 백성들의 고통을 제거하고 병역을 잘 다스렸으며 적폐를 모두 제거하니 황해도 사람들이 크게 기뻐하면서 비석을 네거리에 세우기도 했다.

1606년에 병조참의가 되고 1607년에 충청도 관찰사로 나갔다. 특명으로 품계를 더하여 가선대부로 승진시켰으나 겨울에 어머니의 병환으로 사직했다. 1608년 예조참판이 되어 부총관을 겸직했다. 광해군이 즉위한 1608년 4월에 경기도 관찰사로 나갔다. 그 때 선조께서 승하하자 왕릉 공사감독이 되었는데 공인을 징발함과 적절한 처리가 털을 정리함과 같이 어려웠으나 정리하기를 적당하게 하여 일을 잘 다스렸다.

1610년에는 친모상을 당했고, 1612년에는 양모상을 당하여 여묘살이를 하는 동안 모두 예에 맞도록 행하고 조금도 게을리하지 아니했다.

심열沈悅은 본명이었는데 1613년 광해 5년 유영경의 아들 유열柳悅이 계축옥사에 연루되어 처형되자 심돈沈惇으로 개명하였다가 인조반정 이후 유영경이 신원회복되자 옛 이름을 되찾았다.

1614년에 복을 마치자 동지중추에 임명되어 부총관을 겸했다. 곧 안동부사로 교체됐으나 부임하기도 전에 경상감사가 결원되었으므로 조정에서는 그 인물을 선정하기 어려웠는데 모두 심열을 추천했으므로 경상도 관찰사로 임명됐다.

영남은 땅이 넓고 사람이 많아 풍속이 소송을 좋아하기 때문에 모두 다스리기 어려운 곳으로 이름이 났다. 심열이 처음 영남땅에 들어가니 상황을 보고한 글과 소송을 청한 글이 구름처럼 많고 산처럼 쌓여서 책상이 넘쳐났으므로 어지러워서 다스릴 수가 없었고 집필하는 아전들의 손에 종기가 생길 정도였으나, 심열은 해결하기를 물 흘러가듯 해서 때를 넘기지 아니하니 모든 늙은 관리들이 모두 칭찬하고 혀를 내어 두르면서 신神이라 칭했다.

1615년에 사직하여 교체되고 이듬해 형조참판이 됐다가 얼마 뒤 예조로 옮겼다. 1618년에 형조판서가 됐다. 그 때 청나라가 명나라를 침범했는데 그 형세가 자못 치성하니 명나라 황제가 칙명으로 우리 나라와 함께 물리칠 것을 명하였다.

1623년 인조가 반정하자 심열은 여주목사로 나가 있었는데 6월에 경기 관찰사로 임명했다가 1624년 2월에 발탁되어 호조판서를 시켰다. 혼란한 정국이 지나간 뒤라 내탕고의 곡물이 고갈되었으나 심열은 시류를 헤아려서 거품을 제거하고 사사로운 용도에 쓰는 것을 막아 쌀과 소금 등 크고 작은 일을 모두 관여해서 들어오고 나가는 것을 점검하였으므로 관리들은 감히 속이지 못했고 백성들은 그 은혜를 입게 되었다. 아끼고 절약하여 재물이 창고에 가득차니 나라의 예산에 여유가 생겼다. 이때까지 중흥한 뒤에 탁지(호조)를 맡은 사람 중에 가장 잘한 사람으로는 심열을 밀어서 머리로 꼽고 있다.

심열은 선조와 광해, 인조를 섬기면서 특별한 공훈을 세운 것은 없었다. 실무적으로는 호조업무를 잘 처리하였고, 청나라와 교역을 잘하여 생필품을 교역하는데 큰 역할을 한 업적을 남기고 있다. 심열이 나라의 재정을 담당한 호조판서 시절, 굶주리는 백성을 위해 걱정하고 올린 상소문에 그의 간절한 심경이 진하게 묻어있다. 인조 정권에서 병자호란을 전후한 시기까지 상당기간 호조판서로 활동하면서 전란으로 피폐해진 민생문제를 해결하고, 청나라가 요구하는 공물 등을 마련하는데 수완을 발휘하여 왕의 신임을 얻었다.

심열은 8도중 5도의 관찰사를 지낼 만큼 외직근무가 잦았고, 선조와 광해, 광해와 인조의 왕위 계승 과정에서 수많은 관료들이 처형을 당하거나 귀양을 갔는데도 심열은 그때마다 지방직에 근무하여 아무런 탈 없이 벼슬을 유지할 수 있었다. 잦은 외직근무가 전화위복이 된 셈이다.

1625년에서 1630년대 중반까지 한성판윤, 형조판서, 호조판서, 공조판서를 두루 지냈다.

1636년 인조 14년 12월 68세가 되던 해에 병자호란이 일어났다. 지중추부사로서 현실을 직시하고 청나라와 화친하는 계책을 세우기를 임금에게 상소하였다가, 온 조정대신들의 빗발치는 반발 때문에 그의 상소는 폐기되었다.

"삼가 듣건대 청나라 차관이 성밖에 도착하여 다시 강화하는 일을 말하고 있다 합니다. 적의 진위는 알 수 없습니다만 예로부터 전쟁 중에도 사신을 서로 보내었습니다. 따라서 지금 적당한 사람을 보내어 명백히 알아듣게 말하기를 '당초에 너희가 왕자와 대신을 청하기에 우리가 양국 백성을 위하여 뜻을 굽혀 허락했다. 그런데 너희가 다시 불신하고 재차 동궁을 인질로 삼고자 하는데, 이는 절대 따를 수 없는 일로서 삼군三軍이 팔을 걷어붙이고 목숨을 바쳐 싸우기로 결의하며 다시는 강화하는 일을 생각하지도 않고 있다.

그러나 지금 너희가 또 좋은 의도로 와서 말을 하니, 과연 성심으로 강화를 청하는 것이라면 군사를 경기도 밖으로 퇴각시켜라. 그렇게 한다면 왕자와 대신을 보내라는 청을 힘써 따르겠다.'고 해야 하겠습니다. 이런 뜻으로 말을 잘 만들어 좋게 타이르면서 그들의 답을 관찰하는 한편 적의 형세를 탐지한다면, 이 또한 병가의 한 가지 방법이 되겠습니다.

근일에 아군이 자원해서 출전하여 무리에서 떨어진 적을 소탕하자, 조정이 온통 기쁨에 휩싸여 서로 축하하면서 장차 이렇게 해서 적을 다 섬멸시킬 수 있을 것처럼 여기고 있습니다. 그러나 병가兵家의 일은 일률적으로 논할 수는 없습니다. 삼가 듣건대 적병이 많지 않다고 하니 저들이 필경 원하는 것도 강화를 맺고 돌아가는 것에 지나지 않을 것입니다. 그러나 포위된 지 여러 날이 되도록 개미 새끼 한 마리도 구원하러 오지 않는데, 적이 증강되고 성안의 양식이 떨어지게 되면, 한 조각 고립된 성에 군부를 모시고 있는 위태로움이 한 가닥 머리카락보다 더 심하게 될 것입니다. 그런데 어찌 화를 완화시킬 계책을 강구하지 않고 한 가지 방법에만 집착하여 존망을 결정지을 수 있겠습니까." 하자,

대사간 김반이 입대하여 아뢰기를, "듣건대 심열이 또 강화하는 일로 상소를 올렸다고 하는데 군정軍情이 다 놀라고 있습니다. 원래의 상소가 아직 내려지지 않아서 그 내용이 어떻게 되어 있는지는 모르겠으나, 사기를 북돋우어 분발할 것을 생각해야 할 이 때에 감히 이런 말을 재창한단 말입니까. 그 상소를 내려 대중이 모인 가운데 불태우게 하고 속히 그를 귀양보내어 여론을 쾌하게 하소서. 받아들인 승지에게도 잘못이 있으니 추고하소서." 하니, 주상이 윤허하지 않았다.

김반이 아뢰기를, "만약 허락을 얻지 못하면 신은 감히 물러가지 않겠습니다." 하니, 주상이 이르기를, "승지는 조사하라. 심열을 멀리 귀양보낸다면 언로를 방해하는 일이 될 것이니, 타당하지 않을 듯하다." 하고, 인하여 그 상소를 승정원에 내려 불태우라고 명하였다.

-인조실록 14년 12월 21일-

결과적으로는 삼전도의 굴욕을 당하고 왕자를 인질로 보내야 했고 화친도 맺게 되었다. 전쟁에서 이길 수 있는 능력도 책략도 무기도 없으면서 명분론에 사로잡힌 주전파들의 주장에 따라 버티다가 결국은 삼전도의 굴욕을 당해야 했다.

1637년 다시 호조판서를 맡았고 1638년 인조 16년 2월 염철사[28]직의 사신이 되어 청나라에 들어가 두 나라가 물물교환 방식으로 무역을 할 수 있는 길을 트이게 하였다. 심열은 뛰어난 경륜으로 국가재정을 다루었고, 외국과의 무역을 통해 백성들이 생필품을 보다 싸게 얻을 수 있는 길을 개척한 대신으로, 조정의 신뢰를 얻어 임금의 총애를 더하였다.

9월에 우의정에 제수되어 호조판서를 겸직하였다. 강화도와 남한산성에 쌓아 둔 곡식 칠천여석을 풀어서 굶주린 백성들을 구제해 줄 것을 청하니 주상께서 따랐다.

1639년 5월 청나라 주청사 겸 사은정사로 중국을 다녀왔고, 이듬해 우의정을 사직하고 판중추부사에 임명되었다.

1643년 3월에 좌의정에 오른 뒤 두달 뒤인 5월에 영의정에 올랐다. 심열은 일생동안 폐모 의견수렴에 참여하여 찬성했던 전력의 굴레에서는 벗어나지 못하였다.

1644년 3월에 영의정을 사직했는데 좌의정으로 발령을 내렸다. 7월에는 다시 우의정으로 발령이 나서 사직을 하였고 이후 12월에 좌의정, 이듬해 2월에 우의정으로 발령되어 위계의 순서가 오락가락 하였다. 결국 영중추 부사가 되어 지내다가 1646년 1월에 78세의 나이로 세상을 하직하였다.

---

28) 염철사 : 소금과 철 판매관리

부음이 전해지자 상감께서는 크게 슬퍼하여 삼일간 조회와 시장을 거두고 근시를 보내 조상하고 치제하며 부조를 예보다 더하니 위의 공경으로부터 아래 시골의 천민에게 이르도록 슬퍼하지 않는 이 없어 크게 탄식하기를 「어진 재상이 죽었다」라 했고 병영의 사졸들도 심열의 은혜에 감격하여 쌀을 거두어 부조하고 와서 곡한 사람이 수천명이 넘었다. 유사가 상사를 비호하여 이 해 3월 어느날 양근군 남가좌곡 해좌의 언덕에 장사지내니 애도의 전례가 갖추어진 것이다.

- 국역 국조인물고, 심열, 세종대왕기념사업회 -

심열의 졸기

1646년[78세] 인조 24년 1월 24일 영중추부사 심열의 졸기

영중추부사 심열이 죽었다. 심열은 사람됨이 명민하고 재주와 국량이 있어 젊어서부터 청요직을 두루 거쳤다. 광해조에 이르러 폐모의 의견수렴에 참여하였고 함경 감사가 되어서는 은쟁반을 만들어 올리면서 그 위에 자기의 이름을 새겼다. 인조반정의 뒤에 궐내의 기물을 모조리 호조로 보냈는데 은쟁반도 그 가운데 있었으므로 보는 이들이 비루하게 여겼다. 그러나 재능이 있었기 때문에 폐기되지 않고 호조 판서가 되었으며, 최명길이 정권을 잡자 끌어다 재상으로 삼았는데, 이에 이르러 죽었다.

그는 관직에 있으면서 탁지(세금)에 대한 뛰어난 경륜으로 왕의 총애를 받았다. 또한, 시와 글씨에도 능하였는데, 특히 시는 심오하며 법도에 맞고 아담하면서 호탕하고 활달하였다.

시호는 충정忠靖으로 내려지고, 그의 행적을 새긴 신도비는 외손자인 함경도사 신최申最가 지었다. 시와 글씨에 능했던 심열은 저서로 방일주의放逸奏議와 그의 호가 남파였기에 자서전격인 남파상국집南坡相國集을 남겼다.

적자를 두지 못한 심열을 4촌형 심엄의 아들 심희세를 입양시켜 후사로 삼았다. 그러나 심희세는 관직이 홍문관 교리에 이르렀을 때 그만 숨지고 말았다. 심희세의 아들 심권이 있어, 그는 전라도 관찰사로 나갔다가 역시 젊은 나이에 세상을 등졌다.

심희세의 후손에 심호가 있었는데, 그의 딸이 경종임금이 세자시절 세자빈으로 간택되어, 왕실과 인척을 맺게 되었다. 그러나 경종이 왕위에 오르기 2년전에 그만 심호의 딸은 세자빈 신분으로 죽고 말았다. 세자빈 심씨는 11세 때 세자빈이 되어 타고난 자애로운 성품에 총명하여, 병약한 세자를 지극 정성으로 섬기다가 33세 나이로 그만 먼저 세상을 뜨고 말았다.

1720년 마침내 경종이 왕위에 오르자, 조정에서는 가장 먼저 세자를 위해 신명을 바친 심씨를 챙겨 단의왕후로 추봉하였다. 아울러 음보로 관직에 들어가 사옹원 첨정을 지낸 심호를 왕의 장인인 국구로 대접하였다. 뒤에 심호가 죽자 그를 영의정에 추증하고 청은부원군에 추봉하였다. 그러나 심호의 아들 심유현이 영조 때 역모에 몰려 죽음을 당하니 그들 가문은 희미해지고 말았다

[승진과정]

1589년[21세] 선조 22년 진사시 합격
1593년[25세] 선조 26년 별시 문과 병과 급제
1594년[26세] 선조 27년 8월 예문관 검열,
　　　　　　　부친상을 당하여 3년간 여모살이
1600년[32세] 선조 33년 2월 예조좌랑, 5월 사헌부 지평,
　　　　　　　6월 이조좌랑, 9월 이조정랑
1601년[33세] 선조 34년 1월 홍문관 교리, 2월 시강원 문학,
　　　　　　　3월 홍문관 응교, 5월 성균관 사성, 5월 홍문관
　　　　　　　응교, 9월 병조참지, 11월 승정원 동부승지,
　　　　　　　12월 해주목사

1604년[36세] 선조 37년 5월 예조참의, 6월 강화부사
1605년[37세] 선조 38년 9월 황해도 감사(관찰사)
1606년[38세] 선조 39년 6월 병조참의
1607년[39세] 선조 40년 2월 병조참지, 충청도 관찰사
1608년[40세] 선조 41년 1월 예조참판, 오위도총부 부총관
1608년[40세] 광해즉위년 4월 경기 감사, 10월 한성부 좌윤
1609년[41세] 광해 1년 10월 한성부 우윤,
　　　　　　　12월 황해도 병마절도사, 함경도 관찰사,
　　　　　　　영건도감 제조. 모친상과 양모상 여묘살이
1614년[46세] 광해 6년 9월 안동부사, 10월 경상 감사
1615년[47세] 광해 7년 5월 가주서, 8월 선수도감 제조,
　　　　　　　12월 시책문서 사관으로 말 1필을 하사받았다.
1616년[48세] 광해 8년 5월 예조참판, 선수도감 제조.
1617년[49세] 광해 9년 1월 예조판서,
　　　　　　　8월 책보 배진 제주관으로 승급
1618년[50세] 광해 10년 1월 행 동지, 폐모론 주장에 동조,
　　　　　　　6월 경기·황연·공홍·전라 4도 검찰사, 9월 형조판서
1619년[51세] 광해 11년 1월 함경감사, 황해, 충청, 경기, 경상,
　　　　　　　함경도 5도 관찰사로 나가
1621년[53세] 광해 13년 8월 중전 옥책전문 서사관
1622년[54세] 광해 14년 11월 청송부사, 여주목사

1623년[55세] 인조 1년 인조반정. 6월 경기 관찰사
1624년[56세] 인조 2년 2월 호조판서
1625년[57세] 인조 3년 2월 명나라 사신 접대 관반.
            2월 영접도감당상, 10월 한성판윤, 11월 형조판서
1627년[59세] 인조 5년 5월 강화유수
1628년[60세] 인조 6년 1월 호조판서
1629년[61세] 인조 7년 윤 4월 겸 진휼부사
1630년[62세] 인조 8년 5월 공조판서
1636년[68세] 인조 14년 2월 공조판서, 3월 판의금,
            4월 공조판서 파직, 12월 병자호란. 지중추부사
1637년[69세] 인조 15년 6월 호조판서. 6월 겸 관반사.
            11월 겸 판의금부사
1638년[70세] 인조 16년 2월 청나라 염철사
            9월 우의정, 겸 호조판서와 영경연관사
1639년[71세] 인조 17년 1월 겸 청나라 주청사, 5월 겸 사은상사
1640년[72세] 인조 18년 1월 우의정 사직, 1월 판중추부사
1642년[74세] 인조 20년 7월 판중추부사
1643년[75세] 인조 21년 3월 좌의정, 5월 6일 영의정,
1644년[76세] 인조 22년 3월 12일 영의정 사직,
            3월 12일 좌의정, 3월 14일 영중추부사,
            7월 2일 우의정, 8월 26일 사직,
            8월 30일 영중추부사, 12월 10일 좌의정
1645년[77세] 인조 23년 2월 3일 우의정, 4월 13일 우의정 사직,
            4월 16일 영중추부사
1646년[78세] 인조 24년 1월 24일 영중추부사 심열이 죽다

89. 김자점金自點

인조반정으로 영의정이 되어 권력욕으로 패망하다

생몰년도	1588년(선조 21) ~ 1651년(효종 2) [64세]
영의정 재직기간	(1646.3.27~1649.6.22) (3년 2개월)
본관	안동安東
자	성지成之
호	낙서洛西
군호	낙흥군
공훈	정사공신 1등(인조반정공신)
당파	서인 낙당
출생	전라도 낙안읍
죽음	청나라에 매국 행위로 가족 몰살 당하다
기타	성혼에게 수학. 문과 급제를 거치지 않은 공신출신
증조부	김언金漹 – 판결사
조부	김억령金億齡 – 강원도관찰사
부	김탁金琢 – 현감, 김자점의 역모죄로 부관참시
모	좌의정 유흥의 장녀
장남	김련金鍊 – 한산군수, 곤장을 맞다가 죽음
손자	김세창 – 김자점의 역모죄로 처형
차남	김식金鉽 – 곡성현감, 김자점의 역모죄로 처형
손자	김세룡 – 효명옹주와 결혼, 김자점의 역모죄로 처형
3남	김정金鋌 – 서자 출신, 김자점의 역모죄로 노비가 됨

인조반정 1등공신

김자점의 자는 성지成之, 호는 낙서洛西로 본관은 안동이다. 세조 때 좌의정을 지낸 김질의 5대손으로, 증조부 김언은 판결사를 지냈으며, 조부 김억령은 강원도 관찰사를 지냈고, 아버지 김탁은 현감을 지냈다.

김자점은 선조 21년 전라도 낙안읍에서 태어났으며, 후에 본가가 있는 한양으로 거처를 옮겼다. 어려서부터 기억력이 비상하고 암기에 능하였다. 묵암 성혼의 문하에 들어가 수학하며 글재주로 이름이 높았으며, 정철, 조헌 등이 동문수학한 선배들이었다. 학문상으로는 성혼의 문하였으나, 같은 성혼의 후예인 송익필 김장생 계열과는 등을 지게 된다. 당색은 서인으로 공신들을 중심으로 공서로 분파되었다가, 다시 그의 군호인 낙흥군의 이름을 따서 낙당이라 불렀다. 그가 처형되면서 낙당은 몰락하게 된다.

김자점은 과거 시험을 거치지 않고 문벌과 학덕에 의해 등용되어 음보로 병조좌랑이 되었으나, 광해군 때 인목대비의 폐비논의를 반대하다가 대북파에 의해 조정에서 쫓겨났다. 인조반정에 참여한 인물들이 대부분 광해군 때 핍박을 받은 인물들이 듯이 김자점도 마찬가지였다. 과거를 거치지 않은 그에게 인조반정이란 기회는 천혜의 기회였다.

김자점의 동생 김자겸이 인조반정의 주모자 이귀의 사위였던 인연으로 반정 모의에 가담하였다. 반정시 군대를 모아 세검정에서 이귀, 김류, 이괄 등이 이끄는 군사들과 합류하여 광해군과 대북파를 축출하고 반정을 성공시켰다. 반정 후 김자점은 호조좌랑을 거쳐 승정원 동부승지로 특별 승진하였고, 정사 1등공신에 낙흥군에 봉해지고 도원수가 되었다.

이괄의 난 때에는 옥에 갇힌 기자헌 등 북인 인사 40여명을 전격 처형하기를 건의하기도 했다.

병자호란 때에는 도원수 직책을 맡고 있었는데 대처를 잘못했다는 이유로 파면당하였다. 청나라와 주전론을 펼치던 척화파들의 주장에 염증을 느끼던 인조는, 주화파 김자점을 발탁하여 강화부윤에 제수했다가 호위대장으로 임명하는 등 크게 중용하였다.

김자점은 영의정 김류 등 반정공신들의 도움으로 병조판서에 올랐고, 판의금부사를 거쳐 우의정까지 올라, 어영청의 수장을 겸하며 서울을 엄호하는 막강한 실력자가 되었다. 경쟁세력이었던 심기원을 역모혐의로 도태시키며 좌의정이 되었고 낙흥부원군에 봉해졌다.

이때 김자점은 청나라 사신과 통역관 정명수 등을 자주 만나 정치 세력을 형성하였으며, 이들을 통해 청나라의 후원을 등에 업고 외세를 권력의 기반으로 삼았다. 당시 조정의 권력은 서인들이 잡고 있었는데, 서인은 인조반정 공신들을 중심으로 공서가 되고, 김상헌·김상용 등 척화파와 김집, 안방준 등의 산림학파들이 중심인 된 청서로 갈라졌다. 김자점은 공서가 되어 김상헌, 김집 등의 청서를 제압하려 하였다. 권력을 잡은 세력은 항상 더 큰 권력을 움켜쥐려는 탐욕 때문에 같은 공서 출신인 원두표와 세력 다툼을 벌여 김자점 중심의 낙당과 원두표 중심의 원당으로 분파되어 원두표를 탄압하였다. 이후 원두표는 산림파와 연합하여 김자점과 대립하게 된다.

인조를 옹립했던 반정공신들이 청국과의 갈등 때문에 대부분 권력에서 멀어져 갔는데, 김자점은 친청파에 속하여 청국세력을 등에 업고 권력을 키워 나갔다. 김자점은 병자호란 당시 청군에 쫓기던 임경업을 명나라로 도피하는 것을 도왔는데, 1646년 인조 24년 청나라에 포로로 끌려가 있던 임경업이 돌아올 기미가 보이자, 임경업을 도운 사실이 발설될까 봐 자신의 안전을 위해 임경업을 죽게 한다. 이후 김자점은 송시열, 송준길, 김집, 윤휴 등 북벌론사들의 주 공격 타겟이 되고 만다.

이때 인조의 후궁 숙원 조씨는 소현세자 세자빈 회빈 강씨 등과 갈등을 하였는데, 김자점은 숙원 조씨와 결탁하여 인조의 의심을 받고 있던 소현세자빈의 제거에 가담하였다. 인조가 소현세자빈 강씨를 거추장스럽게 여기는 내심을 눈치채고, 세자빈 강씨가 인조의 수라상에 독이 든 전복구이를 올렸다는 혐의를 씌워 죽게 함은 물론, 소현세자의 처남 강문성을 귀양을 보내고, 세자의 어린 세 아들까지 먼 제주도까지 귀양을 보내 죽게 하였다.

숙원 조씨의 딸 효명옹주와 김자점의 손자 김세룡을 혼인시켜 왕실과 척족을 맺은 김자점은, 인조 24년 4월 59세로 영의정에 올랐다. 전 영의정 김류는 민회빈 강씨의 사사를 반대했지만, 인조의 노여움을 사게 되어 영의정에서 물러났는데, 영의정 자리를 노리던 김자점은 이를 틈타 인조의 마음을 읽어 후임 영의정으로 발탁되었던 것이다.

1649년 인조가 죽고 효종이 즉위하자, 효종은 인조 때 밀려났던 김집·송시열·김상헌 등 명신들을 대거 불러들이니, 김자점은 탄핵의 대상이 되었는데, 효종의 북벌정책에 반대하다가 다시 양사의 탄핵을 당하여 영의정에서 파직당하고 강원도 홍천에 유배당하게 된다.

김자점은 유배된 데 앙심을 품고 통역관의 심복 이형장에게 조선이 북벌을 계획하고 있다고 청나라에 밀고하면서, 증거물로 청나라의 연호를 사용하지 않은 송시열이 쓴 장릉의 지문을 청나라에 보냈다. 이 글에는 청나라의 연호 대신 명나라의 연호를 사용하고 있었는데, 청나라는 이를 보고 노발대발하여 병력을 국경에 배치하고 사신단을 파견하여 조사하였으나, 이경석, 이시백, 원두표의 활약으로 청나라의 사신은 아무일 없이 되돌아 갔다. 이 일로 김자점은 홍천에서 광양으로 이배되었다.

이때 김자점의 손자 며느리 효명옹주가 인조의 계비 장열왕후를 저주한 사건이 터지고, 김자점의 차남 김식이 군사를 일으켜 숭선군을 추대하려 한 역모사건이 발각되니, 김자점은 처형을 면할 수가 없었다.

1651년 효종 2년 12월 64세 나이로 김자점은 목이 잘리고, 그의 장남 김련은 곤장을 맞다가 목숨을 거두었다. 김자점의 차남 김식과 손자이자 인조의 사위였던 김세룡, 큰 손자 김세창도 함께 처형 되니 가문이 일시에 멸족당하고, 김자점과 사돈을 맺었던 인조의 후궁 숙원 조씨도 사약을 받아 죽었고 그의 딸 효명옹주는 섬으로 유배되었다. 연좌율에 의해 김자점의 다른 아들들과 모친과 처, 첩 등은 모두 노비로 끌려갔다.

경기도 이천 백족산에 있던 그의 아버지 김옥함의 묘소와 선산 분묘도 모두 파헤쳐져서 부관참시되었다. 그의 죽음을 계기로 인조반정에 공을 세운 서인 공서파는 몰락하고 김장생, 김집, 안방준과 그들의 문하생인 송시열과 산림당, 서인 청서파가 집권하게 된다.

국혼물실 정책을 관철하려다 삭탈관직된 김자점

1625년 인조 3년 7월 28일 세자빈으로 윤의립의 딸이 간택되자 서인들은 국혼물실[29]이라는 당론에 따라 윤의립의 딸의 간택을 반대했다. 이때 김자점은 특진관 자격으로 윤의립의 딸이 이괄의 난에 가담한 윤인발의 사촌 누이라는 이유로, 역적의 친척이기에 불가하다며 반대하였다. 그러나 비빈 간택에 공신들이 끼어드는 것을 불쾌히 여긴 인조로부터 불경한 말을 했다는 이유로 노여움을 사서 그해 8월 삭탈관직시켜, 문외출송의 명이 내려졌으나, 명을 거두어달라는 사간원의 건의와 우의정 신흠 등의 변호로 무마되었다.

주상이 자정전에서 아침 경연에 맹자를 강하였다.
특진관 김자점이 아뢰기를, "신이 중한 소임을 맡고 있으므로 늘 두려웠는데 지난번 물의가 있었으므로 감히 어전에서 대죄합니다. 윤의립의 딸은 바로 윤인발의 4촌 누이입니다. 이서가 판윤으로 있을 때 단자를 올렸으나, 장관의 신분으로 임금께서 혼인을 가리는 날에 자세히 삼가지 못하였습니다. 지금 양사가 여기에 있고 공론이 지극히 엄하여 신이 감히 소회를 대략 아룁니다." 하고,

사간 이상급이 아뢰기를, "윤의립의 딸을 뽑아 간택한 일에 대해서 김자점이 이미 말하여 대죄하니 신도 아뢰겠습니다. 무릇, 혼인은 비록 일반 백성 사이에 있어서도 내외간에 흠이 없는 사람을 가리고자 하는데, 막중한 국혼이겠습니까. 여러 왕자의 혼인도 이 같은 집을 정하는 것은 마땅치 않은데 동궁의 정비正妃는 얼마나 중대한 일이기에 감히 윤의립의 딸을 간택 중에 들일 수 있겠습니까. 예로부터 어느 시대인들 역적이 없었겠습니까만, 윤인발과 같은 흉악한 역적은 없었습니다. 역적과 소원한

---

29) 국혼물실國婚勿失 — 왕비는 우리 집안(서인)에서 낸다. 서인의 전제를 스스로 경계하고 남인의 진출을 허용하여 비판 세력의 공존에 의한 붕당정치를 실현하는 한편, 그러한 가운데서도 국혼만은 서인이 독점하여 정치적 지위를 확고히 하려는 것이다.

족속이더라도 혼인에 참여해 논의할 수 없는데 하물며 지친인 4촌이겠습니까. 주상께서 특별히 윤의립의 연좌율을 풀어주신 것은 그가 재주가 있기 때문일 것입니다. 그러나 결코 그의 딸을 국혼에 의논할 수는 없습니다. 한성부의 관원을 중벌로 조사하고, 윤의립의 딸은 곧바로 허혼許婚하게 하소서."

하니, 주상이 성난 목소리로 이르기를, "내 뜻은 이미 정혼하려 하였는데, 공들이 어찌 감히 이같이 말한단 말인가. 그리고 판윤은 대간을 지휘할 사람이 아니다."

하였다. 이상급이 아뢰기를, "임금의 위엄이 지척에 계신데 어찌 감히 털끝인들 속일 수 있겠습니까. 신이 이미 이러한 사연으로 동료에게 의논한 지 수일이 되었는데 장관이 출근하기를 기다릴 뿐입니다. 지금 '남의 지휘를 받았다.'고 말씀하시니 황공함을 견딜 수 없습니다. 신의 직을 파하소서."

하니, 답하기를, "사직하지 말라."

하였다. 김자점이 아뢰기를, "임금도 대간을 지휘할 수 없는데 하물며 신하이겠습니까. 신은 생각하건대 혼인은 인륜의 시초이고 만복의 근원이라 여깁니다. 조종조로부터 역적 집 자식과 혼인한 적이 없었습니다. 일국 안에 처녀가 얼마나 많겠습니까. 그런데 하필이면 역적 집의 자식과 혼인을 정한단 말입니까. 신은 후세에 비난을 받을까 염려됩니다. 신이 대죄한 것은 물의를 두려워한 것입니다."

하니, 주상이 이르기를, "대죄하려면 단지 대죄만 할 뿐이지, 하필이면 대간에게 언급한단 말인가. 그리고 혼인의 예는 매우 중대한 것으로서 보통 사람이라도 반드시 그 부모가 주관하고 여러 사람이 어지럽게 논쟁할 일이 아니다."

하였다. 특진관 심명세가 아뢰기를, "김자점이 어찌 사적인 뜻이 있겠습니까. 다만 공론을 아뢰었을 뿐입니다. 저번에 비변사의 자리에서 서성과 이정구도 불가한 점을 말하였습니다."

하고, 지사 이정구는 아뢰기를, "심명세가 이른바 '신들이 불가하다고 말하였다.'는 것은 과연 있었습니다. 신이 일찍이 의금부에 있을 적에 윤의립이 죄가 없음을 논하였습니다. 그러나 혼인이란 인도의 시초이므로 바르게 하지 않을 수 없으니, 어찌 흉악한 역적의 집안과 정하겠습니까. 이 점에 대해서 신이 말하였습니다."

하고, 시독관 이경용은 아뢰기를, "성상의 분부에 '무릇 혼인은 반드시 부모가 주관한다.' 하였으나 국혼은 예로부터 반드시 대신에게 물어본 뒤에 정하였습니다."

하였다. 윤방 및 이정구 등이 합사하여 아뢰기를, "한 시대의 논의를 주장하는 사람은 언관입니다. 주상께서 '남의 지휘를 받았다.' 하시니, 신은 성덕에 손상이 있을까 염려되고 또한 후일의 폐단이 없지 않을 듯싶습니다."

하니, 주상이 이르기를, "내가 말한 지휘란 것은 외부에 있으면서 지휘한 것을 말한 것이 아니라 지금 발언할 때에 대간에게 언급되었으니 이것이 바로 지휘한 것이다."

하였다. 김자점이 아뢰기를, "신의 망령된 말로 인하여 대간을 멸시하게 되었으니 더욱 지극히 황공합니다. 임금과 신하 사이는 진실로 소회가 있으면 아무리 중한 형벌을 내리더라도 감히 피하지 못합니다. 신이 전에 승지로 있을 적에도 윤의립을 연좌시켜야 한다는 일을 아뢰었습니다. 당시 윤인발이 이괄과 역란을 일으켜서 종묘사직이 피난하고 수레가 피난하였으니, 이때에 이 적이 어떠한 짓을 하였는데 지금에 와서 혼인할 의사를 둔단 말입니까. 대의명분에 맞지 않을 듯싶습니다. 공론이 있을 경우 신이 죄를 받더라도 후회하지 않겠습니다."

하니, 주상이 이르기를, "무릇 국가의 일은 사람마다 각각 말한 뒤에야 정론正論이라 할 수 있지 두세 사람의 소견을 어찌 공론이라 할 수 있겠는가."

하였다. 심명세가 아뢰기를, "옛날 당 중종 때 무후의 친족인 무삼사가 안락 공주와 혼인하여 마침내 당나라 백년의 화가 되었는데 오늘날의 일도 그와 같다고 하겠습니다."

하니, 주상이 더욱 성을 내어 조회를 파하였다.

-인조실록 3년 7월 28일 -

☞ 숭용산림崇用山林 - 재야의 학자(산림)를 우대한다.

1625년 인조 3년 8월 27일 동궁비 간택의 일과 관련 김자점을 삭탈관
직 문외출송하다.

주상이 하교하였다.

"예경禮經에 '여자를 취할 때는 다섯 가지 취하지 않는 조건30)이 있다.'라고 했는데
그 첫째가 '역적의 집 자식을 취하지 않는다.' 하였으나 역적 친척 집의 자식을 취하
지 않는다는 말은 없고, 대명률에 역적을 다스림이 매우 엄하나 공신 이하의 친속은
연좌율에 들지 않았다. 저 역적이 비록 친척이라고는 하나 연좌에 미치는 친족이 아
니니 취해서 안 될 의리가 없는 듯하다. 더구나 지손과 서얼의 소생은 똑같이 논할
수 없는 데이겠는가. 윤의립은 연좌에 들어 있는 사람이기는 하나 당초 여러 대신이
공론에 따라 죄를 씻어주었고, 그 뒤에 현직에 출입한 것이 한두 번이 아니었으니 이
것은 왕도王導31)가 연좌의 율에서 특별히 모면한 것과 같다. 예가 이미 저와 같고 법
이 또 이와 같으니, 비록 간택에 들어 있다 하더라도 진실로 해로운 바가 없다. 설사,
말할 만한 것이 있다 하더라도 대신과 예관이 천천히 가부를 의논하여도 늦지 않다.

김자점·심명세는 한갓 당파가 있는 줄만 알고 임금이 있는 것은 알지 못하여, 일의
결말을 기다리지 않고 서로 이끌고 일어나서 황급히 서둘며 오히려 일이 성사될까
두려워하여, 언관을 지휘하고 임금을 협박하면서 지척의 어전에서 말과 기색이 오만
하였다. 심명세는 패만스런 말을 장황히 늘어놓아 인용한 말이 사리에 맞지 않을 뿐
더러 불측한 말을 국모에게 가하기까지 하였으니, 이러한데도 다스리지 않으면 나라
의 기강이 끊어지게 된다. 그를 중도부처하고, 김자점은 삭탈관직하여 문외출송하
라."

－인조실록 3년 8월 27일 －

1627년 인조 5년 1월 17일 정묘호란. 청나라가 침입하자 대책을 논의

---

30) 여자를 취할 때는 다섯 가지 취하지 않는 조건이 있다. : 반역한 집 자식을 취하지 아니하며, 음
란한 집 자식을 취하지 아니하며, 대대로 죄받은 사람이 있으면 취하지 아니하며, 대대로 나쁜
병이 있으면 취하지 아니하며, 아비 죽은 맏자식을 취하지 않는다고 하였다.

31) 왕도王導가 연루의 율에서 특별히 모면한 것 : 진나라 원제~성제 때의 명재상. 종제 왕돈이 반역을
도모하다가 토벌되었는데, 왕도는 그와 4촌간이었으나 공이 있다 하여 연좌에서 면제되었다.

하며, 김자점을 불러 쓰게 하다.

"이달 13일에 금나라 군사가 의주를 포위하고 접전하였는데 승패는 모릅니다."
장만이 아뢰기를, "위급하고 어려운 시기에는 마땅히 인재를 수용하여야 합니다. 청
컨대 김자점을 다시 불러서 써소서." 하였다.

주상이 또 이르기를, "김자점을 전일에 중죄가 있었기 때문에 처벌하였다마는 갑자
년 변란에 많은 공로가 있었으니 이제 석방하여 강화를 검찰하는 책임을 맡기려 하
는데 괜찮겠는가?"

하니, 모두가 아뢰기를, "매우 합당합니다." 하였다.

-인조실록 5년 1월 17일 -

병자호란 전에 점검되었던 강화산성

김자점이 1631년 인조 9년 8월 3일 강화유수가 되어, 이시백과 이서
와 함께 강화의 양식과 병기에 대해 논의하다.

이때 주상이 한창 강화도의 방어 보루에 관한 일을 걱정하고 있었는데, 마침 유수
이시백이 군무를 품하러 왔으므로 주상이 이서·김자점 및 이시백을 불렀다.

김자점에게 이르기를, "강화도의 양식과 병기는 이미 다 조처하였는가?"

하니, 김자점이 아뢰기를, "백성의 생활이 한창 곤궁하고 또 저축된 것이 없어서 10
여만 명의 양식을 마련하기가 지극히 어렵습니다. 만일 전하께서 신의 계책을 쓰고
조정도 협심하여 서로 돕는다면 일을 혹 이룰 수도 있을 것입니다만, 반드시 비국
당상과 함께 강화도에 가서 자세히 돌아보고 처리해야 할 것입니다."

하자, 주상이 이르기를, "그렇다. 예컨대 군기는 훈련국과 군기시가 마련해야 할 것이고, 군량은 경과 유수가 요리하기에 달려 있다. 또 강화도는 성이 가장 좁으니 그 앞쪽과 좌측 우측으로 물려 쌓으려 하는데 어떨지 모르겠다. 고려 때에는 외성이 있었다고 하는데, 그 주위의 한계가 어느 곳인지 모르겠다." 하였다.

이어 이시백에게 하문하기를, "본부는 성이 좁으니, 반드시 물려서 쌓아야 많은 사람을 수용할 수 있을 것이다."

하니, 이시백이 아뢰기를, "지난번에 이서의 글을 보건대 마을을 물려서 쌓아야 한다는 말이 있었는데, 다만 주위가 넓어서 공역이 필시 많을 것이 염려됩니다." 하였다.

김자점이 아뢰기를, "일찍이 갑곶에 성을 쌓으라고 분부하셨는데 어떻게 처리해야 합니까?"

하니, 주상이 이르기를, "경들이 가서 살핀 뒤에 상의하라." 하였다.

김자점이 아뢰기를, "연미정 등 지역이 모두 요해처이니 역시 보루를 쌓아야 할 것입니다."

하니, 주상이 이르기를, "나의 생각에는 의당 강화도를 빙 둘러 사방에 보루를 쌓고 각처에 수만 석의 곡식을 두어야 되리라 여겨지니, 먼저 창고를 설치할 지역을 고르는 것이 좋겠다. 또 마을성이 급하고 갑곶은 다음이다." 하였다.

이시백이 아뢰기를, "그 지역의 형세를 순행하여 살펴 보건대 큰 진을 설치할 만한 곳이 일곱 군데이고 작은 진을 설치할 만한 곳이 열 군데인데, 모두 서로 바라다 보이는 곳이어서 응원이 될 만합니다. 먼저 주둔할 곳을 결정하여 창고를 짓고 진영을 설치하고 군사를 모집한 다음, 본부에서 또 양곡을 지급하되 마치 환곡처럼 하여 들어와 지켜야 할 각처의 수령으로 하여금 관리하도록 한다면, 나무울타리나 임시창고 그리고 창고 등의 일은 저절로 조처할 수 있을 것입니다."

하니, 주상이 이르기를, "이미 가을을 기다려 거행하도록 하였다."

하자, 이시백이 아뢰기를, "의당 농사 일이 조금 한가해진 때를 이용하여 먼저 각읍의 주둔지를 정하고 대장의 군영을 정하면, 군민이 출입하면서 당연히 지킬 곳을 알 것입니다." 하였다.

주상이 또 하문하기를, "본부에 저축된 곡식은 얼마인가?"

하니, 이시백이 아뢰기를, "쌀과 겉곡식이 3만 6천여 석입니다." 하였다.

김자점이 아뢰기를, "신이 양식을 마련하는 일을 관장했으면서도 좋은 계책을 얻지 못하였습니다. 만일 영광·나주 두 고을을 구관서에 소속시킨다면 혹 마련할 수 있을 것입니다."

하니, 주상이 이르기를, "그렇다면 영광·나주를 구관소에 소속시키기를 요청하는 것은 단지 그곳의 고기와 소금만을 관장하고 공물 등의 일은 전과 같이 하려는 것인가?" 하였다.

김자점이 아뢰기를, "한결같이 태안의 예와 같이 해야 마땅합니다. 또 장사를 주관하는 사람이 그 직책을 제대로 수행하면 첨사에 제수하고, 그 직책을 제대로 수행하지 못하고 각 고을에 폐를 끼친 자는 무거운 벌로 논죄하는 것이 또한 타당합니다."

하니, 주상이 이르기를, "그렇다." 하였다.

김자점이 아뢰기를, "반드시 가도·등주 및 내주와 통상한 다음에야 쉽게 마련할 수 있을 것입니다."

하니, 주상이 이르기를, "명나라가 등주로 통하는 길을 허락하지 않으니 어찌하겠는가?" 하였다.

김자점이 아뢰기를, "둔전을 설치하지 않을 수 없는데, 예컨대 목장 등을 모두 개간하여 경작하게 하면 반드시 많은 곡식을 얻을 것입니다."

하니, 주상이 이르기를, "말을 먹여 기르는 지역에 쉽게 경작을 허락할 수는 없다."

하였다. 주상이 이서에게 이르기를, "듣건대 사복시가 많은 면포를 저축했는데, 역시 서로 도울 수 있겠는가?"

하니, 이서가 아뢰기를, "저축하는 목적이 앞으로 뜻밖의 일에 대처하기 위함이니, 본사가 저축한 것의 절반을 수송해야 마땅합니다." 하였다.

– 인조실록 9년 8월 3일 –

권력을 잡기 위해 소현세자빈과 그 아들들의 축출에 앞장서다

인조의 수라상에 고의로 독약을 투입한 뒤 그 혐의를 소현세자빈 강씨에게 떠넘겨 인조를 시해하려 했다는 혐의를 씌워 사사시키고, 세자빈의 아들 왕손 석철을 비롯 3형제를 제주도로 귀양보내 축출하고 강빈의 형제들을 제거하게 하였다. 이를 반대한 전 영의정 김류도 정계에서 물러나게 한다. 김류는 민회빈 강씨의 사사를 반대하고, 인조의 노여움을 사 영의정에서 물러났는데, 김자점은 이를 틈타 인조의 총애를 받아 영의정에 발탁되었다.

김자점은 김류와 인조반정시에 동지였으나, 이후 세력이 커지며 김류를 배신하고 대립하게 된다. 이와 동시에 청나라 사신과 통역관 정명수와 결탁하여 청나라를 등에 업음으로써 권력의 기반으로 삼았다. 소현세자 일가의 비운의 죽음은 사림의 동정 대상이었고, 이런 비극에는 김자점의 농간이었다는 세론이 높았다.

1646년 인조 24년 2월에 내의원 도제조가 되어 강빈이 임금님의 수라상에 독을 넣었다고 의심하여 이를 처벌하고자 대신들을 소집했다.

이때 독을 넣은 옥사가 끝내 실상이 밝혀지지 않자, 사람들이 모두 죄인을 찾아내지 못한 것을 한스럽게 여겼다. 주상은 여전히 강빈姜嬪을 의심하여 반드시 법으로 처벌하고자 하여 이날 대신·육경·판윤을 소집하였다. 영의정 김류, 우의정 이경석, 완성 부원군 최명길, 낙흥 부원군 김자점, 판중추 이경여, 병조 판서 구인후, 이조 판서 남이웅, 예조 판서 김육, 공조 판서 이시백, 판윤 민성휘 등이 모두 빈청에 나아가니, 주상이 하교하기를,

"내간의 변이 오늘에 이르러 극도에 달하였다. 경들은 모두 대대로 국록을 받은 신하로서 지위가 경상卿相에 있으니, 묵묵히 한마디 말도 없이 무사 태평하게 세월만 보내서는 안 될 것 같다."

하니, 김류 등이 아뢰기를,

"예로부터 흉악한 역모의 변이 어느 시대인들 없었겠습니까만, 오늘날처럼 망극한 일은 있지 않았습니다. 위로는 조정으로부터 아래로는 일반 백성에 이르기까지 모두가 팔뚝을 걷어붙이고 이를 갈면서 그의 살을 씹어먹고 가죽을 깔고 앉으려고 하는데, 신들의 마음이겠습니까. 밤낮으로 절치부심하고 있으나 자백을 받아내지 못하였으니, 신들의 죄가 큽니다. 이제 전하의 엄한 하교를 받고 보니, 죽고 싶은 심정으로 몸둘 곳을 모르겠습니다. 신들이 비록 보잘것이 없지만 임금과 신하의 의리에 대해서는 평소부터 강론해 왔습니다. 이것이 얼마나 큰 변고인데 입을 다물고 말하지 않은 채 무사태평하게 세월만 보내겠습니까. 궁중은 더없이 엄중한 곳이어서 다른 사람이 출입할 수 있는 곳이 아니고 독을 넣는 일 또한 갑자기 할 수 있는 것이 아니므로 반드시 주방에서 일하는 무리들 중에 있을 터인데, 시종 곤장을 참아내고 입을 다문 채 죽어가고 있으니, 통분한 마음을 금할 수 없습니다. 변고가 측근에서 발생

하였기에 일이 더욱 불측한데, 의심쩍은 무리들이 다 곤장 아래 쓰러져 죽어 추적할 단서가 끊어져 끝내 규명할 수 없게 되었습니다. 역모를 꾸민 무리들로 하여금 목숨을 보전하게 하였으니, 이 점을 신들은 더욱 통분해 하고 있습니다." 하였다.

임금이 비망기를 내리기를,

"강빈이 심양에 있을 때 은밀히 왕위를 바꾸려고 도모하면서 미리 곤룡포를 만들어 놓고 내전의 칭호를 외람되이 사용하였으며 (갑신년 봄에 청나라 사람이 소현 세자와 빈을 보내 주었는데, 그때 내간에서 말하기를 "강빈이 은밀히 청나라 사람과 도모하여 장차 왕위를 교체하는 조처가 있을 것이다." 하였다. 주상이 이를 듣고 매우 미워하였다. 그러나 외부 사람은 모르고 있었다. 세자가 심양에 있을 때 시종들이 세자를 동전東殿으로 불렀고 강빈을 빈전嬪殿으로 불렀는데, 대개 저들이 보고 듣게 하기 위한 것이었지 세자와 빈이 스스로 부른 것은 아니었다. 벼슬아치들 사이에서도 간혹 이렇게 부르기도 하였다.) 지난해 가을에 매우 가까운 곳에 와서 분한 마음으로 시끄럽게 성내는가 하면 사람을 보내 문안하는 예까지도 폐한 지가 이미 여러 날이 되었다. 이런 짓도 하는데 어떤 짓인들 못하겠는가. 이것으로 헤아려 본다면 흉한 물건을 파묻고 독을 넣은 것은 모두 다른 사람이 한 것이 아니다. 예로부터 난신적자가 어느 시대나 없었겠는가마는 그 흉악함이 이 역적처럼 극심한 자는 없었다. 임금을 해치고자 하는 자는 천지의 사이에서 하루도 목숨을 부지하게 할 수 없으니, 해당 부서로 하여금 율문을 상고해 품의하여 처리하게 하라."

하였는데, 김류 등이 놀라 서로 돌아보면서 대답할 바를 몰랐다. 이시백이 아뢰기를,

"적의의 일은 부인의 성품이 비단에 탐이 나 그런 것입니다. 시역이야말로 이를 데 없이 큰 죄인데 짐작으로 단정지을 수 있겠습니까."

하자, 사람들이 다 그 말을 옳게 여겼다. 김류와 이경석이 물러나와 문서를 초안했다. 그 문서에,

"삼가 성상의 하교를 받고 자신도 모르는 사이에 머리털이 곤두서고 마음이 떨렸습니다. 신하된 자는 이러한 죄가 하나만 있어도 천지의 사이에 목숨을 부지하기가 어려운데, 겸하여 있는 자이겠습니까. 진실로 성상의 하교에 따라 품의하여 처리하기

에 겨를이 없어야 할 것입니다. 예전의 제왕들이 인륜의 변을 처리함에 있어서 은혜보다 의리를 앞세운 것이 비록 떳떳한 법이긴 하나, 의리보다 은혜를 앞세우는 방도도 있습니다. 이것이 성인이 행위규범과 법도를 참작하여 그 중도를 잃지 않는 이유입니다. 강씨는 궁중의 한 과부에 지나지 않고 죄악이 이미 드러났으니, 신들이 임금을 위해 죄를 성토함에 있어 어찌 털끝만큼이라도 애석해 하는 마음이 있겠습니까. 다만 신들의 구구한 정성은 단지 옛날 성인이 변을 처리한 도리처럼 하시기를 전하에게 깊이 바라고 있을 뿐입니다. 삼가 바라건대 성상께서는 공평한 마음으로 살피시어 잠시 해당 부서로 하여금 율문을 상고하도록 한 분부를 정지하소서."

하였는데, 최명길이 보고 문서의 말을 고쳐 올리기를,

"신들이 삼가 성상의 하교를 받아 머리를 맞대고 서로 마주보면서 자신도 모르게 머리털이 곤두서고 마음이 떨렸습니다. 성상께서 이미 율문을 상고하여 처치하라는 분부를 내리셨으니, 신들이 감히 그 사이에 다른 말을 할 수가 없습니다. 다만 예전의 제왕이 인륜의 변을 처리하는 도리는 하나뿐만이 아니었으며, 아버지와 자식간의 타고난 자애심은 어디에나 존재해 있었습니다. 이와 같은 막중한 처치를 일반적인 죄를 처리하는 것처럼 할 수는 없으니, 성상께서는 깊이 생각해 잘 조치하여 은혜와 의리가 둘 다 온전하게 하소서."

하니, 윤허하지 않는다고 답하였다. 김류 등이 물러 나오니 밤이 이미 8시경이었다.

— 인조실록 24년 2월 3일 —

1646년[59세] 인조 24년 2월 15일 최명길·이경석 등에게 김자점과 함께 강씨를 사사하라고 명하다.

최명길·이경석 등이 김자점과 함께 강씨를 사사하라는 분부를 받으니, 여론이 다 놀랐다. 이에 최명길은 그것이 여론에 용납받지 못하고 있다는 것을 들어 알고 이경석과 상의하기를,

"내가 먼저 대궐에 나가 뵙기를 청하여 먼저 폐출한 뒤에 사사할 것을 다시 청할 것이니, 공도 들어 와서 도우라."

하니, 이경석이 허락하였다. 최명길이 드디어 빈청에 나가 뵙기를 청하니, 주상이 장차 그가 무슨 말을 하리라는 것을 알고는 답하기를,

"지금 만나보고 싶으나 기운이 평온하지 못하니 다른 날 보아야겠다."

하였다. 최명길이 실패하고 물러나 선인문을 나왔다. 이경석도 선인문까지 왔다가 돌아갔다.

– 인조실록 24년 2월 15일 –

1646년 인조 24년 2월 18일 김자점을 좌의정으로 발탁해 제수하였다. 김자점이 일찍이 소현세자를 아첨하며 섬기다가 주상의 뜻을 크게 거슬렸는데, 이로 두려워서 몸둘 바를 몰라하면서 주상의 뜻에 영합하고자 하였다. 그리하여 빈청에서 보고를 올릴 적에 병을 핑계하고 참여하지 않았고 또 입궐하였을 때에는 이모저모로 비위를 맞춰 아첨하는 태도가 이루 말할 수 없었다. 시종 강씨를 사사하는 것에 대해 옳다고 한 자는 오직 김자점 한 사람뿐이었으므로, 주상이 마음을 기울여 의지하였다.

승정원에 하교하기를, "영상과 우상이 다 병이 나서 형편이 새로 정승이 될 사람을 가려 뽑기가 어려우니, 전일의 복상 단자를 들여보내라." 하였는데, 분부가 내린 뒤 김자점이 좌상이 되었다. 김시번은 일찍이 사헌부에 있을 때 강씨에 대한 보고시 이름을 빼버려 주상의 의사에 영합하고자 하였으므로 특별히 발탁하여 제수하라고 명한 것이다.

– 인조실록 24년 2월 18일 –

효종 즉위와 함께 시작된 탄핵

1649년 5월 8일 인조가 죽고 봉림대군이 즉위하여 효종이 되자, 사헌

부와 사간원의 심한 비판을 받고, 탄핵의 대상이 되었다. 즉위 초, 효종은 김집, 송시열, 송준길, 권시, 김상헌, 이유태 등을 불러들였다. 김자점은 산림들을 우대하는 정책을 폈으나 산림들은 그가 강빈 옥사를 날조하여 강빈을 죽인 데 대하여 그를 멀리하고 기피하였다. 또한 김자점은 효종의 북벌정책에 반대하다가 거듭 양사의 탄핵을 당했다. 이들에 의해 영의정에서 파직당하고 광양현에 유배당하게 된다.

1649년[62세] 효종즉위년 6월 양사에서 김자점의 파직을 간하여 광양현에 유배하다.

양사(대사헌 조경, 집의 심대부, 장령 장응일, 지평 조복양·이경휘, 사간 조빈, 헌납 유계, 정언 심세정·권대운)가 합사하여 아뢰기를,

"영의정 김자점은 본래 보잘것없는 작은 인물로서 외람되이 정승의 자리에 있으면서 은택을 입은 지가 여러 해 되었는데, 그 공훈과 존귀함을 믿고서 사치와 방자를 멋대로 하였고, 꾀하는 바는 궁중의 여자와 환관의 충성에 불과하고 즐기고 힘쓰는 바는 토목공사의 정교함 뿐이었으며, 심지어 상의원의 직물까지도 사치스럽게 하기를 힘썼으니 선왕께서 위임하신 뜻을 저버린 죄 큽니다. 더구나 사치와 화려함이 극에 달한 넓은 저택을 세우고 기름진 논밭이 팔방에 널려 있고 종들을 풀어 교만 방자한 짓을 하게 하는 등 많은 불의를 행하였으니, 이는 한나라 때의 왕후의 척속 전분입니다. 선왕의 뒤를 이어 즉위하신 즈음에 사방의 백성들이 귀를 기울여 듣고 목을 늘이어 바라보면서 궁궐문에 헌장이 선포되고 어진 이를 구하여 정승을 삼기를 생각지 않는 자가 없는데 어찌 용렬하고 하찮은 사람으로 하여금 여전히 수상의 자리에 있으면서 기강을 의논하고 정치도의를 논하게 해서야 되겠습니까. 인심이 답답해 하고 관청이 신장되지 못하는 것이 어떠하겠습니까.

선왕께서 승하하시던 날에 있었던 김자점의 행위는 더욱 많은 사람들의 마음을 만족시키지 못하였습니다. 선왕께서 부르지도 않았는데 자기 멋대로 밖에 있는 훈신들을 불러들여 함께 사령장을 받으려 했던 것은 임금으로 세우기를 희망한 자가 있어

서인 듯합니다. 그래서 궁궐의 노비를 시켜 효명옹주를 업고 큰 길을 뚫고 궁중으로 들어가게 했습니다. 젊고 명망있는 원두표, 이시방을 놓아두고 늙고 고질병이 있는 이해로 왕릉지기로 삼았으며 홍주원이 왕의 죽음을 알리는 사신을 사직하여 교체된 것을 분하게 여겨 자신을 추천자 으뜸명단에 추천하고 또 홍주원을 끝순위에 추천 하였습니다. 이런 일은 불학무식한 소치이지만 대신의 체통을 무너뜨린 것으로 논하 면 그 율법 또한 가볍지 않으니 하루라도 백관의 장 자리에 있을 수 없습니다. 파직 하소서."

하니, 답하기를,

"아, 내가 보위를 이은 지 겨우 한 달이 지났는데 선조의 대신을 탄핵하는 상소장이 갑자기 이에 이른 것은 오로지 나의 효성이 미덥지 못한 소치이다. 더구나 지금 관 곽이 빈전에 계시므로 당시 훈신들을 대우하시던 정의를 생각하매 나도 모르게 눈 물이 흐르는데 경들은 어찌하여 선조 때 옳고 그름을 논하지 않고 오늘에서야 논의 를 일으켜 경들 몇 사람의 소견이 수일 전보다 얼마나 원숙해졌길래 갑자기 이 논변 을 하는가. 내가 영상을 기둥처럼 의지하고 정이 골육 같으므로 결코 윤허하여 따를 수 없으니 속히 정지하고 번거롭게 굴지 말라. 그리고 그중 한 조항은 문자로 드러내 어 이목을 번거롭힐 일이 아닌 듯하다. 그런 문자를 대하고 보니 나도 모르게 놀라 워 가슴이 섬뜩해진다." 하였다.

양사가 죄명을 누차 보태어 멀리 귀양보내기를 청하였으나 따르지 않자 연계하기를, "나라를 그르친 김자점의 죄는 전후의 논의에 갖추어졌습니다마는 다시 그 대강을 들어 말해보겠습니다. 재물을 탐함은 당나라 때 간신 원재와 같고, 저택이 사치스럽 고 참람함은 후한때 양기와 같으며, 내외를 체결한 것은 송나라 때 가신 한탁주와 같고, 나라를 저버리고 사욕만을 꾀한 것은 송나라 도종때 간신 가사도와 같습니다. 저 소인들은 한 사람만으로도 백성을 도탄에 몰아 넣고 종묘사직을 전복시키기에 충분했는데, 하물며 한 몸에 저 소인들의 악을 모두 가지고서 위세와 권력을 절취하 여 위압과 복덕을 멋대로 부리고 흉악 음흉한 마음을 품은 것이 저 몇 명의 간신이 미칠 수 없는 데이겠습니까. 변방의 무관 수령에 자기의 친한 사람을 시켜서 보내어 사방에서 수레에 실어 보낸 뇌물 짐이 그 집 문전으로 폭주하며, 이익을 즐겨 붙좇 는 사대부들까지 모두 벼슬에 오르게 하여 혹은 청요직에 앉기도 하고 혹은 지방에 제수하기도 하여 밖으로는 민원이 날로 깊어가고 안으로는 벼슬의 기강이 날로 문란해지니 전하의 나라가 어찌 잘못되지 않을 수 있겠습니까. 멀리 귀양보내소서."하고,

탄핵하기를 더욱 강력히 하였으나 주상이 따르지 않다가 경인년 봄에 이르러서야 비로소 중도 부처를 명하여 홍천현에 유배하였다. 이때 서울 안에는 김자점이 죄를 입은 뒤로 청국 은밀히 내통하여 저들의 힘을 빌어 우리 조정을 위협할 계획을 한다는 등의 말들이 많이 l 돌았다. 그런데 청나라 사신이 조사할 일이 있다는 핑계로 세 무리가 잇따라 출발하여 압록강도 건너기 전에, 즉위 초에 옛 신하를 축출한 이유를 문책하려 한다는 헛소문이 먼저 퍼지니, 사태가 매우 위급하여 조정이 흉흉해서 분개하지 않는 이가 없었다. 주상도 김자점을 의심하였으나 다만 그의 두 아들 김련과 김식을 내쳐 지방에 보임해서 그 계교를 막았을 뿐이었다. 그런데 청나라 사신이 서울에 와서는 우리나라가 성을 쌓은 일만을 물었을 뿐이었다. 그러자 혹자는, 김자점이 스스로 계획이 실패되어 탄로될 것을 알아차리고서 역관의 심복 이형장을 시켜 청나라 사신에게 미봉책을 썼기 때문이라고 하였다. 여름에 양사가 다시 김자점의 죄를 탄핵하여 절도에 안치시키기를 청하며 누차 아뢰니 곧 멀리 귀양 보내라 명하여 광양현에 유배하였다.

– 효종실록 즉위년 6월 22일 –

1651년 효종 2년 9월 김자점을 다른 곳으로 옮기라고 명하다. 주상이 하교하였다. "누차 대사면을 거쳤으므로 이치상 은혜와 혜택을 널리 펴야겠다. 김자점의 거처를 옮겨라." 하니 양사에서 김자점의 이배를 반대하다.

양사가 (대사헌 윤순지, 집의 김홍욱, 장령 성하명, 지평 목겸선, 대사간 조석윤, 사간 이응시, 헌납 채충원, 정언 홍수·조사기) 합동으로 아뢰기를,

"김자점이 임금을 잊고 나라를 저버린 죄는 이미 전후 대간의 논핵에서 다 밝혀졌고, 외딴 섬에 안치하자는 청은 실로 거국적인 공론에서 나온 것입니다. 그런데도 윤허를 얻지 못한 채 논쟁하여 아룀을 정지한 것은 적용된 율법이 그 죄에 합당하다

고 여겨서가 아니라, 성상께서 훈구대신를 잊지 않으신 의리를 본받았기 때문이었는데 오늘 갑자기 거소를 옮기라는 명이 여론을 무시한 채 내려질 줄은 미처 생각하지 못하였습니다. 사면령이 반포되었다 하더라도 무거운 죄는 용서하기 어렵습니다. 전하께서는 왕법이 무너지고 인심이 울분하면 그 해가 나라 꼴이 말이 아닌 지경에까지 이른다는 것을 유독 생각하시지 않습니까. 청컨대 옮기라는 명을 거두소서."

하니, 답하기를, "사면은 죄가 있는 자를 사면하는 것이다. 이번 이배가 어찌 옳지 않을 리가 있겠는가. 번거롭게 논하지 말라." 하였다. 이후로 누차 아뢰니, 따랐다.

– 효종실록 2년 9월 3일 –

권력욕의 끝, 가족의 멸족

효종의 지시에 의해 김자점은 전라도 광양현에서 홍천으로 이배되었다. 홍천에서 청나라 통역관의 심복 이형장에게 조선이 북벌을 계획하고 있다고 밀고하면서, 송시열이 작성한 청나라의 연호를 쓰지 않은 장릉의 지문을 증거물로 청나라에 보냈다. 이 글에는 청나라의 연호 대신 명나라의 연호를 사용하였는데, 이를 보고 발끈한 청나라는 대군을 국경에 배치하고 사신을 파견하여 조사시켰으나, 이경석, 이시백, 원두표 등의 활약으로 청나라의 사신을 되돌려 보내 무마시켰다.

1651년 효종 2년 12월 17일 손부인 효명옹주의 효종 저주 사건이 문제되고, 아들 김익이 수어청 군사와 수원 군대를 동원해 원두표·김집·송시열·송준길을 제거하고 숭선군을 추대하려는 역모가 폭로되었다. 역모 관련 옥사사건에 관해 대신들과 의논하고, 김자점을 사형에 처하게 된다.

주상이 인정문에 나아가 친히 국문하였다. 영의정 정태화가 아뢰기를, "이경여와 조익이 오지 않았는데, 어제 죄에 대한 처벌을 기다렸기 때문일 것입니다. 성상께서 이미 안심하고 국문에 참여하라고 권하시었으니, 부르소서."

하니, 주상이 따랐다. 우의정 이시백이 아뢰기를,

"어제 여러 대신들이 아무일 없는 듯 국문에 참여할 수 없다는 이유로 모두 처벌을 기다렸는데, 신은 마침 대궐 바깥에 있어서 오늘에야 그 말을 들었습니다. 신이 어찌 감히 태연할 수 있겠습니까."

하니, 주상이 이르기를, "대신들이 말한 바가 앞뒤가 똑같다. 경은 어찌 혼자만 불안해 하는가." 하였다.

판의금부사 원두표가 아뢰기를, "변사기를 처치한 것에 대해서 신은 마땅함을 잃었다고 생각하였으므로, 어제 우연히 말한 것입니다. 여러 대신들이 모두 불안한 마음을 품고 있으니, 신은 몹시 황공합니다."

하니, 주상이 이르기를, "경은 안심하라." 하였다.

대신들이 합사하여 아뢰기를, "숭선군을 추대하기로 했다는 설이 여러 역적들의 입에서 나왔기에 의외의 변이 있을까 염려되어 훈련도감 군사를 시켜서 그의 집을 포위하여 지키게 하였습니다. 지금 듣건대, 철수하라는 명이 있었다고 하는데, 숭선군이 비록 모의에 참가하지는 않았지만 어찌 평상시와 같이 대우할 수 있겠습니까. 신들의 말 역시 처음부터 끝까지 보전해 주려는 뜻에서 나온 것입니다."

하니, 주상이 이르기를, "어린 아이라 역모를 알지 못했을 것이다. 어찌 그 집을 포위해 지킬 필요가 있겠는가. 단지 잡인만 엄히 금하도록 하라."

하였다. 정태화가 그대로 포위하여 지키도록 명하기를 힘껏 청하니, 주상이 허락하였다.

정태화가 아뢰기를, "역적 김식의 진술에, 역적 조씨가 불상을 만들고 대전을 저주했다는 말이 있는데, 내전에서 캐어물으려는 기미가 있습니까?"

하니, 주상이 이르기를, "마땅히 캐어물으실 것이다." 하였다.

김자점이 심문을 받고는 승복하였는데, 그 진술에,

"제 아들 김식이 역모의 상황에 대해 저에게 말하기를 '변사기·안철·기진흥 등이 주관하고 있다.'고 하였습니다. 이에 제가 말하기를 '숭선군의 일로 인해서 이렇게까지 여러 사람들이 의심하고 있으니, 되도록 속히 거사하지 않을 수 없다.'고 하니, 김식이 말하기를 '재상 몇 명을 제거하기만 하면 이 분함을 풀 수 있을 것이다. 군사는 광주 부윤 기진흥과 수원 부사 변사기가 거느린 군사를 쓰는 것이 마땅하다.'고 하였습니다. 이에 제가 말하기를 '기세를 살펴보고서 거사일을 정해야 한다.'고 하였습니다. 그 후에 저희 집 부자가 각각 외방으로 흩어졌으므로 미처 거사하지 못했습니다." 하였다.

김자점을 사형에 처하였는데, 주상이 팔도에 내걸지 말라고 명하였다. 양사와 옥당이 간쟁하였으나 따르지 않았다. 김세창이 심문을 받고 승복하였는데, 그 진술에,

"김세룡과 이두일이 모역하였으며, 역적 김식을 추대하려는 계획이 있었습니다. 변사기와 기진흥이 군사를 거느리고 가까운 지역에 있음을 믿고서 한 것이며, 함께 모의한 자는 안철입니다. 이효성·이순성·조인필·이정웅·현성오·정계립·이언표 등은 모두 수하들입니다."

하였다. 안철이 여러 차례 심문을 받고서 승복하였는데, 그 진술에,

"김식과 모역하기는 했으나, 저는 같이 참여하기만 했을 뿐으로, 그 괴수는 변사기입니다. 그간의 모의는 역적 김식이 주관하였습니다." 하였다.

– 효종실록 2년 12월 17일 –

1651년 효종 2년 12월 19일 예조가 김자점 역옥에 대해 전문을 올려 축하할 것을 청하다.

예조가 아뢰기를, "역적의 괴수인 김자점의 죄는 심기원의 죄[32] 보다 큽니다. 안팎이 조직하여 역모를 꾸며 흉악한 짓을 했으니, 이는 실로 예전에 없던 일입니다. 그러므로 예조에서 보고서를 올려 축하할 것을 청하였는데, 이제 정지하라는 전교가 있었습니다. 이미 종묘에 고하였으니 축하하는 일 역시 빠뜨릴 수 없습니다. 전례대로 거행하소서."

하니, 답하기를, "골육지친과 원훈 대신이 바로 곁에서 변고를 일으켜 부끄러워하고 두려워하기에 겨를이 없는데, 무슨 축하를 하는가." 하였다.

– 효종실록 2년 12월 19일 –

1651년 효종 2년 12월 20일 사면하고 역옥에 관련한 교문을 발표하다.

사면하고 교서를 반포하였는데, 포고문은 다음과 같다.
"왕은 이르노라. 뱃속에 고질병이 있는 근심이 있다는 말을 예전에 들었는데, 바로 곁에서 국가의 변란이 일어나니 내가 그런 경우를 당하였다. 이에 간곡하게 고하여 나의 걱정스러운 뜻을 보인다. 아, 덕스럽지 못한 나이기에 크나큰 국가 기업을 무너뜨릴까 두려워하였다. 이에 곤충이나 초목 같은 미물에 대해서도 사납게 대하지 않고자 경계하였다. 형벌을 내리고 귀양보낼 즈음에는 되도록 너그럽게 처리하고자 하였다. 더구나 선대 조정에서 종사하였던 신하는 오늘날에 잘 보전하고자 하였다. 아주 흉악한 죄를 지어 스스로 천명을 끊은 자가 아니면 모두 잘못을 용서하고 허물을 따지지 않아 간곡히 위하였다.

역적의 괴수 김자점은 악독한 것이 본래의 성품으로 거간꾼이나 백정 같은 자이다. 그런데 자손대대로 죄를 용서해준다는 단서丹書·철권鐵券에 기록되어 외람되이 작위

---

32) 심기원의 죄 : 1644년 인조 22년 3월에 좌의정으로 남한산성 수어사를 겸임한 심기원이 이를 기화로 이일원·권억 등과 회은군 이덕인을 추대하려 하였는데, 막하인 황헌·이원로 등이 훈련대장 구인후에게 고변하여 탄로되어 주살되었음. 이 옥사로 인해 회은군 덕인과 임경업 등이 처형되었음.

를 받은 신하가 되었으며, 군영과 의정부에 들어가 장수와 재상의 권한을 겸하였다. 기세가 맹렬해지자 온 세상을 오만하게 깔보았으며, 재물을 탐함이 낭자하여 팔도에 두루 미쳤다. 한나라 때 상관걸 같이 궁중 및 대신과 인척 관계를 맺었으며, 후한의 양기와 같이 권력과 권세를 마음껏 자행하였다. 이는 신하로서는 극도에 이른 것으로 스스로 도모하더라도 여기에서 무엇을 더 가하겠는가. 그런데 어찌하여 나를 저버리고 반역을 하였는가. 늙은 역적의 끝없는 욕심이 통탄스러울 뿐이다.

위세를 등에 업고 사특한 짓을 하였으며, 안팎이 연결하여 간사한 꾀를 길렀다. 대궐 뜰에서 저주를 행하였으니, 아, 역시 사특하며, 서울 가까운 곳에서 군병을 빌리려 하였으니 장차 무슨 짓을 하려던 것이었겠는가. 조정의 신하들을 모조리 죽이려 하였으며, 많은 무인들과 당파를 지어 약속하였다. 죄는 머리털을 뽑아 헤아려도 속죄하기 어려우며, 화가 실로 눈썹이 타는 것보다도 급박하였다. 그런데도 나는 오히려 공이 의심스러우면 상을 주고 죄가 의심스러우면 용서한다는 생각으로 오랫동안 마땅히 단죄해야 하는데도 단죄하지 못하였다. 인정이 분노하여 사람들이 보는 앞에서 사형에 처하는 것이 마땅한데도 외방으로 유배하는 가벼운 벌만 주었다. 그러자 오히려 잠시 동안 목숨을 늘여서 더욱더 반역하는 형상을 드러내었다. 물여우 같이 화살을 깊이 감추고 있었으니 그림자를 쏨을 면치 못할 뻔하였다. 승냥이와 이리의 이빨을 몰래 갈았으니 끝내는 필시 사람을 물고야 말았을 것이다.

하늘의 법망은 높이 걸려 있어서 착하지 못한 짓을 하면 용서하지 않는 법이다. 죄인을 잡았을 경우에는 풀을 뽑으면서 뿌리까지 제거하듯이 해야 마땅한 법이다. 그의 아들과 손자가 귀신 같은 짓을 한 상황을 모두 불었다. 반역을 한 요사스런 허리와 목이 도끼에 잘려졌다. 아, 난적이 어느 시대인들 없었겠는가. 그러나 이들보다 더 심한 흉악한 역적은 없었다.

역적 조씨의 악독함에 이르러서는 이는 실로 재앙의 근원이 모인 것이다. 역적들과 서로 결탁하였고 딸을 사주하였다. 이에 산천에서 기도하고 축원한 것이 모두가 임금을 저주하는 말이었으며, 무덤의 나무와 해골 가루가 모두 저주하는 도구가 되었다. 대비전을 원수로 보았으며 나를 음해하고자 하였다. 대비께서 거처하시는 붉은 궁전에 병이 발병하는 물건을 묻었으며 동궁이 있는 붉은 집에 동궁을 저주하는 푸닥거리를 하는 흉한 짓을 하였다. 다행히 삼령(천신, 지신, 인신)께서 도와주심에 힘입어 반역의 싹이 일찌감치 드러나게 되었다. 그러나 차마 드러내놓고 죽일 수는 없어서 그로 하여금 그의 집에서 자결하게 하였다.

이미 역적 김자점 등을 법에 의거하여 사형에 처하였다. 거듭 종묘사직의 위태로움을 건졌기에 교서를 반포하는 바이다. 아, 바라서는 안 될 것을 바랐기에 법을 거행하여 위세를 떨치었다. 형벌이 다시는 없기를 기약하면서 형벌을 내려 온 백성과 더불어 고쳐 다시 시작하고자 하는 바이다." (대제학 윤순지가 지었다.)

– 효종실록 2년 12월 20일 –

1652년 효종 3년 1월 9일 사헌부가 역적 김자점·김식과 친분이 있던 자들의 파직을 청하다.

사헌부가 아뢰기를, "역적의 괴수 김자점이 오래도록 조정의 권세를 잡아 그 위세가 하늘을 찌를 듯했으므로 화복과 영욕을 내리는 권한이 그의 손아귀 안에 있었습니다. 따라서 그 당시 무신이나 음관으로서 노비처럼 굽실거리며 그 문에 드나든 자들이야 본래 이야기할 것도 못 됩니다만, 이지항·이시만·황감 같은 무리들까지 모두 저명 인사로서 김자점에게 아부하여 아침 저녁으로 모여서는 그가 지시하는 대로 따르면서도 부끄러워할 줄을 몰랐습니다. 김자점이 흉악한 인간이라는 것을 본래 알고 있었을텐데, 도대체 그에게서 취할 만한 것이 뭐가 있기에 그토록 친밀하게 굴었단 말입니까. 그런가 하면 신면申冕과 한 몸이 되어 은밀히 모함하는 계책을 꾸밈으로써 하마터면 선비들에게 화를 끼칠 뻔하였으니, 이지항·이시만·황감을 모두 중도 부처하소서.

배천 현감 이해창, 좌승지 엄정구는 모두 김자점의 문객으로서 일찍이 인사부서에 있었는데, 역적 김식을 전랑으로 천거해 진출시키는 일에 있어서 이해창이 실질적으로 주도했고, 본조 당상 가운데 저지하는 자가 있자 엄정구가 그를 은근히 설득하였습니다. 두 사람이 김자점에게 아첨하고 역적 김식을 잘못 천거한 죄를 다스리지 않을 수 없으니, 이해창·엄정구를 모두 관작을 삭탈하고 문외 출송하소서.

판결사 이한은 사람됨이 무식한데다 음험한 짓을 잘 부렸는데, 김자점의 문에 드나들면서 아들과 다름없이 지냈습니다. 또 신면과 서로 표리관계를 이루어 부형을 속이고 의롭지 못한 짓을 자행하였으니, 중도 부처하소서."

하니, 주상이 따르지 않았다. 이지항 등에 대해서는 세 번째 아뢰니 따랐으나, 이한에 대해서는 여러 번 아뢰었어도 파직만을 허락하였다.

- 효종실록 1년 1월 9일 -

1652년 효종 3년 2월 2일 의금부에서 역적의 연좌율 적용에 대해 아뢰다.

의금부가 아뢰기를, "역적의 자매로서 출가한 자에 대해 연좌율을 면제해 주는 한 조목에 관해서는 이미 성상의 분부에 따라 아뢰어 확정했습니다. 그런데 역적의 아들로서 15세 이하인 자에 대해서는 율문에 단지 '공신의 집에 노비로 주라.'고 되어 있을 뿐 본래 유배시킨다는 말이 없습니다. 그러나 전례를 가져다 상고해 보면 모두 노비로 삼아 유배시키는 것으로 되어 있어 율문과는 같지 않은데, 그렇게 된 이유를 모르겠습니다.

그리고 율문에는 '백부·숙부·형제의 아들은 유배 삼천리에 안치시킨다.'는 글이 있는데, 나이를 구분하지 않았습니다. 그런데 갑자년의 결재를 가지고 상고해 보건대 「역적에 연좌되어 유배될 자 가운데 2, 3세 되는 아이는 유배시키지 말라.」고 한 것은 삼촌인 숙질에나 해당되는 말로 역적의 아들로서 노비가 될 자는 이 범주에 들지 않는다.'고 하였습니다. 이렇게 본다면 3세 이하 어린 숙질에게는 유배를 면제시켜 준다는 것은, 율문에는 실려 있지 않지만 이미 법이 되었음을 알 수 있습니다.

그리고 역적의 아들에게 유배를 면제해 주는 것은 필시 법전의 뜻이 아니기에 전후의 기록을 가져다 상고해 보니, 갑신년에 심기원을 처치할 때에 처음 시작된 것으로서, 이는 역적 김자점이 새로 만들어 낸 것이라고 하였습니다. 따라서 율문에 의거한다면 역적의 아들은 2, 3세 이하는 물론이고 15세 이하는 노비로만 삼아야지 유배시키는 것은 부당하며, 만약 전례를 적용할 경우에는 '3세 이하 어린 숙질에게는 유배를 면제해 주라.'는 결재를 역적의 아들에게까지 혼동해서 옮겨 적용해서는 부당합니다. 그러므로 율문에 의거하여 시행하든 아니면 전례를 따라 시행하든 확실하게 하나로 통일하는 조치가 있어야 하겠습니다.

일단 율문대로 적용하지도 않고 또 전례를 준수하지도 않는다면 일이 매우 근거없이 되겠기에 신들이 어제 어전에서 이러한 뜻을 말씀드렸더니, 주상께서 분부하시기를 '역적의 아들로서 15세 이하인 자에게 유배를 시키는 것이 율문과 같지는 않으나, 이는 필시 결재로 말미암았기 때문에 그렇게 된 것일 것이다. 이에 대해서는 이미 전례가 있으니만큼 지금 거론할 필요가 없다. 그리고 3세 이하라고 하여 만약 유배시키지 않는다면 장성한 후에도 서울에서 편히 살게 한단 말인가. 어찌 옛 예규를 버리고 불충한 신하가 새로 만들어 낸 규정을 쓸 수 있겠는가. 고치도록 하라.' 하셨습니다. 이 분부가 참으로 타당하니, 이를 영원한 법으로 삼게 하소서." 하니, 따랐다.

– 효종실록 3년 2월 2일 –

연좌제에 의해 그의 다른 아들들과 장손이자 효명옹주의 남편인 김세룡 역시 처형당했고, 그의 모친과 처, 첩 등은 모두 노비로 끌려갔다. 경기도 이천군 백족산에 있던 그의 아버지 김옥함의 묘소와 선산 분묘도 모두 파헤쳐져서 부관참시되었다.

백족산과 자점보

장호원은 남쪽으로 백족산이 있고 이 백족산 남단을 휘돌아 경기도와 충청도의 경계를 이루는 청미천이 길게 흐르고 있다. 백족산은 장호원읍 남서쪽에 우뚝 솟은 해발 402m의 산으로 백개의 발이 달린 커다란 지네가 이 산에 살았다는 전설에서 유래되어 '백족산'으로 불리워 지기도 한다.

백족산의 서북면은 경사가 완만한 반면, 남동면은 가파른 급경사를 이루어 산줄기가 맺힌 그 밑을 청미천이 감돌아 흐르고 있으니 조선 영조 때 문신인 유척기가 지은 다음 싯구가 있다.

山欲渡江江頭立 산은 강을 건너고저 강머리에 우뚝 섰고
水將　石石頭流 물은 장차 돌을 뚫고서 돌머리로 흐르더라.

이 백족산 기슭에 청미천을 막아 쌓은 보洑가 있으니, 인조 때의 역신 김자점이 쌓았다고 하여 '자점보' 또는 '자재미보'라 불리워지고 있으며, 다음과 같은 유래를 지니고 있다.

백족산 산중에는 비룡상천형이라는 명당자리가 있다고 한다. 이 명당자리에 묘를 쓰면 그 자손이 크게 번성하여 대대손손 부귀영화를 누리게 된다고 하여 누구나 탐내는 자리였다.

김자점이 이 명당자리에 잔뜩 눈독을 드리고 있다가, 인조반정에 가담하여 정사공신 1등으로 권세를 휘어잡게 되자 부친의 묘를 이곳에 썼다. 그러나, 풍수설에 이르기를 비룡飛龍은 물이 있어야 마음껏 조화를 부릴 수 있으니, 비룡상천형에는 반드시 그 앞에 큰물이 있어야 하는데 청미천 만으로는 물의 세력이 부족한 것이 한가지 흠이었다.

김자점은 수많은 인부들을 동원하여 청미천을 가로질러 석축을 쌓아 사시사철 푸른 물이 고여있는 인공호수를 만듦으로써, 부친의 묘를 명실상부한 비룡상천의 명혈名穴이 되도록 하였다. 그 후 가뭄이 들면, 인근지역의 농부들이 자점보의 물을 몰래 뽑아 썼던 탓에 지금의 장호원읍 오남리 일대는 가뭄을 모르는 옥토가 되었고, 김자점이 이곳에서 나오는 좋은 쌀을 임금님께 진상해서 더욱 권세를 누렸다고도 한다.

조선조의 사대부들은 풍수설을 크게 신봉했으니, 비룡상천의 명당을 차지하게 된 김자점이 더욱 기고만장했을 것임은 자명한 일이다. 좋은 가문 출신으로 음보蔭補로 벼슬을 시작한 김자점은 공신으로 득세하고 그의 손자를 효명옹주와 결혼시켜 왕실의 외척으로 부원군이 되었으며, 마침내는 최고의 관작인 영의정에까지 올라 마음껏 권세를 휘두르게 된 것도 부친의 묘자리를 쓴 덕분이라고 믿었을 것이다.

그러나, 명장 임경업을 모함하여 죽이는 등 악행을 일삼다가, 효종 즉위 후 반대파의 탄핵으로 유배되었다. 김자점은 자신의 정치적 위기를 벗어날 작정으로 청나라와 내통하며 조선이 북벌을 계획한다며 증거로 청나라의 연호를 쓰지 않은 장릉지문長陵誌文을 청나라로 보내며 고발하기에 이른다. 하지만 그의 기도는 효종의 기민한 수습으로 실패하고, 1651년 역모죄로 처형되니, 항간에는 '이괄이 꽹과리가 되고 자점이 점점이 되었다'는 두 역신을 조롱하는 동요가 생겨났다.

김자점이 역모죄로 죽은 후 백족산에 있는 그 부친의 묘까지 부관 참시를 위해 파헤쳤더니 장례를 지낼 때 엎어서 묻었던 시체가 거의 용의 모습으로 화하여 자점보 쪽을 향해 굴을 뚫고 전진해 가던 중이었더라고 한다. 결국 형리들이 용의 목을 잘랐는데 지금도 백족산 기슭에 있는 이 비룡상천의 명당자리에는 그 때 용이 뚫은 굴의 흔적이 남아 있다는 것이며, 바람이 몹시 부는 날도 이곳만은 바람기가 조금도 없이 잔잔하다고 한다.

자점보는 1988년 전까지 원형이 손상되지 않은 채 청미천을 비스듬히 가로지르는 길이 약 500미터에 폭 2~6미터 정도의 석축 형태로 남아있다가 콘크리트 보로 개축되면서 옛 모습은 사라져 버렸으나 현재에도 오남리 벌판에 물을 대는 중요한 보의 역할을 하고 있다.

- 장호원 읍지 -

[승진과정]

<table>
<tr><td></td><td>과거 급제를 거치지 않고 음보로 병조좌랑</td></tr>
<tr><td>1622년[35세]</td><td>광해 14년 12월 23일 이귀·김유·신경진·최명길·이괄 등과 함께 반정을 계획하다가 역모계획이 탄로나다.</td></tr>
<tr><td>1623년[36세]</td><td>3월 12일 인조반정. 3월 호조좌랑, 5월 공조정랑, 7월 특별승진하여 지평, 9월 동부승지, 10월 좌승지, 윤 10월 정사공신 1등</td></tr>
<tr><td>1624년[37세]</td><td>인조 2년 승정원 승지, 1월 17일 이괄의 변란.</td></tr>
<tr><td>1625년[38세]</td><td>인조 3년 7월 세자빈으로 윤의립의 딸이 간택 8월 동궁비 간택 관련 김자점을 식탈관직 문외출송</td></tr>
<tr><td>1627년[40세]</td><td>인조 5년 1월 17일 정묘호란. 순검사로 삼아 강화도로 인조를 호종하게 하였다.</td></tr>
<tr><td>1628년[41세]</td><td>인조 6년 1월 한성판윤, 지의금부사, 9월 종1품 숭정대부로 승진</td></tr>
<tr><td>1629년[42세]</td><td>인조 7년 1월 한성판윤, 3월 겸 빈전도감 당상</td></tr>
<tr><td>1630년[43세]</td><td>인조 8년 7월 한성판윤 겸 상의원 제조 겸 강화도 구관당상</td></tr>
<tr><td>1631년[44세]</td><td>인조 9년 8월 강화유수</td></tr>
<tr><td>1633년[46세]</td><td>인조 11년 2월 도원수</td></tr>
<tr><td>1636년[49세]</td><td>인조 14년 1월 척화와 강화의 논란. 양서원수</td></tr>
<tr><td>1636년[49세]</td><td>인조 14년 12월 병자호란</td></tr>
<tr><td>1637년[50세]</td><td>인조 15년 2월 10일 도원수 김자점 토산 전투에서 참패한 죄로 벼슬식탈 문외출송 2월에 중도 유배, 절도정배</td></tr>
<tr><td>1639년[52세]</td><td>인조 17년 7월 특별 사면</td></tr>
<tr><td>1640년[53세]</td><td>인조 18년 1월 강화 유수, 2월 호위대장</td></tr>
<tr><td>1642년[55세]</td><td>인조 20년 1월 숭록대부로 승진, 병조판서</td></tr>
<tr><td>1643년[56세]</td><td>인조 21년 1월 18일 반궁에 황감제 김자점의 아들 김식이 수석을 차지</td></tr>
<tr><td>1643년[56세]</td><td>인조 21년 1월 28일 병조판서 면직. 4월 판의금부사, 5월 우의정, 겸 어영청 도제조, 대광보국숭록대부, 11월 청나라 심양 하례사</td></tr>
<tr><td>1644년[57세]</td><td>인조 22년 1월 귀국, 1월 좌의정.</td></tr>
</table>

3월 4일 좌의정 사직, 3월 6일 낙흥 부원군,

5월 청나라 진하 겸 사은사, 8월 귀국

1645년[58세] 인조 23년 4월 도제조, 8월 청나라 사은사

겸 세자책봉 주청사, 12월 귀국

1646년[59세] 인조 24년 2월 내의원 도제조.

강빈이 독을 넣었다고 의심하여 처벌 상소

1646년[59세] 인조 24년 2월 15일 강씨를 사사하라고 명하다

1646년[59세] 인조 24년 2월 18일 다시 좌의정.

1646년[59세] 인조 24년 3월 27일 영의정 겸 약방도제조

1647년[60세] 인조 25년 8월 효명옹주에게 손자 김세룡 장가

1649년[62세] 인조 27년 5월 8일 인조 사망, 효종즉위

1649년[62세] 효종즉위년 6월 파직 광양현에 유배하다.

1651년[64세] 효종 2년 12월 17일 아들 김익이 수어청 군사와 수원 군대를 동원해 숭선군을 추대하려는 역모가 폭로되어 김자점은 아들과 함께 사형에 처하였다.

효종
시대
1

90. 이경석李景奭

정종의 후손으로 삼전도비문을 짓다.

생몰년도	1595(선조 28)~1671(현종 12) [77세]
영의정 재직기간	(1649.8.4~1650.3.11) (7개월)
본관	전주全州
자	상보尙輔
호	백헌白軒
시호	문충文忠
저서	백헌집, 장릉지장
글	삼전도 비문
배향	남원 방산서원
묘소	경기도 성남시 분당구 석운동
기타	김장생의 문인
7대조	조선 2대 국왕 정종
증조부	이계수李繼壽 – 함풍군
조부	이수광李秀光 – 이조판서
부	이유간李惟侃 – 동지중추부사
모	개성 고씨 – 고한량의 딸
처	전주 류씨 – 류색柳穡의 딸
장남	이철영李哲英
손자	이우성李羽成
손자	이하성李廈成
장녀	조원기에게 출가

정종의 후손으로 임금을 위해 충성을 다하다

　이경석의 자는 상보尙輔이며, 호는 백헌白軒으로 정종의 열째아들 덕천
군 이후생의 6대손이다. 증조부는 함풍군 이계수이고, 조부는 이수광이
며, 아버지는 동중추부사 이유간으로, 어머니는 개성 고씨로 대호군 고
한량의 딸이다.

　어려서 형 이경직에게 글을 배울 때 매번 창문 가에서 책을 읽었으며,
집안이 가난하여 흉년에는 일찍 집을 나갔다가 배고픔을 참고 늦게 돌아
와 어머니가 밥상을 대하고 있으면 숨어 있다가 식사를 마치기를 기다렸
으니, 그 효성이 이와 같았다. 나이 13세 때 부친께서 개성 도사가 되었
는데, 이때 청음 김상헌이 경력으로 있으면서 이경석을 매우 기이하게 여
겨 말하기를, "우리들이 미칠 수 없는 바이다." 하였다.

　1623년[29세] 인조 반정 후 과거에 급제하여 승문원에 보직되었고, 사
국에 들어가 검열과 봉교를 지내고 이듬해에 주서로 옮겼다.
　이괄의 반란이 일어나 임금이 남쪽으로 피난하게 되었는데, 백관들이
모두 도망해버려 어가를 따르는 자는 승지 한효중과 이경석, 그리고 내관
두 사람뿐이었다. 어가를 수행해 공주까지 갔다가 어가가 돌아온 후, 전
적으로 옮겼으며 정언을 거쳐 수찬이 되었다.
　1625년[31세] 인조 3년에 정언이 되어서는 '경연 열 때를 면대할 것'을
청하였는데, 양사에서 경연에 들어간 것이 이때부터 시작되었다. 헌납과
부교리를 거쳐 1626년 인조 4년 가을에 이조의 낭관에 옮겨져 사가 독서
를 하고, 중시에 1등으로 급제하였다.

1627년[33세] 인조 5년에 청나라 군사가 쳐들어오자 체찰사 장만이 이 경석을 불러 군사를 따라 서쪽으로 가서 인하여 관동의 군량을 감독해 운반하였다. 수찬을 거쳐 직강이 되었는데, 김원이란 자가 남의 사주를 받아 선비들을 모함하므로 이경석 역시 불안하게 되어서 고향으로 물러 나 몇 달 있다가 돌아왔다.

1628년[34세] 인조 6년에 이조정랑에 제수되었는데, 승평 부원군 김류 가 패장敗將 이일원을 서쪽 수령으로 임명하려고 하므로 이경석이 말하 기를, "적군이 반드시 우리나라에 사람이 없다고 할 것이다." 하니, 이에 중지하였다. 유효립의 옥사가 일어나자 문사랑이 되어 통정대부로 승진하 였고 가을에 승지에 임명되어 좌부승지로 옮겼다.

1629년[35세] 인조 7년 3월 정시에서 제 2등에 뽑혔으며 가을에 부모 봉양을 위해 외직으로 나가기를 요청하여 양주 목사로 나갔다가 1630년 인조 8년 가을에 병때문에 돌아왔다. 양주에 있으면서 쌓인 관곡을 모 조리 견감하였다. 아전들이 말렸으나 따르지 않았는데 이로 파직되어 오 랫동안 실무가 없는 직책에 있었다.

1632년[38세] 인조 10년 봄에 승정원으로 돌아왔다. 임금이 어버이에 게 감귤을 하사하여 보내 이경석이 감격하여 시를 지었는데, 관리들이 전해가며 노래하였다. 4월에 우승지로 승진하였다. 이경석이 오랜 동안 승지로 있으면서 왕비의 부탁을 막아서 바로잡은 것이 많았다. 여름에 장릉[33]을 추숭하고 가선대부로 승진하였는데, 아버지와 형이 이미 2품에

---

33) 장릉 : 인조의 생부 원종

올라 있어서 부자 형제가 모두 재상의 반열에 있게 되어 사람들이 영광스럽게 여겼다. 6월에 모친상을 당하였고, 1634년 인조 12년에 또 부친상을 당하였다.

1636년[42세] 인조 14년에 상제를 마치고, 연달아 부제학·대사헌에 임명되었다. 봄에 청나라에서 사신을 보내오자 사신을 참수하여 거절해야 한다 하니, 사신이 도망해 버려 조야의 인심이 흉흉하였다. 이경석이 임금에게 아뢰기를, "시대 상황을 생각하지 않고 강한 적을 함부로 건드리면 그들이 반드시 쳐들어오게 되니, 깊이 생각하지 않으면 안 됩니다." 하였다. 12월에 청나라 군사가 대거 침입하자 임금이 강화도로 피난하려고 남문을 나서니, 적군의 기병이 이미 사령沙嶺 가까이 와 있었다. 이경석이 말하기를, "일이 급하니 마땅히 남한산성으로 달려가 지켜야 합니다." 하였다. 임금이 김류에게 물으니, 김류는 강화도로 가기를 청하므로 이경석이 굳이 다투자 임금이 이경석의 의견을 따랐으며, 장수를 보내 적병을 막기를 청하니, 임금이 따랐다.

이때 창졸간에 이경석은 걸어서 남한산성으로 달려가 부제학에 임명되었는데, 이미 남한산성이 포위되었으므로 '삼사와 백관들이 모두 나서서 싸움을 독려하고, 어사가 대오를 편성해서 밤낮으로 경계하라'고 청하니, 임금이 깊이 생각하고는 좋은 생각이라 칭찬하였다. 눈이 크게 내려 사졸들이 추위에 떨자, 이경석은 또 '대소 관원이 옷을 벗어 사졸들에게 나누어주어 군사들이 솜옷을 입은 듯 은혜에 감복해 추위를 잊도록 할 것'을 청하였다. 이경석은 밤에 번번이 한두 번씩 일어나 걸어서 행궁에 가 임금의 기거를 묻고는 물러 나와 서로 붙들고 통곡하는 등 각기 충의忠義를 다하기에 힘썼다.

1637년[43세] 인조 15년 궁궐로 돌아와 도승지에 제수되었다가 부제학과 대사헌으로 옮겼으며, 다시 도승지가 되었다. 이 때에 청나라 인이 삼전도비를 세우려고 그 비문을 요청하자 임금이 장유와 조희일에게 지어 올리라고 명하였는데, 모두 저들의 마음에 들지 않자 호통을 치며 독촉하였으므로 임금이 이경석에게 명하기를, "월나라 구천은 신첩 노릇을 부끄러워하지 않고 자강하기를 도모하였다. 오늘날에는 저들의 비위를 맞추어야지 행여 격노하게 해서는 안 된다." 하여 이경석은 억지로 명을 따랐다. 석문에게 글을 보내기를, "문자를 배운 것이 후회됩니다." 하고, 또 시를 지어 "오계浯溪의 백 길 절벽에 부끄럽네" 하였다.

1638년[44세] 인조 16년에 대제학에 임명되고, 7월에는 이조 참판에 제수되었다. 이때 유석·박계영·이계 등이 청음 김상헌을 배척하였으므로 임금께서 평소 불쾌하게 여겼는데, 정온과 김상헌이 자못 그의 말 가운데 들어 있자 이경석이 말하기를, "김상헌과 정온을 죄주어서는 안 되니, 한쪽 말만 들어서는 안 됩니다." 하고는 이조 참판을 사직하여 교체되었다.

1639년 [45세] 인조 17년 봄에 이조판서로 승진하고, 이듬해 1640년 인조 18년 봄에 비밀 상소를 올렸다. 이때 승려 독보를 중국에 들여보냈는데 이경석은 완성군 최명길과 밀의하였다. 이경석은 독보를 밀실로 이끌어들여 울면서 보냈다. 3월에 대제학을 사면 해직되었는데, 청나라인이 대질을 힐책하여 이경석 역시 관직을 삭탈당했다가 겨울에 특별히 서용되어 이식과 함께 의논하여 국서를 짓고, 대사헌이 되었다.

1641년[47세] 인조 19년 봄에 우참찬에 임명되었다가 다시 대사헌이 되었다. 가을에 세자시강원 이사로 심양에 가게 되니, 임금이 불러만나고 잘 보도하라고 격려하였다. 이경석이 심양에 도착하여 세자와 날마다 서연 열기를 청하여 빈객으로 하여금 번갈아 강하게 하고 일에 따라 간절히 간하니, 세자 역시 존경하고 예우하였다.

청나라 사람들이 식량 대주는 것을 꺼려하여 여러 볼모들에게 스스로 농사를 지어먹게 하면서 농정을 투입하라고 독촉하니, 이경석은 힘껏 그 불가함을 다투어 말하기를, "나는 임무를 맡고 왔으니, 나라에 편리하면 되지 감히 몸을 돌보겠는가?" 하자, 청나라 사람들 역시 감히 강요하지 못하였고 또 갖가지로 힐책하자, 미봉한 것이 한두 가지가 아니었다. 김상헌이 박황·조한영과 함께 오랫동안 갇혀 있으면서 욕을 당하고 있었는데, 이경석은 심양에 들어간 3일 만에 몰래 세자에게 아뢰어 늦추어 주기를 도모하였다. 세자가 이경석과 함께 모의하여 권세를 부리는 자들에게 뇌물을 쓰니, 청나라 임금이 세자를 불러 묻고는 돌려보내기를 허락하면서 세자시강원 이사와 함께 나가도록 하여 제공들이 끝내 무사하였는데, 이는 모두 이경석의 힘이었으나 아는 자가 없었다.

1642년[48세] 인조 20년 3월에 다시 심양에 들어갔다. 여름에 조정으로 돌아왔다가 7월에 다시 들어갔다. 이보다 앞서 명나라 배가 선천에 도착하자 정태화가 놓아 보냈는데, 청나라 사람들이 나중에 알고는 이경석을 보내 따져 물었다. 8월에 나라로 돌아와 그 상황을 급하게 아뢰니, 조정에서 이경석으로 하여금 그곳에 머무르면서 조사하고 서울에 돌아오지 말라고 하여 감사 심연과 병사 김응해만 파직하였다. 청나라에 보고하기를 재촉하므로 부득이 이경석이 9월에 다시 심양에 들어가 고하니, 청나라 사람이 노하여 변방 수령과 장령을 두루 심양으로 불러들여 따져 물으려고 하였는데, 이경석이 힘껏 변명하여 선천 수령만 불러 대답하게 하였다. 청나라 사람이 이경석이 중도에서 여러 차례 왕래하였다고 힐책하자, 이경석은 조정에 책임을 물을까 두려워하여 사실을 명백하게 밝히지 않았다. 청나라 임금이 '명을 전달하지 않았고 임금을 만나지도 않고 돌아왔다'고 하면서 동관 감옥에 가두었다가 얼마 후 봉황성으로 보내 여러 사람들과 함께 구류하였다. 이때 세자가 청나라 장수를 따라 먼저 봉황성에 가 있다가 그 일을 조사하였다. 이경석이 세자를 알현하고자 하였으나 허락하지 않았는데, 이때 대신 이하 구류되어 있는 자가 매우 많아 각자 금품을 지불하고 화를 늦추려고 하였으나 이경석만 달가워하지 않으면서 말하기를, "반드시 죽음에 이르지는 않을 것이다. 세자의 스승이 돈을 쓰는 것을 나부터 시작해서는 안 된다. 나는 얼음산이나 북쪽 바다라도 달가운 마음으로 가겠다." 하였다. 후일 여러 사람들은 모조리 돌아왔으나 이경석만은 가장 오래 구금되었다가 12월에야 석방되어 나라로 돌아왔으나 거두어 서용하지 말도록 하였다.

1643년[49세] 인조 21년에 참찬에 임명되었다. 이듬해에 우의정 이경여가 심양으로 들어갔는데, 여러 감금된 사람을 함부로 용서했다고 해서 구류를 당하고 파직되었다. 세자가 감금된 여러 신하들을 서용하기를 청하여 1645년 인조 23년 봄에 사신이 와서 서용하기를 허락해 대사헌에 임명되었다. 4월에 이조판서에 임명하자, 인사에 공정함을 다하고 지나치게 넘침을 경계하고 적체된 자들을 선발하고 인재를 찾아 이름을 명부에 적어놓았다가 자리가 나는 대로 천거하였다. 시골에 깊이 숨어 있는 자에게 마음을 썼으므로 송준길·송시열·권시·이유태 등 여러 사람이 처음으로 벼슬길에 나온 것은 이경석이 이조판서로 재직할 때였다.

소현 세자가 귀국하여 얼마 지나지 않아 승하하여 여러 신하들의 복제가 결정되지 않자, 이경석은 이식·이목과 함께 상소하여 청하기를, "백포 검은 모자로 했다가 졸곡하고 벗어야 합니다." 하니, 이를 따랐다. 9월에 우의정에 제수되었는데, 10월에 우뢰의 재변이 있자 면직하기를 빌면서 '덕을 닦아 재변을 늦추고 자주 공경 이하를 불러서 정사의 득실을 묻고 어짐과 사특함을 살피며 예를 다해 김집 등을 초빙하고 유백증·홍무적 등을 언관으로 서용하라'고 아뢰었다. 또 옛날의 잠언이나 경계가 될 만 한 말, 주례周禮의 열두 가지 황정[34], 전한시대 유향劉向의 육정 육사六正 六邪[35]를 써서 좌우와 내외의 성서省署, 군읍의 청사 벽에 걸어 출입하면 서 보고 살피게 하기를 청하니, 가납하였다. 이해에 가뭄으로 흉년이 들 었으므로 이경석이 진휼하는 일을 전담하여 구제해 살린 자가 많았는데, 진휼을 마치고도 남은 곡식이 많자 경기에 나누어주어 환곡에 보태도록 하였다. 또 때때로 곡식을 비축하여 홍수와 가뭄에 대비하였으니, 상평 법이 이때부터 시작된 것이다.

---

34) 황정 : 백성을 구휼하는 일

35) 육정六正

1. 앞일을 헤아려 군주에게 선정을 베풀도록 하는 성신聖臣,
2. 좋은 계획을 진언하고 옳은 길로 가도록 군주를 보필하는 양신良臣
3. 어진 사람을 군주에게 적극 추천하는 충신忠臣
4. 일을 잘 처리해 군주를 편안하게 하는 지신智臣
5. 원칙을 존중하고 청렴한 생활을 하는 정신貞臣
6. 아첨 않고 면전에서 군주의 잘못을 거침없이 직언하는 직신直臣

육사六邪
1. 패신貝臣 : 지위에 안주하고, 봉급만 탐내고, 주위의 정세에만 신경을 쓰는 신하.
2. 유신諛臣 : 아첨을 일삼아서, 상사의 일은 무조건 좋다 하고 좋아하는 것을 상납하는 신하.
3. 간신姦臣 : 겉과 속이 달라서 겉으로는 성인군자연 하면서 실제는 사악한 마음을 품은 신하.
4. 참신讒臣 : 자신의 잘못을 감추거나 남을 설득시키는 재주가 있으나 분열과 분쟁을 일삼는 신하.
5. 적신賊臣 : 자기 좋을 대로 규칙을 변경하고, 사적인 도당을 만들어 지위를 높이는 신하.
6. 망국신亡國臣 : 상사를 모함하고, 현명한 사람을 배척하며, 상사의 나쁜 면을 내외에 선전하는 신하.

1646년[52세] 인조 24년 봄에 강빈의 옥사가 일어나자 이경석은 여러 대신들과 쟁론하였으므로, 임금께서 매우 노여워하여 심지어 이경석과 이경여를 거론하며 이르기를, "이 두 사람은 내가 매우 후하게 대우하였는데, 어찌 나를 이처럼 저버릴 줄 알았겠는가?" 하였다. 3월에 연경에 사신으로 가게 되어 우의정직을 해면하고, 6월에 돌아왔다.

1647년 인조 25년 2월에 좌의정에 제수되었다. 8월에 병이 심해져서 면직하였다.

1648년[54세] 인조 26년 여름에 다시 좌의정에 제수되었다. 날씨가 청명하고 화창한 날이면 유신 몇 명을 불러 경사를 논하고 정치를 의논하기를 청하였다.

1649년 인조 27년 2월에 입궐하여 말하기를, "백성들의 생활이 날로 어려워지고 있으니, 마땅히 여러 신하들로 하여금 잘못을 모조리 말하게 하여 성심으로 받아들여야 합니다." 하고, 또 "마땅히 직언을 받아들여야 합니다. 이경여나 홍무적 같은 자는 결단코 다른 뜻이 없었고, 이응시와 심로는 죄를 입은 지 이미 오래이니, 모두 거두어 서용하기를 청합니다." 하였다. 여름에 세손을 책봉하였는데, 이경석은 말하기를, "김집과 송준길, 송시열을 불러서 보도를 책임 지워야 마땅합니다." 하였다.

5월에 인조가 승하하고 효종이 즉위 하였다 이때 김상헌이 임종에 들어왔다가 빈을 마치고 돌아가려고 하니, 이경석이 아뢰어 머물게 하고, 김집·송준길·송시열·권시·이유태 등을 역마를 보내 부르니 사방의 명사들이 조정에 다 모이게 되었다.

8월 영의정에 제수되자 좌의정 김상헌에게 사양했으나 윤허하지 않았다. 10월에 입궐하자, 임금이 재난을 걱정하였는데, 이경석이 말하기를, "비단 천재뿐만 아니라 교화가 밝혀지지 않고 있습니다. 허조는 세종에게 상하의 구분을 엄하게 하기를 권하였으며, 선조 때는 정엽과 김육에게 대사성을 겸임시켜 효과 이루기를 책임 지웠습니다." 하였다. 또 말하기를, "상벌이 제대로 시행되어야 사람들이 마음으로 기꺼이 복종합니다." 하고는 당나라 왕숙문의 일을 언급하였다.

1650년[56세] 효종 원년 2월에는 청나라의 사신 여섯 명이 왔다. 효종의 북벌 계획이 이언표 등의 밀고로 청나라에 알려져 사문사건査問事件이 일어나게 되었다. 청나라의 사문사는 남별궁에서 영의정 이경석과 정승·판서 및 양사(사헌부·사간원)의 중신 등을 모두 세워놓고 북벌 계획의 전말을 조사, 죄를 다스리고자 해 조정은 큰 위기를 맞았다. 이경석은 이에 끝까지 국왕을 비호하고 기타 관련자들까지 두둔하면서 모든 것을 자신의 책임으로 돌려 국왕과 조정의 위급을 면하게 하였다. 그리하여 청나라 사신들로부터 '대국을 기만한 죄'로 몰려 극형에 처해졌으나 국왕이 구명을 간청해 겨우 목숨만을 부지, 청나라 황제의 명으로 백마산성에 위리안치되었다.

1651년 효종 2년 2월에 이경석이 도성 밖에 이르자, 근신이 맞이하여 위로하였으며, 이튿날 소견하고 월봉을 내렸다. 이경석이 백마산성에 있을 때 위급한 화가 하루가 다르게 급박해졌으나 원망하거나 후회하는 빛이 없이 오직 경사를 읽으면서 시詩와 잠箴을 지었으며, 때때로 조경과 술을 마시며 시를 읊기도 하고, 간혹 지팡이를 짚고 산골짜기를 찾았다. 돌아와서는 강 근교에 사는 때가 많았는데, 때로 친구를 따라 술잔을 기울이며 시를 읊조렸다.

1653년[59세] 효종 4년 봄에 영돈녕을 특배하였고 1658년 효종 9년 11월에도 영돈녕이 되었다.

1659년[65세] 효종 10년 5월에 효종이 승하하자 자의 대비의 복제를 의논하면서 예관은 아들에게 기년복을 입어야 한다고 주장하고, 혹자는 마땅히 3년복을 입어야 한다고 주장하였는데, 송시열 등은 기년복을 주장하면서 당나라 가공언의 사종설을 인용하였다.

1661년[67세] 현종 2년 여름에 참찬 송준길이 윤선도를 가까운 땅으로 옮기라고 청하니, 이경석이 그 말을 받아들여야 한다고 하였다.

1664년 현종 5년에 공의 나이 70세여서 벼슬에서 물러가기를 청원하는 상소를 일곱 번이나 올렸으나, 윤허하지 않아 만나서 거듭 간청했으나 그래도 윤허하지 않았다.

1668년[71세] 현종 9년에 재변으로 인하여 여섯 가지 경계할 일을 진달하였으니, '성학聖學·교화敎化·형옥刑獄·수령守令·부역賦役·사치奢侈'에 관한 것들이었다. 10월에 이경석에게 궤장을 하사하니, 여러 차례 사양했으나 윤허하지 않았다. 기로연을 베풀어주려고 하므로 또 힘껏 사양하자, 관할사가 예를 갖추어 궤장을 가져오고 음악을 하사하는 한편 내외에 술을 내리니, 완평 부원군 이원익 이후 50년 만에 처음 있는 일이어서 일세가 감탄하였다.

삼전도 비문을 짓다

1637년[43세] 인조 15년 11월 삼전도 비문을 짓다. 청국은 삼전도에 그들의 승첩비를 세우겠다며 우리 조정에 비문을 지어 바치게 하였다. 임금이 장유와 조희일에게 지어 올리라고 명하였는데, 모두 저들의 마음에 들지 않자 호통을 치며 독촉하므로 임금이 이경석에게 명하기를, "월나라 왕 구천은 신첩 노릇을 부끄러워하지 않고 스스로 강해지기를 도모하였다. 오늘날은 저들의 비위를 맞추어야지 행여 격노하게 해서는 안 된다." 하여 이경석은 억지로 명을 따랐다. 석문에게 글을 보내기를, "문자를 배운 것이 후회됩니다." 하고, 또 시를 지어 "오계浯溪의 벼랑바위 백 길 절벽에 부끄럽네 하였으니, 이경석의 뜻을 알 수 있겠다.

장유와 이경석이 지은 삼전도 비문을 청나라에 들여보내 그들로 하여금 스스로 택하게 하였다. 범문정 등이 그 글을 보고, 장유가 지은 것은 인용한 것이 온당함을 잃었고 이경석이 지은 글은 쓸 만하나 다만 중간에 첨가해 넣을 말이 있으니 조선에서 고쳐 지어 쓰라고 하였다. 주상이 이경석에게 명하여 고치게 하였다. 그 글은 다음과 같다.

"대청大淸 숭덕崇德 원년 겨울 12월에, 황제가 우리나라에서 화친을 무너뜨렸다고 하여 혁연히 노해서 위엄과 무력으로 곧바로 정벌에 나서 동쪽으로 향하니, 감히 저항하는 자가 없었다. 그 때 우리 임금은 남한산성에 피신하여 있으면서 봄날 얼음을 밟듯이, 밤에 밝은 대낮을 기다리듯이 두려워한 지 50일이나 되었다. 동남쪽 여러 도의 군사들이 잇따라 무너지고 서북의 군사들은 산골짜기에서 머뭇거리면서 한 발자국도 나올 수 없었으며, 성 안에는 식량이 다 떨어지려 하였다.

이때에 대군이 성에 이르니, 서릿바람이 가을 낙엽을 몰아치는 듯, 화로 불이 기러기 털을 사르는 듯하였다. 그러나 황제가 죽이지 않는 것으로 위엄과 무력을 삼아 덕을 펴는 일을 먼저 하였다. 이에 칙서를 내려 효유하기를 '항복하면 짐이 너를 살려주겠지만, 항복하지 않으면 죽이겠다.' 하였다. 영아아대와 마부대 같은 대장들이 황제의 명을 받고 연달아 길에 이어졌다.

이에 우리 임금께서는 문무 여러 신하들을 모아 놓고 이르기를 '내가 대국에 우호를 보인 지가 벌써 10년이나 되었다. 내가 혼미하여 스스로 천자의 군대를 불러들여 백성들이 어육이 되었으니, 그 죄는 나 한 사람에게 있는 것이다. 황제가 차마 도륙하지 못하고 이와 같이 효유하니, 내 어찌 감히 공경히 받들어 위로는 종사를 보전하고 아래로는 우리 백성들을 보전하지 않겠는가.' 하니, 대신들이 그 뜻을 도와 드디어 수십 기병을 거느리고 군문에 나아가 죄를 청하였다. 황제가 이에 예로써 우대하고 은혜로써 어루만졌다. 한번 보고 마음이 통해 물품을 하사하는 은혜가 따라갔던 신하들에게까지 두루 미쳤다. 예가 끝나자 곧바로 우리 임금을 도성으로 돌아가게 했고, 즉시 남쪽으로 내려간 군사들을 소환하여 군사를 정돈해서 서쪽으로 돌아갔다. 백성들을 어루만지고 농사를 권면하니, 새처럼 흩어졌던 원근의 백성이 모두 자기 살던 곳으로 돌아왔다. 이 어찌 큰 다행이 아니겠는가.

우리나라가 상국에 죄를 얻은 지 이미 오래 되었다. 기미년 싸움에 도원수 강홍립이 명나라를 구원하러 갔다가 패하여 사로잡혔다. 그러나 태조 무황제께서는 강홍립 등 몇 명만 억류하고 나머지는 모두 돌려보냈으니, 은혜가 그보다 큰 것이 없었다. 그런데도 우리나라가 미혹하여 깨달을 줄 몰랐다. 정묘년에 황제가 장수에게 명하여 동쪽으로 정벌하게 하였는데, 우리나라의 임금과 신하가 강화도로 피해 들어갔다. 사신을 보내 화친을 청하자, 황제가 윤허를 하고 형제의 나라가 되어 강토가 다시 완전해졌고, 강홍립도 돌아왔다.

그 뒤로 예로써 대우하기를 변치 않아 사신의 왕래가 끊이질 않았다. 그런데 불행히도 천박하고 경솔한 의논이 선동하여 난의 빌미를 만들었다. 우리나라에서 변방의 신하에게 경계하는 말에 불손한 내용이 있었는데, 그 글이 사신의 손에 들어갔다. 그런데도 황제는 너그러이 용서하여 즉시 군사를 보내지 않았다. 그러고는 먼저 황제의 뜻을 내려 언제 군사를 출동시키겠다고 정성스럽게 반복하였는데, 귓속말로 말해 주고, 만나서 말해 주는 것보다도 더 정성스럽게 하였다. 그런데도 끝내 화를 면치 못하였으니, 우리나라 임금과 신하들의 죄는 더욱 피할 길이 없다.

황제가 대군으로 남한산성을 포위하고, 또 한쪽 군사에게 명하여 강화도를 먼저 함락하였다. 궁빈·왕자 및 서울 선비의 처자식들이 모두 포로로 잡혔다. 황제가 여러 장수들에게 명하여 소란을 피우거나 피해를 입히는 일이 없도록 하고, 따르는 관리

및 내시로 하여금 보살피게 하였다. 이윽고 크게 은전을 내려 우리나라 임금과 신하 및 포로가 되었던 권속들이 제자리로 돌아가게 되었다. 눈·서리가 내리던 겨울이 변하여 따뜻한 봄이 되고, 만물이 시들던 가뭄이 바뀌어 때맞추어 비를 내리게 되었으며, 온 국토가 다 망했다가 다시 보존되었고, 종사가 끊어졌다가 다시 이어지게 되었다. 우리 동토 수천 리가 모두 다시 살려주는 은택을 받게 되었으니, 이는 옛날 서책에서도 드물게 보이는 바이니, 아 성대하도다!

한강 상류 삼전도 남쪽은 황제가 잠시 머무시던 곳으로, 제단이 있다. 우리 임금이 공조에 명하여 단을 증축하여 높고 크게 하고, 또 돌을 깎아 비를 세워 영구히 남김으로써 황제의 공덕이 참으로 조화와 더불어 함께 흐름을 나타내었다. 이 어찌 우리나라만이 대대로 길이 힘입을 것이겠는가. 또한 대국의 어진 명성과 정당한 무력에 제아무리 먼 곳에 있는 자도 모두 복종하는 것이 여기에서 시작될 것이다.

돌이켜보건대, 천지처럼 큰 것을 그려내고 일월처럼 밝은 것을 그려내는 데 그 만분의 일도 비슷하게 하지 못할 것이기에 삼가 그 대략만을 기록할 뿐이다.

비명은 다음과 같다.

하늘이 서리와 이슬을 내려 죽이기도 하고 살리기도 한다.
오직 황제가 그것을 본받아 위엄과 은택을 아울러 편다.
황제가 동쪽으로 정벌함에 그 군사가 십만이었다.
기세는 뇌성처럼 진동하고 용감하기는 호랑이나 곰과 같았다.
서쪽 변방의 군사들과 북쪽 변방의 군사들이
창을 잡고 달려 나오니 그 위령 빛나고 빛났다.

황제께선 지극히 인자하시어 은혜로운 말을 내리시니
열 줄의 조서가 밝게 드리움에 엄숙하고도 온화하였다.
처음에는 미욱하여 알지 못하고 스스로 재앙을 불러왔는데
황제의 밝은 명령 있음에 자다가 깬 것 같았다.

우리 임금이 공손히 복종하여 서로 이끌고 귀순하니

위엄을 두려워한 것이 아니라 오직 덕에 귀의한 것이다.

황제께서 가상히 여겨 은택이 흡족하고 예우가 융숭하였다.

황제께서 온화한 낮으로 웃으면서 창과 방패를 거두시었다.

무엇을 내려 주시었나 준마와 가벼운 갖옷이다.

도성 안의 모든 사람들이 이에 노래하고 칭송하였다.

우리 임금이 돌아오게 된 것은 황제께서 은혜를 내려준 덕분이며

황제께서 군사를 돌리신 것은 우리 백성을 살리려 해서이다.

우리의 잔폐함을 불쌍히 여겨 우리에게 농사짓기를 권하였다.

국토는 예전처럼 다시 보전되고 푸른 단은 우뚝하게 새로 섰다.

앙상한 뼈에 새로 살이 오르고 시들었던 뿌리에 봄의 생기가 넘쳤다.

우뚝한 돌비석을 큰 강가에 세우니 만년토록 우리나라에 황제의 덕이 빛나리라

- 인조실록 16년 2월 8일 -

원일잠, 정월 초하루 계명을 올리다

1638년[44세] 인조 16년 1월 1일 부제학 이경석이 올린 원일잠[36]

부제학 이경석이 1월 1일 계명을 올렸다. 그 격언에,

"일년 중에 정월 초하룻날은 만물이 모두 새로 시작하는 때로, 천도(天道: 하늘의 도)에 있어서는 원元이고 군덕(君德: 임금의 덕)에 있어서는 인仁에 해당됩니다. 원컨대

---

36) 원일잠 : 정월초하루 계명

지금부터 시작하여 날마다 새롭게 자신을 닦으소서. 닭이 우는 첫새벽에 일어나 부지런히 쉬지 말고 선을 행하며, 열심히 학문을 강론하시어 자주 신하들을 접견하소서. 어려움에 처하였던 때를 잊지 마시고, 서울을 버려야만 했던 때를 항상 생각하소서. 외로운 성에서 비바람을 무릅쓰고 밖에서 간절히 기도하던 때의 그 심정을 어찌 감히 잊을 수 있겠습니까. 쓰고 어려운 경험을 이미 다 맛보았습니다.

하물며 지금은 국운이 시든 데다가 재앙까지 거듭 닥치고 있습니다. 팔도에는 소가 다 없어져 백에 하나도 살찐 소가 없습니다. 밭을 갈지 않으면 무엇을 먹고 살겠습니까. 전토가 끝내 황폐되고 말 것입니다. 부자들도 먹고 살기 어렵다고 하니, 가난한 백성들이 애처롭습니다. 특별히 은택을 내려 주시어 빨리 구제해 주소서. 도살을 금지시키고자 하거든 종묘 제사부터 모범을 보여야 합니다. 오직 정성을 다하면 흠향할 것이니, 희생을 풍부히 하는 것이 어찌 귀중하겠습니까.

번갈아 어사를 파견해 널리 자문을 구하시며, 오래 묵은 폐단을 모두 제거하여 고난받는 백성들의 마음을 크게 위안하소서. 만약 검소한 덕을 밝히고자 하신다면, 어찌 궁빈들부터 솔선하게 하지 않으십니까. 사방에서 본받게 되어 풍속이 순박하게 될 것입니다. 재물을 다 긁어모으도록 내버려 두는 것은 친한 이를 친히 하는 도리가 아닙니다. 다투어 생선과 소금의 이권을 점유해 드넓은 바다가 모두 그들의 소유로 되었습니다. 정면으로 바르게 하는 말을 무시하고 거슬리게 들으시지 마소서. 언로가 막힐까 염려스럽습니다.

옛적의 일을 두루 살펴보면, 정사가 잘 된 경우는 모두 사람을 등용하는 데에서 말미암았습니다. 상나라 재상 부열은 담을 쌓는 데서 등용되었고, 상나라 명재상 이윤은 들에서 농사짓다 기용되었습니다. 주나라 문왕은 태공망을 만나 수레에 함께 태워 돌아왔고, 한나라 무제는 매승을 수레로 초빙하였습니다. 바라건대 한 통의 서찰을 방면을 맡은 신하들에게 내리시어 정성껏 어진이를 구하게 해서 빈객으로 대우하소서. 그들의 도움을 받아 이루려한다면 어려운 상황을 구제할 수 있을 것입니다. 시경에도 '주나라가 비록 오래된 나라지만 천명을 받은 것이 새롭다.'고 하였습니다. 왕업을 중흥하는 일은 어려움이 많을 때 비롯되는 법입니다. 마침 정월 초하룻날이 되어 삼가 저의 충심을 아룁니다."

하였는데, 답하기를, "경이 올린 잠을 보니, 정성이 깊고 내용이 지극하다. 실로 채용하기에 합당하니, 어찌 감히 마음속에 새겨두고 힘껏 실행하지 않겠는가." 하였다.

– 인조실록 16년 1월 1일 –

인질로 잡혀있는 소현세자를 교육시키기 위해 청나라에 가다

1641년[47세] 인조 19년 6월 12일 청나라 세자시강원 이사로 심양에 가다.

청나라 인질로 잡혀있는 소현세자 교육을 위하여 6월에 세자시강원 이사로 청나라 심양에 가게 되니, 임금이 불러 만나고 잘 지도하라고 격려하였다. 이경석이 심양에 도착하여 날마다 세자의 서연書筵 열기를 청하여 세자빈객으로 하여금 번갈아 강연하게 하고 일에 따라 간절히 간언하니, 세자 역시 존경하고 예우하였다.

청나라 사람들이 식량 대주는 것을 꺼려하여 여러 인질들에게 스스로 농사를 지어먹게 하면서 농삿일에 투입하라고 독촉하니, 이경석은 힘껏 그 불가함을 말하기를, "나는 임무를 맡고 왔으니, 나라에 편리하면 되지 감히 몸을 돌보겠는가?" 하자, 청나라 사람들도 감히 강요하지 못하였고 또 갖가지로 힐책하자, 임시변통한 것이 한 두가지가 아니었다. 청음 김상헌이 박황·조한영과 함께 오랫동안 갇혀 있으면서 욕을 당하고 있었는데, 이경석이 심양에 들어간 지 3일 만에 몰래 세자에게 아뢰어 풀어주기를 도모하였다. 세자가 이경석과 함께 일하는 자들에게 뇌물을 쓰니, 청나라 임금이 세자를 불러 묻고는 돌려보내기를 허락하면서 이경석과 함께 나가도록 하여 제공들이 끝내 무사하였는데, 이는 모두 이경석의 힘이었으나 아는 자가 없었다.

명나라와 비밀리 소통을 하다가 적발되어 감금되다

1642년[48세] 인조 20년 5월 17일 이사 이경석이 심양에서 돌아왔다가 다시 들어가 구금되었다. 5월에 조정으로 돌아왔다가 7월에 다시 들어갔다. 앞서 명나라 배가 선천에 도착하자 관찰사 정태화가 놓아 보냈는데, 청나라 사람들이 나중에 알고는 이경석을 고국으로 보내 따져 물었다. 8월에 나라로 돌아와 그 상황을 조사하니, 조정에서 이경석으로 하여금 그곳에 머물면서 조사하고 서울에 돌아오지 말라고 하여 감사 심연과 병사 김응해만 파직하였다. 청나라에서 보고하기를 재촉하므로 부득이 9월에 다시 심양에 들어가 고하니, 청나라 사람이 노하여 변방 수령과 장령을 두루 심양으로 불러들여 따져 물으려고 하였는데, 이경석이 힘껏 변명하여 선천수령만 불러 대답하게 하였다. 청나라 사람이 또 이경석에게 여러 차례 왕래하였다고 힐책하자 이경석은 조정에 책임을 물을까 봐서 사실을 명백하게 밝히지 않았다. 청나라 임금이 '명을 전하지 않았고 임금을 만나지도 않고 돌아왔다'고 하면서 동관에 가두었다가 얼마 후 봉황성으로 보내 여러 사람들과 함께 구류시켰다. 이때 대신 이하 구류되어 있는 자가 매우 많아 각자 금품을 내어 화를 모면하려고 하였으나, 이경석은, "죽음에 이르지는 않을 것이다. 궁궐의 이사가 돈을 쓰는 것을 나부터 시작해서는 안 된다. 얼음산이나 북해라도 달가운 마음으로 가겠다." 하였다. 후일 여러 사람들은 모조리 돌아왔으나 이경석만은 가장 오래 구금되었다가 12월에야 석방되어 나라로 돌아왔으나 청나라에서 서용하지 말도록 하였다.

1642년[48세] 인조 20년 10월 12일 청나라에 구금된 상태에서 파직되다.

비변사가 아뢰기를, "이사 이경석은 마땅히 의주에 그대로 머물면서 조사결과를 기다렸어야 하는데도 조정에 물어보지도 않고 황급히 강을 건너갔으니, 일이 매우 잘못되었으며 청국이 의심하는 것은 사리상 당연합니다. 마땅히 국문하여 죄를 정해야 할 일이나, 그가 지금 청나라 동관에 있고 황제가 처치하기도 전에 본국이 먼저 잡아오는 것은 사체가 온당치 못하니, 금부 도사를 용만으로 보내 그가 돌아오기를 기다렸다가 잡아오는 것이 좋겠습니다."

하니, 주상이 허락하지 않았다. 앞서 청나라 사람이 왕세자로 하여금 이경석을 내보내 명나라 조정과 서로 내통한 우리나라 사람을 조사하게 하였고, 그때 조정에서도 조사관 정치화를 의주로 보내어 함께 죄수들을 심문하고 청국으로 들어가 보고하게 하였는데, 이경석이 안주까지 왔다가 도로 심양으로 들어갔다. 청인은 그가 중도에 돌아온 것에 노하여 용골대 등을 세자의 관소에 보내 주위 사람을 물리치고 말하기를,

"이사를 보내 조사하게 하였는데, 중도에서 그냥 돌아와서는 조정의 분부라고 핑계대는 것은 필시 본국의 신하가 국왕의 이목을 가리고서 조정에 있는 대신으로 하여금 그 죄를 모면케 하려고 그랬을 것이다."

하자, 세자가 이경석에게 물어보니, 대답하기를,

"신이 안주에 당도하여 비변사의 이첩 문서를 보니 '황제께서 진노하여 진실로 황공하다. 특별히 근신을 보내 연해의 각 고을을 조사하게 하였다.' 하였습니다. 신은 그렇더라도 조사관과 함께 가서 죄가 무거운 자를 분명히 조사하여 우선 잡아보낼 생각이었으나, 문서를 기다리지 말고 시

급히 달려가 이 사실을 직접 전달하라고 했기 때문에 감히 먼저 왔습니다. 앞으로의 처치는 오직 조정의 지시에 달려 있을 뿐입니다."

하였다. 강연관이 이 뜻으로 회보하자, 두 청나라인은 즉시 일어나서 나갔다. 한참 후에 돌아와 통보하기를,

"이사는 큰 벼슬이다. 세자가 짐의 명을 받들어 그를 보냈는데 중도에서 돌아왔으니, 위로는 짐의 명을 저버리고 다음으로 세자의 명을 저버렸다. 타국에 오래 있었는데도 어찌 그 임금을 보고 싶은 마음이 없는가. 도성으로 들어가 국왕을 만나지 않았으니, 이는 바로 국왕을 저버린 것이다. 도성에 들어가면 조정 신하와의 대화가 불편할 것이므로 중도에 돌아온 것이니, 이로 보면 거짓이 많은 사람이다. 마땅히 죄를 다스려야 할 일이지만 우선 덮어두니, 빨리 내보내도록 하라." 하였다.

1642년[48세] 인조 20년 12월 조정 벼슬을 하직하게 된 데 관한 전 지사 이경석의 상소문

전 지사 이경석이 상소하기를, "신은 재주가 옛사람에 미치지 못하고 일은 과거 어느 시대보다 어렵기 때문에 온갖 액을 한몸에 만나 진퇴유곡의 상황 속에서 다행히 하늘 같으신 성은을 입어 오늘의 이 몸을 보전하고 있습니다만, 재차 청국의 문책을 받아 규제가 매우 엄하여 이미 한가히 물러나게 하였으니, 영원히 조정의 벼슬을 하직하게 되었습니다. 이제 살아서 돌아오긴 하였으나 복명하지 못하며 다시 용안을 뵙는다는 것도 기약할 수 없으니, 신의 죄과가 더욱 무겁습니다. 거적자리를 깔고 땅바닥에 엎드려 삼가 엄중한 견책을 기다리면서 하늘의 해를 우러러 보니 격동하는 마음을 자제할 수 없습니다. 종이를 앞에 대하니 눈물이 흘러 무슨 말을 드려야 할지 모르겠습니다."

하니, 답하기를, "상소를 읽어보니 매우 한탄스럽다. 경은 대죄하지 말고 관직에 있을 때와 다름없이 하고 싶은 말을 다하도록 하라." 하였다.

- 인조실록 20년 10월 20일 -

1643년[49세] 인조 21년 10월 서용하게 하다. 우참찬에 임명되었다.

8년만에 소현세자를 풀어주며 칙서를 내리다

1645년[51세] 인조 23년 2월 세자가 돌아오고, 청나라 사신도 함께 칙서를 가지고 서울에 돌아오다.

세자가 돌아왔고 청나라 사신도 함께 서울에 들어왔다. 이에 앞서 청나라 사신은 주상이 교외에 나와서 맞이하기를 굳이 청하였는데, 주상이 이때 건강이 좋지 않아서 원접사를 시켜 '병 때문에 교외에 나가지 못한다.'는 뜻으로 타일렀으나 사신이 허락하지 않았고 또 중신을 보내어 타일렀지만 역시 허락하지 않았다. 청나라 사신이 벽제에 도착하자, 곧 낙흥 부원군 김자점을 보내어 타이르니, 청나라 사신이 세자에게 말을 전하기를,

"황제께서 막 천하를 얻어 북경으로 도읍을 옮겼으니, 이는 곧 막대한 경사이다. 그렇다면 국왕의 예로서는 의당 교외에 나와서 맞이해야 할 터인데, 병 때문에 행하지 않으니, 매우 온당치 못한 일이다. 다만 중신과 대신이 서로 이어 와서 말하므로 마지 못하여 따른다."

하였다. 이에 주상을 부축하고 나가 대궐 뜰에서 맞이하였다. 도승지 윤순지와 좌부승지 이행우가 주상의 앞에서 칙서를 받들고 봉한 것을 뜯었다. 그 칙서에 이르기를,

"지금 짐이 중원을 평정하고 천자의 자리에 오르니, 은혜가 세계에 미쳐서 온 천하가 기꺼이 추대하므로 특별히 황제 명령을 반포하여 천하에 사면령을 내리노라. 너의 조선은 천자의 교화를 입은 지 오래되어 이미 제후국의 반열에 들었으니, 의당 다른 제후국과 똑같이 크게 물품을 내리고, 특별히 너그러운 은혜를 펴서 세자를 본국으로 돌려보내며, 종전의 범죄자들을 모두 사면한다. 원래 본 칙지에 의해 죄로 파직된 관원 중에서 이경여·이명한·이경석·민성휘 네 관원에 대해서는 세자가 은혜 내리기를 청하고 등용하기를 요구하므로 우선 그 소청을 윤허한다. 그러나 그 나머지는 그대로 서용하는 것을 윤허하지 않는다.

그리고 세공과 폐물은 모두가 백성의 피땀에서 나온 것임을 생각하여 지금은 예전 액수보다 줄이노니, 저포 4백 필, 소목 2백 근, 다茶 1천 포는 면제할 것을 허가하고, 각색의 면주는 2천 필에서 1천 필을 감하며, 각색의 목면은 1만 필에서 5천 필을 감하고, 포는 1천 4백 필에서 7백 필을 감하며, 거친 베는 7천 필에서 2천 필을 감하고, 순도順刀는 20구에서 10구를 감한다. 그 나머지는 모두 예전 관례에 비추어 수납하라. 그리고 원단·동지·성절의 하례는 예전과 같이 하되, 길이 워낙 멀기 때문에 삼절(원단, 동지, 성절)의 표의表儀는 모두 원단에 함께 바치도록 허가하여 먼 데 사람을 돌보아 주는 뜻을 드러내노니, 삼가서 할지어다."

하였다. 그 조서에는 이르기를,

"옛적의 제왕들을 상고하건대, 큰 계획을 힘써 세워서 제왕의 운명을 새롭게 한 사람들은, 큰 국가사업으로는 이미 후손에게 부유함을 남겨주었고 높은 이름과 호는 반드시 조상에게 추존하였으니, 나라의 좋은 법은 실로 지극히 공정한 것이다.

삼가 생각건대, 아버지이신 관온 인성 황제께서는 공덕이 천지에 부합하였는 바, 선조를 계승하여 기초를 닦는 데 뛰어난 무예의 계책을 널리 펴시고, 중원을 다스리기 시작하여 대를 이어서 신중하고 조리 있는 책략을 빛내셨다. 그래서 동쪽으로는 고구려에 이르렀고, 서쪽으로는 구자龜玆에까지 은택을 베푸셨다. 바야흐로 천자의 자리에 올라 구주九州를 총람하여 자연으로 다스리시고, 자손을 도와서 미약한 나에게 천하를 물려 주셨는데, 하늘이 국운을 도와 우리 중원을 살피시니, 이는 모두 부친의 신명이 인도하여 도운 것이요, 부친의 큰 덕이 후세에 빛난 것이다.

짐이 처음 황제의 자리에 올라 조상의 훌륭한 계책을 돌이켜 생각한 결과, 오직 조상의 큰 공적은 이미 드러났으나 그 아름다운 명호는 아직 드러나지 못했음을 두려워하였다. 그래서 특별히 문무의 여러 신하들을 신칙하여 예전의 예문을 상고하고 여론을 널리 참작해서 삼가 높은 칭호를 갖추어 10월 7일에 삼가 천지·종묘·사직에 고하고, 시호를 높이 올려 '응천 흥국 홍흥 창무 관온 인성 효문 황제'라 하고 묘호를 '태종太宗'이라 하였다.

아, 하늘은 높고 땅은 두터우니 진실로 워낙 광대하여 명칭하기 어렵고, 해와 달은 밝게 비추니 신민들과 함께 우러르는 바이다. 전국에 포고하노니 모두 듣고 알도록 하라."

하고, 또 이르기를,

"우리 국가가 하늘의 도움을 받아 동토에 처음으로 나라를 만들어 조상들께서 크나큰 왕업을 힘써 도모하셨고, 부친께서는 조상들의 훌륭한 계책을 더욱 넓히셔서 마침내 천하를 차지하여 새로운 천명을 받으셨다.

짐이 그 자리를 이음에 미쳐서는 비록 나이는 어렸으나 선대의 업적을 이어받아 그 자리를 영원토록 편안하게 하려고 굳게 생각하였다. 그런데 지난번 흉적이 더욱 치성하여 명나라에 막대한 화를 입혔으므로 이에 친척과 어진이에게 중책을 맡기어 도탄에 빠진 백성들을 구하게 하였는데 막 전투의 북을 울려 군대가 출동하자마자 곧 평정을 아뢰어 왔다. 위급한 백성들을 이미 구하였으나 천하를 차지하려는 마음이 있었던 것은 아닌데, 왕공·제후와 문무의 여러 신하 및 군민과 기로들이 이구동성으로 두 번 세 번 간절히 짐에게 즉위할 것을 권하였다. 그래서 10월 6일에 삼가 천지·종묘·사직에 고하고 황제의 자리에 오르고 나서 곧이어 천하를 소유하는 명호를 세워 '대청大淸'이라 하고, 연경에 도읍을 정하고 연호를 '순치順治'라 하였다.

생각건대, 천명은 보전하기 어렵고 창업하기는 더욱 어려운 것인데, 더구나 혁명의 초기를 당하여 다시 변통의 기회를 만났으므로, 고금을 참작하여 천시天時와 인사人事의 타당함을 헤아리고, 관리와 백성을 익숙하고 편안케 하여 조종의 큰 공덕을 드러내노니, 조목조목 규정을 두어 다음과 같이 나열하노라.

아, 하늘이 장수를 만들어 오직 천하에 군림케 했으므로 백성들이 부모를 노래하여 이에 영원토록 즐거우리니, 오직 너희 모든 나라들은 짐의 순수한 덕과 함께 하라." 하였다. 그 법조문에는,

"대군이 관중에 들어왔을 적에 솔선하여 의병을 모집한 자에게는 상을 내릴 것이고 법을 굽혀서 뇌물을 받은 자는 죄를 용서할 수 없다. 노인을 봉양하고 외로운 자를 구휼하며, 숨은 인재를 불러 쓰고 어진이를 예우하며, 효자·절개를 지킨 부녀자·충신·의로운 지아비의 문에 정표하고 제왕의 능침과 명현의 묘역에 장례를 금할 것이며, 명나라 조정에서 간언을 올렸다가 유배당한 자를 거두어 쓰고 우리에게 투항하여 공을 세운 자에게는 공로를 차례로 기록할 것이며, 각처 군민에게서 거두는 전곡은 모조리 경감하고 부역이 공평하지 못한 경우는 1년 간 면해 줄 것을 허가하며, 일찍이 병화를 겪은 곳은 절반만 감면해 주는 관례에 들지 않으니, 담당이 징수를 금지함을 엄격히 시행할 것이며, 술법을 금하고 학교를 숭상할 것이다." 하였는데, 모두 70여 조목이었다.

- 인조실록 23년 2월 18일 -

효종의 북벌계획이 발각되어 책임을 지게된 이경석

1649년[55세] 효종은 이경석을 영의정에 제수하고 8월에 대신들에게 청나라의 연호를 쓰지 못하도록 지시하였다. 은밀히 추진하던 효종의 북벌계획이 이언표라는 반역자의 밀고로 드러나자, 청국은 배신감에서 조선의 대신들을 싹쓸이로 죽이려 했다. 이때 이경석은 분연히 나서서, 임금은 모르는 일이고 자신이 도모했던 일이라며 목숨을 걸고 왕을 비롯한 다른 대신들을 두둔하고 나섰다.

1650년 효종 1년 3월 9일 이언표의 북벌계획 밀고와 책임을 진 이경석

효종의 북벌 계획이 이언표 등의 밀고로 청나라에 알려져 사문사건査
問事件이 일어나게 되었다. 청나라의 사문사는 남별궁에서 영의정 이경석
과 정승·판서 및 양사(사헌부·사간원)의 중신 등을 모두 세워놓고 북벌 계
획의 전말을 조사, 죄를 다스리고자 해 조정은 큰 위기를 맞았다. 이경석
은 이에 끝까지 국왕을 비호하고 기타 관련자들까지 두둔하면서 모든 것
을 자신의 책임으로 돌려 국왕과 조정의 위급을 면하게 하였다. 그리하
여 청나라 사신들로부터 '대국을 기만한 죄'로 몰려 극형에 처해졌으나
국왕이 구명을 간청해 겨우 목숨만을 부지, 청나라 황제의 명으로 의주
의 백마산성에 위리안치되었다.

3월에는 청나라의 사신 여섯 명이 왔다. 임금이 즉위하여 개연히 분발
하던 터라 청나라 사람들이 우리를 의심하고 있었기 때문에, 사신이 온
다는 소식이 전해지자 조정과 백성들이 흉흉하였다. 그래서 이경석이 청
나라에 가서 일의 기미를 살펴보기를 청하자 임금은 이경석이 가는 것을
어렵게 여겼다. 이경석은 말하기를, "위태로움을 보면 목숨을 바치는 것
이 신하의 절의입니다." 하면서 말이 매우 격렬하고 절실하였는데, 임금
이 윤허하자 '이경여를 나오게 해서 국사를 의논하고, 또 정태화의 집에
찾아가 묻게 할 것'을 청하니, 임금이 좋은 말이라고 칭찬하였다.
이경석이 의주에 이르니, 청나라 사신이 비로소 압록강을 건너오다가
이경석이 왔다는 말을 듣고 으르렁대는 것을 조금 그쳤다. 이경석은 이런
상황을 급히 조정에 보고하고 그날 조정으로 돌아왔다. 이번 걸음은 처
음에는 위태로움이 많았으나 이런 말을 듣고는 인심이 조금 안정되었으
며, 임금 역시 기뻐하여 대신들을 모두 대궐에 모이게 하여 이경석이 들

어오기를 기다리게 하고는 즉시 만나서 감귤을 내렸다.

청나라 사신이 서울에 이르러 글 두 통을 가져왔는데, 하나는 구왕九王의 글이요 하나는 황제의 칙서로 우리나라가 왜구를 핑계대고 고치기를 청한 것을 꾸짖는 내용이었다. 이는 인조 말년에 동래부사 노협과 경상감사 이만이 왜의 정세를 아뢰자 뒤에 청나라 사신의 왕래로 인해 '성곽과 병사를 수선하여 남쪽 왜구를 방비한다'고 청하였으므로, 청나라의 의심을 받았다. 이 때에 이르러 이를 트집잡아 당사자에게 분풀이를 하려고 하였는데, 이경석이 의주에 있을 때 통역관 이형장이 말하기를, "당사자는 예측하지 못할 화를 당할 것이다." 하였으나 이경석은 꼼짝하지 않았다.

이경석이 돌아와서 조정에 유숙하며 제공들과 함께 출입하면서 대답할 바를 은밀히 강구하였는데, 청나라 사신이 공경(3공 6경)과 양사(사헌부,사간원)를 뜰에 모아놓고 몇 가지 일을 힐문하다가 말이 임금의 책임으로 돌아가게 되자, 이경석이 말하기를, "허물은 나에게 있지 임금은 알지 못하오." 하였다. 누가 표문(외교문서)을 지었느냐고 힐문하자, 조경이 '의정부의 지시를 받아 지었소.' 하므로 이경석이 말하기를, "내가 수상이니 모든 책임은 나에게 있소." 하였다. 맨 끝에 노협과 이만에게 왜의 정세를 따져 물으니, 숨기고 사실대로 대답하지 않자 청나라 사신이 크게 노하여 이경석이 천천히 말하기를, "왜인은 참으로 헤아리기가 어렵기 때문에 이들이 겁을 먹고 사실대로 대답하지 못한 것이오." 하니, 청나라 사신이 성난 목소리로 말하기를, "누가 아뢰자고 하였는가? 반드시 임금이 하였을 것이다." 하므로 이경석이 말하기를, "그렇게 한 것은 나요." 하였다. 통역관 정명수가 말하기를, "공 혼자서 한 것이오?" 하니, 이경석이 '그렇다'고 하였다. 여러 차례 물어도 달리 말하지 않으니, 정명수가 큰소리로 묻기를, "영상이 혼자서 하고 다른 사람은 관여하지 않았단 말이오?" 하니, 여러 사람들이 묵묵히 말이 없는데, 유독 이기조만이 "그 일을 어찌 수상 혼자서만 하였겠소? 우리들 모두 관여하였소." 하니, 이에 조경과 이만, 노협은 물러가게 하고 이경석만 남게 하여 속였다고 꾸짖다가 한참 후에야 내보냈다.

이날 모두 호흡간에 화가 닥칠 것이라고 하면서 두려워서 얼굴빛이 없었고 이경석의 집사람들은 장례기구를 준비해 밖에서 기다렸는데, 이경석만은 편안하고 한가로이 응대함이 메아리 같으니, 보는 자들이 모두 두려워 몸을 추스렸으며 청나라 사람들 역시 서로 '조선에는 오직 이정승 한 사람만 있다.' 하였다.

임금이 듣고는 말씀하기를, "영상이 나라를 위해 자신을 잊은 것이 이와 같으며, 이기조는 처음부터 간여하지 않았는데 혼자서 대답을 잘해 빛이 난다." 하니, 여러 사람들이 부끄러워하였다. 이경석이 바로 판정관에게 나아가 죄를 기다리니, 임금이 위로하기를, "경의 충성심은 신명께 바로잡을 것이니, 안심하고 걱정하지 말라." 하고는 밤에 천금千金을 내어 이경석을 구해낼 자금을 마련하였다. 이튿날 어가가 조사관에 도달하니, 사신이 '이경석과 조경은 마땅히 죽어야 한다'고 말하므로 임금이 반복하여 힘껏 이경석을 위해 해명하자, 사신이 이에 '돌아가 황제께 아뢰겠다'며 우선 백마산성에 가두었다.

임금이 이경석에게 친필을 내려 '서로 만나게 될 날이 있을 것이니, 마땅히 몸을 스스로 아껴라'고 하였다. 종실의 딸을 의순공주라 이름지어 구왕九王에게 보냈는데, 원두표와 신익전이 연경에 이르니 구왕이 기뻐하면서도 이경석을 풀어주지 않았다. 다시 이시백을 보내려고 하는데, 마침 인평대군이 연경으로부터 돌아와 '그들 역시 매우 노하지 않고 있다' 하였다.

가을에 청나라 사신이 또 오자 임금이 교외에 나가 맞이하여 위로하고, 여러 차례 인평대군을 보내 연양부원군 이귀를 대신하고, 이기조를 부사로 보내 울타리를 헐고 이경석을 위로하게 해달라고 말하였다. 인평대군이 이르자 청나라에서 여러 사람들을 연경으로 데려다가 다시 조사하려고 하므로, 사신이 힘껏 빌자 비로소 고향으로 돌려보내 서용하지 말도록 허락하였다. 이경여 역시 감금되었으며 유독 이만과 노협만이 근무하게 되니, 임금이 사신을 보내 감귤을 내려 뜻을 보였다.

영의정 6개월 만에 위리안치 된 이경석은 이후 8개월 동안 변방에 유폐 되었다가, 효종의 간곡한 변호로 풀려 서울로 돌아와 은거하였다.

1650년 효종 1년 12월 28일 인평 대군이 이경석과 조경을 방환하라고 황제가 허락했다고 문서로 아뢰다. 동지사 인평대군 이요가 북경에서 문서로 아뢰었다.

"백마 산성에 안치한 두 신하 이경석과 조경을 황제가 이미 방환하도록 허락하였는데, 영의정 이경석은 영원히 서용하지 말고 시골에 물러나 살게 하라고 하였습니다."

1651년[57세] 효종 2년 2월 18일 전 영의정 이경석이 서울로 돌아와 상소하니 건강에 유의할 것을 이르다.

전 영의정 이경석이 백마 산성에서 돌아와 상소하기를,
"어리석은 신이 스스로 함정에 빠져 거듭 대단한 질책을 받는데, 하늘 같으신 성은이 도마 위에 놓인 듯한 이 몸을 곡진하게 구제하시어 수양하시는 속으로 받아들이시니, 이는 참으로 천년에 한 번 있는 기회인 것입니다. 게다가 전후에 걸쳐 거듭

된 위문과 빈번한 하사품 같은 것도 너무나 파격적인 것이니 그 은혜를 보답하려 해도 방도가 없어 죽어서 결초보은하고 싶을 뿐입니다. 이제 다행히 험난한 지역을 떠나 서울로 돌아왔는데, 목멱산은 가깝지만 대궐이 막혀 충정 어린 붉은 마음을 지니고만 있을 뿐 토로하지 못하니, 하늘을 우러러보며 눈물만 흘리고 있습니다."

하니, 답하기를,

"지난날 국운이 위태로워 일이 장차 어찌될지 헤아리지 못하게 되어 밤낮으로 애를 태우며 묵묵히 하늘에 빌었더니, 다행히 굽어살피시는 선왕의 음덕을 입어 오늘이 있게 되었다. 과인의 기쁨은 물론 한량이 없고 국가의 복도 어찌 이루 형언할 수 있겠는가. 경은 잘 조섭하고 요양하여 내 마음을 위로하도록 하라." 하였다.

- 효종실록 2년 2월 18일 -

송시열을 천거하고 송시열의 기롱을 받다

1645년[51세] 인조 23년 4월에 이조판서에 임명되자, 공정함을 다하고 지나치게 넘침을 경계하고 적체된 자들을 선발하고 인재를 찾아 이름을 명부에 적어놓았다가 자리가 나는 대로 천거하였으며, 시골에 깊이 숨어 있는 자를 찾아 서용했는 데 송준길·송시열·권시·이유태 등 여러 사람이 처음으로 벼슬길에 나온 것은 이경석이 이조판서로 재직할 때였다.

1649년[55세] 인조 27년 여름에 세손을 책봉하였는데, 이경석은 "김집과 송준길, 송시열을 불러서 세손 지도를 책임 지워야 마땅합니다."고 천거 하였다. 5월에 인조가 승하하고 세자가 상제를 마친 후에 직위를 계승하려고 하자, 이경석이 군신을 거느리고 여러 차례 나오기를 권하니, 그제야 따랐다. 이때 김상헌이 임종에 들어왔다가 문상을 마치고 돌아가려고 하니, 이경석이 아뢰어 머물게 하고, 김집·송준길·송시열·권시·이유태 등을 역마로 불러들이니 사방의 명사들이 조정에 다 모이게 되었다.

20년의 세월이 흘러 1668년 현종 9년 이경석이 74세가 되던 해 11월에 이경석에게 궤장을 하사하고 기로연을 베풀어주려고 하므로 힘껏 사양하자, 담당관이 예를 갖추어 궤장을 가져오고 음악을 하사하는 한편 내외에 술을 내리니, 완평 부원군 이원익 이후 50년 만에 처음 있는 일이라며 일세가 감탄하였다. 이때 이경석에게 내린 은전을 송시열이 기롱을 하였다.

교리 이규령이 이경석을 위하여 노인을 우대하는 은전을 거행하도록 청하였다. 주상이 옛 사례를 물으니, 이규령이 이원익에게 궤장을 하사하고 김상헌에게 가마를 하사한 일로써 대답하였다. 주상이 또 대신에게 물으니, 송시열이 대답하기를,

"자기 나름대로 옛날 일이라고 단정짓는 것은 곤란하나, 성인도 때에 따라 변통하여 바꾸었습니다. 홍문관의 교리가 선조의 고사를 이미 아뢰었습니다만, 이경석에 대한 전하의 관계가 이원익에 대한 인조의 관계나 김상헌에 대한 효종의 관계와 비교하여 어느 쪽이 더 낫겠습니까? 오직 임금께서 헤아려서 처리하시는데 달려 있을 뿐입니다."

하자, 주상이 이에 궤장을 하사하도록 명하였다. 이원익·김상헌 양공은 모두 원로 원숙하고 덕망이 높은 선비로서 조야가 중히 여겼고 양 조정에서 예우함이 특별하여 이같이 남다른 은전이 있었다. 그러므로 송시열은 이경석이 이같은 예에 해당될 수 없다고 여겨 이와 같이 대답한 것이다. 이경석이 대궐에 나아가 사은하는 글을 올리고, 또 그 일을 그림으로 그려 송시열에게 글을 구하자, 송시열이 송나라 손적이 오래 살며 강건했던 일을 인용하여 기롱하니, 식자들은 그르게 여겼다.

사관은 말한다. 삼가 살피건대, 이경석이 여러 해 동안 정승의 자리에 있었으나 볼 만한 사업이 없는 데다 일컬을 만한 건의도 없어 단지 대신의 숫자만 채웠을 뿐이었다. 그렇다면 아무리 나이가 많더라도 조정에서 남다른 예로서 대우하고 궤장을 하사하는 것은 진실로 지나치다. 송시열이 임금 앞에서 대답한 말을 보면 이경석에 대해 부족하게 여기는 뜻이 있는 듯하다. 그의 뜻이 이와 같다면 주상의 물음에 곧이 곧대로 대답했어야 할 것인데 단지 이원익과 김상헌의 일로 말 뜻을 모호하게 하여

대답하였으니, 이것이 어찌 곧은 도로써 임금을 섬기는 의리이겠는가. 더구나 이경석은 세상에서 드문 은전을 입고 송시열의 말 한 마디를 얻고자 하여 글을 구하였으니, 송시열은 참으로 이경석을 적합지 않다고 여겼다면 그 구함에 응하지 않아도 괜찮은데, 그 기록한 글 가운데다 심지어 손적의 일을 인용하면서 그 성명은 쓰지 않고, 단지 '오래살며 강건했다.'는 서너 자를 써서 기롱 폄하함으로써 이경석이 깨닫지 못하게 하였으니, 또한 어찌 마음이 바르고 올곧은 선비의 마음씀이겠는가.

– 현종실록 9년 11월 27일 –

1699년[75세] 현종 10년 4월 14일에 송시열이 이경석의 상소로 인해 행궁에 오지 않고 상소만 올려 피혐하다.

판부사 송시열이 이경석의 상소 내용에 관하여 듣고는 오지 않고 상소를 올려 아뢰기를,

"신이 병을 무릅쓰고 길을 떠나 몸이 이상하더니 병이 다시 도져 길가로 물러나 엎드려 조양하면서 다시 길을 떠나려 하였습니다. 때마침 도성에 머물러 있는 대신의 상소문을 얻어 볼 수 있었는데 논척한 바가 매우 준엄하여 비록 곧바로 신을 거명하지는 않았지만 어찌 다른 사람을 지적하는 것이겠습니까. 신은 의리상 당연히 의장 밖에서 사죄하며 벌을 청하여야 하지만, 병세가 이와 같아 오도가도 못하니 다만 절박한 마음뿐입니다. 신이 스스로 삼가 생각해 보니, 의리를 어지럽히고 기강을 문란케 한 것은 바로 신하의 가장 큰 죄입니다. 비록 다른 사람이 이 죄로 논척했다 하여도 두려워 어찌할 바를 모를 터인데, 하물며 대신의 말인 경우이겠습니까.

신이 또 삼가 생각해 보니 옛날 송나라 손종신 같은 이는 오래 살고 강녕하여 한때의 존숭을 크게 받기는 하였지만, 의리를 알고 기강을 진작시켰다는 일컬음은 받을 수 없었으니, 도리어 어떤 이는 그를 불쌍하게 여겼습니다.

그런데 당시에 매우 용렬하고 비루한 자가 있어서 행실이 보잘것 없기 때문에 도리어 그 사람에게 비난을 받았으니, 뭇 사람들이 얼마나 비난하며 비웃었겠습니까. 지금 신이 당한 일이 불행히도 이와 비슷합니다."

하니, 주상이 답하기를, "경이 병중이라는 것을 알고는 내가 매우 근심했는데, 이제 사직소를 보니 심히 당혹스럽다. 대수롭지 않은 문자는 지나치게 혐의할 바가 아니

니, 나의 갈망하는 마음을 깊이 생각하여 내가 만나 볼 수 있도록 하라."

하고, 사관을 보내어 전유하였다.

당시에 이경석은 이상진 등 몇몇 사람 때문에 상소를 올린 것인데 송시열은 자기를 공격하는 줄 알고 크게 노하여 상소를 올리고 오지 않았다. 손적에 빗대어 이경석을 모욕한 것은 이경석이 일찍이 인조 때에 명에 따라 삼전도의 비문을 지었는데, 찬양하는 말이 많아서 청의에 기롱을 받은 까닭이었다. 송시열이 조그만 일로 너무나 각박하게 배척하니, 논자들이 병되이 여겼다.

- 현종실록 10년 4월 14일 -

1669년[75세] 현종 10년 우암 송시열이 삼전도 비문을 지은 이경석을 풍자해 신랄하게 비판한다.

송시열은 고전의 수이강[37] 부분을 언급하며 그를 조롱하였고, 그의 문하생들이 송시열의 비아냥에 분노하여 논쟁이 벌어졌다. 우암은 심지어 이경석을 '향원鄕原'에 비유했다. '향원'은 요즘 말로 '악덕 지방 유지' 정도에 해당된다. 우암의 명분론에 의거한 견해로는, 이경석이 당시 그렇게까지 굴욕적인 문자를 동원해 비문을 짓지 않고 그저 짓는 시늉만 했으면 되었는데 자존심을 모조리 무너뜨린 상태로 지었다는 주장이다. 이로써 그는 자신이 발탁한 사람 중의 한사람인 송시열과 원수가 된다.

- 위키백과, 이경석. 위키피디아-

1669년[75세] 5월 21일 영부사 이경석이 송시열에게 배척당했다고 사직을 청하다.

영부사 이경석이 세 번째 상소하여 사직하고 요양할 것을 청하였는데, 송시열에게 배척당하였기 때문이다. 주상이 위로하고 허락하지 않았다.

---

37) 수이강 : 오래살며 강건하다

이경석이 인조조 때부터 여러 번 천거하여 언제든지 불러오기를 청하였다. 송시열과 송준길이 이경석을 주인으로 삼아서 서울에 들어오면, 베옷과 짚신의 초라한 차림으로 이경석의 집을 찾아갔으며, 이경석은 반드시 자기와 평등한 지위로 대접하여 선비에게 자신을 낮추는 예를 다하였다. 그리고 효종이 새로 들어선 때에도 이경석이 먼저 송시열을 불러다가 나라 일을 같이 할 것을 청하였으며, 또 그가 사퇴한다는 말을 들으면 곧 임금께 글을 올려서 만류하기를 청하고, 반드시 사사로운 편지를 보내어서 머물기를 권고하였다. 따라서 송시열이 명망과 지위가 높아진 다음에도 이경석을 공경하여 존중하는 뜻이 항상 말이나 서신 중에 나타났다. 그런데 이 때에 와서 갑작스럽게 한 장의 글을 올려, 송나라 손적의 일을 인용하여 극도로 욕하고 훼방하니 대체로 이경석의 상소 중의 '신을 들멘다'는 등의 말이 자기를 지목한 것으로 오인하였기 때문이었다. 이때 송시열은 유림의 영수로 당세에 추앙을 받고 있어, 그가 옳다 그르다 말하는 것을 선비들이 감히 하지 못하는 터였다. 그런데 그의 이경석을 비난하는 상소가 한번 나오니, 온 세상이 떠들썩하여 비록 그 문하에 출입하고 높여서 사모하거나 친밀하던 사람들도 의심하지 않는 이가 없었다. 송준길이 역시 이경석을 대하여서 놀랍고 한탄스러운 일이라고 말하였다.

- 청야만집, 다음 카페 -

이경석의 졸기

1671년[77세] 현종 12년 9월 23일 영중추부사 이경석의 졸기 〈현종실록〉
영중추부사 이경석이 죽었다. 사관은 논한다. 이경석은 집에서 효도하고 우애로웠으며 조정에서 청렴하고 검소하였다. 일찍부터 학문과 덕망을 지녔었는데 드디어 정승에 올랐다. 나라를 근심하는 마음은 늙도록 게을러지지 않았으나, 친분이 두터운 사람에게 마음 쓰는 것이 지나쳤고 친지나 당류를 위하여 주상의 은혜를 구하되 구차한 짓도 피하지 않았으므로 사람들이 이 때문에 비평하였다.

1671년[77세] 9월 23일 영중추부사 이경석의 졸기 〈현종개정실록〉

영중추부사 이경석이 죽었다. 이경석의 자는 상보尚輔이다. 집안에서 효성스럽고 우애로웠으며 조정에서는 청렴 검소하였다. 아랫 관리에게 겸공하였고 옛 친구들에게 돈독하였다. 대제학을 잡고 의정부에 올라서는 나랏일을 근심하고 공무를 받드는 마음이 늙도록 해이해지지 않았다. 1650년 효종원년에 청나라가 성을 내어 말할 때에 수상으로서 앞장서서 일을 맡아 먼 변방에 유배되었으므로 선비들의 의논이 대단하게 여겼다. 세 조정의 대신으로서 은혜와 예우가 시종 바뀌지 않았고 궤장 등 늙은 신하를 우대하는 은전을 입기까지 하였다. 그런데 겸손 순종함이 지나쳐 기풍과 절개에 흠이 있었으니, 이 때문에 하찮게 평가되기도 하였다. 이때에 이르러 죽으니 나이 77세였다.

1671년[사후] 9월 30일 고 이경석에게 3년의 녹봉을 내리다. 고 정승 이경석에게 3년 동안 녹봉을 내리라고 명하고 또 해조를 시켜 제수를 넉넉히 주게 하였다.

정승 이경석에게 3년 동안 녹봉을 내리라고 명하고 또 해조를 시켜 제수를 넉넉히 주게 하였다. 주상이 일찍이 경연 중에서 하교하기를, "당면한 일이 이와 같은데 원로 대신의 상을 또 만났으니, 그 놀랍고 애도하는 마음이 어떠하겠는가." 하니, 영의정 허적이 아뢰기를, "국가가 대단히 불행합니다. 듣건대, 그 집이 궁핍하다고 하니, 돌보아 주는 은전이 있어야 합당합니다." 하고, 도승지 이은상이 아뢰기를, "경석은 살았을 때 지독히 청렴하였습니다. 죽은 후에 들으니 제사에 갖출 것도 마련할 수 없다고 합니다." 하였다. 주상이 측은히 여겨 감동하고 드디어 이 명이 있었다.

-현종개수실록-

[승진과정]

1613년[19세] 광해 5년 진사, 성균관 입학
1617년[23세] 광해 9년 증광시 별시에 급제
1618년[24세] 광해 10년 인목대비의 폐비 상소에 가담하지 않아 삭적削籍되었다.
1623년[29세] 인조반정 이후 알성시 문과 병과 다시 급제,
　　　　　　　두 번씩이나 과거시험을 치루었다. 승문원 부정자.
　　　　　　　9월 검열, 봉교
1624년[30세] 인조 2년 1월 승정원 주서, 2월 사관, 3월 응교, 주서, 6월 봉교, 7월 정
　　　　　　　언, 10월 부수찬, 성균관 전적, 정언, 수찬
1625년[31세] 인조 3년 2월 정언, 3월 정언, 5월 정언, 6월 헌납,
　　　　　　　부교리, 8월 헌납, 9월 부교리, 9월 헌납,
　　　　　　　10월 수찬, 정언, 교리, 헌납. 헌납, 부교리, 수찬
1626년[32세] 인조 4년 1월 헌납, 2월 교리, 헌납, 3월 교리,
　　　　　　　3월 사가독서에 선발, 5월 부교리 8월 이조좌랑,
　　　　　　　10월 이조좌랑, 11월 부수찬, 12월 이조좌랑.
1627년[33세] 인조 5년, 정묘호란. 9월 이조좌랑, 10월 수찬.
1628년[34세] 인조 6년 1월 이조좌랑, 2월 이조정랑,
　　　　　　　9월 동부승지, 12월 우부승지
1629년[35세] 인조 7년 3월 우부승지, 양주목사
1630년[36세] 인조 8년 파직되어 오랫동안 산직에 있었다.
1631년[37세] 인조 9년 지방 경비대장
1632년[38세] 인조 10년 1월 좌부승지, 4월 우승지,
　　　　　　　가선대부로 승진. 6월 대사간, 모친상, 여묘살이
1634년[40세] 인조 12년 부친상, 여묘살이
1636년[42세] 인조 14년 부제학, 11월 대사헌, 12월 병자호란
1637년[43세] 인조 15년 2월 도승지, 3월 겸 예문관 제학,
　　　　　　　4월 대사헌, 윤 4월 도승지, 7월 대사헌,
　　　　　　　7월 부제학, 9월 부제학, 11월 삼전도 비문을 짓다.
1638년[44세] 인조 16년 2월 지경연, 2월 부제학, 3월 겸 대제학,
　　　　　　　4월 대사헌, 5월 대사헌, 6월 겸 동지경연,
　　　　　　　7월 이조참판, 12월 대사간
1639년[45세] 인조 17년 1월 이조판서 겸 동지경연 겸 대제학
1640년[46세] 인조 18년 윤 1월 겸 대제학 면직, 12월 대사헌

1641년[47세] 인조 19년 3월 대사헌, 6월 세자시강원 이사로
          심양에 가다.
1642년[48세] 인조 20년 5월 17일 심양에서 구금.
          5월에 조정으로 돌아왔다가 7월에 다시 들어갔다.
1642년[48세] 인조 20년 10월 청나라에 구금된 상태로 파직되다
1643년[49세] 인조 21년 10월 서용 10월 원손 보양관, 우참찬
1645년[51세] 인조 23년 2월 세자가 돌아오다
1645년[51세] 인조 23년 2월 원손 보양관, 3월 대사헌,
          4월 이조판서, 9월 우의정 겸 세자부
1646년[52세] 인조 24년 봄에 소현세자빈 강빈의 옥사
          3월에 연경에 사신으로 가서 6월에 돌아왔다.
1646년[52세] 인조 24년 2월 사은사, 4월 판중추부사
1647년[53세] 인조 25년 2월 좌의정.
          8월 15차례 사직상소 끝에 사직
1648년[54세] 4월 3일 영중추부사
1648년[54세] 인조 26년 5월 다시 좌의정
1649년[55세] 효종즉위년 5월 인조 승하, 효종즉위, 5월 원상
1649년[55세] 효종 즉위년 8월 4일 영의정
          8월에 청나라의 연호를 쓰지 못하도록 지시하다.
1650년[56세] 효종 1년 이언표의 북벌계획 밀고와 유폐
          12월 이경석을 방환하라는 황제의 허락문서
1651년[57세] 효종 2년 2월 서울로 돌아와 인사하다.
1652년[58세] 효종 3년 가을에 영돈녕부사
1655년[61세] 효종 6년 한가하게 살기를 빌자 녹봉을 주었다.
1658년[64세] 효종 9년 11월 영돈녕부사
1659년[65세] 효종 10년 5월 효종승하, 현종 즉위
1660년[66세] 현종 1년 5월 영돈녕부사, 효종실록을 편수 총재
1661년[67세] 현종 2년 1월 부묘도감 도제조,
          3월 부묘도감도제조 면직, 4월 영중추부사
1663년[69세] 현종 4년 영녕전에 인종위패를 모시게 되었다.
1664년[70세] 현종 5년 사직을 청원하는 상소
1665년[71세] 현종 6년 5월 내의원 도제조
1668년[74세] 현종 9년 10월에 궤장 하사, 11월 영중추부사
          11월 이경석에게 내린 은전을 송시열이 기롱하다
1699년[75세] 현종 10년 4월 송시열이 삼전도 비문을 지은

이경석을 풍자해 신랄하게 비판한다.

1669년[75세] 5월 송시열에게 배척당했다고 사직을 청하다

1671년[77세] 현종 12년 9월 23일 영중추부사 이경석이 죽다.

91. 이경여李敬輿

세종의 후손, 명나라 연호사용으로 구금되고 파면되다.

생몰년도	1585년(선조 18) ~ 1657년(효종 8) [73세]
영의정 재직기간	(1650.3.11~1651.1.1) (9개월)
본관	전주全州
자	직부直夫
호	백강白江, 봉암鳳巖
시호	문정文貞
저서	백강집白江集
묘소	경기도 포천시 내촌면 음현리
신도비	송시열이 찬, 심익현 글씨, 김만중이 전액
기타	대재각大哉閣 부여에 있는 정자로, 이경여가 머물던 누각
조부	이극강李克綱 – 첨정
부	이유록李綏祿 – 상주목사
모	송씨 – 송제신의 딸
장남	이민장李敏章 – 부사
차남	이민적李敏迪 – 대사헌
손자	이이명李頤命 – 좌의정
3남	이민서李敏敍 – 이조판서
손자	이관명李觀命 – 좌의정
증손자	이휘지李徽之 – 우의정
4남	이민채李敏采 – 지평
증손	이인상李麟祥 – 찰방, 조선후기 화가

세종의 후손으로 강직하고 충직했던 참 선비

이경여의 자는 직부直夫이고 호는 백강白江 또는 봉암鳳巖으로 세종의 후궁 신빈 김씨 소생 밀성군 이침의 자손이다. 왕족 출신의 영의정 중 한 명이며, 이경석에 이어 연속으로 왕족 출신이 영의정에 올랐다. 증조부는 이구수이며 조부는 이극강으로 첨정을 지냈다. 아버지는 목사를 지낸 이수록이다. 이경여가 15세 되던 해에 명나라의 동한유가 이경여를 만나보고서 깜짝 놀라며 말하기를, "비록 중국에서 태어났다 할지라도 세상에 높이 이름을 떨칠 사람이다." 하였다.

1601년 17세에 진사시에 합격하고 1609년 광해 원년 25세에 증광시 문과에 급제하였다. 한림으로서 권신의 자식을 천거하지 않고 장유를 천거하여 자신의 직책을 대신하게 했다. 이경여가 소인들로부터 모함을 받게 되자, 이경여는 스스로 인책하고 외직으로 나가기를 청하여 이천 현감과 충원 현감을 지냈다. 이때 부역이 매우 번거로웠으나 이경여가 규획을 잘 짜서 방도가 있게 함으로써 백성에게 미친 혜택이 많았다.

1619년 35세에 광해군의 실정이 심해지자 벼슬을 버리고 흥원 강가에서 지냈다. 무직으로 보낸 지 4년이 흐르니 인조반정이 일어났고, 이경여를 수찬으로 불러들였다. 부모가 늙었다는 이유로 지방 수령으로 나가기를 청하였으나, 윤허하지 않고 특별히 쌀과 콩을 하사하였다. 이해 겨울에 이조 낭관에 옮겨졌으나, 이경여는 남달리 청정하여 시비와 선악을 분명히 처결함으로써 요행의 문을 스스로 막았다.

1624년[40세]에 일어난 이괄의 난으로 인하여 남쪽으로 내려가서 체찰사 이원익의 종사관이 되었고, 이어 겸문학이 되어 세자를 시강하였다. 응교·전한을 거쳐 사간이 되었는데, 김상헌이 수완을 휘두르는 조정의 대관들을 논박하다가 주상의 뜻에 거슬려 파면되었고 또 주상이 친부(원종)에 대해 중궁의 예을 쓰려는 데 대해 이경여가 변론하여 매우 강력하게 저지하다가 파면되고 말았다. 얼마후 복직하여 사가독서를 한 다음, 1627년 호패를 차고 명을 받들어 호남 지방에 찰거[38]하러 나갔다가, 정묘호란이 있다는 말을 듣고 호남으로부터 즉시 행재소[39]로 가니 집의에 제수되고 이어 승지에 올랐으며, 호란이 수습되자 충청도 감사가 되었다. 다시 들어와서 대사성·이조 참의·부제학을 역임하였다.

1630년[46세] 부모봉양을 위해 청주 목사가 되어 외직에 나가니 관리들은 두려워하고 백성들은 좋아하여, 명령하지 않아도 모든 일이 잘 처리되었다. 다시 중앙으로 들어와서 부제학이 되어 상소문으로 조목별로 아뢰어, 학문에 진취하고 궁중을 잘 어거할 일로 근본을 삼게 하니, 주상이 이를 가상히 여겨 내구마를 하사하였다.

1636년[52세] 초 청나라와 불화의 조짐이 보이자 화친하자는 주장에 대하여 이경여가 매우 반발하며 아뢰기를, "임금께서 이미 청인들을 배척하여 대의를 지향하는 소리가 드러났는데, 국가의 체통을 떨어뜨리고 애걸복걸하며 화친하기를 요청한단 말입니까? 차라리 나라가 망할지언정 어찌 차마 이런 짓을 하겠습니까?" 하였다. 12월에 청나라가 대군을 이끌고 침입해 오자, 이경여는 어가를 호종하여 남한산성으로 들어갔다.

---

38) 찰거 : 인재를 살펴 채용함

39) 행재소 : 인조가 피란했던 강화

삼전도의 굴욕을 당한 후 대사헌이 되었는데 나라의 풍속이 점점 오랑캐의 풍습에 물듦으로 법제를 확립하고 잃어버린 기강을 바로잡는 것을 우선으로 삼았다.

1642년[58세] 청나라에서 어떤 사건을 계기로 이계를 잡아다가 신문하자, 이계는 죽음을 면하기 위해 '이경여가 청나라의 연호도 쓰지 않으며, 그의 뜻은 항상 명나라에 있다'고 고함으로써 1644년 청나라로 끌려가 구금되었다가 조정에서 벌금을 바침으로써 풀려나 마침내 귀국하게 되었다. 귀국 후 우의정에 임명되자 이때 주상이 오랫동안 병환이 있었던 터라 간신의 말을 받아들여 사술을 쓰려하므로, 이경여가 마음을 맑게 하고 욕심을 적게 하여 명을 세우고 이치를 밝히며 정도를 지켜서 사邪를 멀리할 것을 아뢰니, 주상이 곧 그날로 간신을 다시는 들어오지 못하도록 명하였다.

청나라에서 풀려난 지 1년도 안되어 청나라 사은사로 들어가니 청국에서 가만히 두고 볼 수 없었던지 반청 분자로 트집 잡아 또 억류시켰다.

1645년[61세] 심양에서 풀려나 소현세자와 함께 귀국하였다. 이때 청나라가 소현세자를 왕으로 삼으려한다는 풍문에 오해를 품은 인조가 소현세자와 세자빈을 죽이려 하자, 이경여는 이를 극력 반대하다가 진도에 유배되었고 다시 북쪽 삼수에 위리안치되고 말았다.

1650년[66세] 효종이 즉위하자 영중추 부사로 복직시키고 3월에 영의정에 제수하였다. 그해 12월에 동지사로 청나라에 갔던 인평대군이 12월 28일에 보내온 보고문서에서 "청나라 황제가 영의정 이경여를 영원히 서용하지 말고 퇴직시켜 고향으로 물러가게 하라."고 하였는데, 이에 이경여는 영의정을 사직하여 영중추 부사로 물러앉았다가 이어 그 직마저 물러났다.

이경여는 관직에 있는 동안 조정 관료에 의해 탄핵을 받을 일을 하였거나 적을 만든 일이 없었는데 청나라와의 관계에서 명나라와의 의리를 앞세우며 배척 관계를 세웠을 뿐이다.

나라를 위한 충정으로 올린 상소문

1631년[47세] 인조 9년 7월 부제학이 되어 10월에 8조목의 상소문을 올렸다. 임금이 이를 가상히 여겨 내구마를 하사하였다.

첫째는 하늘을 공경하는 일입니다. 둘째는 백성을 사랑하는 것입니다. 셋째는 간언하는 말을 듣는 것입니다. 넷째는 사람을 쓰는 것입니다. 다섯째는 검소함을 숭상하는 것입니다. 여섯째는 종족끼리 정을 두텁게 하여 지내는 것입니다. 일곱째는 궁궐안을 다스리는 것입니다. 여덟째는 학문에 나아가는 것입니다. 답하기를, 조목별로 아뢴 일이 격언 아닌 것이 없다. 내가 두렵게 생각하여 채택해서 시행하겠다. 하였다.

― 인조실록 9년 10월 3일 ―

1633년[49세] 인조 11년 1월 전라감사가 되어 전라도의 폐단 22조목을 상소하였다.

전라 감사 이경여가 상소하여 본도의 폐단을 진술하였는데

첫째는 공물안이 고르지 못한 폐단이요
두 번째는 각종 군인의 대체 장정에 대해 그들의 이웃이나 일가에서 거두는 폐단이요

세 번째는 충장위[40]와 충익위[41]의 군공으로 곡식을 바치는 사람들을 수군으로 뽑아

보내는 폐단이요

네 번째는 육군을 수군으로 편입시키는 폐단이요

다섯 번째는 사노비가 너무 많은 폐단이요

여섯 번째는 해마다 군병을 보충하는 폐단이요

일곱 번째는 서울 각 관사의 사주인私主人이 부정을 하는 폐단이요

여덟 번째는 상납 포목을 점검하여 물리치는 폐단이요

아홉 번째는 여러 궁가와 각 아문이 둔전 및 염분·어전을 설치하는 폐단이요

열 번째는 연해의 수군과 각 고을 뱃사공의 폐단이요

열한 번째는 각 아문과 구관청의 방납 폐단이요

열두 번째는 모든 궁가와 각 아문이 채무를 독촉하는 폐단이요

열세 번째는 어영군[42] 및 각 아문의 군병이 기대는 폐단이요

열네 번째는 내수사와 성균관의 양민과 천민이 서로 투입하는 폐단이요

열다섯 번째는 산중 고을에서 수군을 뽑는 폐단이요

열여섯 번째는 여러마을 관청 토지의 폐단이요

열일곱 번째는 포수 호주의 폐단이요

열여덟 번째는 각 군대에 쓰는 병기를 해마다 마련하는 폐단이요

열아홉 번째는 통제사 영이 곡식을 추징하는 폐단이요

스무 번째는 본도의 수군을 영남 방어에 첨가하는 폐단이요

스물한 번째는 파선 미곡을 재차 징수하는 폐단이요

스물두 번째는 속오군[43]만이 고초를 겪는 폐단이었다.

이에 대해 모두 상의하여 조처할 것을 명하였다.

– 인조실록 11년 7월 24일 –

---

40) 충장위 : 전사자 집안 장정

41) 충익위 : 공신집안 장정

42) 어영군 : 국왕 호위군

43) 속오군 : 지방군대

1634년[50세] 인조 12년에 정사를 보는 궁전에 벼락이 있었다. 이때 이경여는 홍문관의 장이 되었는데 재변을 계기로 재변·정사·기강·언로· 사치 등에 대해 지키고 시행해야 할 계명을 아뢰었다. 비록 하늘이 내린 벼락을 두려워하여 현재의 시국을 되돌아보고 반성하며 지켜야 할 내용과 개선해야 할 사항들을 아뢴 것이지만 이경여의 지적은 병자호란이 일어나기 2년 전에 올린 것으로 마치 앞날을 내다본 듯 정확한 예측이었다. 하늘을 공경하며 하늘의 분노를 천심으로 여기며 살았던 조선시대는 그래도 공구수성恐懼修省[44]하는 때라도 있었지만 과학의 발달로 하늘의 두려움을 모르는 현재는 죽는 날까지 반성할 기회조차 없는 세상이 되고 말았다.

부제학 이경여 등이 상소하기를,

"보건대, 예로부터 천하 국가를 다스리는 자로서 하늘이 노여워하고 백성들이 원망하는데도 망하지 않은 경우는 없었습니다. 우선 전 시대는 놓아두고라도 거울삼아 경계할 전례가 멀지 않습니다. 지난날에 하늘이 큰 재앙을 내리고 백성들이 다른 마음을 품고 있었는데도 예사롭게 보고 생각하지 않아 저절로 멸망하는 데 이르게 되었으며, 하늘이 성덕을 돌보아 주어 백성들의 임금이 되게 하였습니다.
즉위하신 지 10년이 되었는데도 다스림과는 더욱 거리가 멀어져, 재변이 한꺼번에 닥치고 원망이 날이 갈수록 심해지고 있습니다. 이에 곤충과 초목의 재앙과 산천과 수재와 가뭄의 재변 및 기타의 요물과 물괴가 생기지 않는 해가 없습니다.
종묘와 능침의 나무에 벼락이 친 변괴에 이르러서는 참으로 고금에 드문 일입니다. 그런데도 전하께서는 두려워하고 조심하여 스스로를 살피는 실제가 없었습니다. 제사를 올리는 방과 아주 가까운 곳에 있는 정전正殿에 벼락이 쳤는데도 전하께서는 척연히 경계하여 두렵게 여기지 않으셨습니다.
그러자 제왕의 위치를 나타내는 자미원에 형혹성이 침범하고, 나라의 근본이 되는

---

44) 공구수성恐懼修省 : 하늘을 두려워하며 수양하고 반성함

삼남 지방이 온통 황폐해졌습니다. 하늘과 조종께서 시종 경고를 보여 보전해 주려는 뜻을 보임이 여기에 이르러 지극하다 하겠습니다.

아, 하늘이 위에서 노여워하고 백성들이 아래에서 원망하면 비록 태평스럽고 편안한 시대와 진나라나 초나라 같은 부유함이 있더라도 위태로움이 곧바로 닥치는 법입니다.

지금 강한 오랑캐들이 국경을 위협하면서 아침 저녁으로 으르렁거리고 있고, 백성들이 이미 꺼꾸러져 꺼꾸로 매달린 듯이 위태롭습니다. 궁중의 내전이 엄하지 못하여 사특한 길이 점차 열리고 있으며, 언로가 통하지 않아 상하가 꽉 막혀 있습니다. 사치 풍조가 만연되어 공사간에 모두 텅 비었고, 음한 기운이 자라나고 양기가 쇄약해져 위란의 조짐이 이미 드러났습니다.

긁어들이기를 힘쓰는 것을 충성스럽다 하고 이익을 도모하는 것을 의롭다 하며, 온갖 법도가 모두 무너졌고 기강이 모두 풀어졌습니다. 이상의 것 가운데 어느 한 가지라도 있을 경우, 위란을 불러오기에 충분합니다. 그런데 더구나 앞뒤로 서로 이어져 점차 확대되어 한꺼번에 발생하는 데이겠습니까.

나라의 존망은 사람이 죽고 사는 것과 마찬가지입니다. 혹 악한 괴질이 발생하여 죽는 자도 있고, 혹 풍병이 들어 죽는 자도 있습니다. 원기가 이미 쇄약해졌는데 조섭을 제대로 하지 못할 경우, 육기六氣가 침범하면서 죽지 않는 사람이 없습니다. 지난날에 있었던 강상의 변은 악한 괴질과 같은 것입니다. 토목공사와 뇌물을 받아들인 것은 풍병과 같은 것입니다. 지금 원기가 전보다 쇄약해졌는데 육기가 틈을 타 침범하는 것은 전과 다름이 없습니다.

그런데 어찌 나에게는 악질과 풍병이 들지 않았다고 핑계 대고 주색에 빠져들어 위태로울 지경으로 힘껏 달려 나가면서, 장수하는 복이 있기를 바랄 수 있단 말입니까. 더구나 궁실이 장대하고 화려하며, 마루를 별도로 세우는 것은 식자들이 한심하게 여기는 것입니다. 그러니 풍병의 조짐이 전혀 없다고는 말할 수 없습니다.

강한 오랑캐가 국경을 위협하고 있는 것은 한기와 습기가 바깥에서 쳐들어오는 것이고, 백성들이 이미 꺼꾸러진 것은 원기가 안에서 상한 것입니다. 궁궐의 내전이 엄하지 못한 것은 바깥에서 사특함이 틈을 타 들어오는 것이고, 언로가 통하지 않는 것은 혈기가 꽉 막힌 것입니다. 사치 풍조가 만연된 것은 정신이 피로해진 것이고, 긁어들이기만 주력하는 정사는 살갗을 벗겨내는 것입니다. 음한 기운이 자라나고 양기가 쇠약해지는 것은 종기가 생겨난 것이고, 기강이 문란해진 것은 맥박이 어지러운 것입니다.

원기가 이미 쇠약해진 사람에게 또 풍병의 조짐마저 있는데, 한기와 습기가 공격해 오고, 바깥의 사특함이 틈을 타 들어오며, 혈기가 막혔고 정신이 피곤하며, 피부가 벗겨지고 맥박이 어지러우며, 음양이 거꾸로 되고 수족이 뒤바뀌었습니다. 그런데도 스스로 병이 없다고 하여 병을 치료할 수 있는 약을 물리치면서 눈과 귀를 즐겁게 하기만을 추구할 경우, 곧바로 죽을 것임은 유부나 편작 같은 명의가 아니라도 알 수 있는 것입니다.

전하의 밝고 거룩하심으로서는 예전의 사실을 두루 보시어 천년간의 흥폐에 대해서도 오히려 경계로 삼아야 마땅합니다. 그런데 어찌하여 10년은 오랜 옛날이 아닌데도 거울로 삼지 않으신단 말입니까. 왕실 친척들이 서로 통하고 있다는 말이 거리에 전파되고 있습니다. 이것은 나라를 병들게 하는 지름길로 현명한 임금이 미워하는 것입니다. 전하께서는 반드시 서리가 내리면 굳은 얼음이 얼 징조라는 것을 일찌감치 판별하시어, 내외를 엄히 타일러서 그들로 하여금 분명히 한계를 짓게 해야 합니다. 그리하여 한 마디 말도 궁중 안으로 유입시키지 않은 자는 특별한 은총을 내리고, 외간의 일을 내정에서 아뢰는 자가 있을 경우에는 드러나는 대로 내쫓아 여러 사람들과 함께 내쳐야 합니다. 그러면 음흉하고 사특한 길이 이로부터 영원히 막힐 것입니다.

잘난 체하면서 남을 깔보는 것은 예전의 어진 이들이 경계한 바입니다. 그런데 성상께서는 덕이 너무 굳세어 너그러운 기상이 드러나지 않고, 허물을 듣기 싫어하시어 혹 옳지 않은 일을 하시기도 하며, 조금이라도 뜻에 거슬리면 문득 엄하게 내치시고, 좋아함과 싫어함의 편벽된 점이 제수하는 사이에 드러나고 맙니다. 이 때문에 여러 신하들이 전하의 뜻을 따르기만 하면서 말하는 것을 경계로 여겨, 충직한 것을 광망하다고 하고 아무 말 없이 있는 것을 순후하고 신중하다고 하고 있습니다. 현재 전하의 조정을 둘러 보건대, 강대하고 곧바로 판단하여 임금 사랑하기를 아비 사랑하듯이 하는 자가 몇 사람이나 있습니까.

상하간에 서로 통하지 않아 정이 미덥지 못한 것이야말로 참으로 현재의 위급한 병이어서 잠시도 늦춰 둘 수 없는 것입니다. 옛날의 제왕들은 깊은 마음은 재상들에게 내맡겼고, 눈과 귀는 양사에 의탁하였습니다. 전하의 대신들이 비록 옛날 사람들만은 못하지만 역시 한 시대 사람들 가운데 가리고 가려서 뽑은 사람들입니다. 그러니 팔다리의 의탁을 어찌 다른 사람을 구해 맡기겠습니까. 다만 전하께서 성심으로 위임하고 공경하는 예로 존중해 주어 그들로 하여금 어진 인재를 두루 모아서 여러 직책에 배치하게 하는 데 달려 있습니다. 그리고 강직한 선비를 권장하고 바른 논의를 살펴서 받아들이며, 말로 인해 죄를 받은 자가 혹 외방에 ㅣ가 있을 경우에는 소환하여 거두어 써서 양사에 다 놓아 두소서. 그러면 정직하고 성실한 자가 기운을 떨칠 것이고 아첨하고 아부하는 자들이 모두 자취를 감출 것입니다.

옛사람이 말하기를 '사치의 화는 천재보다도 심하다.'고 하였습니다. 백성을 상하게 하고 나라를 병들게 하는 것으로 이보다 큰 것이 없습니다. 이 때문에 다스림을 도모하는 임금치고 검약을 숭상하는 것을 먼저하지 않은 임금이 없으며, 위란을 불러온 임금치고 사치를 극도로 하여 자신을 망치지 않은 경우가 없었습니다. 그런데도 전하께서는 앞장서서 이끌어서 만회할 방도를 생각하지 않고 계십니다. 반정한 처음에는 수레와 의복의 꾸밈에 있어서 오히려 지난날의 제도를 보존하였으며, 중년 이래로는 기호하는 물건과 기교한 기예에 대해서도 뜻을 두고 계십니다. 그리고 국혼의 사치스러움과 살림집의 화려함은 의로운 방도로 가르치는 것이 아니며, 또한 선왕의 법제에도 어긋나는 것입니다. 지나간 것은 돌이킬 수 없으나 오는 것은 경계할 수 있습니다. 귀금속과 비단의 꾸밈은 궁중에서 금지시키고 검은 명주와 베 휘장의 검소함을 먼저 성상께서 시행하여 모범을 보이시면, 백성들을 교화시켜 따르게 하기가 어렵지 않을 것입니다.

현재 적병과 보루를 마주 대하고 있으니, 전곡과 정병이 참으로 급선무입니다. 거두어들이기만 하는 해로움은 도둑질 하는 신하보다도 더 심하며, 이익만 추구하는 폐단은 나라를 위태롭게 하는 법입니다. 민사와 국사를 둘로 나누어서 명목을 대립시키고 경중을 뒤바꿔 시행하고 있으니, 폐단의 근원을 완전히 막지 못하고 백성과 더불어 이익을 다투는 일을 멈추지 않으면 겨우 살아남은 백성들이 어깨를 펼 날이 없을 것입니다.

조짐의 경계에 대해서는 이미 전에 올린 상소에서 진술하였으므로 지금 다시 진술하지 않겠습니다. 그러나 양을 부추기고 음을 억제하는 의리를 지나친 염려라고 해서 소홀히 해서는 안됩니다. 이번에 있었던 사관의 일 역시 근고에 없었던 일입니다. 사관이 비록 잘못이 있었다 하더라도 환관이 감히 달려가 호소할 수는 없는 것입니다. 대신이 자리를 불안해하고 있는데 사관이 또 능멸을 당하였습니다. 전하께서 멀리 옛 사실을 살펴보고서 은미한 조짐을 막지 않으면 뒷날에 점차 퍼져나갈 걱정이 조정이 수모를 받는 데 그치지 않을 것입니다.

나라가 유지되는 것은 기강을 통제하고 있어서 입니다. 지금 위에서는 능멸하고 아래에서는 폐기하여, 기강이 진작되지 않아 명령하여도 행해지지 않고 금지하여도 따르지 않고 있습니다. 이에 금과 옥같이 귀중히 여겨 꼭 지켜야 할 법규가 한갓 빈 껍데기가 되어 왕실 친척들과 세도가에서는 누가 막을 것인가 하며 마음내키는 대로 하고 있습니다. 이런데도 나라를 다스릴 수 있겠습니까. 만약 선왕의 법을 준수하여 미덥기가 사계절이 순환하는 것 같고 견고하기가 돌이나 쇠와 같이 하여, 털끝 만큼의 사사로운 뜻도 그 사이에 끼어들지 못하게 한다면, 기강이 다시 진작되게 하기는 손바닥 뒤집는 것보다도 쉬울 것입니다.

무릇 이상의 몇 가지 것들은 서로 연결되어 휘감겨 있어서 거센 물결이 역류하여 막을 수 없고 커다란 집이 무너지려 하는데 지탱할 수 없는 것과 같아서 전혀 손을 쓸 수 없게 되었습니다. 그러니 어찌 온 나라 사람들만 아래에서 걱정하며 상심하고 있겠습니까. 아마도 하늘에 계신 조종들의 영령도 아득한 가운데서 통탄하고 계실 것입니다.

지난해 편찬으실 때에는 경연을 열어 강독하지는 않았으나 자주 근신들을 접견하여 경전을 토론하였습니다. 이에 좌우에서 인도하면서 일에 따라 바로잡았으니, 덕성을 훈도하는 데 보탬이 있었을 것입니다.
또 한 가지가 있습니다. 신들이 듣건대, 국적이 끊어진 왕실 신분의 딸로 나이가 지났는데도 시집가지 못한 자가 있다고 합니다. 그가 비록 죄인의 딸이기는 하지만 그래도 선왕의 혈족입니다. 30이 다 되어 가는데도 배우자가 없어서 시집을 가지 못해 각자 배우자가 있는 궁벽한 시골의 천민들보다도 못하게 홀로 있습니다. 한 사람이 방 모퉁이를 향해 울고 있어도 화기를 손상시키기에 족한 것입니다. 더구나 왕가의 가까운 친족이겠습니까. 국가에서 비록 시집가는 것을 허락해도 죄인의 딸과 누가 기꺼이 혼인을 맺으려 하겠습니까. 관청에서 배필을 정해 주고 혼수를 마련해 주어 착실하게 거행하여야 합니다. 이와 같이 한다면 성상의 덕만 빛날 뿐 아니라, 재변을 늦추는 방도에 있어서도 일조가 될 것입니다.

신들은 모두 보잘 것 없는 자질로 전하를 가까이서 모시고 있습니다. 눈으로 하늘이 노여워하고 백성들의 원망이 날로 극심해 위망의 화란이 장차 다가오려는 것을 보고는, 충심을 다하여 외람되이 전하께 아뢰는 바입니다. 바라건대, 전하께서는 평온한 마음으로 마음을 맑게 가져 반성하시고 받아들이소서." 하니, 계자(啓字 : 승낙결재)를 찍어 해당 조정에 내렸다.

– 인조실록 12년 5월 27일 –

명나라 연호를 사용한 죄로 청나라에 구류되다

1642년[58세] 인조 20년 윤 11월 우참찬이 되었는데 청나라인이 어떤 사건으로 인하여 이계를 잡아다가 신문하자, 이계는 죽는 것을 면하기 위해 '이경여가 청나라의 연호도 쓰지 않으며, 그의 뜻은 항상 명나라에 있다'고 밀고함으로써 청나라에서 이를 조사하기 위해 사신을 보냈다. 신경진과 이행원이 청나라 사신을 만나고 돌아와 청나라 칙사의 뜻은 다섯 신하에게 있다고 아뢰었다.

좌의정 신경진과 도승지 이행원이 벽제로부터 돌아와 임금을 만나기를 청하니, 주상이 불렀다. 신경진이 나아가 아뢰기를, "신들이 칙사를 보고 임경업과 역적 이계 등의 일을 언급하였더니 전혀 귀담아 듣지 않았으며 그 속뜻은 사실 다섯 신하에 있었습니다. 만일 주상께서 접견하실 때 좋은 말로 조리있게 말씀하시면 그들의 의심이 풀릴 수도 있을 것이라고 하였으니, 이는 정역의 생각입니다." 하니,
주상이 이르기를, "이 일이 결국에는 어떻게 되겠는가? 오신에 대하여 각기 죄안이 있는가?" 하자,

이경진이 아뢰기를, "이경여는 청국의 연호를 쓰지 않았다는 것이고, 이명한은 지난 해에 명나라와 통신할 때 글을 지은 일이고, 허계는 그 논의에 참여하였다는 것이고, 신익성은 시론을 주도하였다는 것이고, 신익전은 기자묘의 제향에 참여하여 궁관宮官을 그만두려고 꾀하였다는 일이라고 하였습니다." 하였다.

주상이 이르기를, "그 기색이 과연 심히 고약하던가? 돌아갈 때 만약 오신을 잡아가려고 하면 무슨 말로 거절해야겠는가? 처음에는 결코 쉽게 허락할 수 없다."

하니, 이경진이 아뢰기를, "주상께서 만약 처음부터 굳이 고집하시면 그 노여움만 부채질할 것입니다." 하고,

이행원이 아뢰기를, "신은 따르지 않을 수 없다고 생각합니다." 하자,
주상이 쓴웃음을 지으며 이르기를, "도승지는 겁쟁이다. 어찌 우리 쪽에서 고분고분 허락해 줄 수 있는가." 하였다.

이경진이 아뢰기를, "일이 이에 이른 것은 모두가 이계 때문입니다. 이계가 한 말이 '조정은 오로지 붕당만을 일삼고 신익성과 김상헌이 서로 안팎이 되어 힘껏 변명하여 구제하고 있다. 나는 김상헌을 논핵하였기 때문에 좌천되어 변방 수령이 되었으며, 주상께서도 일을 잘 처리하지 못하여 이와 같은 상황이 벌어진 것이다.' 하였으니, 우리 쪽에서 오신을 구제하기는 어려울 듯합니다." 하였다.

– 인조실록 20년 12월 11일 –

이계의 밀고건으로 청나라의 질책을 받았는데, 12월 신익성, 이명한과 함께 청나라로 잡혀 가 심양에 구류되었다. 이때 이경여는 태연히 말하기를, "죽고 사는 것은 모두가 운명이다." 하였다.

1643년[59세] 인조 21년 2월 유경창이 청나라에서 김상헌 등에 대한 처리와 명나라와의 관계에 대해 문서로 보고하다.

재상 한형길을 잡아다 심문하라는 명이 있었다. 사서 유경창이 글로 아뢰었다.

"용골대 등이 황제의 뜻으로 와서 세자에게 전하기를 '김상헌은 북관으로 옮겨 안치하고, 이경여·이명한·허계 세 사람은 사형으로 조율하였으나 황제께서 차마 죽이지 못하여 모두 삭직하여 석방한다. 이경여와 이명한은 각각 은 1천 냥을 바치고 허계는 6백 냥을 바치되, 그들에게 각자 자기 집에서 준비하여 바치게 하라.' 하고, 또 세신하를 불러 뜨락에 꿇어 앉히고서 황제의 명을 전한 뒤에 곧 칼과 결박을 풀어주고 서쪽을 향해 사배하고 나가게 하였습니다.

용골대 등이 일어서서 또 세자에게 황제의 뜻을 전하기를 '본국이 명나라에 대하여 신하로 섬긴 지 오래이고 임진의 왜변에 군사를 내보내 구제하였으니, 그 은혜는 실로 막대하다. 이 때문에 우리가 건주위에 출병하였을 때 명나라의 군사와 말은 서쪽에서, 본국의 병사와 말은 동쪽에서 들어와 막았으니, 이 일로 이미 임진년의 은혜는 갚은 셈이다. 그런데 이제 다시 명나라를 연연하여 도와줄 계획을 하였으니, 매우 부당하다. 이 뜻을 알라.' 하고, 또 세자에게 고하기를 '조선은 명나라에 대하여 한집안이고 또 큰 은혜를 받았으니 먼저 국왕이 충성을 다한 것은 옳다. 그러나 병자년 동쪽 정벌 때 황제께서 친히 병마를 거느리고 나가 한 나라의 임금과 신하를 동굴 속에 몰아넣었다가, 화친을 약속한 뒤에 위로는 국왕과 세자에서부터 아래로 만조 백관과 백만 창생에 이르기까지 다 우리의 은혜를 입어 살아났으니, 지금의 왕이 그 은혜를 잊어서야 되겠는가. 우리가 가령 명나라와 전쟁을 벌여 우리의 형세가 기울어진다면 어찌 군사를 내보내 구원하지 않을 수 있겠는가. 이렇게 할 것은 생각지 않고 항상 관계를 껄끄럽게 하는 일만 하였으니, 이는 무슨 의도인가?' 하니, 세자께서 반드시 이 말을 국왕에게 글로 아뢰겠다고 대답하였습니다. 정역이 또 말하기를 '세신하를 내보낸 뒤에 칙서를 보내든가 사신을 보낼 것이니, 본국의 사은사는 이를 기다렸다가 보내야 한다.' 하였습니다."

– 인조실록 21년 2월 19일 –

그 뒤 수개월만에 조정에서 벌금을 들여보냄으로써 마침내 돌아오게 되었다.

1643년[59세] 인조 21년 3월 26일 이경여·이명한·허계가 심양에서 돌아왔다. 8월 10일 재상 이경석 이경여 등에게 쌀을 내려주라고 명하였다.

재신 이경석·이명한·이경여·민성휘·허계·심연·김응해 등에게 쌀을 차등을 두어 내려주라고 명하였는데, 이경석 등은 청국에 죄를 얻어 파직되어 집에 있기 때문이었다. 당시에 최명길과 김상헌은 심양에 구류되어 있었는데, 또한 일체로 나눠 지급하였다.

– 인조실록 21년 8월 10일 –

우의정이 되어 사은사로 가니 반청분자로 다시 구류되다

1643년[59세] 인조 21년 12월 청나라 연호를 사용하지 않은 이유로 청나라에 구금되었다가 풀려났는데, 1년도 안되어 우의정에 제수하여 청나라에 사은사로 보내니 청국이 가만히 두고 볼 수 없었던지 반청분자로 트집 잡아 또 억류시켰다.

1644년[60세] 인조 22년 4월 10일 청나라 세자 보양관으로 나가있던 김육 등이 심양의 사정을 글로 보고하였다.

청나라의 세자 보양관 김육, 빈객 임광 등이 글로 청나라 소식을 본국에 아뢰었다. "양궁[45]이 지난달 24일에 심양에 당도하였습니다. 26일에는 용골대와 가린박씨가 정병을 거느리고 사신 숙소에 와서 우의정 이경여를 구류시키고 또 말하기를 '이경

---

45) 양궁 : 세자궁과 빈궁. 병자호란이 일어난 8년째 까지 소현세자와 봉림대군이 심양에 인질로 잡혀있었으므로, 조정에서는 세자를 위해 국내에서 세자시강원에 하던 절차를 그대로 시행하고 있었다.

석·이명한·박황·민성휘·허계·조한영은 모두 명나라에 뜻이 있는 자들이니 파직시
키게 하라.' 하고, 용골대가 또 말하기를 '5신(이경여·이경석·이명한·박황·민성휘)을 서
용한 일은 누가 주장하였는가? 영의정과 이조판서가 그 벌을 받아야 한다.'고 하였
습니다.

4월 9일에 구왕九王[46]이 서쪽을 침범할 예정이며 세자는 그를 따라갈 것입니다. 원
손과 제손들이 떠나거나 머무는 일은 마음내키는 대로 하게 하였는데, 인평대군은
심양에 머무르고 봉림대군은 머지 않아 내보낼 것입니다. 5신을 서용한 일로 인하여
크게 문책하는 뜻으로 칙서를 봉림대군의 행차에 부쳐 보낼 것이라고 하였습니다.
또 들으니 '사하(남만주)와 영원이 저절로 무너졌고 황성이 또 유적에게 포위되어 제
진이 다 들어가 구원하는 중이므로 구왕이 장차 그 헛점을 노리고 곧장 쳐들어 갈
것이다.'고 하였습니다."

— 인조실록 22년 4월 10일 —

1645년[61세] 인조 23년 2월 18일 소현세자가 돌아오고, 청나라 사신
도 함께 황제 칙서를 가지고 서울에 들어왔다. 2월 23일 구류되었던 최
명길, 이경여, 김상헌도 2년만에 심양에서 돌아왔다.

소현세자빈을 두둔하다가 유배되다

1646년[62세] 인조 24년 2월 6일 소현세자빈 강빈을 두둔한 죄로 이경
여를 삭탈 관작하고 문외 출송하라고 명하다.

우의정 이경석 등이 육조판서와 빈청에 모여 다시 앞서의 일을 아뢰려 하였는데, 주
상이 승정원에 하교하기를, "그저께 대신이 곧바로 먼저 나간 것은 비단 해괴할 뿐

---

46) 구왕九王 : 청나라 태조의 제14자子인 예충친왕睿忠親王 다이곤多爾袞의 별칭.

만 아니니, 이와 같은 조짐을 점점 커지게 해서는 안 될 것이다. 그때 반열의 우두머리인 이경여를 우선 삭탈관작하고 문외 출송하라." 하였다. 이에 이경석 등이 하교를 듣고 두렵고 놀라 모두 대궐문 밖으로 물러갔다.

승정원이 아뢰기를, "이경여가 곧장 나간 잘못이 있긴 하지만 갑자기 삭탈관작의 죄를 내린 데 대해서 신들은 온당치 못하게 여깁니다. 곧장 나간 잘못은 가볍고 삭출하는 죄는 무거우니, 일반 관료에 있어서도 죄에 합당하게 처벌해야 합니다. 더구나 나아가고 물러남을 예禮에 따라 하는 대신을 대우함에 있어서 이겠습니까. 신들의 구구한 생각에 혹시나 대신을 공경하는 도리에 누가 되지는 않을까 염려되어 황공하게도 감히 아룁니다." 하니,

답하기를, "이 조처는 미세하였을 때 방지하고 커지기 전에 막으려는 데서 나온 것이다." 하였다.

– 인조실록 24년 2월 6일 –

2월 6일 우의정 이경석이 이경여와 함께 처벌받기를 상소하였으나, 들은 채도 않은 채 2월 18일 승정원에 이경여를 귀양보낼 것을 명하였다. 2월 22일 우의정 이경석이 다시 이경여와 함께 죄를 다스려 줄 것을 청하였으나 3월 14일 이경여를 진도로 위리안치시켰다.

주상이 하교하기를, "홍무적은 자신을 알아주는 은혜를 생각하지 않고 감히 역적을 비호하려 꾀하고 심지어는 자기 몸을 희생해서라도 큰 죄악을 진 사람을 구제하려고 하였으며, 심로는 소현세자빈 강씨를 위해 충성을 다하여 합사하여 아뢰려는 생각을 가졌으니, 모두 외딴 섬으로 귀양보내어 간사하고 불충한 무리들로 하여금 조금이나마 임금과 신하의 분수를 알게 하라. 이경여는 임금을 망각하고 나라를 저버린 죄는 멀리 귀양보내는 것으로 끝낼 수가 없을 것 같으니, 해당 부서로 하여금 위리 안치하게 하라." 하였다. 이에 대사헌 홍무적을 정의로, 헌납 심로를 남해로 귀양보냈다. 이때 사헌부는 이미 어전에서 아뢰었으나 간원은 미처 아뢰지 않았는데, 주상의 이 조처는 위엄을 보여 간원으로 하여금 연이어 간언하지 못하게 하려고 한 것이다.

– 인조실록 24년 3월 14일 –

1648년[64세] 인조 26년 윤 3월 북쪽 변방 삼수로 이배되었다.

영의정의 벼슬을 자른 청나라

1649년[65세] 인조가 승하하고, 효종이 즉위하자 5월에 위리[47]를 철거하였고, 7월에는 고향 아산으로 이배되었다. 1650년 효종 1년 2월 석방시켜 영중추부사에 제수하고 역마를 타고 오도록 하였다. 3월 11일 영의정에 제수되었다. 그러나 이경여는 청나라로부터 골수 친명 반청인물로 찍혀 영원히 서용치 말라는 명을 내려 결국 그해 년말에 자리에서 물러나고 말았다.

1650년[66세] 효종 1년 12월 영의정 이경여가 면직을 청하자 비국과 의논하여 허락하다.

영의정 이경여가 상소하여 면직을 구하자, 답하기를, "경의 상소장을 살펴보니, 내 마음이 멍해져 할 말을 모르겠다. 국사의 어렵고 근심스러움이 지극한 경지에 이르렀는데, 장차 큰 냇물을 건너려고 하면서 배와 노를 잃을 줄 어찌 생각이나 했겠는가. 근심과 기쁨이 남들에게서 말미암으니 어찌 분개를 이길 수 있겠는가. 한밤중에 잠을 못 이루고 혀만 끌끌 찼을 뿐이다. 상소한 말은 마땅히 의정부로 하여금 의논해 처치하도록 하겠다." 하였다. 그 뒤에 비국이 의논해 아뢴 것에 따라 비로소 사직을 허락하였다.

-효종실록 1년 12월 30일 -

1651년[67세] 효종 2년 1월 영중추부사 이경여가 한강 밖으로 나가면

---

47) 위리 : 가시 울타리

서 하직하니 임금이 불러서 만나다.

주상이 영중추부사 이경여를 불러 만났다. 주상이 이르기를, "걱정과 기쁨이 다른 사람으로부터 나오고 주고 빼앗는 것이 저들의 손에 달려 있는데[48], 경이 이제 조정을 떠나가니 국사를 누가 꾸려갈 것인가." 하고, 이어 탄식하며 오열하니,

이경여도 또한 눈물을 흘리며 대답하기를, "신은 일찍이 부모를 여의고 오직 임금만을 믿어 왔는데 이제 하직하고 멀리 떠나게 되었으니, 무슨 말을 아뢰야 할지 모르겠습니다."

하고, 또 아뢰기를, "홍무적이 논한 것은 참으로 하나의 실수입니다. 어찌 조금이라도 다른 뜻이 있었겠습니까. 임의백이 사양하고 거절한 말은 비록 극히 거칠고 잡스럽지만 전하께서 너무 심하게 꺾어 버리셨습니다." 한 뒤에, 또 이명익을 문초해서는 안 된다는 뜻을 아뢰니,

주상이 이르기를, "경이 사퇴하는 마당에 아뢸 것이 이와 같으니 내 어찌 마음을 바꾸지 않겠는가. 경의 상소 가운데 이른바 은덕을 앞세우고 형벌을 뒤로 하라는 말은 내가 이미 유념하고 있다."

하고, 이어 승지에게 이르기를, "이명익은 해당 부서로 하여금 형문을 면제하는 일을 의논하여 조처하게 하라." 하였다.

– 효종실록 2년 1월 10일 –

죽는 날까지 나라를 위한 충청에 불탔던 영의정

---

48) 걱정과 기쁨이 다른 사람으로부터 나오고 주고 빼앗는 것이 저들의 손에 달려 있는데, 경이 이제 조정을 떠나가니 : 효종 원년 1650년 겨울에 동지사로 청나라에 갔던 인평대군이 12월 28일에 보내온 보고문서에 "황제가 영의정 이경여를 영원히 서용하지 말고 퇴직시켜 고향으로 물러가게 하라고 했다." 하였는데, 이에 따라 이경여가 영의정을 사직하여 영중추부사로 물러앉았다가 이어 그 직도 사직하였으므로 한 말이다.

1650년[66세] 효종 1년 6월 3일 주상이 대신들과 비변사 신하들을 불러 모아 국정에 대해 이야기 하자 영의정 이경여가 인재의 불러 씀과 당파의 폐해를 아뢰다.

주상이 대신 및 비변사의 신하들을 불러 모았다.

영의정 이경여가 아뢰기를, "전일 북쪽 사신이 왔을 때 사람들이 모두 두렵게 생각했는데, 이제 돌아갔으므로 등에 진 무거운 짐을 벗어놓은 듯합니다. 이런 때는 무엇이든 한번 해볼 만한 때인데 신과 같은 자로서는 감당할 수 없으니, 안타까울 따름입니다." 하니,

주상이 이르기를, "경은 겸양하지 말고 나의 부족한 점을 돕도록 하라." 하였다.

이경여가 아뢰기를, "신이 늘 마음속으로 염려하던 것도 주상 앞에 오면 제대로 다 아뢰지 못하는데, 이 역시 앞뒤를 재며 주저하는 죄라 하겠습니다." 하니,

주상이 이르기를, "이는 내가 제대로 수용하지 못한 탓이다." 하였다.

이경여가 대답하기를, "주상께서 이렇게까지 분부하시니 국가의 복입니다. 예로부터 태평시대와 난세는 실로 위와 아래가 얼마나 돈독한지에 달려 있었습니다. 성상의 온화하고 공순하며 우애하는 덕에 대해서는 전국이 모두 흠앙하고 있습니다만, 식견이 있는 선비들 가운데에는 잘 받아들이지 못하시는 점을 근심하는 자도 있습니다. 신 또한 일찍이 '한 개인의 사사로운 정을 떠나 좋아하고 미워하시며, 천하의 공론을 따라 시비를 결단하소서.'라고 청했던 적이 있었습니다." 하니,

주상이 이르기를, "경을 오래도록 보지 못했는데, 지금 법도가 될 만한 말을 듣게 되었다." 하였다.

이경여가 아뢰기를, "인재의 부족이 요즘보다 심했던 적이 없으니, 더욱 공력을 들여 배양해야 할 것입니다. 지금 실록청을 설치하려고 합니다만, 신이 조종조의 실록 찬

수관을 살펴 보건대 당시 융성했던 인재들을 지금으로서는 도저히 미칠 수 없습니다."하고,

또 아뢰기를, "성상께서 처음 즉위하셨을 때 산림의 선비들을 초빙하신 것이야말로 지극한 성덕의 발로라 하겠는데, 그 뒤로는 처음의 좋은 뜻을 계승하지 못한 아쉬움이 없지 않습니다. 송시열이나 송준길과 같은 경우는 이름이 청나라 사람의 입에서 나오지 않았으니, 조정에 초치해야 옳겠습니다만, 조정의 분위기를 보면 또한 꺼리는 점이 있습니다." 하니,

주상이 그렇다고 하였다. 이경여가 아뢰기를, "홍무적·심로·이응시는 신과 함께 죄를 받았는데, 신만 이렇게까지 은혜를 입고 홍무적 등은 직첩을 환급받는 정도로 그쳤습니다. 홍무적의 사람됨에 대해서는 신이 본래 알고 있는데, 경학經學의 선비는 아니지만 꺼리고 싫어함을 피하지 않는 기절이 있습니다. 그리고 이응시는 신이 알지 못합니다만, 대체로 과감하게 말하는 선비입니다. 과감하게 말하는 선비들에 대해서는 사람들이 혹 직언함으로써 명예를 구한다고 지목하기도 하지만, 한나라 문제 이후로는 어쩔 수 없이 이름을 취하였는데, 당 태종은 전적으로 이름을 위주로 하였습니다. 혹 이름을 위하더라도 하는 일이 선하다면 국가에 또한 유익할 것입니다." 하니,

주상이 이르기를, "첫째가는 사람을 얻지 못할 바엔 차라리 이름을 취하는 것이 낫다. 그렇지만 오로지 이름만을 위주로 한다면 그 나쁜 풍속이 이루 말할 수 없게 될 것이다." 하였다.

이경여가 아뢰기를, "이름과 실제가 서로 부합한다면 제일 좋을 것입니다. 과감하게 말하는 선비들이 간혹 이름을 위하기도 하지만 진실로 그 말을 채택하기만 한다면 어찌 임금의 덕에 유익하지 않겠습니까. 더구나 이름도 위하지 않아 염치가 도무지 없는 자와 비교할 때, 그 인물됨이 누가 낫겠습니까." 하니,

주상이 그렇겠다고 하였다. 주상이 또 이르기를, "당파의 해가 요즈음 심해지는 듯하다. 조정이 바르게 된 뒤에 나라를 다스릴 수 있는 법인데, 지금 이와 같으니 어떻게 구제해야 하겠는가?" 하니,

이경여가 아뢰기를, "관학(성균관)에서는 마치 다른 나라 사람들처럼 피차 상대하고 있으니, 너무 심하지 않습니까. 이이와 성혼 두 현신에 대해서 선조때 임오·계미년 무렵에 한쪽 편의 사람들이 그들에게 큰 허물이 있다고 배척했는데, 그 뒤로, 그 문하생과 자손들은 기어코 문묘에 종사하려 하고 배척한 사람의 자손들은 한사코 깎아 내리려 하여 이 때문에 분당 현상이 더욱 심해졌습니다. 삼사의 논의라 하더라도 한쪽에 치우치는 때가 어찌 없겠습니까. 오직 성상께서 그 언론을 살피시어 쓸 만하면 당색을 염두에 두지 마시고 쓰는 것이 옳습니다. 더구나 공론의 경우는 역시 편당 때문에 차이가 있게 되는 것은 아닙니다." 하자,

주상이 이르기를, "오늘날에는 당파 싸움이 점점 정밀해져서 그 형적을 없애고 하기 때문에 임금이 위에서 알 수 없는 점이 있으니, 오직 대신이 힘써 진정시키는 것이 좋겠다. 양현(이이,성현)의 문묘 종사 문제도 부당한 점이 있다. 막중한 의전례를 경솔히 의논할 수 없는 만큼 의논이 정해지는 날을 서서히 기다렸어야 마땅한데, 마치 원수라도 되는 것처럼 서로들 배격하고 있다. 이런데도 종사를 허락한다면 이 풍조가 점차 자라날 것이니, 이렇게 해서는 안 된다." 하였다.

교리 홍처윤이 아뢰기를, "전일 문묘 종사를 청하는 영남 유생들의 상소에 대해 성상께서 '까마귀가 자웅을 다투는 듯하다.'고 비답을 내리셨으므로 이를 듣는 자들이 모두 놀랐습니다. 이는 오직 시비를 밝히려고 한 일일 뿐입니다. 옳고 그름이 위에서 밝혀지기만 한다면 아무리 당론이 있다 하더라도 나라에 무슨 해가 되겠습니까." 하니,

주상이 이르기를, "당론이 유생들의 개인적인 일로 그치는 것이라면 내가 왜 굳이 말하겠는가. 끝내는 국가의 해가 될 것이기 때문이다." 하였다.

이경여가 아뢰기를, "유계의 죄가 어찌 유배를 보내야 할 정도까지야 되겠습니까. 피차를 막론하고 사람들이 모두 구하려 하는 것은 그 재주를 애석하게 여겨 그런 것입니다." 하니,

주상이 이르기를, "심대부는 얼마나 변변치 못하기에 유계처럼 구해주려 하지 않는가." 하였다.

해은군 윤이지가 아뢰기를, "임금은 이름을 귀하게 여겨서는 안 된다고 신은 생각합니다." 하니,

이경여가 아뢰기를, "그렇다면 염치없이 이익만 구하는 자를 취해야 한단 말입니까. 옛 선비가 '중인中人 이하는 명예 구하는 일을 좋아하지 않을까 두렵다.'라고 하였는데, 나라를 다스리는 도리상 반드시 명분과 절의를 갈고 닦게 해야 합니다." 하였다.

주상이 승지 유경창에게 이르기를, "교리 홍처윤이 '아무리 당론이 있다 하더라도 국가에 무슨 해가 되겠는가.'라고 하였는데, 너무도 형편없다. 우선 조사하라." 하였다.

– 효종실록 1년 6월 3일 –

1650년[66세] 효종 1년 6월 이경여가 형벌의 공정을, 대사간 민응형은 관리임용의 공정을 아뢰다.

이경여가 아뢰기를, "마치 거울에 물건이 비치면 아름답고 추한 모습이 스스로 드러나듯 그렇게 노여워할 일에 노여워해야 합니다. 이를 위해서는 본심을 보존하는 공부가 필수적인데, 그렇게 된 뒤에야 무턱대고 노여워하는 잘못을 없앨 수 있습니다. 고 정승 완평부원군 이원익은 간혹 관청에서 종일토록 형벌을 시행할 때에도 목소리나 안색에 감정을 드러낸 적이 없었습니다. 이원익에게 학문의 공부가 있다는 말을 듣지는 못하였습니다만, 대체로 그의 자품이 본래 고상해서 그런 것일 것입니다. 더구나 학문이 고명하신 성상께서 이 점에 유의하여 함양하신다면 어찌 도움이 적겠습니까."

하니, 주상이 이르기를, "옛사람도 '학문을 쌓으면 기질을 변화시킬 수 있다.'고 하였으니, 어찌 그렇지 않겠는가." 하였다.

이경여가 아뢰기를, "임금은 보통 사람들과는 더욱 달라 얼굴빛과 목소리가 공명과 이익 때문에 공격받는 경우가 많습니다. 따라서 그 욕망을 제어하려면, 마치 병장기를 가지고 도둑을 막아내듯 반드시 학문의 힘을 빌려야 합니다."

하고, 대사간 민응형이 아뢰기를, "임금의 기쁨과 노함을 마치 만물에 베풀어지는 천지의 조화처럼 하시면 사적인 기쁨과 노함이 없게 될 것입니다. 임금에게 사적인 기쁨과 노함이 있게 되면 이는 화풀이로 끝나게 마련입니다. 의정부도 있고 삼사도 있으니, 아랫사람들의 말을 수용하시면 이런 허물이 없게 될 것입니다." 하고,

이경여가 아뢰기를, "요·순 같은 성인께서도 널리 자문하여 보필하는 도움을 받으셨습니다."

하니, 주상이 이르기를, "임금이 홀로 이룰 수는 없는 법이니, 어찌 그렇지 않겠는가." 하였다.
이경여가 아뢰기를, "승지를 엄선한 뒤 신임하고 그 말을 받아들이셔야 합니다. 옛날에는 승지가 임금의 지시를 수리하지 않고 봉한 채 돌려드린 경우도 많았습니다." 하고,

지경연 임담이 아뢰기를, "신하가 그저 분부대로 봉행하기만 한다면, 일개 서리로도 충분할텐데, 굳이 인재를 가려 고위직에 둘 필요가 있겠습니까." 하고,

이경여가 아뢰기를, "양사의 장관은 엄선해야 하는데, 지금의 장관은 적임자입니다. 대사간 민응형의 나라를 걱정하는 정성은 따를 자가 없습니다. 늘 볼 때마다 신들의 잘못을 책망하곤 합니다." 하니,

주상이 이르기를, "대사간이 승지로 있을 때 간절하게 충언을 하였으므로 내가 매우 가상하게 여기며 기뻐하였다. 요즘 오랫동안 보지 못했으나 내 마음속에 잊은 적이 없었다. 이제 간관이 되었으니, 잘못을 바로잡는 책임을 완수하여 나의 부족한 점을 돕도록 하라." 하였다.

- 효종실록 1년 6월 4일 -

1651년[67세] 효종 2년 1월 영중추부사 이경여가 사직하면서 권면하고 경계하는 뜻을 개진한 상소

영중추부사 이경여가 물러가면서 상소하여 총재관과 제조 등의 직임을 사직함과 동시에 권면하고 경계하는 뜻을 개진하였다. 그 상소에 이르기를,

"학문을 강구하여 이치를 밝히고 엄숙한 자세로 본심을 보존하며, 어진 이를 가까이 하고 간사한 자를 멀리하며, 허물을 고치고 선을 따르며, 언로를 크게 열고 검소한 덕을 힘써 밝히며, 은덕을 앞세우고 형벌을 뒤로 하며, 의리를 귀히 여기고 재물과 이익을 천히 여기며, 좋아하고 미워함에 있어 어느 한쪽에 치우친 사심을 끊고 기뻐하고 노하는 것은 하늘의 이치에 공정함을 따르며, 친족을 친근히 하고 질서가 잡히게 하여 교화를 그 가운데에 행하고, 뭇 신하들을 예우하여 작은 허물을 따지지 않는 등의 몇 가지를 힘써 강론하고 실행하여, 태만히 하거나 소홀히 하지 말고 항상 잊지 아니함으로써, 표리가 통일되어 언제까지나 쉬지 않고 하느님을 경건히 대하며 어린 백성을 품어 보전하도록 하십시오. 그렇게 한다면 하늘의 노여움을 돌려 민심을 얻고 나라의 근본을 세워 수많은 어려움을 타개할 것이니, 아무리 오늘날과 같은 위태로움이라 하더라도 어찌 태평으로 되돌릴 가망이 없겠습니까.

만약 그렇지 아니하여 하찮은 공명과 이익에 마음이 빠지고, 순조롭지 않은 환경에 뜻이 매여 오로지 거부하고 꺼려하며 수없이 억측하고 의심하면서, 자신의 총명을 과시하려는 생각으로 남이 잘 모르는 것을 꼬집어 내어 아랫사람을 제어하고, 혼란을 그치게 하는 방도로 삼는다면, 마음이 수고롭고 날로 졸렬해져 공이 이루어지지 않을 뿐만 아니라, 진실과 거짓이 뒤섞이고 온갖 병폐가 수없이 발생하며, 임금의 마음이 제자리를 이탈함에 따라 부정한 길이 열려 간사한 자들이 그 틈을 엿보게 됩니다. 그리하여 뱃속에 가득한 의혹과 끊임없이 들어오는 참소가, 마침내 국가를 어지럽히고 망하게 하고 말 것입니다. 경계해야 할 선례가 먼 곳에 있지 않으니 광해의 전철이 바로 그것이며, 단주丹朱의 오만함은 또 어찌 순임금의 경계가 되지 않았겠습니까[49]. 성심으로 상대하여 간언을 받아들이고 좋아하고 미워하는 것을 백성들과 함께 해야 한다는 것은 당나라 재상 육지의 주의 속에 자세히 나와 있는데, 전하께

---

49) 단주의 오만함은 또 어찌 순임금의 경계가 되지 않았겠습니까 : 아무리 성군이라도 혹시 오만해지지 않을까 경계해야 한다는 뜻. 단주는 요임금의 아들인데, 서경 익직에 우임금이 순임금을 경계하기를 "단주처럼 오만하지 마소서. 오직 놀기만 좋아하고 오만하고 포악한 짓만을 하여 그의 후손도 끊겼습니다." 하였다.

서 이미 열람하셨을 줄 압니다. 이 주의는 논의가 충분하고 뜻이 완비되었으므로 이를 취하여 익숙하게 음미하신다면 반드시 마음에 깨달아 정사를 베푸는 데에 도움이 될 것이니, 이 사람을 얻어 좌우에다 둔 것과 무엇이 다르겠습니까." 하였는데,

답하기를, "경의 상소장을 살펴보니 나도 모르게 목이 메이고 눈물이 흐른다. 중추부의 벼슬이야 어찌 별다른 걱정이 있겠는가. 경은 사피하지 말라. 제조와 총재관 등의 직은 의정부로 하여금 의논하여 조처하게 하겠다. 상소장 가운데 권하고 경계한 말은 모두가 지극한 정성에서 나온 것이니 내 어찌 차마 경의 말을 저버리겠는가. 항상 이 소장을 유심히 열람하여 경이 나의 좌우에 있는 것처럼 하겠다. 그리고 내가 만나서 작별하고 싶으니, 경은 한번 들어오기 바란다. 붓을 들고 종이를 대하니 다시금 서글픈 마음이 들어 더욱 무슨 말을 해야 할지 모르겠다."

하고, 이어 하교하기를, "이 소장을 한 통 써서 들이도록 하라." 하였다.

― 효종실록 2년 1월 4일 ―

1652년[68세] 효종 3년 10월 이경여가 분부에 응하여 올린 정치의 요령을 터득하라는 상소

영중추부사 이경여가 분부에 응하여 상소를 올리기를,
"천하의 일에는 모두 요령이 있으니, 요령을 얻으면 일은 반으로 줄고 공적은 배로 늘 것이며, 요령을 얻지 못하면 마음만 수고롭고 일은 날로 졸렬해질 것입니다. 마음을 바루는 요령은 분노를 누르고 욕심을 막는 것이며, 몸을 닦는 요령은 예禮가 아니면 보지도 듣지도 말하지도 행동하지도 마는 것입니다. 집안을 다스리는 요령은 궁궐을 엄하게 하여 사적인 출입을 막고, 우애가 흘러 넘치되 가르침이 그 가운데에서 베풀어지고, 가까이 모시는 자에게 엄절히 함으로써 멀리 이전의 거울에 비추어 징계되어 좌우 전후가 한결같이 바른 데에서 나오는 것입니다.

학문을 강구하는 요령은 항상 경건한 자세로 사리를 밝히며 사욕을 극복하고 예禮를 따르는 것입니다. 엄숙하고 공경하고 삼가고 두려워하는 자세로 하느님(상제)을 대하는 것이 하늘을 공경하는 요령이고, 내 몸이 다칠까 조심하듯 윗사람의 것을 덜어

서 아랫사람을 돕는 것이 백성을 사랑하는 요령이고, 궁궐과 권문세가가 하나가 되어 나라의 기본 법칙을 누구에게나 공평무사하게 적용함이 기강을 세우는 요령이며, 형벌과 상이 알맞고 조치가 마땅한 것이 인심을 따르게 하는 요령입니다.

공을 세우고 일을 이루려면 반드시 어진 사람을 임용하고 유능한 사람에게 일을 시키는 것을 요령으로 삼아야 하며, 처신을 허물없이 하려면 간언을 받아들이고 널리 듣는 것을 요령으로 삼아야 하며, 검소를 밝혀 풍속을 변화시키려면 소박한 음식을 먹고 허름한 옷을 입는 것으로 궁료(내관, 궁여)를 거느리는 요령으로 삼아야 하며, 용도를 절약하여 백성을 넉넉하게 하려면 절도 있게 제약하고 겉치레 제거하는 것을 요령으로 삼아야 하며, 형벌이 다스려지게 하려면 모든 옥송과 모든 삼가고 경계하는 것에 간섭하지 말고 유사가 공평하게 다스리도록 맡겨 두는 것을 요령으로 삼아야 하며, 신하들이 함께 삼가고 공손하게 하려면 반드시 당색을 다 잊고 옳고 그름과 현명함과 사악함을 가리는 것을 요령으로 삼아야 하며, 하늘의 큰 명을 맞아 이어 가려면 가혹한 정사를 없애고 인후한 풍속을 숭상하는 것을 요령으로 삼아야 합니다.

뭇 신하의 곡직을 알려면 아첨하는 자를 멀리하고 충직한 자를 가까이하며, 강직하고 방정한 말을 좋아하고 순종하고 예뻐 보이려는 꼴을 미워할 것이며, 종종걸음으로 쫓아다니면서 맞추는 것을 공손하다고 여기지 말고 직언으로 간하고 물러나기 좋아함을 거만하다고 여기지 않는 것을 요령으로 삼아야 합니다.

전하께서 즉위하신 이래로 정신을 돋우어 잘 다스리려고 도모하여 거행하지 않은 방책이 없으셨으므로 진실로 하늘의 뜻에 부합하고 인심을 확고히 하여 앉아서 태평의 공이 이룩되었어야 할 것입니다. 그런데 세도가 날로 낮아지고 시정이 날로 어지러워져서 위에서는 하늘이 노하고 아래에서 백성이 원망하여 큰물과 가뭄이 잇달고 재해가 몰려드니, 신은 감히 전하께서 이 몇 가지에 대하여 그 요령을 얻었어도 오히려 보람을 얻지 못하시는 것인지, 또는 그 요령을 얻지 못하고 중도에서 배회하여 한갓 임금님의 심려만 수고롭히는 것인지 알지 못하겠습니다. 전하께서 깊이 생각하고 두렵게 여겨 전에 하신 일을 크게 반성하고 덕이 높고 지혜가 밝은 명왕이 이미 행한 큰 원칙을 다시 찾고 눈앞의 비근하고 잗단 정사를 따르지 말고 신이 이른바 그 요령이 있다는 것을 힘껏 행하소서. 수년 동안 이렇게 하시는데도 하늘이 재앙을 거두지 않고 정치에 성적이 없다면, 신이 망언한 처벌을 받겠습니다.

또 임금의 위엄은 천둥·번개 같을 뿐이 아니므로, 기쁨과 노함이 하늘의 이치를 따르지 않고 상벌이 등급에 어그러지면, 그 폐해로 백성이 손발을 둘 데가 없어지고 임금과 신하 사이가 날로 멀어져서 천지가 막히고 간사한 길이 열려서 의혹이 총명을 가리게 될 것이니, 이것은 어지러움을 가져오는 지름길입니다. 국운이 번창하고 태평한 시대에 멀리 귀양간 사람들이 사흉四凶과 같은 경우라고 할 수 없고 송나라 인종 때 경력 연간의 퇴출이 명망있는 선비에서 많이 나왔는데, 곧바로 임금이 허물을 고친다고 한들 어찌 당초에 신중한 것만 하겠습니까. 궁벽한 마을의 필부도 자손을 위하여 생각하는데 이는 사랑하는 천성에서 나온 것이니, 임금의 경우도 귀천이 다르기는 하나 자식을 사랑하여 부유하게 하려는 이 마음이야 어찌 다르겠습니까마는, 전답·가정에는 반드시 그 제도가 있습니다.

국운이 융성한 왕조에서 경제력이 모자랐던 것도 아닌데 법전에 실린 기록은 각각 그 절도가 있었으니, 후세에 대한 염려가 깊은 것입니다. 한나라 명제는 여러 아들을 분봉하면서 초나라 땅의 반을 회양에 붙였고 당나라 임금은 물레방아를 공주부터 먼저 없애라고 명하였는데, 더구나 흉년이 들어 백성이 곤궁하고 나라의 형세가 위태로운 이때이겠습니까. 신하를 예로 부려야 한다는 성인의 가르침이 매우 분명한데, 발목수갑과 손수갑을 채워 가두고 매질하는 것이 위로 대부에게까지 미치니, 무너진 기강을 떨치고 바로잡는 데에는 보탬이 없고 도리어 나라의 체모를 손상하게 됩니다. 전에 한나라 문제가 강후를 잡아 다스렸는데 가생이 상소함에 따라 깊이 깨닫고 이때부터 뭇 신하를 예우하였으니, 임금이 간언을 채택함에 이것을 본받아야 할 것입니다.

또 신하의 의리로는 그릇되게 붕당을 이룸이 없어야 하는 법이니 자기 무리만 옳다고 하여 다른 사람을 배격하는 것은 실로 큰 죄입니다. 그러나 붕당을 없애려고 하면서 일의 사단을 먼저 만들고, 감싸고 어그러진 실상을 구명하려 하지 않고 혼동하여 벌을 주니, 이 때문에 조정에 있는 신하들이 임금의 마음을 함부로 헤아리고 자취를 드러내지 않으려 꾀합니다. 그래서 쓸 만한 인재가 있어도 감히 천거하지 못하고 미워할 만한 죄가 있어도 감히 논박하지 못하며, 저편에서 천거한 것은 이편에서 사사로운 천거라 하고, 이편에서 논박한 것은 저편에서 모함한다 하여, 트집잡고 편들며 구호하고 배척하므로 흑백이 현란합니다. 전하께서 어찌하여 이 두 끝을 잡아서 재상과 시종신에게 물어서 쓸 만하면 쓰고 죄줄 만하면 죄주며 치우친 마음이 없이 처치하여 한결같이 공론에 따르지 않으십니까.

신이 비망기를 보니, '음이 성하고 양이 미약하여 아래에서 위를 엄폐한다.'는 하교가 있었는데, 성상께서 무엇을 가리켜서 말씀한 것인지 모르겠습니다. 음이 성하고 양이 미약한 것은 그 까닭이 한결같지 않아서 군자 소인의 진퇴와 존비 상하의 뒤바뀜과, 개인에 접근시킨다면 선악의 소멸과 융성과 공과 사의 바뀜 등 관계되지 않는 것이 없어서 수시로 경계를 보입니다. 지금의 실상은 과연 성하고 쇠함이 도를 잃은 것입니다마는, 아래에서 위를 엄폐한 것이라면 반드시 권력을 쥔 간신이 집정하여 성상의 총명을 가림이 있어서 꾸중이 위에서 나타나게 하였을 것입니다. 그러나 지금은 높은 지위나 요직에 있는 자가 뭇사람의 의견을 좇기에도 겨를이 없으니 정사의 권위가 의지할 데가 없어서 마치 키를 잃은 배와 같습니다. 이들이 어찌 다 재능이 없어 직무를 버려두고 태만한 자들이겠습니까. 다만 전하께서 강단이 너무 지나치고 위임이 하나 같지 않아서 자신들의 허물을 바로잡는 데에도 겨를이 없는 것이니, 무슨 재능을 펼 수 있겠습니까. 조정에 있는 신하들이 모두 다 그러한데 다시 어떤 사람이 있어서 총명을 가리고 스스로 위복을 펼 수 있겠습니까. 신이 보건대 언로가 막혀 아랫사람의 뜻이 위에 통하지 않으니, 햇빛이 구름이 없는데도 가려진 것이 아니겠습니까. 바라건대, 임금께서는 신하에게 의심하는 것으로써 스스로 옥체에 돌이켜 보아 있으면 고치고 없으면 더 힘쓰소서. 사대문을 열어 안팎이 환히 통하고 성의가 서로 미더워서 아래로 광명을 이루어 태평한 운수가 크게 오게 한다면, 흐린 것이 절로 없어지고 밝은 덕이 바야흐로 형통할 것입니다."

하니, 답하기를,

"경이 내가 근심하고 두려워하는 것을 염려하여 이토록 간절히 경계하니, 내가 불민하기는 하나 마음이 움직이지 않을 수 있겠는가. 다만 역량을 헤아리지 않고 반드시 실행하겠다는 뜻을 선뜻 말하는 것은 진실한 것이 아닐 듯하므로 감히 못할 뿐이다. 경은 이 뜻을 바꾸지 말아서 자주 깨우쳐 주고 내 과실을 부지런히 공박해 주기 바란다. 원 상소는 한번 보고는 그 조목조목 아뢴 요령들을 기억할 수 없어서 늘 보려하므로, 내리지 않겠다." 하였다.

이때 이변이 거듭 나타나서 인심이 어수선하고 주상도 두려워하여 직언을 구하는 하교에 음이 성하고 양이 미약하다는 말을 언급하였는데, 윤선도가 벌써 이것으로 뜻을 맞출 생각을 하여 임금의 마음을 동요시켰다. 이때부터 조정 신하들 중에 감히 말하는 자가 없었는데, 이경여가 상소하여 언급하였다.

– 효종실록 3년 10월 25일 –

이후에도 이경여는 효종 4년 7월에 영중추부사 이경여가 재변을 이겨 내는데 힘써야 할 21항의 상소문을 올리고 8월에는 경기의 양전 실시에 대한 상소문을 올렸다. 효종 5년 6월에는 대신의 언로, 인재 등용, 화폐 유통에 대한 상소문을 올리고, 겨울에는 청나라 사신이 문제를 삼자 물러나 충주 시골집으로 피하였다.

이경여의 졸기와 유훈 상소

1657년[73세] 8월 영중추부사 이경여의 졸기 및 그의 유훈 상소

대광보국 숭록대부 영중추부사 이경여가 죽었다. 그의 유훈 상소에,
"신이 나라의 두터운 은혜를 받았으나 티끌만큼의 도움도 드리지 못한 채 지금 미천한 신의 병세가 위독해져 하찮은 목숨이 곧 끊어지게 되어 다시금 주상의 모습을 우러러 뵙지 못하고서 밝은 시대를 영원히 결별하게 되었으니 이 점을 땅속으로 들어가면서 구구하게 한하고 있습니다. 오직 원하건대, 전하께서는 기뻐하거나 성내는 것을 경계하고 편견을 끊으시며 착한 사람을 가까이 하고 백성의 힘을 양성하여 원대한 업을 공고하게 다져 죽음을 눈앞에 둔 신하의 소원에 부응해 주소서. 신의 정신이 이미 흩어져 직접 초안을 잡지 못하고 신의 자식에게 구두로 불러 주어 죽은 뒤에 올리도록 하였습니다."

하였는데, 주상이 승정원에 하교하기를,

"막 원로를 잃고 내 몹시 슬퍼하고 있던 참이었는데 이어 유훈 상소를 받아 보니 경계해 가르침이 더없이 절실하고 내용이 깊고 멀어 간절한 충성과 연연해 하는 정성이 말에 넘쳐흘렀으므로 더욱 슬퍼서 마음을 진정할 수 없다. 띠에다 써서 가슴에 새기지 않을 수 있겠는가." 하였다.

이경여는 인품이 단아하고 몸가짐이 맑고 간결하였으며 문학에도 뛰어난데다 정무의 재능도 있어서 사람들에게 존중받았다. 젊은 시절부터 벼슬에 나오고 물러가는 것을 구차하게 하지 않았고 광해조에 있으면서도 정도를 지켜 굽히지 않았다. 계해년 인조반정에 맨 먼저 홍문관에 뽑혀 들어가 화평하고 조용하게 간하니 사랑과 대우가 특별히 높았다. 고 정승 장유가 일찍이 한 시대의 인물을 평론하면서 말하기를 "이경여는 경연이 있을 때에는 마음을 쏟아 임금을 인도하는 책임을 다했고 지방에 있을 때에는 임금의 뜻을 받들어 펴는 임무를 다했으니 지금에 있어서 재능을 두루 갖춘 자이다"고 하였다. 병자년 이후로 벼슬을 탐탁하게 여기지 않았으나 인조가 그를 소중하게 여기고 신임하였으므로 발탁해 우상에 제수하였다. 그런데 이계李烓가, 이경여가 명나라에 뜻을 두고서 청나라의 연호를 쓰지 않는다고 청나라에 고하여 두 번이나 심양에 잡혀갔으나 몸과 마음가짐이 더욱 굳건하였다. 을유년 세자를 세울 때 자기의 소견[50]을 변동하지 않았는데 이로 인해서 남북으로 귀양살이를 다녔으나 효종(봉림대군)이 즉위하자 방면하고 수상에 제수하였다. 이 때 선비들의

---

50) 을유년 세자를 세울 때 자기의 소견 : 인조 23년에 소현 세자가 죽고 봉림대군을 세자로 책봉하려 하자 이경여가 반대하였다. 그런데도 효종은 왕위에 즉위하자 이경여를 영의정으로 제수하였다.

의논이 매우 격렬하였으나 이경여가 화평한 의논으로 견지하면서 이들을 조화시키는 데 온 힘을 기울였는데 혹 이를 그의 단점으로 여기기도 했다. 청나라에서 이경여가 정승이 되었다는 소식을 듣고 힐책하자 정승의 자리에서 물러나 묻혀 살았다. 그러나 나라에 일이 있을 때마다 상소를 올려 건의한 바가 많았다.

한평생 청나라 눈치만 살피며 관직에서 편할 날이 없었던 재상 이경여는, 효종 8년(1657) 8월 향년 73으로 눈을 감고 말았다. 시호는 문정공으로 경기도 포천군 내촌 음현리에 그의 두 번째 부인 임씨와 합장으로 된 그의 묘소가 있다. 묘소 앞에는 손자인 좌의정 이이명이 쓴 묘갈이 있고, 현종 10년 1669년에 세운 신도비는 좌의정 송시열이 비문을 짓고, 효종의 사위 심익현이 글씨를 썼으며 대사헌 김만중이 전액을 하였다.

시문에 뛰어났고 글씨에 능했던 이경여는 저서로 백강집을 남겼고, 부여의 부산서원, 진도의 봉암사, 흥덕의 동산서원 등에 제향되어 후세의 기림을 받고 있다.

백강白江마을과 대재각과 동매

충남 부여군 규암면에 있는 마을이다. 마을 대부분의 지형이 평탄한 지대로 이루어져 있으며, 마을 북동쪽에서 남동쪽 방향으로 금강이 지나가고 있다. 백제시대에는 사비군, 신라시대에는 부여군, 고려시대에는 공주군에 속하였다. 조선시대에는 부여군 도성면의 지역이었고 1914년 행정구역 통폐합 시에 수원리 일부를 병합하여 규암면에 진변리로 편입되었다. 자연 마을로는 진변, 백강, 원터 마을 등이 있다. 진변 마을은 나루의 가에 위치한다 하여 나룻가라 불리다 진변마을로 이름 붙여지게 되었다. 백강 마을은 조선시대 효종 때 백강 이경여가 살았다 하여 붙여진 지명이며, 그가 명나라에서 가져와 심은 동매冬梅 한그루가 보호를 받고 있다. 원터 마을은 서원이 자리하던 곳이라 하여 불리워진 이름이다.

산자수명한 백마강 변 부산浮山 아래 동매 향기 그윽한 백강마을은 조선시대 효종 임금 때 영의정을 지낸 충신 백강 이경여 선생이 낙향한 후 많은 인물을 육영하고 입신한 역사의 마을이다. 이 마을 부산서원에서는 김집 선생과 이경여 선생을 배향하고 있다.

[동매의 유래]

부여군 규암면 진변리의 부산서원 입구 왼쪽에 동매冬梅, 즉 겨울매화 한 그루가 자라고 있다. 부여동매라고 불리는 이 매화나무는 수령이 70년이 되었다. 동매에 대하여 두 가지 설이 있다. 하나는, 조선 효종 때 영의정을 지낸 백강白江 이경여가 명나라에 수신사로 갔다가 매화나무 세 그루를 가져와 심었다고 전한다. 두 그루는 죽었고 나머지 한 그루마저 일제 강점기에 불에 타 죽었다고 한다. 현재의 동매는 불에 타 죽었던 나무뿌리에서 싹이 나 자라 70년이 된 것이다. 또 하나는, 이경여가 병자호란 때 배청 친명파로 몰리고, 청나라 연호를 쓰지 않은 것을 이규가 청나라에 밀고함으로써 청나라의 노여움을 사게 되었다. 이로 이경여는 인조의 세 아들인 소현세자, 봉림대군, 인평대군과 함께 청나라에 볼모로 잡혀갔다. 이경여는 두 번씩이나 중국 심양에 억류되어 있었는데, 창밖에 동매冬梅가 피는 것을 보고 이역만리 타국에서 향수를 달랬으며, 귀국길에 매화 한 그루를 가져다가 지금의 부여 백마강 변에 있는 부산서원 앞에 심었다는 설이다. 백강은 이 매화를 동매冬梅 또는 설중매雪中梅라 불렸다.

[대재각大哉閣]

병자호란으로 청나라에 잡혀갔던 이경여가 풀려나 낙향하여 거처하였
던 곳에 그의 손자인 이이명이 세운 정자다. 이곳에서 바라보는 금강은
한 폭의 산수화 같다. 구드래 나루에서 서쪽으로 바라다 보이는 부산浮
山의 중턱에 대재각이 있다. 이경여는 병자호란 때 당한 치욕을 보복하고
자 효종에게 북벌 계획과 관계되는 상소를 올렸다. 그러자 효종이 비답
을 내리며 경의 뜻이 타당하고 마땅하지만 마음이 아프나 뜻을 실현하기
에는 너무 늦다는 뜻이 담긴 글을 내렸다.

"지극한 고통이 마음속에 있구나, 날은 저물고 갈 길은 먼데" 誠以至痛
在心 有日暮途遠意."라는 구절이다.

후에 송시열이 그 뜻을 기려 "至痛在心 日暮途遠(지통재심 일모도원)"의 8
자를 써서 아들 이민서에게 전한 것을 손자 이이명이 1700년 숙종 26년
에 이 암벽에 글씨 8자를 새기고 정자를 지었다.

이 정자의 이름을 대재각大哉閣이라 했는데, 이경여가 효종의 비답을
받았으므로 상서尙書의 "크도다 왕의 말씀이여 大哉王言"라는 구절에서
따온 것이다.

글씨의 필체가 힘차고 강건하여 금석문의 자료로도 좋을 뿐 아니라, 당
시 벼슬을 그만두고 초야에 내려와서도 북벌계획을 왕과 협의하고 토론
하던 이경여의 굳은 정신이 담겨진 교훈적인 각서刻書이다. 부산은 해발
107미터에 지나지 않지만 백마강에 외따로 솟아 있어서 마치 물위에 떠
있는 것같이 보인다.

삼국유사에는 "고을 안에는 세 개의 산이 있다. 일산日山, 오산吳山, 부산浮山이라고 불러 백제의 전성기에는 그 산 위에 각각 신령한 사람이 살면서 아침이나 저녁이나 계속 날아서 서로 왕래하였다고 한다"라고 실려 있다. 홍수가 질 때면 강물에 뜬 섬처럼 보인다 하여 '뜬섬(부산浮山: 뜬산)'이라고 부르기도 하였다 한다.

[승진과정]

1601년[17세] 선조 34년 사마시합격
1609년[25세] 광해 1년 증광시 문과 을과 급제
1611년[27세] 광해 3년 5월 설서, 9월 검열, 10월 사관,
             12월 대교
1612년[28세] 광해 4년 8월 봉교, 10월 사관, 10월 봉교,
             12월 정언
1614년[30세] 광해 6년 7월 직강, 9월 사서
1615년[31세] 광해 7년 4월 경기 도사
1617년[33세] 광해 9년 3월 낭청, 3월 이천현감, 4월 충원 현감
1619년[35세] 광해 11년 벼슬을 버리고 흥원강 가에서 지냈다.
1623년[39세] 인조 1년 인조반정. 7월 부교리, 8월 헌납,
             10월 부교리, 윤 10월 이조 좌랑
1624년[40세] 인조 2년 2월 이괄의 난, 2월 이조좌랑,
             겸 문학, 응교, 전한, 사간, 10월 이조정랑
1625년[41세] 인조 3년 2월 도청, 3월 경상도 암행어사,
             5월 응교, 6월 교리, 7월 전한, 종사관, 8월 응교,
                     9월 사간, 11월 응교
1626년[42세] 인조 4년 1월 낭청, 3월 사가독서에 선발,
             6월 집의, 윤 6월 집의, 7월 사인, 7월 집의,
             9월 보덕, 9월 사인, 10월 전한
1627년[43세] 인조 5년 1월 전라좌도 어사, 2월 사간, 5월 승지,
             9월 충청도 관찰사, 12월 전라좌수사
1628년[44세] 인조 6년 6월 공청(충청)감사
1629년[45세]   인조 7년 윤 4월 이조참의
1630년[46세] 인조 8년 1월 부제학, 2월 청주목사,
             10월 공청도 수사
1631년[47세] 인조 9년 7월 부제학. 8조목의 상소문을 올리다.
1632년[48세] 인조 10년 9월 부제학, 12월 사직. 어머니의
             병환을 보살피기 위해 사직하고 부여로 내려왔다.
1633년[49세] 인조 11년 1월 전라감사,
             7월 전라도의 폐단 22조목 상소

1634년[50세] 인조 12년에 정사를 보는 궁전에 벼락이 있었다. 1634년[50세]
인조 12년 2월 부제학, 7월 이조참의, 윤 8월 부제학
1635년[51세] 인조 13년 2월 부제학
1636년[52세] 인조 14년 1월 좌부승지, 3월 좌부승지, 우부승지,
12월 병자호란
1637년[53세] 인조 15년 4월 경상감사
1638년[54세] 인조 16년 1월 사직, 3월 부제학, 4월 예문관 제학,
7월 대사헌, 9월 병조참판
1639년[55세] 인조 17년 1월 부제학, 3월 동지중추부사,
3월 이조참판, 11월 형조판서
1640년[56세] 인조 18년 1월 대사헌, 윤 1월 성균관 대사성,
2월 여주목사, 모친상
1642년[58세] 인조 20년 5월 대사헌, 6월 대사헌,
8월 홍문관 제학, 11월 예조판서, 윤 11월 우참찬
1642년[58세] 인조 20년 12월 심양에 구류되다.
1643년[59세] 인조 21년 2월 조정에서 벌금을 내주어 돌아오다.
8월 10일 이경석 이경여에게 쌀을 내려주다.
1643년[59세] 인조 21년 11월 대사헌, 12월 우의정
1644년[60세] 인조 22년 1월 청나라 사은사
반청분자로 트집 잡아 또 억류시켰다.
7월에 억류중인 이경여를 영중추부사로 임명
1645년[61세] 인조 23년 2월 18일 소현세자가 돌아오다.
2월 23일 최명길, 이경여, 김상헌이 돌아오다.
1646년[62세] 인조 24년 2월 6일 소현세자빈 강빈을 두둔한 죄로
이경여를 삭탈 관작하고 문외 출송하라고 명하다.
3월 14일 이경여를 진도로 위리안치시켰다.

1648년[64세] 인조 26년 윤 3월 북쪽변방 삼수로 이배되었다.
1649년[65세] 인조승하, 효종즉위, 5월 위리(가시 울타리) 철거,
7월 고향 아산으로 이배하다.
1650년[66세] 효종 1년 2월 석방시켜 영중추부사에 제수,
역마를 타고 오도록 하였다.
3월 11일 영의정, 3월 24일 청나라 사은정사
12월 영의정 이경여가 면직을 청하자 허락하다

청나라로부터 골수 친명 반청인물로 의심을
받아 결국 년말에 자리에서 물러나고 말았다.

1651년[67세] 효종 2년 1월 1일 영중추부사.
         1월 영중추부사 이경여가 하직하니 인견하다
1652년[68세] 효종 3년 10월 정치의 요령을 터득하라는 상소
1653년[69세] 효종 4년 윤 7월 18일 관원을 보내어 노산과 연산의 묘에 제사하라고
         명하다

관원을 보내어 노산과 연산의 묘소에 제사하라고 명하였다. 처음에는 노산의 묘소에 제사
하라고 명하였는데, 이때에 이르러 예조가 아뢰기를, "노산을 제사한다면 연산과 광해도
제사해야 합니다."

하니, 대신에게 의논하라고 명하였다. 영중추부사 이경여가 아뢰기를, "이 세 군은 다 동방
에서 왕을 지낸 자이니, 향불의 은전은 실로 한 때의 아름다운 뜻에 관계됩니다." 하니, 우
선 노산과 연산 두 군의 묘소에 제사하라고 명하였다.

1654년[70세] 효종 5년 6월 대신의 언로, 인재 등용, 화폐 유통에
         대한 상소문. 겨울에는 청나라 사신이 문제를 삼자
         물러나 충주 시골집으로 피하였다.
1655년[71세] 효종 6년 기로소에 들어갔다.
1657년[73세] 효종 8년 5월 영중추부사 이경여가 상소를 올려
         간언의 수용과 폐단의 제거를 청하다
1657년[73세] 효종 8년 8월 8일 영중추부사 이경여가 죽다.